公共法律服务
前沿问题研究

宋方青 等 著

厦门大学出版社　国家一级出版社
XIAMEN UNIVERSITY PRESS　全国百佳图书出版单位

图书在版编目（CIP）数据

公共法律服务前沿问题研究 / 宋方青等著
. -- 厦门：厦门大学出版社，2023.10
ISBN 978-7-5615-9145-1

Ⅰ. ①公… Ⅱ. ①宋… Ⅲ. ①法律-工作-
研究-中国 Ⅳ. ①D92

中国版本图书馆CIP数据核字(2023)第194258号

出 版 人　郑文礼
责任编辑　李　宁
美术编辑　李夏凌
技术编辑　许克华

出版发行　厦门大学出版社
社　　址　厦门市软件园二期望海路 39 号
邮政编码　361008
总　　机　0592-2181111　0592-2181406(传真)
营销中心　0592-2184458　0592-2181365
网　　址　http://www.xmupress.com
邮　　箱　xmup@xmupress.com
印　　刷　厦门集大印刷有限公司

开本　720 mm×1 020 mm　1/16
印张　21
字数　368 千字
版次　2023 年 10 月第 1 版
印次　2023 年 10 月第 1 次印刷
定价　98.00 元

厦门大学出版社
微信二维码

厦门大学出版社
微博二维码

目　录

第一章　公共法律服务的理论与实践

党的二十大报告明确指出,"未来五年是全面建设社会主义现代化国家开局起步的关键时期",在主要目标任务中提出"基本公共法律服务均等化水平明显提升",并在"坚持全面依法治国,推进法治中国建设"项下的"加快建设法治社会"中强调"建设覆盖城乡的现代公共法律服务体系"。近年来,我国公共法律服务体系建设取得了长足的发展,公共法律服务作为维护社会公平与正义、保障人民群众合法权益的重要制度安排和国家治理活动,在化解矛盾纠纷、维护司法公正、为经济困难者和其他弱势群体提供相对公平的法治环境,从而推动全体人民信仰法治、尊崇法治、坚定不移走中国特色社会主义法治道路方面发挥了重要作用。尽管如此仍面临诸多问题,如公共法律服务供给不均衡、自主供给能力较弱、职能分工与定位不清、智慧化水平不高等,这些问题也暴露出我国公共法律服务的理论与实践存在"两张皮"的现象。为了进一步系统地研究、探讨我国现代公共法律服务体系建设的发展方向,本章将从公共法律服务的科学内涵及核心要义、公共法律服务体系建构的三重逻辑、推进基本公共法律服务的供给侧结构性改革的路径选择、比较视野下构建中国特色公共法律服务体系的优化方案、现代公共法律服务整合提升的保障机制、新时代建构智慧公共法律服务的必要性与路径六个方面展开论述,以期为中国公共法律服务理论与实践的融通提供一个更为全面的分析框架。

第一节　公共法律服务的科学内涵及核心要义[①]

党的十八大以来,我国社会的主要矛盾已由人民日益增长的物质文化需

---

① 原刊《法制日报》2019 年 7 月 12 日。

要同落后的社会生产之间的矛盾,转化为人民日益增长的美好生活需要和不平衡不充分的发展之间的矛盾,这一重大的历史性变化,对我国发展的总体布局产生了广泛而深刻的影响。政之所兴,在顺民心。伴随着全面依法治国实践的不断深入,建设人民满意的公共法律服务体系,成为党中央、国务院高度重视的工作。近些年在党中央和国务院的直接部署下,由党委领导、政府主导、社会参与的公共法律服务体系建设广泛开展起来,特别是2018年司法部发布了《关于深入推进公共法律服务平台建设的指导意见》,对全面建成公共法律服务平台及推进三大平台融合发展作出具体部署后,各地纷纷采取措施,在平台建设方面取得了积极的成效。2019年3月,中央深化改革委员会第七次会议审议通过了《关于加快推进公共法律服务体系建设的意见》,对加快推进公共法律服务提出了进一步的要求,谱写了为民惠民的新篇章。但如何满足人民群众对高品质公共法律服务的需求,全面提升公共法律服务的水平,构建中国特色的公共法律服务体系,是我们必须认真对待的问题。准确把握我国公共法律服务的科学内涵和核心要义乃当务之急。

公共法律服务的实践在我国早已有之,但对公共法律服务概念的界定则比较滞后。比较完整表述公共法律服务概念的是2014年1月司法部发布的《关于推进公共法律服务体系建设的意见》,该文提出:“公共法律服务,是指司法行政机关统筹提供,旨在保障公民基本权利、维护人民群众合法权益,实现社会公平正义和保障人民安居乐业所必需的法律服务,是公共服务的重要组成部分。”但从党中央层面提出公共法律服务的概念并作出具体规范要求的则始于党的十八届四中全会通过的《中共中央关于全面推进依法治国若干重大问题的决定》。党的十八届四中全会明确提出,要“推进覆盖城乡居民的公共法律服务体系建设,加强民生领域法律服务。完善法律援助制度,扩大援助范围,健全司法救助体系,保证人民群众在遇到法律问题或者权利受到侵害时获得及时有效法律帮助。发展律师、公证等法律服务业,统筹城乡、区域法律服务资源,发展涉外法律服务业。健全统一司法鉴定管理体制”,并对加强法律服务队伍建设提出了具体要求。之后党的十八届五中全会以及十九大、十九届二中、三中全会,又就促进基本公共法律服务均等化,推动公共法律服务专业化多元化,加快建设覆盖城乡、便捷高效、均等普惠的现代公共法律服务体系作了决策部署,赋予公共法律服务新的内涵和要求,以期不断增强人民群众的获得感、幸福感、安全感。

定义任何一个概念,都不应仅仅是对现实的描述,而应当是描述现实与建构现实的统一,且任何一个概念都是受制于时间和文化的概念,具有时代性与国情性。

在我国,公共法律服务是政府公共职能的重要组成部分,是全面依法治国的基础性、服务性和保障性工作,是保障和改善民生的重要举措,公共性、法律性、服务性是其基本特征。提供公共法律服务是现代国家合法性的证明,政府之所以有存在的必要,很大程度上是因为其承担着提供公共服务包括公共法律服务的主要职责。提供公共法律服务是一项国家义务,国家是公共法律服务的责任主体,其通过行使公共权力,提供公共配给来维护和促进公共利益。因此,政府统筹和管理的法律服务必然具有公共性。公共法律服务的法律性源于公共法律服务提供的是法律服务,处理的是相关的法律问题,满足的是相关的法律需求。我国全面推进依法治国更是强化了公共法律服务的法律性特质。在我国人民是国家的主人,全心全意为人民服务是对我国政治权力的根本要求。公共法律服务提供的是专业性的法律服务,其中既有无偿或公益性的法律服务,也有面向社会公众的有偿性的法律服务,服务性当为公共法律服务的基本特性。

人民性、公平性、现代性是我国公共法律服务的核心要义。以人民为中心、体现公平正义,以现代化为指向的发展理念当贯穿我国公共法律服务体系建设的全过程。以人民为中心,需要国家和政府通过制度设置和产品提供,便捷高效、智能精准、最大限度地满足人民群众对法律服务的需求;促进基本公共法律服务普惠化、均等化,使公共法律服务体系建设成为一项顺民意、惠民生、得民心的伟大工程。中国特色社会主义进入了新的时代,人民群众对于法律服务的需求达到前所未有的程度,为人民群众提供的法律服务必须是实体正义和程序正义的高度统一,应让人民群众在接受法律服务的过程中充分感受到公平正义。现代性是一个复杂的多重建构过程,它是政治、经济、社会和文化等交互作用的结果,它时常用来表述更新与革新相结合的观念。我国公共法律服务体系的建设无不需要以现代性作为指向,适应现代化的要求,以推动公共法律服务事业的创新发展。

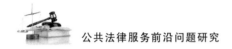

第二节　公共法律服务体系建构的三重逻辑①

随着管理型政府到服务型政府的职能定位的转变,为人民提供公共服务在我国逐渐成为法治政府建设的应有之义,公共法律服务作为政府供给公共服务的重要组成部分,由政府统筹协调,业已成为实现法律服务均等化和社会创新治理、国家治理能力现代化的重要制度安排。党的十八届四中全会通过的《中共中央关于全面推进依法治国若干重大问题的决定》指出:"推进覆盖城乡居民的公共法律服务体系建设,加强民生领域法律服务。"2017 年至今,司法部已多次对公共法律服务的体系建设、多平台融合发展建设、工作指引等事项发文指导。2019 年 7 月,中共中央办公厅、国办联合印发《关于加快推进公共法律服务体系建设的意见》,促使公共法律服务体系建设驶入快车道。在实践中持续完善公共法律服务体系的同时,如何从理论角度阐释公共法律服务这一命题,进而为实践发展提供丰富的智识资源也就成为学界必须思考的重大理论问题。从整体上阐释公共法律服务体系建构的内在逻辑对促进公共法律服务体系的完善和发展具有重要的学术价值、实践价值和社会意义。对历史逻辑的分析能够为我们准确把握公共法律服务这一理论命题的脉络提供清晰指引,同时也能够为公共法律服务体系的未来发展提供可资镜鉴的经验性资源;对理论逻辑的梳理将现有理论资源提炼,形成基于反思的体系性建构框架,进而为公共法律服务体系建设提供具有普遍性的理论共识;对公共法律服务体系实践逻辑的分析能够为理论反思提供实践支持,同时这种反思性研究也能够进一步推动公共法律服务实践有效且有序地发展。有鉴于此,本节将围绕公共法律服务体系建构的历史逻辑、理论逻辑以及实践逻辑展开论述。

一、历史逻辑:法制内嵌到独立发展的阶段转向

历史不单是时间维度的回溯,在规范和证成当下行动合理性的同时,还具

---

① 原刊《华东政法大学学报》2022 年第 6 期。

有前瞻性的要求，[①]由此为未来行动方案的选择提供参考借鉴。任何理论命题的发展脉络都必然与其他命题、制度环境以及时代背景息息相关。我国公共法律服务体系的建构有其自身的历史发展逻辑，大致可分为孕育奠基时期（1949—1978年）、逐步积淀时期（1978—2014年）以及发展完善时期（2014年至今）。在孕育奠基时期和逐步积淀时期虽然没有公共法律服务之"名"，但一直存在公共法律服务之"实"，即伴随着中国法治历史进程的公共法律服务实践始终是存在的。不过也应当认识到"公共法律服务"的概念直到2014年才正式出现在中央决策文件中，在党中央的统筹安排和有力推动下，公共法律服务才获得独立的制度地位并且形成了现有的实践格局。

（一）孕育奠基时期（1949—1978年）

"公共法律服务"的概念并非一蹴而就，孕育奠基时期并未出现公共法律服务之概念。尽管此时期的具体举措已经具有公共法律服务之"实"，但是这些举措大体上属于前置的整体积累。为新中国的建设发展创造法制环境，是特殊时代背景下的迫切要求，也是新中国成立之初党和政府的重要工作之一。下述具体举措便是置于该整体背景之下，就其性质而言可以被统称为司法服务保障职能。以人民为中心的司法服务保障职能为公共法律服务概念的提出和体系建构奠定了基础，具体而言包括：

其一，司法服务保障职能的确立。伴随着1949年9月《中国人民政治协商会议共同纲领》和1954年9月《中华人民共和国宪法》的颁布，司法服务保障措施的展开具有宪法依据以及初步的制度基础。此时，人民司法制度、人民陪审员制度、辩护权制度以及为人民服务、法律面前人人平等、公开审判等制度雏形和法律原则都被宪法确定下来。其二，人民调解制度的确立。1954年3月，政务院颁布《人民调解委员会暂行组织通则》，首次确立人民调解制度。

---

① ［英］尼尔·麦考密克：《法律推理与法律理论》，姜峰译，法律出版社2018年版，第89～92页。

在总结以往人民调解制度经验的基础上[①],为新法律秩序下人民调解的有效展开提供了制度基础和规范指引,有力促进了人民调解工作的发展[②]。在"人民司法"理念贯彻下,人民调解制度作为非诉纠纷解决机制,与诉讼纠纷解决机制合力为人民维护自身利益提供畅通渠道,共同构成了新中国成立初期司法服务保障制度的重要内容,同时也成为日后公共法律服务体系的制度内容。其三,律师制度初步发展。制度层面,1954年《中华人民共和国宪法》和《中华人民共和国人民法院组织法》两部法律将被告人的辩护权及律师制度予以明确。[③] 1956年发布的《关于建立律师工作的请示报告》对律师的性质、任务、工作机构等都作了原则性规定;[④]次年,《中华人民共和国律师暂行条例(草案)》也由司法部起草完成。随之,全国各地的律师队伍、法律顾问处以及律师协会相继建立。[⑤] 其四,开展法制建设配套工作。法制宣传、法制教育以及法制队伍培养等工作逐渐开展,丰富了司法服务保障制度内容。

上述四个方面共同构成新中国成立之初司法服务保障制度的主要内容。

---

① 在《人民调解委员会暂行组织通则》颁布之前,我国很多地区都已经有了关于人民调解的制度实践。据不完全统计,从新中国成立到《人民调解委员会暂行组织通则》颁布之前,先后颁布过有关人民调解规范的有苏北、河北、平原、松江、甘肃、浙江、山东、云南、江西、新疆、内蒙古、武汉、天津等省、市、自治区,有的大区如东北人民政府、中南军政委员会、西南军政委员会也颁布过专门指示;人民调解组织也广泛建立起来,据不完全统计,截至1953年年底,华东区已有调解委员会约46000个,占全部乡数的80%;华北区的山西和河北,约1/3至1/2的县份建立了区村调解委员会或联村调解站;中南、西南的绝大部分地区处于大规模典型试验的阶段。韩延龙:《我国人民调解工作的三十年》,载《法学研究》1981年第2期。

② 《人民调解委员会暂行组织通则》颁布后,人民调解制度和实践迅速发展,到1954年12月,短短10个月时间,全国已有调解委员会约155100个。韩延龙:《我国人民调解工作的三十年》,载《法学研究》1981年第2期。

③ 1954年9月颁布的《中华人民共和国宪法》第76条规定:"人民法院审理案件,除法律规定的特别情况外,一律公开进行。被告人有权获得辩护。"同月颁布的《中华人民共和国人民法院组织法》第7条规定:"被告人有权获得辩护。被告人除自己行使辩护权外,可以委托律师为他辩护。"

④ 章武生:《中国律师制度研究》,中国法制出版社1999年版,第16页。

⑤ 至1957年6月,全国共建立了19个律师协会,800多个法律顾问处,有专职律师2500多人,兼职律师300多人。参见熊秋红:《新中国律师制度的发展历程及展望》,载《中国法学》1999年第5期;王福强、付子堂:《实践驱动:新中国律师制度研究70年》,载《山东大学学报(哲学社会科学版)》2019年第6期。

这一时期的具体举措呈现出下述特点：首先，此时期是中国政权创建和巩固、经济恢复时期，也是摧毁旧法传统、创建新法制的重要阶段，这使得法制秩序建构必然首先服务于这一时代要求。由此带来的结果是：尽管司法实践已经触及公共法律服务建设，但是这种结果并非经过理论验证的有意追求，而是各方面（尤其是法制建设）贯彻"为人民服务"理念所带来的附随结果。此时期法制建设者并没有明确的公共法律服务概念，但服务于"以人民为中心"和"为人民服务"理念的司法服务保障制度则蕴含了现代公共法律服务的精神。其次，旧有的阶级斗争范式贯穿于法制建设始终，强调法制的阶级属性，法制建设的任务就是消灭阶级敌人、摧毁旧法体系，由此也影响到公共法律服务体系建设。在法制宣传、法制教育以及法制队伍建设等方面，阶级斗争范式更是始终如一。1952 年司法改革和 1957 年的反右派斗争用新的法律观在实践层面和理论思想层面对旧法体系下的法律工作者进行法制教育，最终目的是彻底废除旧法体系。[①] 最后，尽管法制建设者在这一阶段并没有清晰明确地提出公共法律服务体系的概念，但是"为人民服务"作为政治系统中的原则和理念，已经开始逐渐渗入新中国成立之初国家各项建设事业之中，党的领导作为政治原则也有力地贯穿到法制系统等各种社会系统之中，有关法制建设的实践操作和司法理念为其后公共法律服务体系的建构提供了可资借鉴与吸取的经验和教训。

（二）逐步积淀时期（1978—2014 年）

党的十一届三中全会后，法制建设被重点强调，随着执政党政治决策的转变，法制秩序获得了巩固政权之外的实践价值。及至党的十五大提出"依法治国，建设社会主义法治国家"，强调依法治国是党领导人民治理国家的基本方略，中国法制建设发生质的改变。1999 年修订宪法，将法治与法治国家予以宪法确认。[②] 2012 年，党的十八大强调，要更加注重发挥法治在国家治理和社会管理中的重要作用，提出法治中国的命题，自此，法治中国成为主流的政治命题。此阶段，国家政治经济体制的改革以及对外开放政策的实施亟待法制的重新确立，复杂多样的经济社会也需要法制秩序的规范指引，各种因素的汇

---

① 赵晓耕：《70 年法治变迁：为法治现代化提供历史依据和借鉴》，载《人民论坛》2019 年第 31 期。

② 张文显：《中国法治 40 年：历程、轨迹和经验》，载《吉林大学社会科学学报》2018 年第 5 期。

聚促使社会主义法制(法治)建设步入新时期。此阶段公共法律服务概念仍未在顶层政治决策文件中出现,但毫无疑问的是:"基本公共服务均等化"已经成为此阶段政治决策层关注的重点内容。公共法律服务不仅是法制(法治)秩序建构中的重要命题,更是公共服务体系的重要组成部分,由此对基本公共服务内容的关注必然涉及公共法律服务体系建构。此阶段公共法律服务的发展情况,主要体现在下述几个方面:

其一,在法制与法治建设的历程中推动公共法律服务体系的构建。我国在政治决策转变到以经济建设为中心的同时,全面启动了立法以恢复法律秩序和社会秩序;与此同时,司法行政机关建制的恢复和改革保障了公共法律服务体系的发展。[①] 其二,基本公共服务中有关公共法律服务的内容逐渐明晰且扩大。为彻底贯彻法治理念,摒除法律虚无主义和法律工具主义的影响,国家倡导并开启全民普法活动,伴随着"行政主导+多方参与"模式下的全民普法活动,法制教育取得较大发展,也因此为公共法律服务体系的建构提供了较为充足的人力资源[②];法律援助制度在法律规范层面得以确认并进一步发展[③];市场化法律服务组织的兴起极大增强了社会层面法律服务的供给能力。以往基层法律服务所、律师事务所以及公证处等是国家机器的组成部分,随着市场经济体制建设的推进,它们转而成为市场体制中的一员。[④] 其三,基本公共服务均等化的推进,并未改变法律服务需求供给的非平衡状态。受城乡二

---

① 孙叶群:《司法行政权的历史、现实与未来》,法律出版社 2004 年版,第 57～59 页。

② 自 1985 年 11 月 22 日六届全国人大常委会第四次会议通过《全国人民代表大会常务委员会关于在公民中基本普及法律常识的决议》开始,时至今日我国已经先后制定 7 个"五年普法规划",至今这一规模浩大的法制活动仍然是公共法律服务体系的重要内容。

③ 1996 年,全国人大会议通过《刑事诉讼法》修正案,刑事法律援助制度首次在立法上予以确认;1996 年,全国人大常委会通过了《律师法》,法律援助制度得到了进一步确认;2003 年,《法律援助条例》颁布实施之后,我国法律援助制度体系初步建立,进入稳步发展期;2021 年 8 月 20 日,十三届全国人大常委会第三十次会议表决通过《中华人民共和国法律援助法》,自 2022 年 1 月 1 日起施行。

④ 2000 年 9 月,司法部发布《基层法律服务机构脱钩改制实施意见》,将基层法律服务所界定为提供法律服务的中介组织,列入清理整顿和脱钩改制的范围。由此开启了基层法律服务所实行"自主执业、自收自支、自我管理、自我发展"的自律性运行进程。与此相似,律师事务所、公证处等机构也在此前(1993 年)从国家机器的组成部分过渡为市场化的中介组织,而其从业人员也从"国家工作人员"转变为"职业者"。程维荣等:《新中国司法行政 60 年》,上海社会科学院出版社 2009 年版,第 15～16 页。

元结构的影响,城镇地区较之广大农村地区享有更丰富、更便捷的公共法律服务,基层农村则存在大量法律服务需求得不到满足的问题。其四,此阶段的公共法律服务体系实践受到多种因素的交织影响,伴随着市场经济体制的确立,国家力量与社会力量存在内在张力:在法律服务市场割据的表象之下,隐藏着行政壁垒等政治因素。此时期,诸多法律服务市场参与主体不是由司法行政机关直接管理,而是牵涉到多个在国家行政体制内非常强势的部委。① 此外,值得注意的是,这一阶段已经开始出现某些省市对公共法律服务体系建构的先行实践探索,为其后的制度发展提供了有益借鉴。②

　　此阶段公共法律服务体系建构与政治经济体制改革以及法制(法治)建设同步开展,呈现出如下特点:一方面,法制(法治)建设开始成为与政治经济建设和国家建设同等地位的一项内容,内置于法制(法治)建构中的公共法律服务体系建构开始成为法制(法治)建设的重要内容。与此同时,对公共法律服务体系建构的关注成为党和政府自觉努力的方向之一。③ “政府主导,自上而下”的权威主义建构模式,在该阶段有力地促进了公共法律服务体系的发展。另一方面,虽然公共法律服务概念还没有明确提出,但是随着基本公共服务的发展完善,内置于其中的公共法律服务的实质内涵、具体内容以及建构路径逐渐清晰明确,其自身的发展不再是法制(法治)建设大背景的附随结果,而成为党和政府自觉追求的结果。逐渐趋于清晰的概念、明确的制度内容等使得公共法律服务形成粗具逻辑理性的制度体系,这也为下一阶段的理性建构奠定了基础。

---

　　①　例如,原国家经济贸易委员会大力发展国有企业内部的法律顾问制度,原知识产权局垄断专利代理人的资格和考试,工商局(现在的市场监督管理局)批准设立了大量法律咨询公司,劳动局(现在的人力资源和社会保障局)、税务局甚至妇联都设有法律服务中心。刘思达:《失落的城邦——当代中国法律职业变迁》,北京大学出版社2008年版,第17页。

　　②　2011年11月,江苏省第十二次党代会明确提出“加快构建覆盖城乡的公共法律服务体系”,司法行政机关立足具体内容,鼓励各地探索实践形成各具特色的公共法律服务模式。

　　③　早在1994年,时任司法部部长肖扬已提出司法行政“大服务”的思想,力推律师制度、人民调解制度、公证制度等多项改革举措。同时,有实务工作者提出“司法行政两个体系”的概念,将司法行政工作抽象出“法律保障”和“法律服务”两个体系,其中,法律服务体系重点突破、优先发展律师、公证、基层法律服务等工作。梁德超主编:《司法行政两个体系理论与实践》,法律出版社1997年版,第8页。

(三)发展完善时期(2014年至今)

2014年,党的十八届四中全会通过的《中共中央关于全面推进依法治国若干重大问题的决定》揭开了依法治国的新篇章,中国的法治建设进入新的历史阶段。社会主要矛盾的转变在法治层面表现为人民群众对法治建设的期待与法治建设发展尚不平衡不充分的现状存在一定的差距。[①] 这些政策文件的出台以及理论论断的突破,为公共法律服务体系建构的发展完善提供了政治基础及理论环境。这一时期,公共法律服务概念正式在《中共中央关于全面推进依法治国若干重大问题的决定》这一中央决策文件中出现。与此同时,法律系统已经拥有与诸如政治系统等其他社会系统同等重要的地位,法治建设开始成为国家发展进程中的目的本身。概言之,此阶段法治自身成为目的,获得了较之以往完全不同的独立地位。这一思想理念的渐进转变对公共法律服务体系的发展产生了决定性影响。公共法律服务体系在历经孕育奠基时期和逐步积淀时期的基础积累后终于拥有了清晰明确的概念和相对完备的制度内容。

此阶段的公共法律服务体系建设呈现出较之以往显著不同的内容。其一,政策制度体系得以建立并为进一步完善公共法律服务体系建构的实践发展提供了良好的政治支持以及规范指引。《中共中央关于全面推进依法治国若干重大问题的决定》统括性地指出覆盖城乡、重在民生的工作重点,此后相继出台《公共法律服务事项清单》《公共法律服务网络平台、实体平台、热线平台融合发展实施方案》等诸多更为细化的政策文件,从服务内容、服务路径等具体层面为公共法律服务实践提供指引。其二,公共法律服务体系建构实践继续推进和完善。伴随着公共法律服务"三大平台"一体建设、服务内容不断扩大、服务获取方式进一步优化,公共法律服务的实践发展迎来新的局面。其三,公共法律服务的本体论和价值论在法治秩序中得到彰显。在政策实践和科学研究中开了关于公共法律服务的本体论和价值论探讨,对于明晰公共法律服务的性质、价值具有重要作用。其四,新的制度矛盾开始在公共法律服务体系建构中显现。例如,多元纠纷解决机制框架下,公共法律服务体系和诉讼服务体系在纠纷解决方面都面临着制度梗阻和运行机制不畅等问题。[②]

[①] 王利明:《新时代中国法治建设的基本问题》,载《中国社会科学》2018年第1期。

[②] 杨凯:《论公共法律服务与诉讼服务体系的制度协同》,载《中国法学》2021年第2期。

公共法律服务体系呈现出较之以往不同内容的同时,也显现出明显不同的特点。一方面,公共法律服务体系建设在顶层制度设计中被首次明确。《关于加快推进公共法律服务体系建设的意见》《关于加快推进司法行政改革的意见》《关于深入推进公共法律服务平台建设的指导意见》等顶层设计将一系列的政策制度逐步确定下来。公共法律服务体系在政策的支持和实践的推动下形成了自己的体系,包括以政策制度设计为核心的制度体系,以实践中理性建构为核心的实践体系,以价值理念为核心的理论体系。[①] 三种体系共同内置于公共法律服务体系,其中,制度体系提供政治动力支持,实践体系在"自上而下＋自下而上"的模式下发展[②],理论体系则是公共法律服务体系的价值理念及其内涵演变。另一方面,该阶段对公共法律服务的探讨不再仅仅局限于其自身,而是将其内置于多元纠纷解决机制中进行阐释。此前对法治秩序中公共法律服务体系的探讨建立在下述潜在命题之中:公共法律服务体系并不具有独立于其他系统的地位,其具有的是附属地位。此阶段的探讨则是明确建立在公共法律服务体系具有独立地位的前提下,这一改变对于公共法律服务体系建构具有决定性影响,由此,我国公共法律服务事业进入了大发展的阶段。

二、理论逻辑:经验描述与规范指引的观念体系

我国公共法律服务体系的建构与发展既需要基于特定社会背景的历史经验积累,更离不开基于现代理性的理论反思与创新突破。内置于法治秩序建构中的公共法律服务体系在享有独立地位的同时,也具有自己独特的理论逻

[①] 具体而言,制度体系由涵盖公共法律服务总体规划、平台建设、工作指引、事项清单等方面的制度要素构成,是将各项工作"制度化"的结果;实践体系是国家、地方在服务机制、服务供给、服务保障方面进行积极探索的有益尝试;理论体系则涉及对公共法律服务的概念界定、价值考察等内容。

[②] "自上而下"模式指公共法律服务体系建设以国家统筹推进、地方积极探索为重要特征,例如在中共中央办公厅、国务院办公厅发布《关于加快推进公共法律服务体系建设的意见》后,云南、江西、河南等省份相继出台具体的配套实施办法进行落实;"自下而上"模式指公共法律服务的地方实践工作中能够积累大量鲜活素材,发现真问题真诉求,对政策体系与理论体系形成有效反馈,如地方公共法律服务的特色举措为上层制度设计和改善提供了经验性资源。两种模式不断交互,从而形成政策与理论指导实践,实践为政策与理论的改进提供经验支持的良性循环。后文将对此展开详述。

辑。理论逻辑的阐释关涉到公共法律服务的概念体系、公共法律服务的内容体系、公共法律服务的价值体系，它们可以分别凝练概括为公共法律服务体系建构关涉的三个命题，即概念命题、内容命题、价值命题，这三个命题由是什么、有什么、追求什么三个层次共同构成对公共法律服务体系建构的理论阐释。

(一)概念命题

公共法律服务的具体实践内容，自新中国成立以来便处于不断发展变化之中，但公共法律服务概念的理论界定，则稍显滞后。概念命题的主要内容是阐明"公共法律服务"的概念内涵，也就是对"什么是公共法律服务"这一问题的理论反思。对于这个问题的回答，既需要回溯公共法律服务及其相关概念的内涵演变历程，也需要考察不同时代不同社会背景下作出的独特理论建构。

"公共服务"是公共法律服务的上位概念，对公共法律服务概念的阐释必须以公共服务概念的阐释为前提。狄骥指出，任何因其与社会团结的实现与促进不可分割，而必须由政府来加以规范和控制的活动就是一项公共服务。[①]狄骥对公共服务概念的界定涉及两个关键因素——政府控制和社会团结。进言之，狄骥界定的公共服务概念关涉到强制性公权力和社会利益两个因素[②]，这两个因素同样在公共法律服务内涵的界定中扮演着关键角色。

我国学界对公共服务的概念已展开了诸多有益的学术探索。当前，学界对公共法律服务概念大多从政策文本角度出发进行界定，且对公共法律服务内涵的界定主要围绕"公权力"和"社会功能/社会利益"两个核心因素展开。"公权力"因素强调司法行政机关是提供公共法律服务的关键主体，因为"提供公共法律服务是一项国家义务，国家是公共法律服务的责任主体，其通过行使公共权力，提供公共配给来维护和促进公共利益"[③]；"社会功能/社会利益"因素则强调公共法律服务体系建构的目的是满足人民法治需求进而促进社会发展。论及公共法律服务的基本特征，有学者认为我国公共法律服务体系的基

① [法]莱昂·狄骥:《公法的变迁》，郑戈译，中国法制出版社 2010 年版，第 33 页。

② 需要注意的是，即使在狄骥定义的公共服务概念中政府控制因素得到强调，但在新公共管理运动的兴起浪潮中，社会端的多元化供给也同样不容忽视。刘玉姿:《政府购买公共服务立法研究》，厦门大学出版社 2016 年版，第 66 页。

③ 宋方青:《公共法律服务的科学内涵及核心要义》，载《法制日报》2019 年 7 月 12 日第 2 版。

本特征包括公平性、公共性、公益性、均等性、便利性以及基本性；[①]也有学者认为公共法律服务体系除包括公共性、公益性、均等化以及基本性外，还包括常态化、保障性以及正义性三个特征。[②] 但是，上述对于公共法律服务体系特征或者是核心要义的阐释采取的是"外部视角＋法律服务供给者"方式，这种阐释方式尚未能全面阐明公共法律服务自身的性质。

在采取上述方式的同时，还应该结合"内部视角＋法律服务需求者"的阐释方式，即从公共法律服务需求者(人民)的角度出发，明确人民法治需求的具体内容，以此阐释公共法律服务的特征或者是核心要义。"内部视角"强调分析法律服务需求者自身对法律服务的"真正需求"和"内心接受"，更加切实关注其自身真正的对法律服务的需求，从而摆脱外部视角下对法律服务需求者主体性的忽略，因此，采用这种方式进行阐释，"人民性、公平性、现代性"当为我国公共法律服务的核心要义，"公共性、法律性、服务性"是我国公共法律服务的基本特征。[③]

从需求者角度继续推演，公共法律服务同时还应该具有可接受性以及可选择性。可接受性意味着，要从法律服务需求者角度考虑公共法律服务的提供。[④] 相关责任主体所提供的公共法律服务必须实质上满足人民需求，其所提供的法律服务不能仅仅是形式上的，还必须是一种实质正义与形式正义相结合的公共法律服务。[⑤] 可选择性则关涉到公共法律服务资源的供给，在充足的法律服务资源供给前提下，人民群众拥有选择权，即结合其切身需求和意愿进行自由选择的权利，由此才能符合公共法律服务的核心要义和指向。

所以，公共法律服务体系的概念界定应该从内部与外部、提供者与需求者多个角度出发，兼顾法律、服务的专业话语以及人民、公平的价值话语，从而在

---

① 杨凯、韩秋林：《现代公共法律服务体系建构的基本逻辑》，载《法治论坛》2020 年第 3 期。

② 刘炳君：《当代中国公共法律服务体系建设论纲》，载《法学论坛》2016 年第 1 期。

③ 宋方青：《公共法律服务的科学内涵及核心要义》，载《法制日报》2019 年 7 月 12 日第 2 版。

④ 可接受性(acceptability)是评价公共服务体系与受众之间"适合度"的重要指标，这一指标在公共法律类服务领域中也关系着提供服务的最终实效。王前、吴理财：《公共文化服务可及性评价研究：经验借鉴与框架建构》，载《上海行政学院学报》2015 年第 3 期。

⑤ 正义价值的实现是公共法律服务的重要目标之一。杨凯等《公共法律服务学导论》，中国社会科学出版社 2020 年版，第 72 页。

底层逻辑层面为公共法律服务的健康发展提供更加贴合社会与人民的概念指引。

（二）内容命题

公共法律服务体系建构的内容命题，即公共法律服务体系理性建构的具体内容——在公共法律服务核心概念的统摄之下，具体采取何种措施进行制度实践内容的整体建构。内容命题需要回答的是"公共法律服务有什么"这一更加具有实践导向的现实问题，既需要微观地考察与阐释公共法律服务体系内部的建构方案，更需要运用宏观的视角去分析处于社会各系统间的公共法律服务体系与其他领域的边界与分工。

针对内容命题，学者从不同角度展开论述。有学者主张公共法律服务体系建构的具体内容应以服务内容为核心，平台架构为渠道，总体政策、人才培养、资源供给、实效评鉴为支撑。① 也有学者指出，基于农村公共法律服务特点，应当在区分城乡差异、合并同质的前提下，构建公共法律服务在区位因素上的整体框架；② 另有学者在对上海市×区公共法律服务项目进行实证研究的基础上，指出公共法律服务在科层整合、市场经纪、技术治理三大机制方面的耦合有助于推进新时代城市社会治理。③ 这些针对公共法律服务体系内容命题的阐释基于内部和微观双重视角，即从公共法律服务体系自身出发阐明其体系内容，从微观视角提出公共法律服务体系建构的具体方案。在展开上述视角下内容命题阐释的同时，也有学者基于学科交叉角度，从指导思想、公权力权能界限、知识社会化以及奖惩机制四个方面分别对公共法律服务体系建构的前置预设和深层逻辑进行探讨，力图为其理论构建和实践操作提供一定参考。④

上述阐释公共法律服务体系建构的具体举措虽已囊括了诸多方面，但是

---

① 杨凯、张怡净：《论公共法律服务体系建构的法学理论构架基础》，载《南海法学》2020 年第 4 期；杨凯、韩秋林：《现代公共法律服务体系建构的基本逻辑》，载《法治论坛》2020 年第 3 期。

② 陈朝兵：《农村公共法律服务：内涵、特征与分类框架》，载《学习与实践》2015 年第 4 期。

③ 戴康：《城市社会治理中的公共法律服务》，载《上海交通大学学报（哲学社会科学版）》2021 年第 4 期。

④ 徐尚昆：《推进公共法律服务体系建设的理论探讨》，载《中国特色社会主义研究》2014 年第 5 期。

这些具体举措所立基的视角仍可进一步扩展。在公共法律服务体系建构的具体举措之外,内容命题不仅要指出其背后隐含的是对法治系统自主性的坚持,更要将公共法律系统置于社会整体系统中进行审视。当然,新近研究成果已经开始着眼于法治系统内部考察公共法律服务体系与诉讼服务体系之间的交互模式与未来发展,[①]但仅基于法治系统内部进行阐释,仍不能完全阐明内容命题的具体内容。

在法治系统内部阐释的基础上,还应将公共法律服务体系建构置于整体社会结构中,考察其与政治、经济以及文化等其他社会系统之间的关系。这种角度考察主要是阐释其他因素对公共法律服务体系建构产生的影响,以及其他系统与公共法律服务体系建构的协调发展模式。结合前述历史逻辑的阐释,可以发现公共法律服务体系经历了内置—独立—回归的过程。在孕育奠基时期以及逐步积淀时期并没有出现独立的公共法律服务系统,公共法律服务系统更多是以司法服务保障和基本公共服务组成要素的角色出现的,整体来说其是"内置"于其他系统建构之中。发展完善时期,公共法律服务从基本公共服务组成要素的角色中脱离出来,此时对于其内容命题的研究,更需要将公共法律服务体系与其他社会系统并列对照,发掘独有的实践特性与理论价值,以一种更加宏观的视角来看待这个仍处于完善成长时期的新兴体系。析言之,在目前内部与微观的研究基础之上,通过对公共法律服务体系进行宏观的、外部的观察,总结公共法律服务体系的特殊性,厘清公共法律服务体系在社会整体层面上与政治系统、经济系统的交互模式与影响路径,判别公共法律服务体系在法治系统内与司法系统、执法系统的功能异同,并且探索这些体系之间的协作机制,是公共法律服务内容命题方面进一步研究的重点。

总而言之,对于公共法律服务内容命题的探讨,既需要内部的、微观的体系建构,通过对公共法律服务本身的审视来完善、丰富其具体内容,也需要外部的、宏观的观察,以比较体系异同、探索互动机制的方式,进一步明确公共法律服务体系的系统边界与独立地位。

(三)价值命题

价值命题关涉到公共法律服务体系建构的价值理念基础。与概念命题、内容命题相关联,价值命题需要明确的是,前述概念与内容的建构是在何种理

---

① 杨凯:《论公共法律服务与诉讼服务体系的制度协同》,载《中国法学》2021年第2期。

念统摄之下进行的。唯其存在受到人民认可的、正当的理念指引,才可能使制度的建构与发展符合现代法治的基本要求。① 我国公共法律服务体系建构的价值论基础包括人权保障理念、服务型政府理念以及良法善治理念,这三种理念并非天然地内置于公共法律服务体系之内,而是历经价值理念的不断演进而成。

首先,人权保障理念是公共法律服务体系建构的首要价值理念基础。早在 2002 年便有研究者指出,社会主义国家的实践起点与归宿,应是保障人权。② 2004 年宪法修正案更是将保障人权的内容直接写入正文,将人权保障提升到了宪法规范的高度,③奠定了人权保障的宪法基础。为人民服务、人民司法、以人民为中心等诸多理念都是我国践行人权保障的具体彰显。新时代背景下,在法律框架下为人民权益提供合理保障是全面推进依法治国的终极目标。公共法律服务体系建构是全面依法治国的重要内容,与全面依法治国的根本目的具有同一性。公共法律服务体系的服务性、公平性以及人民性等诸多核心特征,加之逐渐努力践行的均等性、普惠性等实践目标,既是社会功能等概念命题中的关键要素在公共法律服务体系概念建构中的主要表现形式,更是保障人民利益的具体体现,是人权保障的宪法理念在公共法律服务体系建构方面的映射。

其次,公共法律服务体系建构过程中始终践行着服务型政府理念。提供公共法律服务的关键主体是公权力机关,"公权力"是公共法律服务概念的一个核心因素,其在价值命题的表现就是服务型政府理念在公共法律服务体系建构中的贯彻。④ 历史逻辑的阐释表明:管制型政府模式秉持"政府本位"的治理理念,必然造成公共行政效率低下等诸多弊端,为满足改革发展和人民需要,政府职能应当摒弃传统的管制型政府定位,向服务型政府转变,必须努力

---

① 有学者从政府行为异化的角度对购买公共法律服务的实践困境进行分析,从中可以看出正确理念指引对于法治实践的不可或缺。张怡歌:《政府购买公共法律服务的异化与法治化破解》,载《法学杂志》2019 年第 2 期。

② 李步云、邓成明:《论宪法的人权保障功能》,载《中国法学》2002 年第 3 期。

③ 韩大元:《宪法文本中"人权条款"的规范分析》,载《法学家》2004 年第 4 期;焦洪昌:《"国家尊重和保障人权"的宪法分析》,载《中国法学》2004 年第 3 期。

④ 服务型政府理念的提出本质上是为了整肃公权力被构建出来的原始动机,也是从观念层面进行控权的重要思路。[美]珍妮特·V.登哈特、罗伯特·B.登哈特:《新公共服务:服务,而不是掌舵》(第三版),丁煌译,中国人民大学出版社 2016 年版,第 92 页。

构建具有中国特色的公共服务型政府。① 服务型政府是对传统管制型政府模式的根本变革，这种模式坚持公民本位和社会本位理念，其重心是向社会提供公共服务，在引导公民有序参与公共生活的同时，构建公权力机关与公民之间基于理性商谈的新型交互关系。② 服务型政府所坚持的"公民本位"和"社会本位"与公共法律服务体系概念命题的两个核心要素契合，因此，在公共法律服务体系建构过程中秉持服务型政府理念，是对公权力机关的自我要求，也是公众对公共法律服务提供者的期待。坚持以人为本，以提供丰富完善的公共法律服务为使命，形塑政府与公众之间新型的公共法律服务互动关系，成为公共法律服务体系建构的应有之义。

最后，良法善治理念自始至终贯穿于公共法律服务体系建构的全过程。我国法治建设已经进入新的历史阶段，法治理念的革新是新时期法治建设不可或缺的观念基础。"良法善治是贯穿习近平法治思想的一个重要主题，它既是中国全面推进依法治国伟大实践的智慧结晶，也是加快建设社会主义法治国家的基本价值追求。"③公共法律服务体系的提出与实践，本身便是对良法善治理念的贯彻落实。在概念上坚持需求者角度的人民性，在内容上追求相应的社会效益，在运行中保证服务型政府的角色定位，在实践中注重弱势群体的服务均等化。公共法律服务体系在调节社会矛盾、关注社会公平的功能方面，均体现着良法善治的价值遵循。

价值命题所关涉的人权保障理念、服务型政府理念以及良法善治理念三者相互关联，其统摄下的公共法律服务体系建构内置于全面依法治国的历史进程中，必助力于实现全面依法治国的根本目的。在历史命题与理论命题的支撑之下，我国公共法律服务的实践发展呈现出成果与隐忧并存的局面。

三、实践逻辑：实践创新与普惠均等的发展路径

公共法律服务体系建构与中国法治实践互融共生，它既是中国特色社会主义法治建设取得重要成就的反映，也进一步丰富和推动了中国特色社会主

---

① 李清伟：《论服务型政府的法治理念与制度构建》，载《中国法学》2008年第2期；蒋银华：《政府角色型塑与公共法律服务体系构建——从"统治行政"到"服务行政"》，载《法学评论》2016年第3期。

② 施雪华：《"服务型政府"的基本涵义、理论基础和建构条件》，载《社会科学》2010年第2期。

③ 宋方青：《习近平法治思想中的立法原则》，载《东方法学》2021年第2期。

义法治事业的发展。如前所述,"公共法律服务"概念直到 2014 年才正式在中央决策文件中出现,但服务于人民的公共法律服务实践事实上一直伴随着中国法治建设的历史进程。公共法律服务体系的制度现实体现了其与中国法治实践互融共生的耦合关系,也反映出竭尽全力地推进依法治国的时代特性。服务于法治实践是公共法律服务体系建构与发展的根本性逻辑。

(一)横纵立体的制度架构与创新实践

新时期背景下的公共法律服务体系建构是在国家政策推进和地方自主驱动相结合的模式下孕育和发展起来的,即在顶层制度设计不断深入和相关政策不断完善的过程中,辅之以地方的区域特色试行而发展起来的。[①]

2014 年出台的《中共中央关于全面推进依法治国若干重大问题的决定》开创性地宣告,全面推进依法治国需要建设全国范围内的体系完备、覆盖城乡居民的法律服务系统。2017 年,国务院出台的《"十三五"推进基本公共服务均等化规划》确定基本公共服务的内容应囊括公共法律服务,其中基本公共服务的普惠性、保基本、均等化、可持续发展方向,也应成为公共法律服务工作的重点任务。2019 年,中共中央办公厅、国务院办公厅共同出台了《关于加快推进公共法律服务体系建设的意见》,在原有规划的基础上进一步提出覆盖城乡、便捷高效、均等普惠的要求,明确了基本公共法律服务和多元化专业化的公共法律服务,并在提高管理效率、加大保障力度和加强组织领导方面作出指示。2020 年 12 月,中共中央印发了《法治社会建设实施纲要(2020—2025 年)》,将"为群众提供便捷高效的公共法律服务"列为加强公民权利保护的重要内容,将公共法律服务的供给实效明确为考察法治社会建设成效的重要指标。

此间,司法部将运用现代信息化技术打造服务平台作为新时期公共法律服务现代化建设的重要抓手,先后发布了公共法律服务信息化建设的发展规划、建设指南和多项技术规范。2017 年《司法部关于"十三五"加强残疾人公共法律服务的意见》通过对特殊群体的倾斜保护,进一步扩大公共法律服务覆盖面。随着基层政务公开的标准指引与服务事项清单的出台,公共法律服务体系建设在改进管理体制和工作机制的方向上继续推进。而司法部与人社部共同出台的《关于深化公共法律服务专业人员职称制度改革的指导意见》,则

---

① 在梳理我国公共服务建设的中国实践时,有学者将八项中央实践以及六项地方举措及成就分列,也与笔者考察结果暗合。杨清望:《公共服务法治化研究》,中南大学出版社 2020 年版,第 69 页。

从人员保障的角度为公共法律服务的良性发展保驾护航。[①]

除了自上而下的顶层设计推进公共法律服务体系建设之外,地方政府对于顶层政策的理解与具体制度的试水推进,形成地方自主驱动的地方经验试点与模式探索。在中央层级给出总体指示后,各地纷纷响应,研究出台更加符合地域发展情况的地方特色公共法律服务模式。(见表1-1)

表1-1　各地公共法律服务创新模式

模式分类	核心节点	主要内容	类似城市
北京模式	"四四六"模式	四大平台、四级网络、六大民生工程	德阳市
深圳模式	500米公共法律服务圈	深圳市光明区以500米为半径建设公共法律服务中心、公共法律服务工作站、公共法律服务工作室、公共法律服务点	重庆市高新区
厦门模式	法律服务集聚区	建设集多种功能于一体的综合性法务中心和法务创新实践中心	成都市
成德眉资模式	都市圈法律服务同城化	加强四地公共法律服务工作的优化协同、规划联动、政策对接	
杭州模式	功能完备的法律服务频道	将各类项目打包"进驻"支付宝,将政府购买的公共法律服务项目通过支付宝城市服务向社会投放	上海市
山东、湖北模式	地方立法推进	出台《山东省公共法律服务条例》《湖北省公共法律服务条例》	厦门市

资料来源:笔者根据各官方平台发布的政务资讯整理制作而成。

部分地方从现有的公共法律服务资源入手,着重统筹调整区域内的资源分布。例如北京的"四四六"模式[②],将多个平台和各级政府的责任明晰、功能

　　① 在针对公益律师群体的访谈研究中,受访律师普遍认为,建立公益法律人才培养长效机制,才是保证服务供给的治本之道。周晓霞:《僭越与规范:我国公益律师群体形成机制研究》,法律出版社2016年版,第210页。
　　② "四四六"模式,即"实体、网络、热线、项目"四大平台,"市级、区级、街道(乡镇)级、社区(村)级"四级网络,"法治宣传育民工程建设、法律服务利民、人民调解为民、矫正帮教安民、法律援助惠民、视频会见便民"六大工程。

框定。与注重区域总体规划的北京模式异曲同工,深圳模式从公共法律服务的地理区位分布入手,合理分配公共法律服务资源,在物理空间层面上向公共法律服务便捷化靠近了一大步。厦门经济特区在《厦门经济特区公共法律服务条例》中首创性地写入法律服务集聚区条款,探索构建集法律服务、社会宣传、理论研究、法治教育、智慧法务、文化交流等功能于一体的综合性法务创新实践中心。[①] 成德眉资模式着眼于跨行政区域范围的联动协同,着力提升同城城市圈的公共法律服务共建共享水准。杭州模式在网络平台上深入创新,利用信息化技术平台拓展公共法律服务的投放渠道,在不增加民众负担的前提下将公共法律服务的各类项目植入民众常用的网络平台中,拓宽了法律服务产品的获取渠道。在拓展法律服务地方发展新路径的同时,山东、湖北等地通过地方立法的形式将中央层级的指示予以细化,形成了具有地方特色的公共法律服务条例[②],在强调公共法律服务建设重要性的同时,也为下一阶段的建设提供具体指引和制度保障。

实践中,各地依据本地区客观条件,在深入推进公共法律服务供给端改革的同时,逐步探索建立公共法律服务的"区域化"、"分类化"以及"专门化"[③]制度体系,针对不同区域(农村、城市开发区、高新区、粤港澳大湾区等)以及不同群体分别供给满足其需求的公共法律服务产品,为各类主体享受公共法律服务提供了更为便利的条件和具体措施。[④] 与此同时,各地政府通过出台相关政策文件,充分发挥互联网数字技术、AI智慧平台等科技手段在法律服务需求判断与发现、均衡配置具体法律服务资源等方面的优势,形成诸如"数字技术+公共法律服务""互联网+公共法律服务"等新型公共法律服务模式。[⑤]

[①] 《厦门经济特区公共法律服务条例》第33条。

[②] 《山东省公共法律服务条例》于2020年9月25日审议通过,自2021年1月1日起施行;《湖北省公共法律服务条例》于2020年11月27日审议通过,自2021年3月1日起施行。

[③] "专门化"方面,珠海市在探索涉外公共法律服务作了有益的探索,吴轶等主编:《珠海法治发展报告No.4(2022)》,社会科学文献出版社2022年版,第241页。

[④] 如2009年由司法部、共青团中央发起的"1+1"法律援助活动,针对中西部地区法律资源严重短缺的地方,进行专项法律援助,在体现公共法律服务普惠性之外,也体现出针对特殊区域、特殊需求的专门供给。樊崇义等编:《中国法律援助制度发展报告No.1(2019)》,社会科学文献出版社2019年版,第16页。

[⑤] 如武汉市司法局制定实施的《公共法律服务实体平台管理和服务规范》,对网络平台的服务形式作出详细规定。

第一章　公共法律服务的理论与实践

在上述举措同步实施的推动下,力求实现公共法律服务资源的均衡配置。

上述地方实践的实例,体现出地方政府在利用区位优势、整合当地资源、细化落实政策等方面作出的创新性贡献,其中优秀模式的经验推广,成为进一步完善与发展公共法律服务体系的可行路径。

（二）供需交互的优化路径与未来展望

伴随着中央的顶层规划与地方的制度尝试,公共法律服务主体服务内容叠加相关配套措施的制度框架已基本落实。司法部印发的《全国公共法律服务体系建设规划（2021—2025 年）》锚定了未来五年全国公共法律服务体系建设的总体规划,并给出了 2035 年基本建成现代公共法律服务体系的远景目标。《全国公共法律服务体系建设规划（2021—2025 年）》中的细化项目大致可分为总体指引、具体要求和配套保障三个部分,其中既包括公共法律资源均衡配置、服务渠道有效覆盖的基础规划,也囊括了提高社会整体法治素养、强化人才培养与组织保障等配套措施。值得注意的是,《全国公共法律服务体系建设规划（2021—2025 年）》在"十四五"时期公共法律服务工作主要指标中提出 25 项指标,在其中 7 项约束性指标中,保证经费预算、保证服务机构的大范围建成与各大平台的搭建占了 6 项。可以看出,在"十四五"时期内,强化公共法律服务资源供给和形成合理高效的信息交互模式仍然是目前阶段的核心任务,也是实现 2035 年远景规划的重要前提。

若要让公共法律服务体系的整体布局落地生根,从顶层规划中走向社会现实,进一步使其融入公民的生活循环,则需要重点突破"社会需求缺口—政府供给无力"的服务资源错配这一核心困局。[1]《全国公共法律服务体系建设规划（2021—2025 年）》直接指出,目前仍然存在的问题主要集中在供给机制、区域差异、行政失位等方面。若要进一步优化公共法律服务体系的实践状况,则必须在供给端与需求端的合理交互之中走出一条符合我国国情的优化路径,并且坚持公共法律服务体系作为公共服务与法治实践交叉之下特有的均等普惠理念与现代法治理念。

首先,在公共法律服务体系的供给端需要解决资源供给不足和错配的问

---

[1]　有学者在分析司法诉讼制度面临的基层社会治理难题时,其视角与社会需求—治理资源这一分析思路近似,反映出法治系统在解决社会治理难题时遇到的资源错配现象具有一定的普遍性。杨凯等:《公共法律服务体系建构新视野》,中国社会科学出版社 2020 版,第 2 页。

题。虽然公共法律服务体系建设的基本框架几近完备,且历史经验、优秀范例不在少数,但仍要抓住"开源节流"这一供给端的核心任务。开源方面,需要在政策资源以及人才培养上下功夫,只有在保证投入资源总体足够的情况下,每一层次的公共法律服务体系才能够正常运转。制度性的政治力量是公共法律服务建构的主体和基础力量。[①] 我国国体和政体的显著优势和制度效能之一就是能够集中力量办大事。实践中,各地必须在坚持党委领导的前提下,整合司法行政、人力社保、财政等部门以及行业协会等社会团体在内的各方参与主体,协调解决公共法律服务工作中的重要问题。《全国公共法律服务体系建设规划(2021—2025年)》将"法律援助经费纳入本级政府预算率"作为"十四五"时期公共法律服务工作的约束性指标,足以说明公共法律服务经费保障制度的确立和完善的重要性。从地方实践来看,以青海、广东等为代表的省份按照"事权与支出责任相适应"的划分原则,通过印发经费保障意见或出台专项经费管理办法的形式,将公共法律服务体系建设经费纳入本级政府预算,形成制度性保障的先进做法值得推广。[②] 同时,在服务资源投入端应加强社会合作水平,积极引入社会资源并规范引导,通过积极引导社会以及市场等主体的有序参与,拓宽社会各界参与渠道,进而充分发挥各社会主体、市场力量在法律服务产品供给及配套制度完善等方面的优势作用。最终实现在制度框架内公共法律服务的多元化多层次供给,形成以制度性政治力量为主,社会多方共同参与的公共法律服务供给立体格局。

其次,在社会需求端应形成更加合理、便捷的公民政府交互模式。应利用现代信息技术打造的网络服务平台模式,拓宽社会需求端的意见表达与信息传递渠道,为较为集中的社会需求提供更具针对性的公共法律服务。在明确社会需求、增强信息交流的过程中,相关综合配套服务体制机制需要进一步发展完善。司法部等部门的系列指导文件[③]直接指出,只有将包括"三大平台"一体建设在内的诸多公共法律服务配套措施逐步落实,建成功能互通、高效联

---

① 政府在公共服务的供给中具有明显的优势,主要体现在规模性、强制性与公平性。李军鹏:《公共服务学——政府公共服务的理论与实践》,国家行政学院出版社2007年版,第78页。

② 青海省财政厅、省司法厅、省发展改革委联合印发的《关于公共法律服务体系建设经费保障意见》以及广东省发布的《广东省社会治理专项资金(公共法律服务)管理办法》。

③ 参见《关于加快推进公共法律服务体系建设的意见》《公共法律服务事项清单》《关于深入推进公共法律服务平台建设的指导意见》等。

动的一体化公共法律服务平台,才能为人民群众提供高度共通互容的公共法律服务。供给端通过与社会需求端的合理信息交流,才可获悉本区位中建设公共法律服务体系所特有的社会环境,在接受顶层规划的指导、学习优秀范例的同时,因地制宜地设计出更加贴合本区位的公共法律服务内容与交互模式,从而实现公共法律服务资源的合理规划与精准投放,做到真正的"开源节流"。

前述优化路径无论是保证供给、强化经费管理,还是搭建信息化平台,都需要大量的资源投入,而目前的优秀范例大都集中在具有较高管理水平与资源供给的区域中心城市,在县、乡级别的区域仍然需要进一步落实基本公共法律服务框架。《全国公共法律服务体系建设规划(2021—2025年)》将县、乡两级公共法律服务中心(站)建成率与县级以上法律援助机构建成率划入约束性指标,并着重划定了5个专项指标对基层公共法律服务工作提出要求①,体现出重视基层、保证普惠均等的顶层设计理念。所以,围绕服务乡村振兴战略,有效拓展城镇公共法律服务向农村地区辐射的方式和途径,创新政策帮扶、财政倾斜、人才援助等资源流通形式,形成空间层面上的公共法律资源投入的均等有序,是目前阶段实现公共法律服务普惠性的又一路径。

新时代背景下,法治成为建设中国特色社会主义的关键词,倡导法治、践行法治以及实现法治理想成为国家治理中各项制度得以开展的前提和内在发展动力,中国新时代的法治建设也以习近平法治思想为根本遵循,迈入新的阶段。从新中国成立初期便开始积累实践经验的公共法律服务体系在经历三个时期的历史发展后,获得了独立的体系定位,形成了相应的概念内涵、制度内容与理念追求等体系架构。公共法律服务体系的建构不仅是实现全面依法治国的题中应有之义,更是宪法秩序下落实人权保障理念的必由之路。

---

①　其中明确指向基层的指标包括"县、乡两级公共法律服务中心(站)建成率""乡村'法律明白人'配备率""村(社区)法治文化阵地建设普及率""全国村(居)配备法律顾问的比率""村(社区)、乡镇(街道)人民调解委员会覆盖率"五项预期性指标,此外仍有"每万人拥有律师数""每十万人提供法律援助量""每十万人拥有公证员数""专职人民调解员数量占人民调解员总数比例"四项以人口数量为基准的,体现普惠性的统一指标。

第三节 基本公共法律服务的供给侧结构性改革①

基本公共法律服务是推进全面依法治国的重要基础工程,是满足新时代人民对美好生活需要的重要保障。作为一项公共服务,供给、需求以及二者之间的均衡问题是基本公共法律服务体系建设的核心内容。《全国公共法律服务体系建设规划(2021—2025年)》提出,"坚持改革创新,推进法律服务业供给侧结构性改革,厘清政府权责边界,动员社会力量有效参与公共法律服务建设,增强服务总体供给能力水平",并于2035年基本实现基本公共法律服务均衡发展的战略目标。可见,深化供给侧结构性改革是实现基本公共法律服务均衡发展的关键环节和重要依托。新时代应对基本公共法律服务供给侧存在的问题,关键是在供给侧结构性改革理论的基础上,通过系统诊断供给层面存在的突出问题,提出适应社会政治经济发展的时代要求、满足人民群众动态法治需求的改革路径。

一、基本公共法律服务供给侧结构性改革的意涵及指向

基本公共法律服务是指由政府主导提供,基于一定的社会共识,并与经济社会发展水平和阶段相适应,在公共法律服务中选取,旨在保障全体公民生存和发展基本法治需求的纯公共服务和能够实现普惠性的准公共服务。基本公共法律服务供给层面结构性问题的系统性应对,首先需要明晰供给侧结构性改革的意涵及其应有指向。

(一)基本公共法律服务供给侧结构性改革的意涵

2015年习近平总书记首次提出"供给侧结构性改革",这是应对经济进入新常态而提出的重要举措,更是马克思主义时代化中国化的重要成果。新常态是中国经济增长速度进入阶段性回落的概括描述。此时,供给与需求之间的内在张力成为掣肘中国经济发展的重要因素:产能过剩问题制约着经济转

---

① 原刊《东南学术》2023年第1期。

型,满足市场需求的低端产品过剩、高端产品产能不足。① 国家需要从供给侧出发,通过全要素生产率提高、资源配置市场导向、经济发展方式转变、治理价值理念革命等方面的改革,系统应对我国经济发展的结构性问题。② 早期供给侧结构性改革的提出,旨在通过政府的宏观调控和市场的微观调整,优化供给体系,提升供给效率,应对经济领域存在的私人产品供应过剩、生产结构落后的不合理问题。

但是,基本公共法律服务属于基本公共服务,有别于私人产品。基本公共服务在供给领域存在的显著问题不是产能过剩,而是供需匹配和供给结构问题。③ 基本公共法律服务的供给侧结构性改革不能简单套用市场经济领域的具体调控策略,而应当适用供给侧结构性改革的整体思路。供给侧结构性改革的整体思路坚持系统思维和问题导向④,通过有效市场营造和有为政府建设,系统应对私人产品供给层面存在的问题。有效市场和有为政府的塑造实质上是重塑市场和政府的定位和功能,调整二者之间的互动关系。因此,基本公共法律服务供给侧结构性改革是指从基本公共法律服务供给侧出发,为了扩大有效供给,提升供给结构对公民生存和发展基本法治需求的适应性和灵活性而推进的改革应当是根植于我国经济社会发展实际,运用系统性思维,有机整合基本公共法律服务涉及的多种供给途径,应对供给侧存在的结构性问题。

（二）基本公共法律服务供给侧结构性改革的应有指向

基本公共法律服务供给侧结构性改革的总体思路是:运用系统思维,对基本公共法律服务供给领域进行结构性调整,从而应对供给层面存在的问题。

第一,践行服务型政府,是深化推进基本公共法律服务供给侧结构性改革的应有理念。

① 张衔、杜波:《供给侧结构性改革的理论逻辑和本质属性》,载《理论视野》2021年第5期。

② 曹芳、陆卫明:《供给侧结构性改革研究谱系——概念厘定、理论旨趣与实践创制》,载《现代经济探讨》2016年第8期。

③ 熊兴、余兴厚、王宇昕:《推进基本公共服务领域供给侧结构性改革的路径择定》,载《当代经济管理》2019年第1期。

④ 《中国共产党第二十次全国代表大会报告》提出开辟马克思主义中国化时代化新境界"必须坚持人民至上,坚持自信自立,坚持守正创新,坚持问题导向,坚持系统观念,坚持胸怀天下"。

深化基本公共法律服务供给侧结构性改革是国家治理体系和治理能力现代化的需要。在公共行政层面,国家治理体系和治理能力现代化需要实现由"全能管理型政府"向"服务治理型政府"的转变。[①] 概括而言,西方公共行政理论的合理吸纳和借鉴,以及独特的中国理论土壤为"服务型"政府建设提供了支撑。[②] 新公共管理理论和新公共服务理论构筑起现代西方公共行政理论的主要理论基石。新公共管理理论主张通过竞争性政府的构建,以效率优位为诉求,突出公民的顾客地位,促进公共行政的效率提升。[③] 但该理论同时面临着公共性危机、忽视民主价值、公平性不足、公民顾客取向不正当性等方面的批判。针对新公共管理理论中企业型政府的相关原则,新公共服务理论提出以"民主"为价值原点,尊重人的主体性,将公民、公民权利和公共利益置于公共行政的首要地位,提倡公民在基本公共服务供给过程中的参与和协作,促进公共利益的最终实现。[④] 但新公共服务理论的原则假设也存在理想主义的倾向,缺乏具体实现方法。[⑤] 事实上,新公共管理强调效率在公共行政中的价值,但并没有忽视人在公共政策执行中的重要意义;新公共服务强调激发个体的公共责任感,促进公共利益的提升,也并不排斥公共行政的效率诉求。新公共管理理论和新公共服务理论的有机融合可以为公共行政提供价值指导。[⑥] 因此,可以尝试将管理主义价值内置于民主和公共利益的框架内,进而实现效率、公平和民主等价值的内在整合。

"为人民服务"到"以人民为中心"的思想发展是我国国家治理的本源,更是建设服务型政府的改革目标。[⑦] 这需要通过有效市场和有为政府的积极建

---

① 高小平:《中国行政管理制度70年:服务理念的发展探索》,载《东南学术》2019年第4期。

② 韩兆柱、翟文康:《服务型政府、公共服务型政府、新公共服务的比较研究》,载《天津行政学院学报》2016年第6期。

③ 周晓丽:《新公共管理:反思、批判与超越——兼评新公共服务理论》,载《公共管理学报》2005年第1期。

④ [美]珍妮特·V.登哈特、罗伯特·B.登哈特:《新公共服务:服务,而不是掌舵》,丁煌译,中国人民大学出版社2016年版,第9~17页。

⑤ 周义程:《新公共服务理论的贫困》,载《中国行政管理》2006年第12期。

⑥ 柯湘:《新公共服务与新公共管理:相生还是相克》,载《行政论坛》2006年第4期。

⑦ 程倩:《从宗旨到行动:服务型政府叙事的话语分析》,载《浙江学刊》2020年第4期。

设,逐步完善公共服务体系,促进人民美好生活向往的实现。[①] 首先,应确立效益优先的基本原则,既肯定公平正义、公共责任、人的价值实现等因素对公共部门的积极意义,也尊重公共部门在组织完善、结构优化、技术进步、治理提效等方面的诉求;其次,通过"议行合一"为实现责任政府提供体制保障,促进人民对权力实施和行政管理的参与;最后,要尊重历史发展的阶段性,并且通过依宪治国、依宪执政的实施约束公权力。[②] 概括而言,我国服务型政府的建设应当遵循以下几点核心价值诉求:坚持人民的主体地位,尊重人的自主性,也注重对人民美好生活向往的积极关注;公共部门运作效率的提升需要在关注公民权利、民主和平等价值的框架下进行;公共行政的过程应当保持开放,在充分发挥政府职能的同时,尊重社会主体和市场主体的积极作用;政府应当积极保障公民的生存和发展,但是其职能具有边界性,不能扮演全能的角色。

第二,"政府主导、市场和社会有效补充"的多元主体协同供给是推进基本公共法律服务供给侧结构性改革的应有模式。

基本公共服务供给侧结构性改革需要实现供给模式由单一主体供给向多元主体合作供给转变。[③] 基本公共法律服务作为基本公共服务的重要组成部分,多元主体协同参与的供给模式是其供给侧结构性改革的应有之意,这主要涉及行政化、社会化、市场化模式及其多种模式的结构化组合。

行政化模式是指政府直接介入基本公共法律服务的供给之中。基本公共法律服务关系着公民的基本生存和发展,国家有义务承担基本公共法律服务的底线保障责任。[④] 行政化的手段是基本公共法律服务供需均衡的基本依托。但是,政府能力是有限的。政府的财政赤字便表明仅依靠财政收入是无法全面覆盖政府支出的。并且,基本公共法律服务仅是基本公共服务的部分内容,有限的财政支出还需要在多种基本公共服务中寻求平衡,政府财政能力限制着基本公共法律服务的供给。此外,政府单一主导的模式也难以应对跨

① 李军鹏:《面向社会主义现代化新发展阶段的政府职能转变》,载《中共中央党校(国家行政学院)学报》2021年第4期。

② 袁年兴:《论公共服务的"第三种范式"——超越"新公共管理"和"新公共服务"》,载《甘肃社会科学》2013年第2期。

③ 苗红培:《多元主体合作供给:基本公共服务供给侧改革的路径》,载《山东大学学报(哲学社会科学版)》2019年第4期。

④ 杨凯:《论现代公共法律服务多元化规范体系建构》,载《法学》2022年第2期。

区域行政管理、城乡协调发展等难题。① 因此,行政化供给模式并非基本公共法律服务供给的唯一选择。

社会化模式主要依赖于组织成员的自愿参与。社会群体基于共同利益自发形成自治组织,通过组织来协调和保障成员的需求。组织通常包含他组织和自组织两种形式,他组织依靠外部指令形成,自组织是依据组织成员间的合作而自发形成的有序结构体。② 依靠外部力量形成的他组织不能充分激活组织内部活性。社会组织,由成员自发形成,依靠内部力量约束,属于自组织形式,可以成为促进管理公共事务效率提升的组织形式。③ 但是,我国在过去一段时间存在"强政府、弱社会"的问题,社会组织的发育较不成熟。并且,社会组织决策的约束力仅限于组织内部,组织内部的成员之间也存在利益诉求上的差异,因此基本公共法律服务的供给难以全面依托社会化的手段实现。

市场化模式依赖个体利益最大化的价值驱动,通过市场的价格调节机制和竞争机制,促进市场主体之间的积极互动,实现有效需求的高效率满足。但是,并非所有公民都具备支付对应市场报酬的能力,存在有效需求的不足。另外,市场供给遵循成本—收益原则,市场主体提供产品需要综合考虑成本和收益。法律服务因为高度的专业性和相对稀缺性,供给成本相对较高。基本公共法律服务的非竞争性和非排他性会引发"搭便车""公地悲剧"等问题。当市场主体难以从供给中获取足以覆盖成本的收益时,其可能不参与基本公共法律服务的供给或者仅提供低质量的基本公共法律服务。因此,市场化的手段也无法成为唯一正确的方案。

综上所述,基本公共法律服务供给模式需要通过公共部门和私人部门之间的合作,促进政府、市场和社会之间协同效应的生成。④ 过去的公共服务市场化改革表明,市场的差异导向会引发基本公共服务供给水平区域差距逐步扩大,公民的生存和发展得不到有效保障。⑤ 在社会发展的新阶段,国家应当

---

① 邱子键:《法治视阈下城市生态绿心协同治理的逻辑进路》,载《城市规划学刊》2021年第4期。

② 李汉卿:《协同治理理论探析》,载《理论月刊》2014年第1期。

③ 董礼胜:《中国公共物品供给》,中国社会出版社2007年版,第45页。

④ 冯金钟:《对我国公共服务供给侧结构性改革的思考》,载《宏观经济管理》2017年第8期。

⑤ 刘志昌:《中国基本公共服务均等化的变迁与逻辑》,中国社会科学出版社2014年版,第22页。

积极保障公民的生存和发展,强化在保障和改善民生层面的基本公共服务供给职能。在公共经济领域,基本公共服务的供给责任和生产责任可以分开。[①]当公共部门和私人部门协作供给基本公共法律服务时,政府承担供给的主体责任,可以引导市场主体和社会力量积极参与基本公共法律服务的生产。

在上述公私协作的语境下,"政府主导、市场和社会有效补充"的多元主体互动格局是基本公共法律服务的理想供给模式。[②] 政府的主导角色,主要为负责基本公共法律服务体系建设规划的设计、多元主体协同治理的制度供给、基本公共法律服务供给过程与结果的监督,以及承担生产基本公共法律服务的兜底责任等。社会和市场均可以为政府履行公共职能提供助力,积极参与基本公共法律服务的供给。社会组织的参与角色,主要通过资源动员、参与社会服务和社会治理以及提供政策建议等志愿机制呈现,有利于丰富基本公共法律服务供给渠道和降低供给成本;市场主体则可以通过价格机制,为基本公共法律服务的供给提供有效需求识别、成本控制、效率提升等积极影响。

二、基本公共法律服务供给侧的结构性问题

基本公共法律服务供给侧存在的结构性问题主要是指因体制机制不健全、资源错配、主体角色定位不清等原因而导致供给主体之间比例关系失衡和供给内容与基本公共法律服务需求不匹配,具体表现在如下几个方面:

第一,供给理念滞后。《"十四五"公共服务规划》将公共服务分为基本公共服务和普惠性非基本公共服务两大类,并明确了相应的供给责任。其中,基本公共服务"由政府承担保障供给数量和质量的主要责任,引导市场主体和公

---

① ［美］E.S.萨瓦斯:《民营化与公私部门的伙伴关系》,周志忍等译,中国人民大学出版社 2002 年版,第 68 页。

② 《关于印发〈"十四五"公共服务规划〉的通知》指出基本公共服务"由政府承担保障供给数量和质量的主要责任,引导市场主体和公益性社会机构补充供给","强化政府基本公共服务兜底保障职责。进一步放宽市场准入,放管结合,支持社会力量参与公共服务,发挥好各类企事业单位、协会商会、公益团体等市场主体和社会组织的作用。调动群众自我管理自我服务的积极性,广泛参与公共服务。形成政府、社会、个人协同发力、共建共享的公共服务发展格局"。《关于印发〈"十四五"公共服务规划〉的通知》,http://www.gov.cn/zhengce/zhengceku/2022-01/10/content_5667482.htm,最后访问时间:2022 年 2 月 20 日。

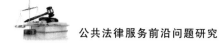

益性社会机构补充供给"。① 基本公共法律服务作为基本公共服务的组成部分,不仅需要注重公共部门和私人部门的协作,也需要注意强化公共部门的主体责任。但是,以法律援助经费来源为例,2018 年法律援助经费来源,财政拨款占比为 99.4%,而社会渠道占比仅为 0.6%。② 在当前的地方实践中,不仅存在地方政府通过规范性文件限制非营利性社会团体、民办非企业等供给主体参与的做法,还存在因内部行政部门协同机制缺乏而引发信息壁垒和信息孤岛等问题。③ 在顶层制度设计中,由于并未直接阐明基本公共法律服务和公共法律服务之间的内在关系,导致政府在基本公共法律服务供给中的角色定位不明,进而引发政府、市场与社会三者关系界定不清。政府与社会资本的协作缺乏广度与深度,呈现出反向嵌入性,社会无法脱离政府的直接控制。④

第二,供给范围混乱。虽然中央出台的《国家基本公共法律服务指导标准(2019—2022 年)》文件,明确了基本公共法律服务涵盖的 7 项服务内容和 2 项服务网络,但在地方实践中仍出现对基本公共法律服务范围的混淆。通过北大法宝以"基本公共法律服务"为关键词的检索,自 2019 年 7 月 10日《关于加快推进公共法律服务体系建设的意见》出台至 2021 年 12 月 20日,可以发现有 3 份省级地方性法规、1 份经济特区法规、1 份省级政府规章、23 份地方规范性文件和 38 份地方工作文件提及基本公共法律服务,但是其中能直接清楚指向基本公共法律服务具体内容的,仅有 2 份省级地方性法规、1 份经济特区法规、11 份地方规范性文件和 15 份地方工作文件(具体情况见表 1-2)。

---

① 《关于印发〈"十四五"公共服务规划〉的通知》,http://www.gov.cn/zhengce/zhengceku/2022-01/10/content_5667482.htm,最后访问时间:2022 年 2 月 20 日。

② 李雪莲、夏慧、吴宏耀:《法律援助经费保障制度研究报告》,载《中国司法》2019 年第 10 期。

③ 刘国臻、唐燕勤:《广西城市更新领域推行公共法律服务的路径探析》,载《广西大学学报(哲学社会科学版)》2022 年第 3 期。

④ 管兵:《竞争性与反向嵌入性:政府购买服务与社会组织发展》,载《公共管理学报》2015 年第 3 期。

表 1-2　地方基本公共法律服务供给内容统计表

具体内容	地方工作文件	地方规范性文件	省级地方性法规	经济特区法规
法治宣传教育服务	8	5	1	1
法律咨询服务	10	4	1	1
法律查询服务	8	2	1	1
法律便利服务	6	1	1	1
法律援助服务	14	9	2	1
调解	9	4	2	1
村(居)法律顾问	7	4	2	1
仲裁服务	3	0	0	0
司法鉴定服务	2	0	0	0
公证服务	3	0	0	0
法律职业资格考试服务	1	0	0	0

在中央文件确立的内容之上,有的地方对基本公共法律服务的供给内容进行了拓展,但彼此之间并不一致。例如,有的地方将仲裁服务、司法鉴定服务、公证服务、法律职业资格考试服务纳入基本公共法律服务内容中。此外,关于基本公共法律服务语境下的调解具体指向哪些内容也存在争议,如基本公共法律服务的供给是否包含司法调解、行政调解、劳动人事争议调解等调解形式。更值得注意的是,不仅存在供给内容的拓展与财政能力不匹配的现象[①],还存在基本公共法律服务供给内容的内部冲突问题,如实施标准和工作任务所涵盖内容不统一,抑或将司法行政系统的全部职能列入基本公共法律服务的供给范围[②]。

[①]　现实中我国西南和中部部分地区尝试拓展基本公共法律服务的保障范围,但这些地区属于地方财政能力较弱,基本公共服务供给水平薄弱的地区,存在供给内容与财政能力不匹配的风险。

[②]　《郴州市基本公共法律服务标准化建设工作方案》中,实施标准上具体为 7 项内容,而工作任务上又多囊括了公证法律服务、仲裁服务、司法鉴定服务和法律职业资格考试服务等 4 项内容。《中山市公共法律服务体系服务事项清单与指南》中,目的是满足基本公共法律服务需求,但公布的又是公共法律服务事项清单,且包含几乎所有司法行政系统的职能。

第三,供给资源不足。资金和人力资源均是基本公共法律服务供给的关键因素。但是当前,法律服务资源总量不足,基本公共法律服务人员、基础设施等资源供给短缺问题突出。人民调解组织的经费缺乏专项保障。法律援助经费财政投入不足,标准较低。我国 2018 年人均法律援助财政拨款为 1.98元,远低于经济发达国家和周边部分发展中国家;同年,法律援助办案费用支出仅占经费总支出的 40.61%,案均经费为 883.34 元,以办案时间 4 天为标准计算日均补贴经费约为 221 元,低于 2018 年全国城镇非私营单位就业人员日平均工资 316 元的标准。[①] 法律服务人才队伍也是决定供给资源数量和质量的关键因素,但是从我国整体的法律专业人才队伍资源现状来看,还是存在资源不足的问题。2020 年全国各级人民法院和专门人民法院共受理案件3080.5 万件,审结各类一审案件共 1468.8 万件。[②] 2019 年全国执业律师人数仅为 47.3 万人,基层法律服务工作者人数为 6.7 万人[③],即人均需办理约 57件案件才能实现法律服务人力资源与诉讼服务需求的全面对接。从诉讼案件的长期增长趋势来看,面对可能日益增长的基本公共法律服务需求,人力资源的支撑力度已经捉襟见肘。另外,2019 年我国每万人仅拥有约 3 名律师和0.5 名基层法律服务工作者的数据也表明人均享有法律服务资源的相对稀缺性。

第四,供给配置失衡。基本公共法律服务的供给资源配置不仅需要实现资源的有效利用,同时也需要实现资源分布的区域均衡。但是,一方面,基本公共法律服务的供给资源还存在利用不充分的问题。在当前的社会发展阶段,司法资源高度紧缺,替代性纠纷解决方式资源却没有得到有效的利用。2020 年法官人均办理案件数达 225 件,一些法院存在案件积压、人员短缺、审

---

① 李雪莲、夏慧、吴宏耀:《法律援助经费保障制度研究报告》,载《中国司法》2019 年第 10 期。

② 《2021 年最高人民法院工作报告》,http://www.gov.cn/xinwen/2021-03/15/content_5593012.htm,最后访问时间:2021 年 3 月 15 日。

③ 《2019 年度律师、基层法律服务工作统计分析》,http://www.moj.gov.cn/pub/sfbgw/zwxxgk/fdzdgknr/fdzdgknrtjxx/202006/t20200622_350049.html,最后访问时间:2020年 6 月 24 日。

理周期长等问题。① 相对法院而言,公共法律服务中心工作未达到饱和状态,对于化解矛盾纠纷的参与还有拓展的空间。② 2019 年的数据显示,全国范围内律师办理各类公益法律服务 134.8 万件,人均提供公益类法律服务 2.8 件;基层法律服务工作者办理各类公益类法律服务 53 万件,人均提供公益类法律服务 7.9 件。③ 基层法律服务工作者人均所提供的公益类法律服务数量约为律师的 3 倍。律师的总人数和专业性相较于基层法律服务工作者均具有优势,但在公益类法律服务的参与中,律师的积极功能却没有得到充分展现。另一方面,基本公共法律服务供给资源的配置还存在区域非均衡化的趋势。东西部发展和城乡发展不均衡始终是我国当前社会发展的突出问题,基本公共法律服务的供给结构,也基本呈现出"城乡分布、地域分布差异明显"的特点。④ 2020 年 31 个省(区、市)财政自给率不足 50% 的省级行政区域占比超过了 70%,且超过 50% 财政自给率的省(区、市)主要分布在东部沿海地区。政府财政是支撑基本公共法律服务供给的关键因素,财政表现可以反映出目前我国基本公共法律服务供给资源优势地区主要集中在东部等发达区域。在城市和农村之间,基于市场聚集效应、农村居民法律服务有效需求不足等因素,法律服务资源通常高度集中在城市区域。在基本公共法律服务供给人才短缺、政府财政能力有限的状况下,农村人口享有的基本公共法律服务相较于城市居民层次较低的问题显著。

三、基本公共法律服务供给侧结构性改革的路径

深化供给侧结构性改革是供给体系的发展方向。⑤ 基本公共法律服务供

---

① 《最高人民法院关于民事诉讼程序繁简分流改革试点情况的中期报告》,http://www.npc.gov.cn/npc/c30834/202102/7232c144bd824d3d8348e4558cceeb02.shtml,最后访问时间:2021 年 2 月 28 日。

② 杨凯:《论公共法律服务与诉讼服务体系的制度协同》,载《中国法学》2021 年第 2 期。

③ 《2019 年度律师、基层法律服务工作统计分析》,http://www.moj.gov.cn/organization/content/2020-06/24/574_3251377.html,最后访问时间:2020 年 6 月 24 日。

④ 《全国公共法律服务体系建设规划(2021—2025 年)》,http://www.moj.gov.cn/pub/sfbgw/zwxxgk/fdzdgknr/fdzdgknrtzwj/202201/t20220124_446894.html,最后访问时间:2022 年 1 月 24 日。

⑤ 习近平:《决胜全面建成小康社会　夺取新时代中国特色社会主义伟大胜利——在中国共产党第十九次全国代表大会上的报告》,载《求是》2017 年第 21 期。

给层面存在的问题,症结在于基本公共法律服务的供给缺乏结构性思维,这不仅限制基本公共法律服务的有效供给,增加地方政府的财政压力,与服务型政府理念相背离,同时也无法激发社会和市场的积极性,与多元共治的国家治理理念不尽相符。有鉴于此,基本公共法律服务的供给体系应当秉持服务型政府理念,通过多元主体的积极互动,以问题为导向,展开供给侧结构性改革。

（一）深化基本公共法律服务供给的理念

理念决定对现实问题的思考和认识。深化基本公共法律服务供给侧结构性改革的首要任务在于深化供给理念。

第一,坚持以人民为中心理念。这是基本公共法律服务供给的核心理念[1],也是基本公共法律服务供给侧结构性改革的价值基础与逻辑起点。服务型政府理念始终将人摆在核心地位。当法治成为人民群众美好生活向往的内容之一时[2],党和政府应当关注人民需要,通过提供基本公共法律服务让人民能够共享社会发展的成果。这不仅是指基本公共法律服务的供给对象应当包含城市和乡村所有个体,同时还要向社会弱势群体倾斜。在我国,长期的城乡二元结构导致法律服务资源在城乡之间分配不均衡,只有通过基本公共法律服务的全面覆盖,才能保证城市和乡村每个人都能有序参与法治生活,弥合城乡之间在法治发展水平上的城乡差距。同时,由于认知能力、资源禀赋等方面的不足,社会弱势群体容易处于法律服务覆盖的死角,此时更需要重点关注保障社会弱势群体权益的有效实现。中国特色社会主义的发展道路不应该忽视人民的主人翁地位和人民群众的力量。[3] 在深化基本公共法律服务供给侧结构性改革的过程中,应当允许并且调动社会公众的参与积极性,为人民群众服务自身留出适当空间。

---

[1] 《关于加快推进公共法律服务体系建设的意见》关于"坚持以人民为中心的发展思想"和"不断满足各族人民群众日益增长的法律服务需求,进一步增强各族人民群众的获得感、幸福感、安全感"的有关论述,体现了以人民为中心的理念在基本公共法律服务供给中的核心地位。《中办国办印发〈关于加快推进公共法律服务体系建设的意见〉》,载《中国司法》2019年第8期。

[2] "人民群众对美好生活的向往更多向民主、法治、公平、正义、安全、环境等方面延展。"参见《全国公共法律服务体系建设规划（2021—2025年）》,http://www.moj.gov.cn/pub/sfbgw/zwxxgk/fdzdgknr/fdzdgknrtzwj/202201/t20220124_446894.html,最后访问时间:2022年1月24日。

[3] 杨妍、李文琴:《我国服务型政府的政治理念沿革》,载《理论视野》2020年第3期。

第二,坚持公平与效率并重理念。公平正义作为一种价值观,并不排斥效率取向,提升效率也可以成为促进公平正义实现的方式。当前我国的发展观念已经开始迈向"公平与效率兼顾"①,基本公共法律服务体系建设的制度设计也体现出公平和效率兼顾的发展目标②。"公平"包含着形式公平和实质公平两个方面。在当前阶段,公民在享有基本公共服务时,重点要实现机会上的均等和结果上的大体相等。③ 因此,一方面,要确保基本公共法律服务的消费者都有实现法律形式正义的可能性,即消费者均有获得基本公共法律服务的机会;另一方面,社会公众理应享有大体相同质量的基本公共法律服务,结果上的差异应当控制在一个合理区间。过分追求"公平"也可能会陷入"平均主义"的怪圈,降低公共行政的效率,抑制人的自主性,因此还需要注重"效率"的提升,重点促进人民群众能够便捷高效地享有基本公共法律服务。

第三,坚持多元共治的治理理念。我国国家治理体系和治理能力现代化的目标是建设"服务治理型"政府,深化基本公共法律服务供给侧结构性改革也需要适应这一改变进程。治理的基本思路是:通过语境化地合理配置各类治理资源,建构均衡化的治理结构,以便有效回应治理需求。④ 当公民逐渐展现出基本公共法律服务的需求时,国家就需要通过优化不同主体的互动方式以及配置相应的治理资源,以促进和保障公民基本权利的有效实现。有效市场、有为政府和有爱社会的共同努力可以为均衡配置资源和促进社会总体福利提供坚实保障。⑤ 政府、社会和市场均可以成为基本公共法律服务供给的途径,供给理念的核心所在是构建多元主体共建共治共享的理想治理格局,因

①　宋方青、邱子键:《数据要素市场治理法治化:主体、权属与路径》,载《上海经济研究》2022 年第 4 期。

②　"通过优质、高效、便捷的专业法律服务保障人民权益,维护人民利益"和"坚持公平正义,法律面前人人平等,把维护社会公平正义作为公共法律服务的核心价值追求,客观公正、廉洁自律。"参见《全国公共法律服务体系建设规划(2021—2025 年)》,http://www.moj.gov.cn/pub/sfbgw/zwxxgk/fdzdgknr/fdzdgknrtzwj/202201/t20220124_446894.html,最后访问时间:2022 年 1 月 24 日。

③　常修泽:《中国现阶段基本公共服务均等化研究》,载《中共天津市委党校学报》2007 年第 2 期。

④　姜孝贤:《营商环境结构化治理:理念、逻辑与进路》,载《黑龙江社会科学》2020 年第 2 期。

⑤　邱子键:《第三次分配:困境、完善与实现——基于企业社会责任的重构》,载《当代经济管理》2022 年第 9 期。

此,在坚持政府主体地位、尊重市场对资源配置发挥关键性作用的同时,必须"厘清政府权责边界,动员社会力量有效参与"。①

第四,坚持底线保障理念。"尽力而为、量力而行"是增进民生福祉需要坚持的理念。② 这意味着基本公共法律服务的供给必须秉持一种底线思维。"中国特色社会主义实践向前推进一步,法治建设就要跟进一步"③的政治主张,要求社会建设和法治建设应当同步进行。基本权利是公民参与社会生活基本保障的法律体现,由宪法和法律加以确认,并作出具体和明确的规定。在贫富差距拉大的状况下,公民资源禀赋差异而导致的经济能力分化会造成法律需求实现能力上的差异。当公民无法依靠自己的力量去满足保障基本权利的法律需求时,也就意味着公民社会生活无法得到有效保障。此时,基本制度的安排应当确保每一位公民都能在合理的范围内得到最低限度的机会、收入、财富和自尊,确保公民的基本法律需求都能在合理的范围内得到最低限度的保障。同时,基本公共法律服务的供给也应当"坚持立足国情,统筹考虑经济社会发展状况、财力可负担性和人民群众需求变化,合理引导社会预期"。④基本公共法律服务的供给需要适应国家财政能力和社会经济发展状况,重点关注社会和市场无法有效满足公民基本需要的部分,不能过度承诺,进而陷入福利政府的陷阱。

(二)明确基本公共法律服务供给的范围

在当前基本公共法律服务的顶层设计中,由于缺乏基本公共法律服务的明确定义和供给内容准入的相关制度安排,造成了供给与财政能力不匹配、具体内容混乱等问题。供给范围的标定需要通过概念的清晰把握,明确具体的

---

① 《全国公共法律服务体系建设规划(2021—2025 年)》,http://www.moj.gov.cn/pub/sfbgw/zwxxgk/fdzdgknr/fdzdgknrtzwj/202201/t20220124_446894.html,最后访问时间:2022 年 1 月 24 日。

② 《中国共产党第二十次全国代表大会报告》:"坚持尽力而为、量力而行,深入群众、深入基层,采取更多惠民生、暖民心举措,着力解决好人民群众急难愁盼问题,健全基本公共服务体系。"

③ 习近平:《推进全面依法治国,发挥法治在国家治理体系和治理能力现代化中的积极作用》,载《求是》2020 年第 22 期。

④ 《全国公共法律服务体系建设规划(2021—2025 年)》,http://www.moj.gov.cn/pub/sfbgw/zwxxgk/fdzdgknr/fdzdgknrtzwj/202201/t20220124_446894.html,最后访问时间:2022 年 2 月 20 日。

涵盖内容,并通过供给内容准入的相关制度安排限制供给范围的任意扩张。

供给范围的明确应当尊重公民的自主性,并结合当前社会发展水平和阶段的情况,从知识、途径和救济等三个层次满足公民的基本公共法律服务需求。首先,为公民提供相关法律知识的基本公共法律服务。法律知识是影响社会公众法治生活程度的重要因素,对于国家而言,需要通过法治宣传教育服务、法律查询服务等深化公众对法治的理解,引导社会公众形成法治意识,自主地选择法治的生活方式和寻求相应的法律服务。其次,为公民提供获取法律服务途径的基本公共法律服务。公民的法治需求需要依托法律服务人员和专业法律机构加以实现。现实中,公民接触专业法律服务人员和法律服务机构的渠道有限,专业机构和人员与公民之间存在信息差。为了满足法律服务的有效需求,应当通过供给法律便利服务以弥合此种信息差。最后,为公民提供获得保障其生存和发展所需救济的基本公共法律服务。救济是国家直接介入满足公民法治需求的方式,在供给以救济为目的的基本公共法律服务时,应当特别注重公民生存和发展的紧密相关性和介入的必要性。当司法资源无法全面满足公民化解矛盾的需求时,国家需要提供人民调解、劳动仲裁等服务保证公民以法治方式维护自身生存权和发展权;当农村地区、欠发达地区和城市基层因法律服务市场无法覆盖,无法得到必要的法律服务来保障生存权和发展权时,国家需要提供村(居)法律顾问服务以提高法律服务覆盖程度;当困难群体和弱势群体因为无法负担法律服务费用,而造成诸如劳动权、生命权和自由权等与生存和发展紧密相关的权利可能遭受侵犯时,国家应当提供法律咨询服务和法律援助服务等必要的救济。

此外,要完善基本公共法律服务供给范围准入的体制机制,必须拓宽公民参与渠道,通过合法、民主、开放、公平的方式确立基本公共法律服务的供给范畴。如建立地方基本公共法律服务清单准入制度,限制地方政府对基本公共法律服务供给范围的任意扩展。当地方政府制定的基本公共法律服务供给清单对中央的统一规划进行拓展时,应当通过公开听证或者专家论证的程序,确保供给内容拓展的民主性和科学性,并递交同级人大审议批准,提升供给内容拓展的合法性和正当性,这也有利于防止出现供给范围与当地财政能力不匹配的泛福利化倾向。

(三)丰富基本公共法律服务供给的资源

基本公共法律服务的供给资源包括财政资源、人力资源、技术资源等多个方面,不同的主体掌握不同的资源优势,应当通过多元主体的参与,丰富基本公共法律服务的供给资源。首先,政府需要适当调整财政支出结构,提高财政对基本公共法律服务的扶持力度。政府可以通过财政预算支出的结构性增减,尽量缩减一般性支出,转移投入基本公共法律服务的供给领域。其次,政府应当积极培育法律服务市场主体和社会组织主体的发展,通过鼓励政策、发展规划等制度供给促进基本公共法律服务参与人员资源的提高,如适当提高法律服务专业人才数量;加大乡村"法律明白人"①、基层法律服务工作者和人民调解员等人员的培训力度;激发高校法律专业教师和学生参与积极性和培育以供给基本公共法律服务为目的的公益组织等。最后,促进政府角色多样化,在承担基本公共法律服务供给责任的同时,厘清基本公共法律服务供给中政府、市场和社会之间的关系,激发多元供给主体的活力,具体为:一方面为社会主体拓宽参与空间,积极促进社会力量的介入;另一方面尝试向购买者和管理者转型,引入第三方评估和公众满意度测试等机制规范政府购买服务,营造良性的市场环境,鼓励基本公共法律服务的供给向市场化转型,同时兼顾绩效管控和保障服务使用者感受表达权利。

(四)均衡基本公共法律服务供给的配置

制度和技术可以成为促进基本公共法律服务供给资源均衡配置的有效支撑。

在制度层面,一方面,要进一步完善中央财政和省级财政转移支付的相关制度体系,精准扶持基本公共法律服务资源欠发达地区,推进区域基本公共法律服务发展水平均等化。另一方面,要改革户籍制度。城乡分割的户籍制度与基本公共法律服务的价值追求不符,不利于社会的公平发展,因此,必须通过推进户籍制度的改革,努力弥合城乡之间基本公共法律服务水平的差距,将流动人口纳入城市居民福利待遇体系,消解城乡分割的制度性壁垒。在技术层面,科技的创新和应用可以提升基本公共法律服务供给水平,为实现均等化和智能化提供有力支撑。互联网技术有利于降低诸如法律咨询服务、法律查询服务、法治宣传教育服务等基本公共法律服务供给边际成本,大数据、云计算等现代数字科技有利于实现基本公共法律服务需求的精准识别,因此,必须

---

① 法律明白人主要是国家为了推进法治乡村建设提供基层法治人才保障,而从乡村中选取并培训具有较好法治素养和一定法律知识,积极参与法治实践,能发挥示范带头作用的村民。他们主要承担参与乡村法治宣传教育、引导村民利用基本公共法律服务资源、预防化解矛盾纠纷等职责。

通过推动科技与基本公共法律服务供给的深度融合,促进法律服务资源跨地域流动,特别是着力于引导东部法律服务资源相对富裕地区与中西部基本公共法律服务需求对接、城市法律服务资源与农村基本公共法律服务需求对接,才能更加有效地均衡基本公共法律服务供给的配置,实现供给资源配置的协调发展。

四、小结

基本公共法律服务是全面推进依法治国的基础工程,是国家治理体系和治理能力现代化的重要内容。当前我国基本公共法律服务的供给已然呈现出无法满足人民对美好生活向往的要求,其中包括存在结构性问题,亟待进行结构性改革。基本公共法律服务供给侧结构性改革的规范取向(应然状态)是在清晰把握基本公共法律服务概念的基础之上,通过供给侧结构性改革与基本公共法律服务相结合得出的。"基本性"是理解基本公共法律服务概念的关键,其既要符合基本公共服务一般属性,也要满足公共法律服务的特殊指向。深化基本公共法律服务领域的供给侧结构性改革需要通过理念和模式的共同构造,达到理想状态。西方公共管理范式的理论发展以及中国特色社会主义理论关于服务型政府的理性建构为供给理念的确立提供了指引,"政府主导,市场和社会有效补充"的多元协同治理模式是供给侧结构性改革的理想格局。供给理念滞后、供给范围混乱、供给资源支撑性不足和供给资源配置不均衡等问题是基本公共法律服务供给侧结构性问题的实践表征(实然状态)。为此,在推进基本公共法律服务供给层面的结构性调整的过程中,需要坚持以人民为中心、公平与效率并重、多元化治理和底线保障等理念为引领,并充分利用和组合政府、市场和社会等多元主体在基本公共法律服务供给上的不同优势,实现供给范围的厘清、供给资源的丰富以及供给资源配置的均衡,借此,终将形成一个供需均衡和开放高效的基本公共法律服务供给体系。人民日益增长的法治需求将不断得到满足,法治社会建设水平将不断提高,法治政府与法治社会的良性互动格局将得以建成。

第四节　比较视野下的中国公共法律服务建构[①]

公共法律服务体系建设起源于 2013 年,《中共中央关于全面深化改革若干重大问题的决定》提出法律顾问制度并制定相应的措施保证其有效实施。[②]党的十八届四中全会于 2014 年正式召开,提出应在全国范围内普及法律顾问制度,尽快建立一套更加完善的能够覆盖城乡居民的公共法律服务体系,尤其是在民生领域应当给予高度关注。[③] 2017 年党的十九大报告将全面依法治国认定为国家治理的一场深刻革命。[④] 2019 年,中央印发的《关于加快推进公共法律服务体系建设的意见》对公共法律服务体系建设作出了详细的规划,包括蓝图的设计、议题框架以及实施细则。[⑤] 公共法律服务是人民群众日益发展的法治需求的重要组成部分,更是实现全面依法治国基本方略的重要基础性工作。

一、我国公共法律服务的含义

依据 2014 年司法部出台的《关于推进公共法律服务体系建设的意见》,公共法律服务是指由司法行政机关统筹提供,旨在保障公民基本权利,维护人民群众合法权益,实现社会公平正义和保障人民安居乐业所必需的法律服务,是公共服务的重要组成部分。该意见明确了我国公共法律服务涵盖的范围,具体包括:为全民提供法律知识普及教育和法治文化活动;为经济困难和特殊案件当事人提供法律援助;开展公益性法律顾问、法律咨询、辩护、代理、公证、司

[①]　原刊《人民论坛·学术前沿》2021 年第 12 期。

[②]　《中共中央关于全面深化若干重大问题的决定》(2013 年 11 月 12 日中国共产党第十八届中央委员会第三次全体会议通过),载《求是》2013 年第 22 期。

[③]　《中共中央关于全面推进依法治国若干重大问题的决定》(2014 年 10 月 23 日中国共产党第十八届中央委员会第四次全体会议通过),载《求是》2014 年第 21 期。

[④]　习近平:《决胜全面建成小康社会　夺取新时代中国特色社会主义伟大胜利》,载《人民日报》2017 年 10 月 28 日第 1 版。

[⑤]　《中办国办印发〈关于加快推进公共法律服务体系建设的意见〉》,载《中国司法》2019 年第 8 期。

法鉴定等法律服务;预防和化解民间纠纷的人民调解活动等。根据上述文件的界定,我国的公共法律服务旨在保障公民的基本权利,维护公民的合法权益,实现公平正义,是现代政府公共服务职能在法律服务领域的具体化和法治化,本质上是中国特色社会主义法治体系的有机组成部分。[①]

从国家治理的角度出发,提供公共法律服务是服务型政府的职能之一,对我国法治国家的建设、群众法治观念的增强、法治政府的构建都具有重要意义。2004年,温家宝在省部级主要领导干部"树立和落实科学发展观"专题研究班结业式上的讲话中第一次提出"建设服务型政府"。服务型政府的提出,既革新了管制型政府治理模式下重在管控的做法,也突破了传统计划经济模式下政府包揽一切的做法,是一种民主且有效的新型政府治理模式,为公共法律服务的提出和建构奠定了基础。从公民的角度出发,每个人都拥有一定的权利,"即主体以获益为目的而基于法律规范与法律关系来自由决定是否进行作为的方式"[②]。法律存在的目的是保证公民能够真正享有基本权利和自由,公共法律服务就是要保障公民尤其是部分有经济等方面困难的人能够切实通过法律维护自身权利。

公共法律服务既是法律服务也是公共服务。与其他公共服务不同,公共法律服务具有较强的专业性,服务供给者的准入门槛较高,仅靠政府提供无法完全满足社会需求,需要更多法律从业人员的支持。法律服务行业面向社会提供专业法律服务,对维护国家统一、保障人民权益、稳定社会秩序等都具有重要意义,相较于其他服务行业具有更明显的公共性和社会性。但是具有很强的公共性并不代表法律服务整个行业都属于公共服务的范畴。从本质上看,法律服务从业人员与其他行业人员一样,也是以自身的专业知识、职业能力换取劳动报酬的劳动者,对其劳动付出应当遵守市场经济活动规则,不能通过强制手段要求其提供义务劳动或半义务劳动,否则不利于行业的良性发展。因此,若要将部分法律服务纳入公共服务框架内,一方面,需要促进法律服务行业的发展,保障法律服务资源的总量和分配的公平;另一方面,需要保障法律服务从业人员的合法权益。

① 刘炳君:《当代中国公共法律服务体系建设论纲》,载《法学论坛》2016年第1期。
② 张文显:《法理学》,法律出版社1997年版,第115页。

二、中西方公共法律服务的主要差异

公共法律服务的相关理论和实践最早起源于西方,经过不断的发展与优化形成了符合西方国家国情的一套完整的理论体系。西方国家的公共法律服务主要体现在法律援助方面。英国最早产生建立公共法律服务体系的意识,通过议会立法明确律师要为贫困者提供服务;随后美国也逐步开始公共法律服务体系的构建,政府将法律援助作为一种国家责任。1887 年,法国制定了全球首部法律援助法。此后,几乎所有发达的资本主义国家都建立了法律援助体系。

中国的法律服务市场直到 20 世纪 90 年代才逐步建立,2013 年才建立起公共法律服务体系。我国公共法律服务体系建设对西方相关理论不乏借鉴,但由于国家制度、公民意识等方面的差异,中西方公共法律服务制度和实践也呈现不同特点。辨析这些差异,有助于我国公共法律服务制度的进一步完善。

(一)基于国家制度的差异

无论是官僚制、新公共管理还是新公共服务范式,西方公共行政理论的更替和演进对我国的影响都是多层次的,且西方公共服务理论的经验总结与我国政府为人民服务的宗旨基本上是协调的,对我国政府改革治理的理论和实践具有重要的意义。但是,西方公共服务理论是构建在西方民主制度基础之上的,而中国是社会主义制度国家,公共利益在两种制度下的内涵是不同的。在肯定西方民主制度成熟运作的同时,也要清楚地认识到它的内在缺陷和不足。在民主制度下,公共利益建立在许多利益集团的利益综合之上,而非一个阶层之上,直接民主具有难以克服的缺陷,民众的意愿难以得到统一。[①] 民主制度的有效性具有一定限度,严格按照民主逻辑最终导致的是多样化而非统一,不顾现实条件地鼓吹民主制度,反而可能使国家社会的治理陷入困境。因此,对民主制度基础之上的公共服务理论必须有清醒的认识。

在西方的公共服务理论中,多元主义、渐进主体等将公共服务政策的运作描述为自下而上的过程,精英主义、官僚主义则描述为自上而下的过程。而当代中国的公共服务实践与党和政府的政策方针紧密相关,政策的过程是一个"从群众中来,到群众中去"的过程,所以我国公共政策的运作过程应当是"上

---

① 毛寿龙主编:《西方公共行政学名著提要》,江西人民出版社 2006 年版,第 71~75 页。

下来去"的过程。[①]公共法律服务作为公共服务的一部分,建立在公共服务理论的基础之上,由于国家制度的差异,中国公共法律服务的改革与走向和西方公共服务模式的发展必然不同。

（二）基于公民意识的差异

西方国家的发展以市民社会为基础,市民社会是由诸多独立的经济人共同构成的,每个人都会基于自身的利益而开展相应的行为。市民社会中的个体都有明确的行为目标。[②]如果市民社会在发展过程中,每个人都以利己作为自身行为动机,那么市民社会的发展会存在诸多矛盾,需要通过合理手段对财务进行占有与维系,由此,人们的一切行动都需要服从法律。因此法律在西方发达国家公民的观念中具有重要地位。西方的法律服务起步较早,具有完善的法律服务市场,公民法律意识也较强,因此公共法律服务可以将资源集中于法律援助等领域。

相对应的,中国传统的社会关系是一种"熟人社会",人们以地缘和血缘关系组成一张协作网络,重人伦,讲交情。尽管在现代,熟人社会的特征已经弱化,法律意识不断增强,但注重血缘、地缘、业缘,乐于对熟人提供帮助的文化依然存在,在需要维护自身权益的时候,往往寄希望于人情,而不是第一时间考虑法律。良好的人情社会可以弥补法律的缺陷,化解矛盾纠纷,但也可能造成权力的滥用。因此为了进一步弥补公民法律意识的不足,我国公共法律服务需要涵盖法律宣传、人民调解、法律咨询、法律援助、公证、仲裁等方方面面,然而法律服务资源总量是有限的,且由于城市与农村、东部与西部经济发展水平存在较大的差距,法律服务资源的分配公平也成为一大难题。中国构建公共法律服务体系,无法完全适用西方公共法律服务的经验,需要走出符合中国国情的特殊道路。

（三）基于法律服务市场的差异

主体多元化是西方公共服务理论的核心特征,其在西方社会中发挥积极作用离不开相应的社会条件。中国作为发展中国家,需要较小的政治风险和一定程度上强化行政官僚的作用和价值,而西方公共服务理论恰好弱化了政府的行政职能。西方的市场化方案是建立在其成熟的市场经济基础上的,而

----

① 宁骚:《中国公共政策为什么成功——基于中国经验的政策过程模型构建与阐释》,载《新视野》2012年第1期。

② ［德］黑格尔:《法哲学原理》,范扬、张企泰译,商务印书馆1961年版,第1197页。

我国社会主义市场经济尚未完善,且在政治制度、改革背景、经济基础等方面与西方国家存在显著的不同。在政府与市场的职能定位上,西方限缩政府职能,利用市场力量为自己服务。但培育市场主体、健全市场规则、完善社会保障体系等问题尚未解决的时候,政府的主导性作用不可或缺。总体上看,西方政府、企业组织和社会组织处于均衡的局面,形成强政府、强市场和强社会的割据,对于公共服务的合作和分工能实现良性的平等沟通和有效控制。而中国仍然处于强政府、弱市场和弱社会的割据,在这种社会条件下,无法取代政府在公共服务中的主导地位和作用。

西方发达国家的法律服务行业和法律服务市场较为成熟。西方国家的律师行业属于专业化程度较高的服务业,涉及当事人的权利,受到规范化的管理。为了维护法律的尊严和提升律师职业的权威,律师职业准入门槛较高,大多走精英化路线,且法官、检察官和政界人士往往是由律师遴选而来,因此律师的社会地位极高。随着现代社会分工的细化,律师业务也逐渐专业化,西方发达国家大多形成了分工精细化的管理模式,律师根据不同专业进行分工,通过合作保证服务质量和律师信誉。律师职业在西方法治发展进程中发挥着极其重要的作用,促进了西方国家民主政治的建设、社会正义的维护和法律秩序的构建。西方法律服务市场较完善,对于公共法律服务的需求可以由市场分担,因此政府可以将资源集中于更需要公共法律服务的法律援助等领域,将其他法律服务事项交给市场解决。此外,法律服务市场的发达意味着相应的人才储备充足,为公共法律服务的供给提供稳定的支持。

公共法律服务相较于其他公共服务,具有较强的专业性。我国公共法律服务内容包括法律宣传、普法教育、法律援助等。通过提供法律来解决法律问题,需要具备专业法律知识的人员。从律师的职业特点和社会属性来看,律师的主要工作就是维护当事人的合法权益,处理法律纠纷,同时也起到了普法宣传的作用。一些公共法律服务内容只有律师才能够提供,例如法律援助、法律顾问等,大多数公共法律服务内容都需要律师的参与,因此律师在公共法律服务的供给中起到了重要的作用。但由于我国律师制度恢复初期,律师人数远远无法适应当时迅速增长的法律服务的需求,因此司法部及其他相关部门设置了基层法律工作者。随着律师私有化,律师数量迅速增长,形成了律师与基层法律工作者之间的职业竞争,律师的垄断性地位未能确立。在国家政治体系中,司法行政机关相比行政机关处于弱势地位,这导致中国律师的市场地位也处于较低水平。21世纪以来,基层法律服务机构逐渐被下放到乡镇街道,全国基层法律工作者的总人数锐减,2004 年 7 月我国第一部《行政许可法》的实施,使基层法律工作者的执业受到了限制,失去了有效的法律支撑,陷于尴尬的境地。因此,在中国法律服务市场中,国家政策对市场的影响较大,律师未能确立足够强势的地位,而其他基层法律服务工作者的发展也受到了打击,影响了律师和其他市场主体主动参与公共法律服务的积极性。

三、中国公共法律服务的问题反思与优化构建思路

由于受国家制度、公民意识以及法律服务市场等差异的影响,中国的公共法律服务存在自主供给能力较弱、职能分工与定位不清的问题,下文提出部分优化构建思路,旨在推进公共法律服务在中国的发展。

（一）问题反思

首先,公共法律服务的多元主体参与能力较弱。2019 年,司法部发布了《公共法律服务事项清单》,其范围主要涵盖了法治服务设施、律师参与调解、村居法律顾问、法律服务咨询等多个不同方面的内容,但其中一半的项目提供者都是政府部门,余下部分除了法律援助机构与律师以外,负责供给方还有调解组织等。显而易见,政府在公共法律服务供给领域的地位无可取代,市场价值仍待施展,政府未能从微观管理中脱身。多元主体共治是社会治理的重要特征。一方面,在公共法律服务体系建设的过程中,政府作为该体系的主导者,与民众缺乏相应的互动机制,公共法律服务在基层地区的推广举步维艰,供需失衡,民众对公共法律服务的了解程度较低,寻求意愿不高,同时服务内容和形式上的同质化,进一步导致基层民众参与主动性不高。另一方面,因政府、社会组织彼此间形成的合作关系没有建立对应的机制,从而造成多元服务主体不能有效发挥合力作用,多元协同治理无法顺利实现。尽管相关的政策文件十分重视引入社会力量,实践中也有许多法律援助组织、律师事务所自发开展公共法律服务活动,但由于缺乏相应的互动机制,传统的决策模式尚未改变,对社会主体的引导与支持不足,使公共法律服务的供给呈现零散化、低效化的状态。[①]

其次,法律服务供给主体职能分工与定位混乱不清。在诸多西方国家,以律师为主的法律职业共同体垄断了法律服务市场,这些法律职业群体可以发

---

① 王亚丰、黄春蕾:《乡村公共法律服务体系建设的价值、困境与优化——基于社会治理视角》,载《安徽行政学院学报》2021 年第 1 期。

挥主导作用,促进西方国家法律服务市场的良性发展。中国的法律职业在法律改革进程中一直在割据的市场中面临激烈的竞争,律师与其他法律服务工作者并存于整个法律服务市场体系中,但提供的服务内容没有清晰的界限。虽然经济私有化进程在不断推进,但国家仍旧对改革以及分配市场核心资源具有绝对的控制权,无论是何种类型的市场主体都要依附于国家权力才能得到生存与发展,以此取得一定的优势。中国这种市场与国家之间的联系过于紧密,造成律师与其他基层法律服务工作者之间缺乏较为清晰的界限,导致公共法律服务供给主体职能分工和定位模糊不清、权责不明。

(二)优化构建

一是发挥中国特色社会主义制度优势。中国是社会主义国家,中国特色社会主义制度代表中国最广大人民群众的利益,社会发展的最终目的是让人民过上更好的生活。在我国公共法律服务体系的构建中,坚持和发挥中国特色社会主义制度的优势具有重要的意义。党的领导为公共法律服务体系建设提供科学的引领和保障,法律制度是公共法律服务体系的制度基础,社会治理丰富了公共法律服务的内容和方式。中国特色社会主义制度能够科学、有效地配置资源,集中力量办大事,调动和激发人民群众的积极性和创造性。因此,构建中国公共法律服务的前提是坚持和发挥中国特色社会主义的制度优势。

二是鼓励多元化主体参与公共法律服务。多种社会力量加入公共法律服务体系建设中,有利于公共法律服务体系的发展。司法行政部门积极参与,各部门之间积极协调和衔接;律师、公证等队伍运用自身的专业性在各自的领域提供公共法律服务;高校师生和高校法律援助中心等积极参与法律援助、普法宣传等活动;除此之外,退休政法工作人员、法律服务志愿者等主体也可以参与公共法律服务,根据实际情况有针对性地开展公共法律服务。鼓励各主体参与公共法律服务的提供,需要保障相关补贴和资金的发放,通过政策和资金的双重保障,调动各方积极性。

三是推进职能分工精细化。公共法律服务体系的构建、运行和完善离不开人力和物力资源的保障,公共法律服务体系不能只是单纯地引入社会力量,还应当重视服务体系内的失衡问题。需要从政府与社会力量的职能出发,明确政府与社会力量在公共法律服务体系中的地位,在此基础上进行分工。职能分工精细化的推进既要明确政府职能,从中区分出可以由社会力量参与的事项,又要谨防政府放权的过程中出现权力寻租等徇私舞弊现象,还要建立相应的意见反馈机制和监督管理机制。

四、小结

公共法律服务的作用在于化解矛盾纠纷、维护司法公正、为经济困难者和其他弱势群体提供相对公平的法治环境,最终构建人民群众心中法治国家的信仰。由于中西方制度基础、文化背景和法律服务市场存在差异,中国公共法律服务在发展过程中呈现出与西方不同的样态。尽管公共法律服务相关理论源自西方发达国家,但其经验无法完全适应中国国情。因此中国应当走出一条新的道路,在坚持社会主义路线的基础上,推广各地的有益实践经验,调动多方主体的积极性,通过相关制度和资金的保障,提升公共法律服务的质量和效率,提供让人民群众满意的公共法律服务,让法治成为人民的信仰。

第五节　现代公共法律服务整合提升的保障机制[①]

在我国,公共法律服务是政府公共职能的重要组成部分,是全面依法治国的基础性、服务性和保障性工作,是保障和改善民生的重要举措,[②]公共性、法律性、服务性是其基本特征,人民性、公平性、现代性是其核心要义。[③] 党的十八大以来,伴随着全面依法治国实践的不断深入,建设人民满意的公共法律服务体系,成为党中央、国务院高度重视的工作。2019 年,中共中央办公厅、国务院办公厅印发的《关于加快推进公共法律服务体系建设的意见》提出,到2022 年基本形成覆盖城乡、便捷高效、均等普惠的现代公共法律服务体系。[④] 2021 年,司法部编制印发了《全国公共法律服务体系建设规划(2021—2025年)》,针对"十四五"时期公共法律服务工作面临的新形势,对总体要求及主要

---

① 原刊《中国司法》2022 年第 5 期。

② 《中办国办印发〈关于加快推进公共法律服务体系建设的意见〉》,载《中国司法》2019 年第 8 期。

③ 宋方青:《公共法律服务的科学内涵及核心要义》,载《法制日报》2019 年 7 月 12日第 2 版。

④ 《中办国办印发〈关于加快推进公共法律服务体系建设的意见〉》,载《中国司法》2019 年第 8 期。

目标都作了具体安排。2022 年,司法部将基本形成覆盖城乡、便捷高效、均等普惠的现代公共法律服务体系作为重点工作加快推进。可以肯定地说,经过全国上下的共同努力,我国现代公共法律服务体系的建设成绩喜人,"公共法律服务在全面依法治国中的基础性、服务性、保障性作用有效发挥"。[①] 但也正如《全国公共法律服务体系建设规划(2021—2025 年)》所指出的,"公共法律服务供给体制机制不健全,政府权责边界不清,法律服务资源总量不足,配置不均衡,城乡分布、地域分布差异明显,欠发达地区公共法律服务人员、基础设施等资源短缺问题突出。服务供给质量、效率和能力水平、信息化水平有待进一步提升"。新时代人民群众对公共法律服务工作提出了新的更高的要求,因此,要有效解决当前我国现代公共法律服务发展所面临的困境和问题,更好地回应公共法律服务规范化、标准化、信息化、制度化、常态化、均等化、专业化、多元化等需求,加快建设覆盖城乡、便捷高效、均等普惠的现代公共法律服务体系,就需要进一步完善和强化组织、人才、经费、技术、制度等方面的保障机制,只有这样才能有效实现现代公共法律服务体系建设的总体要求和远景目标。

一、组织保障

公共法律服务本质上是统筹配置资源的一项公共性服务。[②] 提供公共法律服务是一项国家义务,国家是公共法律服务的责任主体,其通过行使公共权力,提供公共配给来维护和促进公共利益。[③] 公共法律服务涉及的内容多、部门广,因此推动现代公共法律服务的整合提升,必须有强有力的组织保障。要加强组织保障,必须坚持党的领导、政府主导、协调联动的原则,才能统合各方力量,共同致力于现代公共法律服务体系的建设,着力有效地解决公共法律服务发展的重点与难点问题,推动公共法律服务朝着更加优质、更加高效的方向迈进。

第一,要坚持党的领导,发挥党委在推动现代公共法律服务整合提升过程

---

① 《全国公共法律服务体系建设规划(2021—2025 年)》,http://www.moj.gov.cn/pub/sfbgw/zwxxgk/fdzdgknr/fdzdgknrtzwj/202201/t20220124_446894.html,最后访问时间:2023 年 5 月 24 日。

② 刘炳君:《当代中国公共法律服务体系建设论纲》,载《法学论坛》2016 年第 1 期。

③ 宋方青:《公共法律服务的科学内涵及核心要义》,载《法制日报》2019 年 7 月 12日第 2 版。

中的重要作用。现代公共法律服务的整合提升是一项系统工程,它涉及律师、公证、法律援助、司法鉴定、仲裁、调解等诸多领域,涉及立法、司法、行政、行业组织以及基层组织等多个部门,倘若没有一个强有力的统一领导,就有可能出现各部门推诿或怠政的现象,导致公共法律服务成为"形象工程",流于形式。坚持党的全面领导,把党的领导贯彻落实到公共法律服务体系建设全过程和各方面,是建设现代公共法律服务体系的基本原则。[①] 组织领导及协调各部门职责分工首先应当坚持党的统一领导,必须健全党领导公共法律服务工作的制度和工作机制,重点要"加强法律服务业基层党组织建设,遵循行业特点、规律,适应发展趋势,创新体制机制,改进工作方式"[②],只有这样才能提升党委的组织力度、突出政治功能,进而保证各方协调统一,确保党中央的决策部署在公共法律服务行业得到不折不扣的贯彻落实。

第二,要建立公共法律服务工作部门的协调与联动机制,统筹研究工作方案,将公共法律服务工作的部门及其功能进行整合,促进它们之间工作的衔接,建立起司法行政机关、法律服务机构和行业协会等多部门协调联动的运行机制。特别是司法行政机关要充分发挥公共法律服务体系建设联席会的作用[③],承担牵头职责、完善顶层设计、明确责任分工、组织落实,确保取得实效。同时,要充分利用网络信息化,整合法律服务资源,尽快建成覆盖全业务、全时空的法律服务网络,进而逐步形成党统一领导、政府主导、司法行政部门组织、法律服务行业实施和社会各界力量参与的协调联动的现代化公共法律服务机制。

第三,要建立公共法律服务与其他系统部门以及公民的协调机制,统筹安排与银行、证券、保险、知识产权、环保等部门的对接,以及与公安、检察院、法院、民政等部门的协调配合,形成共治模式,确保实效,合力解决现代公共法律

① 《全国公共法律服务体系建设规划(2021—2025 年)》,http://www.moj.gov.cn/pub/sfbgw/zwxxgk/fdzdgknr/fdzdgknrtzwj/202201/t20220124_446894.html,最后访问时间:2023 年 5 月 24 日。

② 《全国公共法律服务体系建设规划(2021—2025 年)》,http://www.moj.gov.cn/pub/sfbgw/zwxxgk/fdzdgknr/fdzdgknrtzwj/202201/t20220124_446894.html,最后访问时间:2023 年 5 月 24 日。

③ 《全国公共法律服务体系建设规划(2021—2025 年)》,http://www.moj.gov.cn/pub/sfbgw/zwxxgk/fdzdgknr/fdzdgknrtzwj/202201/t20220124_446894.html,最后访问时间:2023 年 5 月 24 日。

服务发展过程中面临的重点和难点问题,并在进一步完善公共法律服务配合机制的基础上,使公共法律服务更好地发挥其应有的作用,促进经济和社会的发展。另外,要全面实施"八五"普法规划,强化"谁执法谁普法"的普法责任制,广泛进行普法宣传,以提高公民对法律法规的知晓度、法治精神的认同度、法治实践的参与度、尊法学法守法用法的自觉性和主动性[①],以及对公共法律服务的认知度和认同感,进而形成合力,共同推进现代公共法律体系的建设和发展。

二、人才保障

现代公共法律服务的整合提升离不开高素质、专业化人才队伍的培养与充实。目前我国公共法律服务队伍存在专业化水平参差不齐、法律服务有效供给不足、整体规模有限等问题,其中最主要的原因是公共法律服务人才短缺,特别是欠发达地区公共法律服务人才和涉外法律服务人才短缺的现象比较严重;此外,法律服务队伍的规范化建设也有待加强。针对上述问题,我国现代公共法律服务整合提升的人才保障应着力于做好以下几个方面。

第一,制订公共法律服务人才培养计划。公共法律服务人才培养计划是布局公共法律服务人才培养的蓝图,具有规划性和引领性,保证有计划有指向地根据需要培养公共法律服务人才,满足国家和社会对公共法律服务人才的需求。例如,目前我国欠发达地区的法律服务人才严重短缺,涉外法律服务人才总体上也不足,在一些地区甚至稀缺,这在很大程度上影响了欠发达地区法律服务的供给以及涉外法律服务的质效。因此,有必要通过培养计划,加强对欠发达地区和涉外法律服务人才的培养,提高公共法律服务人才队伍的整体实力。

第二,定期开展专业培训。现代公共法律服务人才不仅需要具备扎实的法律专业知识,还需要具备很强的业务能力与职业道德素养,这就需要通过有计划、有针对性的定期培训来不断提升和强化。目前,我国法律服务人才的职业教育培训机制缺失明显,例如,律师职业的专业培训明显不足,少有专门的培训机构。因此,有必要设立专门的律师学院,加强对律师队伍的建设。再

---

① 《全国公共法律服务体系建设规划(2021—2025 年)》,http://www.moj.gov.cn/pub/sfbgw/zwxxgk/fdzdgknr/fdzdgknrtzwj/202201/t20220124_446894.html,最后访问时间:2023 年 5 月 24 日。

如，为了解决公证、司法鉴定等行业发展相对滞后、人才严重不足的问题，可以制定人才定向委培机制，发挥高等院校和科研院所的作用，为人才短缺的行业和机构培养和输送人才，以解决人才资源分布不均衡以及专业化程度有限的问题。

第三，加强法律服务队伍的规范化建设。"坚持以人民为中心，通过优质、高效、便捷的专业法律服务保障人民权益，维护人民利益。""坚持公平正义，法律面前人人平等，把维护社会公平正义作为公共法律服务的核心价值追求，客观公正、廉洁自律。"①这是我国加强法律服务队伍规范化建设的原则性要求。针对我国法律服务队伍规范化建设的现状，要增强法律服务人才的优质增量供给，除了要进一步加强职业教育培训外，还必须"加强法律服务人员职业道德建设，健全执业行为规范，完善惩戒工作机制，加大失信行为惩戒力度"。②特别是要完善律师、公证员、仲裁员的诚信信息公示平台，及时依法将不良信用记录向社会披露，以儆效尤。通过规范化建设，锻造一支适应新时代要求、德才兼备的高素质公共法律服务人才队伍，应为现代公共法律服务体系建设的重要任务。

三、经费保障

公共法律服务的发展必须依靠政府的扶持，尤其是财政经费方面的支持。目前，各地公共法律服务主要依靠财政投入支撑，不过，各地财政供给水平、投入总额和分配额差异大，不平衡的现象普遍存在，且经费的管理与落实也不到位，总体而言，各地对公共法律服务的扶持力度远未达到应有的程度。公共法律服务的经费保障可以从以下几个方面着手。

第一，加大政府财政保障。各级政府应将扶持经费纳入同级财政预算，保证有足够的专项经费来保障公共法律服务、促进公共法律服务的发展，同时也要根据公共法律服务在不同地区、不同行业的发展水平来确定财政扶持的力度，并根据发展的需要作出动态的调整。基于欠发达地区的特殊情况，中央财

① 《全国公共法律服务体系建设规划（2021—2025 年）》，http://www.moj.gov.cn/pub/sfbgw/zwxxgk/fdzdgknr/fdzdgknrtzwj/202201/t20220124_446894.html，最后访问时间：2023 年 5 月 24 日。

② 《全国公共法律服务体系建设规划（2021—2025 年）》，http://www.moj.gov.cn/pub/sfbgw/zwxxgk/fdzdgknr/fdzdgknrtzwj/202201/t20220124_446894.html，最后访问时间：2023 年 5 月 24 日。

政转移支持资金应向欠发达地区倾斜。此外,要根据公共法律服务业的特质有针对性地进行扶持,特别是对单纯依靠自身力量难以发展的行业应重点扶持,加大财政支持力度,以解决公共法律服务行业内部存在的资源分配不均衡问题,促进公共法律服务均衡发展。

第二,建立公共法律服务基金会。公共法律服务基金会是为公共法律服务机构或个人提供资金支持以促进其发展为目的的非营利性组织。公共法律服务基金会往往是通过行业会费划拨,以及通过向法律服务机构、法律服务人员、企事业单位、其他社会团体和个人募捐等途径来募集资金的,并形成可持续发展的社会资金保障模式。① 通过社会力量来弥补公共法律服务体系建设的经费缺口,提升服务总体供给能力水平是一条值得有力推进的路径。

第三,建立完善的政府购买服务机制。各地政府应将符合条件的公共法律服务事项纳入政府购买服务指导性目录,且适时按程序对目录进行动态调整。② 各地政府应通过编制公共法律服务产品目录和支付标准,对购买服务的项目、资金来源、程序予以规范,保证政府购买服务机制合法有效地运行。此外,必须注重以人民群众的需求为导向,进一步完善公共法律服务价格形成机制,丰富公共法律服务为政府提供的产品和项目,推动有效市场和有为政府更好地结合与运转。

第四,加强资金使用管理,切实提高资金使用的效益。③ 应对财政扶持公共法律服务发展的经费进行严格的监督和审计,对扶持资金的使用情况应进行实质性的专项审计,确保财政经费专款专用,切实保障公共法律服务得到足够的资金支持,并用到实处。针对法律援助应建立经费保障标准,并加强管理,保证办案补贴落实到位,使法律援助有效发挥作用。

四、技术保障

现代公共法律服务的整合提升,也离不开法律服务平台和技术保障的支

---

① 刘炳君:《当代中国公共法律服务体系建设论纲》,载《法学论坛》2016年第1期。
② 《全国公共法律服务体系建设规划(2021—2025年)》,http://www.moj.gov.cn/pub/sfbgw/zwxxgk/fdzdgknr/fdzdgknrtzwj/202201/t20220124_446894.html,最后访问时间:2023年5月24日。
③ 《全国公共法律服务体系建设规划(2021—2025年)》,http://www.moj.gov.cn/pub/sfbgw/zwxxgk/fdzdgknr/fdzdgknrtzwj/202201/t20220124_446894.html,最后访问时间:2023年5月24日。

撑。因此,要尽快建成覆盖全业务全时空的法律服务网络。2018 年,司法部发布了《关于深入推进公共法律服务平台建设的指导意见》[①],明确指出公共法律服务平台建设是推进公共法律服务体系建设的一项基础性工作,并提出了推进公共法律服务平台建设的总体思路。《关于深入推进公共法律服务平台建设的指导意见》还指出:"在全面建成实体、热线、网络三大平台基础上,以便民利民惠民为目标,以融合发展为核心,以网络平台为统领,以信息技术为支撑,将实体平台的深度服务、热线平台的方便快捷和网络平台的全时空性有效整合,推进三大平台服务、监管和保障的融合,形成优势互补、信息共享、协调顺畅的线上线下一体化公共法律服务平台。"2021 年,司法部公布的《全国公共法律服务体系建设规划(2021—2025 年)》在 2035 年远景目标中指出:"到 2035 年,基本形成与法治国家、法治政府、法治社会基本建成目标相适应的现代公共法律服务体系","公共法律服务实体平台、热线平台、网络平台全面覆盖,融合发展有力有效,服务能力水平满足人民群众日常需求",并提出了建成覆盖全业务全时空的法律服务网络的具体要求。目前,我国公共法律服务平台建设存在发展不平衡、管理分散、便利性不够、信息不对称、转型升级困难等问题,均与未能为公共法律服务提供充分技术保障密切相关,因此要整合提升公共法律服务必须加强技术保障。

第一,加强"互联网+公共法律服务"建设,推进三大平台融合发展。三大平台的融合关键在于建立有效的衔接机制,即实现服务需求信息能够在三大平台和法律服务机构有效流转。为此,必须坚持网络统领,发挥信息技术的优势,健全完善"综合受理、统筹分配、分类处理"的服务流程,实现三大平台服务数据有效汇聚,强化数据分析结果的运用,资源共享,实现"一端发起、三台响应""一网通办"的三台融合建设目标。[②]

第二,创新支撑技术,推进"智慧法律服务",实现"精准法律服务"。在加强广泛运用大数据、云计算、人工智能和区块链等技术为公共法律服务提供基础条件和技术支撑的同时,要努力推进智慧法律服务重点实验室的建设,通过

①　《司法部关于印发〈关于深入推进公共法律服务平台建设的指导意见〉的通知》,http://www.moj.gov.cn/policyManager/policy_index.html? showMenu=false&showFileType=2&pkid=faa4c1d5bf374fec9be29280789077c0,最后访问时间:2023 年 5 月 30 日。

②　《全国公共法律服务体系建设规划(2021—2025 年)》,http://www.moj.gov.cn/pub/sfbgw/zwxxgk/fdzdgknr/fdzdgknrtzwj/202201/t20220124_446894.html,最后访问时间:2023 年 5 月 24 日。

技术创新、技术赋能,提高法律服务智能化的水平,并构筑起精准法律服务的智能保障系统,实现公共法律服务供给与需求的精准匹配,提高公共法律服务的针对性和实效性。例如,通过技术支撑,强化服务数据的互联互通和分析研判,能够精准地了解服务对象的诉求,找准服务方向,主动服务,切实回应服务对象的需求。

第三,依托其他保障机制的加强与完善,助力公共法律服务信息化的建设,提高技术保障的效能。公共法律服务的技术保障与组织保障、人才保障、经费保障和制度保障相辅相成,只有依靠强有力的组织保障、优质的人才配备、充足的经费支持、完善的制度安排,才能让技术创新、技术赋能真正获得效益,优质、高效、便捷的专业公共法律服务才能真正实现。

五、制度保障

现代公共法律服务的整合提升是一项系统工程,前述所有的问题和保障手段,都有赖于制度的整体改进和完善,都离不开制度的规范。我国已迈进全面建设社会主义现代化国家的新征程,在法治轨道上推进国家治理体系和治理能力现代化的时代呼唤,对公共法律服务工作提出了更新和更高的要求。确立现代公共法律服务的制度框架,不仅是使现代公共法律服务步入法治轨道运行的前提,也是现代公共法律服务得以长远发展的根本保障。制度保障应着力于以下几个方面。

第一,建立多元的法律规范体系。党的十八届四中全会通过的《中共中央关于全面推进依法治国若干重大问题的决定》明确指出:"法律是治国之重器,良法是善治之前提。建设中国特色社会主义法治体系,必须坚持立法先行。"[①]现代公共法律服务的发展不仅离不开良好的市场环境,更离不开良好的法治环境,必须发挥立法的引领和推动作用。目前已有一些地方制定了专门的公共法律服务地方性法规,国家立法虽然有关于诸如律师法等涉及公共法律服务方面的法律,但尚未制定规范公共法律服务的基本法,缺乏统一的法律规范,因此亟须制定一部有关公共法律服务的法律,立足当下,着眼长远,通

---

① 《中共中央关于全面推进依法治国若干重大问题的决定》,http://www.xinhuanet.com//politics/2014-10/28/c_1113015372.htm,最后访问时间:2022 年 5 月 6 日。

过法律规范"贯彻新发展理论、构建新发展格局"。[1] 就现有的规范而言,也必须进一步适应时代的要求,针对现代公共法律服务体系建设的目标指向进行修改与完善,为公共法律服务行业多元、健康地发展营造优质的法治环境。

第二,优化司法行政管理职能。司法行政的工作重点是维护社会稳定、服务保障司法、提供法律服务、参与法治建设。现代社会"政府的角色越来越多的是为公民和治理网络服务。政府不仅负责直接提供服务和制定规则,还负责帮助广泛的组织和个人网络找到采取公共行动的共同点"。[2] "政府的作用是释放市场力量,以促进个人选择并实现效率。公民被视为顾客,问题通过激励机制设计进行解决。"[3] 当下的"人民之问""时代之问",要求司法行政机关必须厘清权责,强化服务职能,司法行政机关在行使管理职责时,要充分尊重和培育公共法律服务行业,注重释放和激活市场和个人的活力。

第三,完善法律服务业的体制机制。现代公共法律服务的整合提升在很大程度上有赖于完善法律服务业的体制机制,只有进一步完善法律服务业的体制机制,律师、公证、司法鉴定、仲裁、调解、基层法律服务等法律服务业才能健康快速发展,服务能力水平、服务质量及公信力才能有效提升。以公证为例,现行的公证服务供给能力明显不足,公益性、可及性及均等性、能动性等有限,因此,必须深化公证体制机制改革,通过立法规范公证机构的建设与发展,完善行政管理与行业自律管理相结合的管理体制机制,充分发挥法律服务行业协会的作用,推动合作制公证机构的建设发展,增强事业体制公证机构的活力和创新动力。[4]

现代公共法律服务体系建设任重道远,提升整合乃当务之急。

① 《全国公共法律服务体系建设规划(2021—2025年)》,http://www.moj.gov.cn/pub/sfbgw/zwxxgk/fdzdgknr/fdzdgknrtzwj/202201/t20220124_446894.html,最后访问时间:2023年5月24日。

② Denhardt, Janet V., and Robert B. Denhardt, *The New Public Service: Serving, not Steering*, Routledge, 2015, p.214.

③ Denhardt, Janet V., and Robert B. Denhardt, *The New Public Service: Serving, not Steering*. Routledge, 2015, p.217.

④ 《全国公共法律服务体系建设规划(2021—2025年)》,http://www.moj.gov.cn/pub/sfbgw/zwxxgk/fdzdgknr/fdzdgknrtzwj/202201/t20220124_446894.html,最后访问时间:2023年5月24日。

第六节　新时代建构智慧公共法律服务的必要性与路径[①]

　　党的十八大以来,伴随着全面依法治国实践的不断深入,党中央、国务院高度重视建设覆盖城乡、便捷高效、均等普惠的现代公共法律服务体系,并将其作为重点工作全面加快推进,取得了可喜的成就。但也存在一系列需要进一步改进的问题,其中就包括智慧公共法律服务的质量和水平。对此,2021年司法部审议通过的《全国公共法律服务体系建设规划(2021—2025年)》明确要求"推进'智慧法律服务'","大力发展公共法律服务领域科技创新支撑技术"。2022年,党的二十大报告在充分肯定党和国家事业取得了举世瞩目成就的同时,也提出了"我们的工作还存在一些不足,面临不少困难和问题"。其中就提到"发展不平衡不充分问题仍然突出,推动高质量发展还有许多卡点瓶颈,科技创新能力还不强","群众在就业、教育、医疗、托育、养老、住房等方面面临不少难题";强调"今后必须加大工作力度","加快发展数字经济,促进数字经济和实体经济深度融合,打造具有国际竞争力的数字产业集群";同时,将"基本公共服务实现均等化"作为2035年我国发展总体目标之一。新时代、新任务、新要求,我们必须在充分认识建构智慧公共法律服务必要性的基础上,针对存在的问题提出改善与提升的路径,为国家实现既定战略目标提供有益的建议。

一、新时代建构智慧公共法律服务的必要性

　　公共法律服务供给是一项治理活动,智慧公共法律服务供给是智慧治理在公共法律服务领域的具体应用。所谓智慧治理,是指利用技术和制度赋能来优化决策和规划的制定与施行,是改进公共服务供给模式与方式的活动。智慧是指由智力系统、知识系统、方法系统、技能系统等多个系统构成的复杂体系孕育出的系统性、整合性的能力,展现为迅速地发现问题、正确地研判问

[①]　原刊《中国法治》2023年第2期。

题、高效地共享问题以及有效地解决问题等方面的能力。伴随着现代科学技术的创新发展和现实需求,国家、政府和社会以及人民群众都提出了构建智慧公共法律服务的新要求和新期待。笔者以为,基于智慧公共法律服务的合理内核,因应新时代、新任务和新要求,建构智慧公共法律服务时不我待。

(一)建构智慧公共法律服务是实现中国式现代化的时代要求

党的二十大报告深刻总结中国现代化建设的成功经验,集中外现代化理论之大成,提出了科学化系统化的中国式现代化理论和行动指南。党的二十大报告明确指出:"中国式现代化的本质要求是:坚持中国共产党领导,坚持中国特色社会主义,实现高质量发展,发展全过程人民民主,丰富人民精神世界,实现全体人民共同富裕,促进人与自然和谐共生,推动构建人类命运共同体,创造人类文明新形态。""中国式现代化,是中国共产党领导的社会主义现代化,既有各国现代化的共同特征,更有基于自己国情的中国特色。"中国式现代化彰显着中国特色与中国气派,展示了不同于西方现代化模式的新形态、新图景。党的二十大报告提出,从现在起,"以中国式现代化全面推进中华民族伟大复兴","在法治轨道上全面建设社会主义现代化国家"。"全面建设社会主义现代化国家,是一项伟大而艰巨的事业,前途光明,任重道远。""高质量发展是全面建设社会主义现代化国家的首要任务。"科学技术是第一生产力,是实现中国式现代化的重要引擎和依托,科技强国也是时代的强音和现实的要求,相应地,就公共法律服务体系建设而言,也就必然要求以现代科技赋能,建构智慧公共法律服务,创新驱动发展战略,促进公共法律服务的高质量发展,进而助力推进和拓展中国式现代化。

(二)建构智慧公共法律服务是推进法治中国建设的必然要求

在我国,公共法律服务是政府公共职能的重要组成部分,是全面依法治国的基础性、服务性和保障性工作,是保障和改善民生的重要举措。① 党的二十大报告的一个鲜明特点就是第一次把法治单独作为一个篇章,对"坚持全面依法治国,推进法治中国建设"作了高屋建瓴、准确精辟的专题论述和重大决策部署。其中在加快建设法治社会部分明确指出:"法治社会是构筑法治国家的基础",要"建设覆盖城乡的现代公共法律服务体系"。法治国家、法治政府和法治社会的一体建设,是新时代法治坚持全面依法治国、推进法治中国建设的目标指向,"建设覆盖城乡的现代公共法律服务体系"则是法治社会建设的必

---

① 宋方青:《公共法律服务的科学内涵及核心要义》,载《中国司法》2019年第8期。

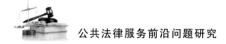

然要求。现代性是我国公共法律服务的核心要义,现代性是一个复杂的多重建构过程,它是政治、经济、社会和文化等交互作用的结果,它时常用来表述更新与革新相结合的观念。[①] 我国公共法律服务体系的建设以现代性作为指向,构建智慧公共法律服务当为应然之举,也只有如此,才能突破公共法律服务工作效能的瓶颈,推动公共法律服务工作高质效发展,助力法治国家、法治政府和法治社会的一体建设。

(三)建构智慧公共法律服务是坚持以人民为中心的现实要求

深入贯彻以人民为中心的发展思想,始终是我们党和国家采取一系列惠民举措的基本思想。党的十九大报告明确指出:要坚持以人民为中心。人民是历史的创造者,是决定党和国家前途命运的根本力量。必须坚持人民主体地位,坚持立党为公、执政为民,践行全心全意为人民服务的根本宗旨,把党的群众路线贯彻到治国理政各项活动之中,把人民对美好生活的向往作为奋斗目标,依靠人民创造历史伟业。党的二十大报告指出,要坚持以人民为中心的发展思想。维护人民根本利益,增进民生福祉,不断实现发展为了人民、发展依靠人民、发展成果由人民共享,让现代化建设成果更多更公平惠及全体人民。"要让人民群众的获得感、幸福感、安全感更加充实、更有保障、更可持续,共同富裕取得新成效。"进入新时代,"坚持以人民为中心,通过优质、高效、便捷的专业法律服务保障人民权益,维护人民利益"[②],已经成为一种时代的强烈要求。人民群众依靠"智慧服务"这种新模式来获取所需的公共法律服务,国家机关根据人民群众的需要主动去回应这些新需求已成为常态,但是要使人民群众的获得感、幸福感、安全感更加充实、更有保障、更可持续,公共法律服务的法治化、智能化、专业化、便民化水平还有待继续提升,而强化智慧公共法律服务的建构则是努力的方向。

二、新时代建构智慧公共法律服务的路径

"问题是时代的声音,回答并指导解决问题是理论的根本任务。今天我们

---

① 宋方青:《公共法律服务的科学内涵及核心要义》,载《中国司法》2019 年第 8 期。

② 《全国公共法律服务体系建设规划(2021—2025 年)》,http://www.moj.gov.cn/pub/sfbgw/zwxxgk/fdzdgknr/fdzdgknrtzwj/202201/t20220124_446894.html,最后访问时间:2023 年 5 月 24 日。

所面临问题的复杂程度、解决问题的艰巨程度明显加大。"①新时代建构智慧公共法律服务是一项系统工程，我们必须聚焦实践，面对问题，回应人民群众的所需所盼，通过规范建设、平台建设以及队伍建设，全方位、深层次地解决智慧公共法律服务存在的问题和不足，进而提升智慧公共法律服务的质量和水平，让人民群众的获得感、幸福感、安全感落到实处。

（一）规范建设——实现智慧公共法律服务的规范化

"法律是治国之重器，良法是善治之前提。建设中国特色社会主义法治体系，必须坚持立法先行。"②同理，新时代要建构智慧公共法律服务体系，必须坚持立法先行，立足于公共法律服务规范的立改废释，通过立法推动公共法律服务与科技创新手段深度融合，着力打造"智慧公共法律服务"，使智慧公共法律服务在规范指引下，充满温度和活力，有序高效地运行。目前，我国尚未制定专门针对公共法律服务的法律，有关规范散布在涉及公共法律服务的单行法（如律师法）、政策性文件、政府规划和意见、地方性法规以及各种规范性文件之中，缺少统一的法律规范，针对智慧公共法律服务的规范明显不足。因此，首先，必须制定一部有关公共法律服务的基本法，对公共法律服务进行统一、全面的规定，明确建设公共法律服务体系的指导思想、基本原则以及具体措施，从实体上和程序上为构建覆盖城乡、便捷高效、均等普惠的公共法律服务体系提供普遍适用的基本法律规范，其中特别要注意，必须因应新时代的要求，以优质、高效、便捷、精准为导向，规定建设智慧公共法律服务的具体举措和保障措施。其次，应根据党和国家的政策及时完善现有的各种涉及公共法律服务的法律法规和规范性文件，确保其因应新发展理念、人民群众需求的变化以及现代科学技术的发展进行必要的立改废释，让智慧立法耕织于其中。最后，在立法中必须坚持科学立法、民主立法、依法立法的立法原则，特别是要深刻领会"全过程人民民主"的实质要义，深入调查研究、汇集民意，通过协商程序，达成共识。要加强智慧决策，统筹规划和布局，做好顶层设计，整体推进

---

① 习近平：《高举中国特色社会主义伟大旗帜　为全面建设社会主义现代化国家而团结奋斗——在中国共产党第二十次全国代表大会上的报告》，载《人民日报》2022 年 10 月 26 日第 01 版。

② 《中共中央关于全面推进依法治国若干重大问题的决定》，https://www.gov.cn/zhengce/2014-10/28/content_2771946.htm，最后访问时间：2023 年 5 月 24 日。

智慧公共法律服务建设。要广泛开展小切口立法，"紧跟时代步伐，顺应实践发展"①，有针对性地解决公共法律服务的紧迫问题，让人民群众的期盼得以真切实现。在立法中特别要注意：明确责任主体、强化主体责任，加强监督指导、评估以及监督问责；确定服务的标准，明确设施建设、设备配置、人员配备、经费投入、服务规范和流程等具体标准；建立公共法律服务工作部门的协调与联动机制，明确公众参与的渠道，建立政府主导与社会参与的良性互动机制。尤其需要注意的是，必须将智慧要素有机地融入立法规范以及各种规范性文件之中，使其成为智慧之规。

（二）平台建设——提升公共法律服务的智能化水平

公共法律服务平台是推进公共法律服务体系建设的一项基础性工作，是集成各类法律服务项目、提供多种公共法律服务产品的有效载体，是直接面向人民群众为其提供服务的窗口。我国公共法律服务平台主要有实体平台、热线和网络平台。近年来，我国"积极探索公共法律服务平台建设，公共法律服务网络进一步健全完善，服务领域进一步扩大，公共法律服务能力得到了稳步提升。同时也要看到，在平台建设中还存在发展不平衡、平台体系不够完善、平台功能和服务有待进一步拓展、信息化建设相对滞后等问题"②，"服务供给质量、效率和能力水平、信息化水平有待进一步提升"③。而这些情况之中也都存在公共法律服务智能化水平有待提高的问题，因此，必须在推进公共法律服务实体平台有效覆盖、推动公共法律服务热线与网络平台优化升级、推进三大平台深度融合发展的过程中，聚力提升公共法律服务的智能化水平。

具体而言，首先，大力研发公共法律服务领域科技创新支撑技术，加强智慧公共法律服务重点实验室建设，"重点突破精准普法宣传、法律援助智能保

---

① 习近平：《高举中国特色社会主义伟大旗帜　为全面建设社会主义现代化国家而团结奋斗——在中国共产党第二十次全国代表大会上的报告》，载《人民日报》2022 年 10 月 26 日第 01 版。

② 《司法部关于推进公共法律服务平台建设的意见》，http://www.moj.gov.cn/policyManager/policy_index.html? showMenu＝false&showFileType＝2&pkid＝d0f296d01fb5403687e7dc04f9525d82，最后访问时间：2023 年 5 月 24 日。

③ 《全国公共法律服务体系建设规划（2021—2025 年）》，http://www.moj.gov.cn/pub/sfbgw/zwxxgk/fdzdgknr/fdzdgknrtzwj/202201/t20220124_446894.html，最后访问时间：2023 年 5 月 24 日。

障、律师执业保障与监管、线上公证、社会矛盾纠纷排查与预警等关键技术"。① 其次,大力推动区块链技术在公共法律服务领域的应用以及"互联网＋公共法律服务"的建设,坚持网络统领,发挥信息技术优势,通过智能大数据的分析研判,强化数据分析结果的运用,实现三大平台服务数据信息有效汇聚、有效共享和有效流转,确保"一端发起、三台响应"融合机制的建立,实现公共法律服务三大平台全面覆盖、互联互通,为人民群众提供及时、高效的法律服务。最后,加大公共法律服务热线、网络平台的建设,提升智能化应用水平,提高在线咨询服务质量和效率。例如,强化查询功能,"提供及时、高效、权威的全面依法治国和司法行政法律法规规范性文件查询、法律服务机构人员数据信息查询、参照案例查询、司法行政和公共法律服务办事指引服务。完善法律服务网在线办事功能,实现'一网通办'";要"推动'12348'公共法律服务热线与'12345'政务服务热线归并整合,建立完善转接机制,优化座席设置,按照统一标准提供'7×24 小时'服务"。② 特别要加强智慧公共法律服务平台的建设,使贫困地区、欠发达地区的人民群众都能享受到无差异的、普惠的、精准的公共法律服务。建立公民法律服务电子档案,对老年群体应设有特别的便捷友爱的通道,"逐步建立主动服务、精准服务机制,推进公共法律服务向移动服务、随身服务方向发展"③,让人民群众的公共法律服务需求得到主动、高效和精准满足。

(三)队伍建设——提高智慧公共法律服务的能力

智慧公共法律服务的整合提升离不开高素质、专业化人才队伍的支撑。经过多年的发展,虽然我国公共法律服务的队伍建设有了进一步加强,但整体而言,目前我国公共法律服务队伍仍然存在专业化水平参差不齐、法律服务有效供给不足、整体规模有限等问题,特别是欠发达地区公共法律服务人才、涉

① 《全国公共法律服务体系建设规划(2021—2025 年)》,http://www.moj.gov.cn/pub/sfbgw/zwxxgk/fdzdgknr/fdzdgknrtzwj/202201/t20220124_446894.html,最后访问时间:2023 年 5 月 24 日。

② 《全国公共法律服务体系建设规划(2021—2025 年)》,http://www.moj.gov.cn/pub/sfbgw/zwxxgk/fdzdgknr/fdzdgknrtzwj/202201/t20220124_446894.html,最后访问时间:2023 年 5 月 24 日。

③ 《全国公共法律服务体系建设规划(2021—2025 年)》,http://www.moj.gov.cn/pub/sfbgw/zwxxgk/fdzdgknr/fdzdgknrtzwj/202201/t20220124_446894.html,最后访问时间:2023 年 5 月 24 日。

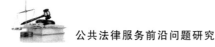

外法律服务人才短缺的现象比较严重,其中智慧公共法律服务人才队伍不足的问题亦十分突出。提高智慧公共法律服务的能力,必须聚焦人才队伍的规范化与专业化建设,从宏观与微观层面多头并举一体建设。

具体而言,第一,制订公共法律服务人才培养计划。"公共法律服务人才培养计划是布局公共法律服务人才培养的蓝图,具有规划性和引领性,保证有计划、有指向地根据需要培养公共法律服务人才,满足国家和社会对公共法律服务人才的需求。"[1]智慧公共法律服务人才短缺,尤其需要通过培养计划进行规划,从源头上保证智慧公共法律服务人才得到有计划、有目标的培养,为全面提升公共法律服务的能力和水平奠定坚实的人力基础。第二,调动高校和科研机构的力量,加强政府与高校、科研机构的深度合作,聚集各方在技术、人才和资源等方面的优势,开展聚集公共法律服务模式研发、技术应用研究以及大数据平台建设,并建立复合型人才培养和实践基地,为智慧公共法律服务者水平和能力的提升提供优质资源。此外,充分利用高校和科研机构的师资力量和技术平台,有针对性地培养涉外法律服务人才,让涉外法律服务开满"智慧之花",取得积极成效。第三,定期开展专业培训。目前,我国法律服务人才的职业教育培训机制缺失明显,因此,有必要建立人才定向委培机制,特别是要发挥高等院校和科研院所的作用,为人才短缺的行业和机构培养和输送人才,进而有效解决人才资源分布不均衡以及专业化程度有限的问题。此外,还必须注意到智慧公共法律服务人才不仅需要具备扎实的法律专业知识和业务能力,而且需要具备很强的职业道德素养。众所周知,技术的非中立性往往会导致价值理性弱化以及人文关怀缺失的伦理困境。科技是一种能力,向善是一种选择。科技向善,归根结底是科技使用者的价值选择问题,是人能不能向善的问题。[2]这就需要通过有计划、有针对性的定期培训来不断提升和强化,进而锻造一支适应和满足新时代要求、德才兼备的高素质智慧公共法律服务人才队伍。

---

① 宋方青:《现代公共法律服务整合提升的保障机制》,载《中国司法》2022年第5期。
② 宋方青、姜孝贤:《汲取法治化治理智慧 拥抱数字化转型浪潮》,载《中国社会科学报》2021年12月15日第A04版。

第二章　公共法律服务体系建设的
基础理论框架

中国公共法律服务体系是从实践中诞生的制度体系,其制度目的与制度内容等都呈现出为实践目的服务的状态,这种直指具体实践目的的制度品性虽然极具实用性,但随着社会历史变化需要进行制度革新时,头痛医头脚痛医脚的简单修补就难以发挥其功效。因此,需要从理论上对中国公共法律服务体系进行剖析与重构,理解公共法律服务在整个社会运作之中以及在法治建设的大环境下的制度地位、制度功能与潜力,从而引导我国公共法律服务更加贴合时代背景与社会实践,获得与时俱进、随时代变化而自我革新的能力。

根据"公共法律服务体系建设"的短语词义划分,可以看出"体系建设"在指代范畴与实践目的层面作出规定,表达一种以"建设"实践为目的,以内含多重要素的"体系"为范围的词义指向;"公共""法律""服务"三个核心概念处于决定整个体系具体面向的重要地位,根据此三个核心概念的提取,可以引出以下三个需要讨论的主干性问题:什么是以及为什么必须是法律领域的公共"服务"的形式?为什么强调法律服务的"公共"性?什么是以及为什么是"法律"的公共服务?

这三个问题皆属于是什么与为什么的思考范畴,属于"正本清源"式的建构性反思。只有从"公共"、"法律"与"服务"三个面向进行讨论,才能够在历史与实践等复杂要素的影响下归纳出一个独立的、系统性的且具有实践价值的"公共法律服务体系"的本体。

从"公共""服务""法律"三个实意限制词切入,能够有效地定位公共法律服务在必要性、正当性以及合理性等方面的理论基础,从而为后续具体内容的展开提供目标指引与理念支撑,本章在概念运用上倾向于将"公共法律服务"视为一个整体系统。由于实践中并不存在一个名为"公共法律服务"的实体对象,此概念的现实对照基本来源于各项具体制度实践与官方政策文件,在实践端功能性有余,而在理论端体系化系统性不足,所以在基础理论理顺,并依据一定的逻辑与现实需求进行补全性质的建构之前,便直接将"公共法律服务"这一概念所蕴含的所有内容解析剖开,讨论在实践端的具体制度、服务内容、工作方法等,则容易陷入琐碎、无根与不完整的境况中。这种特殊历史实践产生制度体系,而理论附和实际制度从而产生进一步"改进"的循环,既流于欠缺反思的理论空转,也不利于对实践产生更有效率的指导。所以,在将公共法律服务的具体内容展开之前,考察其作为一个整体系统的体系边界、形式与功能是必要的。本章将围绕着前述三个主干问题展开,从"公共""法律""服务"三个面向同步逼近,最终在必要性、正当性以及合理性层面给出公共法律服务的理论基础。

第一节　治理模式转型下的公共服务论

公权力机关若要推进法治建设工程,必须承担相应的建设责任,这种法律领域的建设责任并没有说明必须以"公共服务"的形式来进行。笔者认为,即使公权力机关需要进行法治环境建设以保证法治规训、法治建设的开展,但是通过行政命令、强制性立法等更为直接的管控手段,从效用的角度来说一样可以实现推进法治建设、打造法治环境的任务,如直接将政法话语等相关知识直接纳入公民基础教育的内容体系中。法治建设的实现,既可以通过更具强制性的形式推进,也可以通过向社会提供公共服务的形式达成。对于政府行为模式的探索,正是理解公共法律服务体系内容与制度性质的关键。

相关的公共法律服务制度内容可以转化为各类行政命令,直接指定公权力机关或者社会个体承担相应责任,而无须以向社会提供公共服务的形式来完成法治建设所需要的环境建设任务。对于政府行为模式的限定,正是破解公共法律服务体系内容与制度性质的关键。

本节首先将从权力来源这一角度说明包括政府在内的一系列公权力机关与其他非公职人员所形成的社会成员群体之间的关系,从而揭示不能直接运用行政命令进行法治环境建设的原因。其次将引入公共服务学说,为公共法律服务体系内容与制度性质的展开,提供一种较为明确的理论视角,以便厘清公共法律服务部门提供的公共法律服务究竟为何,并最终回答如何运用公共服务这一形式进行法律运作环境建设的方法问题。

一、权力来源理论

此处所称的权力来源,既包含概括意义上的整体国家权力,更确切地说是公权力整体的来源,也包含着实践中由具体权力架构划分而带来的具体公权力部门的权力来源。这两个层面刚好对应着公共法律服务体系的责任承担主体在承担相应法治环境建设责任时,其权力究竟来源于何处,且这种权力来源究竟在何种程度上影响着责任承担主体在提供公共法律服务时的形式等问题。

从概括的层面而言,公权力机关是推进法治建设的决策主体,所以,作为法治建设整体工程重要环节的法律运行环境建设的建设责任也就当然地落在公权力机关这一概括整体之上。而为何这种建设责任的承担必须体现为向社会提供公共服务并建设公共法律服务体系,则必须从公权力机关作为法治建设的决策主体以及建设责任主体的权力来源之中寻找答案。法治作为国家治理、社会治理的一种宏观模式,其地位的确立以及随后的建设都伴随着极大的责任与成本。[①] 依法治国作为一项基本国策于 1997 年党的十五大被正式写入党的文件,1999 年"依法治国"被写入宪法,正式宣布法治模式成为我国治理模式道路的重要选择,直至党的十八届四中全会提出全面依法治国,可以看出法治道路已然成为我国国家治理与社会治理的重要模式。

法治作为治国理政的重要方针,要求能够作出决策的主体,不仅需要在正当性层面达到一定的论证强度,更需要在实践中汇集群体成员的基本共识,形成具有权威的领导中心。欲分析作出选择治理道路决定的权力来源于何,则必须考察决策主体与实践中被动接受的群体成员之间的关系问题。这种道路决策者与被动接受者的关系问题也即关系命题。对于这一关系命题的回答,不但决定着决策主体将以何种方式推进法治模式的建设,更影响着法律运行环境建设的具体内容,也即法律运行环境的建设责任的承担是否必须表现为公共法律服务的形式。

(一)中国传统模式

中国古代政法领域中对于前述关系命题的构筑与实践有着与现代国家截然不同的做法。古代中国在治理模式的道路选择上是自上而下的模式,北魏

---

① "法治道路关乎一国法治建设之基本走向,关乎一国法治发展之基本规律。"参见范进学:《论法治道路、理论与体系的拓展》,载《东方法学》2017 年第 5 期。

时期李暹注《文子》中早已提及先秦时期的权力架构与来源,"所为立君者,以禁暴乱也"(《文子(卷十一)·上义》),也即君主的诞生,是为了禁止暴乱,稳定社会关系,可以看出立君治乱的思想早在周朝便已出现。作为周朝人汇编上古书文的《尚书》也有提及:"天佑下民,作之君,作之师"(《尚书·周书·泰誓上》),也即存在一个超然的"天",为了福佑民众,因而降下"君"和"师"来领导民众,用以治乱。管子也对先秦时期群体领导者的产生给出原因:"古者未有君臣上下之别,未有夫妇妃匹之合,兽处群居,以力相征。于是智者诈愚,强者凌弱,老幼孤独不得其所。故智者假众力以禁强虐,而暴人止。为民兴利除害,正民之德,而民师之"(《管子·君臣下》),其也认为群体领导者的产生是为了整合群体、凝聚众力以更加稳定地进行集体生活。这些先秦时期关于群体领导者的认知,虽然凸显出一种朴素的民本思想,但是其对于群体领导者权力来源的想象仍然归于一种超自然的力量,从这一阶段领导者的称呼"天子"可看出,民众之所以会服从领导者的管理,不仅由于"天子""圣人"身上具有某种出众的道德品质与智识才能,更有一个重要原因便是其权力来源于某种超自然的力量,所以即使民本思想在这一阶段颇有显露,但其权力运行背后仍然是自上而下的统治模式。照应着这一权力来源,"礼乐征伐自天子出"以及"刑不可知,则威不可测"等表述,均体现着先秦时期对于国家权力实施主体以及法律工具的描绘,这些关于统治模式的注解,在"受命于天"的权力来源模式下也就顺理成章了。

秦朝建立统一的集权政府后,对于国家权力来源的论证需求直到西汉董仲舒提出一系列天人关系的论述构建才得到解决,并且这一模式一经提出便嵌入中国传统政治模式,影响深远。[①] 这种奉天命的思想在董仲舒提出的理论中处处可见,如"天子受命于天""以人随君,以君随天""受命之君,天意之所予也"[②]等表述均体现出君权天授的思想。这种权力自上而下的模式使得与之对应的治理模式选择也不可避免地体现出人治的色彩,毕竟由天授予的统治合法性皆由统治者直接承受,所以通过领导者个体决策进行国家治理也是理所当然的。

(二)社会契约模式

至近现代超自然力量授予的统治合法性被科学与理性的思潮所打破,公

---

① 冯友兰:《中国哲学史新编》,人民出版社 2001 年版,第 59 页。
② 苏舆:《春秋繁露义证》,钟哲点校,中华书局 2019 年版,第 19、31、86 页。

共生活的维持与公权力机关继续进行统治的正当性,需要寻找新的理论来为之辩护,人民主权思想与社会契约模式的提出恰好填补了这一空缺,其关于权力来源模式的设想直到今日依然影响着世界范围内的众多国家。有学者指出"(卢梭)在近代西方政治思想史上第一次完整地提出了人民主权学说"。① 卢梭认为,国家应当是群体成员为了维持群体生活而结成的一种社会契约的共同体,而政府仅仅为主权者与其他民众之间的一个中间体、代理者。② 而政府或行政首脑绝非拥有神圣能力和权能的特殊个体,其能够进行公共事务管理的权力不外乎群体成员通过社会契约对其让渡而成的公共权力,所以,在社会契约模式下的国家与政府权力来源是自下而上的,来自群体成员让渡的个体权力的集合。当然,在权力来源这一问题上,人民主权与社会契约模式的提出,无疑是对传统君权神授模式的一次有力冲击。虽然以卢梭为代表的启蒙思想家所设想的社会模式等一系列理论都在后续发展中被扬弃,甚至有学者认为:"(卢梭的理论)作为批判的政治理论,他是成功的,作为建设性的政治理论,他是失败的。"③但是这一权力来源的模式一经提出其影响力直至今日仍有余存。

马克思在反对君主制的同时也对无产阶级的人民主权给出了表述:只有当国家代表着人民,人民的意志即能成为国家意志的民主制度才是人民的制度。"民主制是一切国家制度的实质,是作为国家制度特殊形式的社会化了的人……只有民主制才是普遍与特殊的真正统一。"④并且,马克思表达出社会契约模式中主体范围的不完全性,认为资产阶级内部的社会契约并非真正的人民主权,虽然社会契约模式将公权力的来源认定为群体成员的让渡,但是这种"群体成员"内究竟包含着哪些群体则值得怀疑。运用种种限制将社会上大多数人排除在所谓的"社会契约"之外,或通过财产、空闲时间等门槛阻止人民参与政治生活,都会导致社会契约模式在覆盖范围与性质上不彻底。⑤ 马克思在社会契约批判君权神授的基础上,进一步明确了社会契约模式中主体的范围问题:如果参与社会契约、实施社会公共管理权力的主体并非覆盖全体人

① 王彩波:《西方政治思想史》,中国社会科学出版社 2004 年版,第 355 页。
② [法]卢梭:《社会契约论》,何兆武译,商务印书馆 2003 年版,第 72 页。
③ 浦兴祖、洪涛:《西方政治思想史》,复旦大学出版社 1999 年版,第 278 页。
④ 《马克思恩格斯全集》(第一卷),人民出版社 1956 年版,第 281 页。
⑤ 《马克思恩格斯选集》(第一卷),人民出版社 1995 年版,第 12 页。

民,那么这种社会契约模式就并非真正的人民主权,这种社会契约模式对于君权神授模式的反对就是不彻底的,因为少数人的社会契约模式仍然是由少数人进行统治,其统治内容就无法体现全体人民的意志,也就与君权神授的人治模式在效果上没有拉开差距。马克思提出的对于资产阶级社会契约模式的批判体现出对于理想型人民主权模式的向往与追求,这种实现人民自我管理的政治愿望在列宁看来是一种自然的、最原本的民主模式。① 所以,在经历不断的扬弃与流变之后,人民主权思想以及社会契约模式亦成为马克思主义在国家权力理论方面的重要内容。

基于人民主权与社会契约模式提出的权力来源模式,现代法治国家在国家主权来源的问题上都需要从人民中寻找建立合法统治的正当性,特别是在契约形式以及契约覆盖主体等问题上的演变与革新,令这种自下而上的权力来源模式已然形成法治国家进行国家治理时最重要的政治基础。正是由于权力来源于人民的模式设定,使得行使国家权力的公权力机关与社会群体成员之间的关系也被确定下来,也就是说,国家权力来自人民,是全体人民通过民主程序汇集民意形成了国家意志,在这一意志的授予下,才形成了管理社会公共事务的公权力机关。也正是由于这种权力授予关系,在国家与社会治理模式的选择问题上,决策主体必须代表着人民的利益与意志,即法治道路的选取,依法治国方略的开展,是凝聚全体人民意志的结果,这个结果最能代表也必须代表着全体人民的利益。

进言之,法治建设是人民意志的选择,作为法治建设必要组成部分的法治环境建设所附带的建设责任,也必然由负责公共事务的公权力机关所承担,并且,这种承担模式不应当为指令式的强制推进,而必须以公共法律服务的形式进行开展。从反面而言,如果在君权神授的权力来源模式下,国家统治模式的选取皆出自承载着超自然意志的统治者自身或集团,那么其关于治国理政的方式自然可以按照直接命令的方式推进,因为蒙受天命的统治者本就是为了福佑众生而产生的,所以为了拯救芸芸众生,其施政纲领的推进按照其个人意志进行也无可厚非,被统治者只需被动接受,等待着福泽与管理即可。但是,现代国家已经抛弃了传统模式那种超自然的权力来源模式,将国家权力的来

① "在社会主义下,'原始'民主的许多东西都必然会复活起来……在社会主义下,所有的人将轮流来管理……使大多数居民无一例外地人人都来执行'国家职能'。"《列宁选集》(第三卷),人民出版社1995年版,第217~218页。

源从天上下放到人间之中,还原了国家政治领域的世俗性,以现代理性的、科学的观念代替了传统的超自然的天命传统。[①] 加之马克思对于资本主义民主虚伪性的批判,从而形成了马克思主义指导下社会主义社会的真正的人民主权模式。在这种现代的人民主权模式之下,法治道路的建设与推进必然不是人民被动接受的结果,而是凝结着人民意志的主动选择,并且,在人民主权的权力来源模式下,公权力机关与人民群众之间的关系,并非传统模式中的统治与被统治的关系,运用单纯的行政指令,通过将责任附加于群体成员之上来完成国家施政方针的方式,显然与人民主权的本意相违背。

在现代法治国家中,公权力机关的权力来自人民的授权,公权力机关与人民群众之间的关系应当是产生与被产生、监督与被监督的关系,任何需要人民承担责任的方针政策都需要通过严格的民主程序才能得到认可。而法治建设作为人民的选择,其推进方式虽然在内容上、在实践中不可避免地存在自上而下的工作方式,这一点也与前述法治规训特性中的建设性相对应,但是权力来源与关系命题的明确,使得法律运行环境的建设不可能像传统模式那样,自上而下地使人民群众承担额外的建设责任,而必须由公权力机关承担,并且这一建设责任的承担也必须以一种更加温和的形式对人民群众产生影响。

二、公共服务学说

前一部分分析了公权力机关与群体成员之间的关系问题,以及国家治理模式决策者在选择并推进法治模式时所必须承担的建设责任。在此基础上,通过对人民主权权力来源模式的分析,可以得出如下结论:公权力机关在推进法律运行环境建设时,不得直接将建设责任施加于群体成员之上。有鉴于此,公权力机关在承担相应建设责任时实现其职能的方式、推进法治环境建设的路径都有待探讨。要解决这些问题则必须进一步考察公共行政领域的相关理论思潮,并从中获得理解作为公共服务的公共法律服务本质的思路。

(一)新公共管理理论

公共行政领域的理论研究可以追溯到 19 世纪末。[②] 这一领域的学者扬

---

① 陈志英:《西方现代性语境下的主权理论研究》,中国社会科学出版社 2007 年版,第 204 页。

② 〔美〕珍妮特·V.登哈特、罗伯特·B.登哈特:《新公共服务:服务,而不是掌舵》,丁煌译,中国人民大学出版社 2016 年版,第 1 页。

弃了传统政治学对于价值与意识形态等模糊领域的讨论,聚焦于运用技术手段分析行政管理问题,在此之后经历了多次学科范式的演进,名为"新公共管理"(new public management,NPM)的新研究范式逐渐在现代公共行政的理论与实践中占据主导地位。

20 世纪 70 年代,欧美国家在市场管控模式与社会治理模式的实践中遇到瓶颈,由新公共管理模式替代"传统公共管理"的浪潮应运而生。新公共管理的思潮主张管理至上,从管理学的角度批判了官僚主义的做派,并且认为私营机构的管理基础、分权、放松对市场与社会的规制以及善用对其他组织的委托是应对公共管理机制僵化的重要手段,①这使得行政部门的工作模式向着技术化与精细化的方向不断发展。并且,由于新公共管理模式的相关理论资源最初来自私营机构的管理技术,甚至不过是将企业的管理方法直接搬进公共机关领域,所以新公共管理在处理政府与市场、政府与社会的关系上一直秉持自由化与市场化的观点,进而提出更为精炼的"企业家政府理论"。② 该理论集中体现了作为新公共管理理论的企业家政府理论在批判传统公共管理模式上的不遗余力,体现出其重视市场、重视效率的私营组织特色。

新公共管理学者对于官僚主义笼罩下的公共机构感到绝望,③于是,相关学者一针见血地指出仅依靠专业理性与单线工作效率而集合起来的行政体制最多也就是一架"精密的力学机器",而并没有相应的竞争机制去激发公共机构的灵活性与效率。④ 新公共管理学者指出,官僚主义体制不仅仅在僵化和

———————

① 国家行政学院编译:《西方国家行政改革述评》,国家行政学院出版社 1998 年版,第 142 页。

② 这种企业家政府理论由美国学者奥斯本与盖布勒提出,他们认为传统的公共机构体制使其内部的公务员并没有完全发挥出他们的才能与工作精力,致使公共机构无论是工作效率还是管理能力上都有所欠缺,并且这种欠缺不断吞噬着不在少数的公共财政。[美]戴维·奥斯本、特德·盖布勒:《改革政府:企业家精神如何改革着公共部门》,上海市政协编译组、东方编译所编译,上海译文出版社 1996 年版,第 25~30 页。

③ [美]戴维·奥斯本、特德·盖布勒:《改革政府:企业家精神如何改革着公共部门》,上海市政协编译组、东方编译所编译,上海译文出版社 1996 年版,第 5 页。

④ 传统官僚主义体制还有一个特点是对专门技术的崇拜和依靠条块分割的"鸽笼式"的专业化单位来解决不断出现的新老问题。这就导致了"鸽笼"的无休止扩大。部门与部门重叠,机构与机构交叉,最后形成官僚主义的大迷宫。[美]戴维·奥斯本、特德·盖布勒:《改革政府:企业家精神如何改革着公共部门》,上海市政协编译组、东方编译所编译,上海译文出版社 1996 年版,第 6 页。

低效率方面令人不满,甚至在面对越来越多且复杂的新的社会问题时,官僚主义体制自身蕴含的条块分割模式还会陷入无限膨胀的恶性循环,从而导致更多的公共资源被浪费。

可以看出,新公共管理理论对传统公共管理的批判主要体现为一系列市场化的思维,无论是引入竞争机制、简化繁文缛节,还是建立以顾客为核心的驱动机制,或是对于公共管理权力的宽松把握,都凸显出自由市场竞争环境下对于效率和自由应变能力的追求。这一批判十分有力地指出了传统的公共管理模式在官僚主义的笼罩下产生的一系列缺陷。时至今日,都仍然是期望着避免公共机构僵化和低效的国家应当重视的改革重点。

总体而言,新公共管理理论在批判传统公共管理模式的方向上是成功的,虽然其提出的引入私营企业管理思路的改革方案值得商榷,其在理论界也确实遭受到了一系列争议与反驳,但是,其作为行政管理领域内的启蒙与祛魅式的思潮,对于我国当下的公权力机关管理仍然有着极具实践价值的参考作用。

首先,公权力机关在承担法治环境建设责任时,必须有一种宏观的战略性视野。对应着企业家政府理论的第一条建议,战略性的决策是做好法治环境建设的必要条件,政府应当在顶层设计的层面对公共法律服务体系作出规划。其次,必须重视建设责任承担机构在功能上的灵活性。一如前述学者非常形象的比喻,不够灵活的行政体制仅仅为一架"精密的力学机器"。即使在进行法治环境建设时,公权力机构具有了相应的专业性与足够的建设资源,但是,随着法治建设整体工程的推进以及社会环境的演进,法治环境建设或公共法律服务体系的建设必须紧跟脚步,根据对应的法治环境与社会需求,动态地调整机构本身的体制机制与工作模式。再次,法治环境建设或公共法律服务体系的建设必须考虑效率,也即成本与产出的比例必须保持平衡。最后,即使公权力机关手握来自人民的公共管理权力,在运用权力时也应该更加灵活多变,要善于对权力进行管理,进行合理的授权,处理好与市场之间的关系,适当性地下放权力,引入市场竞争要素以提振管理效率,加强与社会、民众的沟通协作。

上述的改革建议对于公权力机关更好地做好法治环境建设或公共法律服务体系建设工作具有重要的指引意义。不过,我们也应注意到,上述这些公共管理体制机制的改革建议是基于新公共管理的理论提出的,其内容对于中国行政管理的现状并非能够照搬适用，[①]但是，新公共管理理论所要批判的对象在中国并非没有对应的存在，官僚主义的行政机构体制以及工作作风正是我国行政体制改革需要着重解决的问题。在需要改进和批判的地方，新公共管理理论对于我国行政管理实践的参考意义仍然没有失去其有效性。所以，在公权力机关向社会提供公共法律服务、履行法律环境建设责任时，前述四条参考建议仍然需要贯彻到实践中。

综上所述，公权力机关在履行法治环境建设责任、推进公共法律服务体系建设时，既需要参照新公共管理理论对于传统模式下官僚主义体制的批判，避免官僚主义体制中的种种弊端，也需要从新公共管理理论的反对者那里提取经验，看到新公共管理理论对于公共行政机构在公共属性上的忽视，从而警惕另一种极端做法。

（二）新公共服务理论

公权力机关推进公共法律服务体系建设所需要的理论支撑，仅依靠传统的公共管理模式以及新公共管理理论等内容，难以应对法治建设整体推进以及社会需求膨胀引起的挑战。新公共管理理论虽然提示了应当避免的陷阱，但是仍然不足以为法律领域内的公共服务提供必要性论证以及建设指引。顺着前文对于新公共管理理论的批判，新公共服务理论扛起了解释并指引公共服务相关实践的大旗。

前文介绍了公共行政领域内新公共管理理论的兴起及其批判，针对新公共管理理论中描绘的公共机构的公共性不足问题，以美国公共行政学家罗伯特·B.登哈特为代表的一批公共行政学者正在建立新公共服务理论。之所以称之为新公共服务理论是因为公共服务概念本身并非这一时期学者的原创，早在19世纪末20世纪初，便有学者提出并定义了公共服务这个概念。德国财税学家瓦格纳将公共服务定义为："将国家支付的薪金与工资进行筹划，用于支出经济或者财政的其他消费，或直接用于公共事务，这部分称为财政需求。"[②]法国公法学派学者狄骥也曾指出，任何因其与社会团结的实现与促进

---

① 从某一个国家的行政环境中归纳出来的概论，不能够立刻予以普遍化，或被应用到另一个不同的环境的行政管理上去。一个理论是否适用另一个不同场合，必须把那个特殊的场合加以研究才可以判断。[美]戴维·H.罗森布鲁姆、罗伯特·S.克拉夫丘克：《公共行政学：管理、政治和法律的途径》（第五版），张成福等校译，中国人民大学出版社2002年版，第57页。

② 楚明锟：《公共管理学》，河南大学出版社2013年版，第180页。

不可分割,而必须由政府来加以规范和控制的活动就是一项公共服务。① 这些学者在提出公共服务的概念时,都直接明示了公共服务的核心在于促进社会团结。必须由政府加以控制的对于"公共"事务的处理,也即公共服务的公共性质,在此概念提出时便得到了强调。但是这一阶段的公共服务概念并未对"服务"一词进行挖掘,而仅在字面意义上描述了由公共机构向社会提供的一些真正且琐碎的服务(service)。直到新公共服务理论出现,针对新公共管理理论的一些缺陷进行补足,并进一步挖掘公共服务作为一种公共行政模式的理论潜力,才形成了一套全新的现代公共行政理论。

有学者指出从历史发展的角度来看,全人类在政治领域经历了"统治—管理—治理"的演变过程。② 这一发展历程的描绘,解释出公权力机关与民众之间关系转变的轨迹,这种变化轨迹不但与前文国家权力来源模式的分析相对应——从君权神授到人民主权,更与公共行政领域的变革浪潮相对应。其中,"治理"的阶段也就对应着新公共服务理论所提出的更具合理性以及公共意味的公共行政模式。针对前一阶段新公共管理理论的缺陷,登哈特夫妇提出了新公共服务理论中最具代表性的七种理念:

1.服务于公民,而不是服务于顾客。公共利益是就共同利益进行对话的结果,而不是个人自身利益的聚集,因此,公务员不仅要关注"顾客"的需求,更要着重关注与公民并且在公民之间建立信任和合作关系。

2.追求公共利益。公共行政官员必须促进建立一种集体的、公共的公共利益观念。这个目标不是要找到由个人选择驱动的快速解决问题的方案,确切地说,是要创立共同的利益和共同的责任。

3.重视公民权胜过重视企业家精神。致力于为社会作出有益贡献的公务员和公民要比具有企业家精神的管理者能够更好地促进公共利益,因为后一种管理者的行为似乎表明公共资金就是他们自己的财产。

4.思考要具有战略性,行动要具有民主性。满足公共需要的政策和项目可以通过集体努力和合作过程得到最有效并且最负责的实施。

5.承认责任并不简单。公务员应该关注的不仅仅是市场,还应该关注法令和宪法、社区价值观、政治规范、职业标准以及公民利益。

6.服务,而不是掌舵。对于公务员来说,越来越重要的是要利用基于价值

---

① ［法］莱昂·狄骥:《公法的变迁》,郑戈译,中国法制出版社2010年版,第33页。

② 麻宝斌:《公共治理理论与实践》,中国社会科学出版社2013年版,第2页。

的共同领导来帮助公民明确表达和满足他们的共同利益需求,而不是试图控制或掌握社会新的发展方向。

　　7.重视人,而不只是重视生产率。如果公共组织及其所参与其中的网络基于对所有人的尊重而通过合作和共同领导来运作的话,那么,从长远来看,他们就更有可能取得成功。①

　　可以看出,新公共服务理论提出的七种理念,相较于新公共管理理论是一种全面的革新。针对新公共管理理论的缺陷,新公共服务理论的七种理念每一条都直指前者要害。第一,针对新公共管理理论中公民角色的缺失,新公共服务理论认为,公共机构在其工作过程中要集中精力与公民以及在公民之间建立信任与合作的关系。因为在新公共服务理论家看来,企业家政府理论勾勒的政府与公民的关系明显来源于企业与顾客的关系,而这种相互关系的认定在公共部门中是十分不合适的。由于公共利益就是产生于共同价值观的对话,所以公民的角色不应当仅仅为一个凭借短期利益便能获得满足的顾客,而应该是公共部门需要与之形成长期信任关系的合作伙伴,共同为公共利益与共同价值观的形成而进行合作与对话。第二,针对新公共管理理论中总体目标的缺失,新公共服务理论认为公共利益应当作为公共部门运作的主要目标而不是伴随着机械运作而产生的副产品。建立社会远景目标的过程,不能也不应该被委托给民选的政治领袖或者被任命的公共行政官员(虽然在实践中这才是常态),而是需要公共行政部门通过与公民的对话与沟通,共同创造出一种集体的共识,从而实现真正的公共利益。第三,针对新公共管理理论中对私营管理经验的重视,新公共服务理论认为公职人员应当更加重视自己所在职位的公共性,更加重视社会贡献与公共利益。而私营企业家的思维,包括追逐简单目标与无止尽的效率,会导致失分狭隘的视野,即仅仅为满足顾客的眼下需求而作出努力,并针对这一目标最大限度地提升对外输出的生产效率。所以,公共部门的职员必须从角色定位上扭转这一情形,将自己定位为公共事业中负责任的参与者而非高高在上的管理者。第四,针对新公共管理理论可能产生的短视与独断,新公共服务理论认为为了实现真正的公共利益,凝聚集体共识,必须在公共服务的过程中贯彻民主性。此处的民主性并非民主决策上的票选民主,而是对于公民责任感的强化,通过各种方式激发人们,重新恢

---

　　① 〔美〕珍妮特·V.登哈特、罗伯特·B.登哈特:《新公共服务:服务,而不是掌舵》,丁煌译,中国人民大学出版社2016年版。

复原本应有的公民自豪感，从而激发公民作为国家作为社会主人的身份感的觉醒。第五，针对新公共管理理论将公共责任简单化或者忽视的问题，新公共服务理论指出，公职人员应当关注宪法法律、社区价值观、政治规范、职业标准以及公民利益等公共事务相关内容，从而产生更加贴合实际的责任承担，包括公共利益、宪法法令、其他机构、其他层次的政府、媒体、职业标准、社区价值观念和价值标准、环境因素、民主规范、公民需要等各类制度与标准的复杂因素，其共同影响着公职人员对于公共责任的承担。第六，针对新公共管理理论关于公职人员与公共机构角色定位的失准，新公共服务理论认为公共机构与公职人员应当抛弃传统模式中政府作为社会掌舵人的角色定位。因为当今社会的公共政策以及社会交往都涉及比原来复杂得多的社会细分群体以及利益集团，传统的直接对社会进行管控的掌舵人角色已经难以调和如此复杂的社会格局。所以，公共机构应当将自己的任务定位为安排商讨议程，促进多方阵营参与沟通，为促进公共问题的协商解决提供便利。第七，在最后，针对新公共管理理论重视单纯的生产率的问题，新公共服务理论认为更应该重视"人"的利益，其中也包括公职人员的利益。在精细的企业管理经验当中，将生产力改进系统、过程重塑系统和绩效测量系统视为设计管理系统的工具，这种将作为人的公职人员当作工作机器的管理方法可能在短时间内能够获得一定的工作效率。但是从长远来看，公共机构职位的性质决定了公职人员对于公共事业的热爱以及责任感更能够影响其对公共事业作出的贡献。这种仅仅通过监视、管控而提高生产率的管理方法并不如其他能够提升对公共事业的兴趣的方法。

通过上述总结，可以看出新公共服务体系作为一种新兴的公共行政理论，没有拘泥于细节性的、技术性的公共行政具体内容，而是通过一种统括性的视野，勾勒出极具针对性的公共行政模式新方案，完成了对传统模式以及新公共管理理论的突破与超越。

除此以外，要想深入了解新公共服务理论，还需要厘清公共服务内涵的演变历程，笔者拟从域内与域外两个视角探讨公共服务的发展历程，以期为阐释新公共服务理论提供更加丰富的理论素材。

1.域外公共服务概念的发展历程。在19世纪后半叶德国社会政策学派和20世纪初的法国公法学家的影响下，如前所述，莱昂·狄骥首倡"公共服务"这一概念并成为最早提出此概念的学者。[1] 他主张"政府必须通过强力规制干预,与社会协作紧密联系,只有通过政府保障和干预才能够得以实现"。[2] 随着公共服务概念的不断发展,这一概念主要在经济学领域、公共管理学领域中呈现出各自的特征。

在经济学的视域中一般将"公共服务"与"公共物品"、"公共产品"等概念混用。[3] 美国学者林达尔是最早提出"公共物品"的财政学家,他主张:"公共物品是国家提供给人民的物品,而赋税即是集团或者个人购买公共物品的形式。"[4]20 世纪 50 年代,美国经济学家萨缪尔森对公共物品进行了集中论述,并由此总结出"公共产品"的概念,他提出:"公共产品的效用扩展于他人的成本为零;无法排除他人共享。"[5]这种混用现象在萨缪尔森的其他论述中也有所体现,他指出,公共服务的核心特征是针对社会整体发挥效用、收益不具有排他性以及消费的开放性。正因如此,公共产品容易出现被滥用和随意消费的问题,这也导致社会及部分个体对提供公共产品的热情有所下降,但政府作为最直接的公共产品供给者,有责任协调公共产品供给满足社会需求,其应当发挥手中制定政策的权力,通过引导,将部分私人资源引入公共产品提供之中。[6]

在公共管理学领域主要使用的是公共产品概念,而在新公共管理理论基础上形成的新公共服务理论则将目光固定在公共服务这一概念之上。公共管理学包含了如何运用公共财政的杠杆实现公共服务的有效供给,纠正市场失灵,合理配置资源,并且,作为公共管理学主要内容的公共财政学的基本内容

---

① 唐铁汉、李军鹏:《公共服务的理论演变与发展过程》,载《新视野》2005 年第 6 期。

② [法]莱昂·狄骥:《公法的变迁·法律与国家》,冷静译,春风文艺出版社、辽海出版社 1999 年版,第 53 页。

③ 杨清望:《公共服务的"意义"探析与内容重构》,载《法律科学(西北政法大学学报)》2012 年第 4 期。黄新华:《从公共物品到公共服务——概念嬗变中学科研究视角的转变》,载《学习论坛》2014 年第 12 期。

④ 赵成根:《新公共管理改革——不断塑造新的平衡》,北京大学出版社 2007 年版,第 56 页。

⑤ [美]保罗·萨缪尔森、威廉·诺德豪斯:《经济学》(第十八版),萧琛译,人民邮电出版社 2008 年版,第 32 页。

⑥ Samuelson,The Pure Theory of Public Expenditures. *The Review of Economics and Statistics*,1954(36),pp.287-289.

为公共产品理论。[①] 到了 20 世纪 80 年代末 90 年代初,新公共管理理论蓬勃发展,是一种行政管理的新模式与新范式。[②] 新公共管理理论将服务市场化,通过市场竞争的机制提供多元化的公共产品。[③] 但是,新公共管理理论也存在一定的弊端,"企业化运作会使公务员制度的廉洁、忠诚、责任等价值难以实现"。[④] 不少学者对新公共管理理论展开了批判和借鉴并提出了新公共服务理论,登哈特主张:"新公共服务不同于新公共管理理论,后者立基于公共利益,倡导行政人员为全体人民真心服务,但是前者主要还是以利益最大化等经济学的理论与范畴作为开展活动的落脚点。"[⑤]

2.国内公共服务概念的生成。与域外对公共服务的研究视域不同,我国开始尝试在法学研究领域内探讨公共服务的内涵。1998 年,第九届全国人民代表大会第一次会议提出了《关于国务院机构改革方案的说明》,简要而言,该说明提出了机构改革的原则,主要包括将政府职能转变到包括公共服务等方面上来,这也为之后打造服务型政府奠定了扎实的基础。随后,在国务院 1999 年发布的《国务院关于全面推进依法行政的决定》规范性文件中又再次提到了这一概念。由此可见,"公共服务"最初是政府职能与行政立法相结合的概念,是转变政府职能与行政立法的重要内容。第九届全国人民代表大会于 2002 年审议了先前形成的《政府工作报告》,对政府职能进行充分定位,认为应充分发挥其"经济调节、市场监管、社会管理和公共服务"的职能。党的二十大报告指出:"我们要实现好、维护好、发展好最广大人民根本利益,紧紧抓住人民最关心最直接最现实的利益问题,坚持尽力而为、量力而行,深入群众、深入基层,采取更多惠民生、暖民心举措,着力解决好人民群众急难愁盼问题,健全基本公共服务体系,提高公共服务水平,增强均衡性和可及性,扎实推进共同富裕。"

---

① 杨清望:《公共服务的"意义"探析与内容重构》,载《法律科学(西北政法大学学报)》2012 年第 4 期。

② 陈振明:《评西方的"新公共管理"范式》,载《中国社会科学》2000 年第 6 期。

③ 施雪华:《"服务型政府"的基本涵义、理论基础和建构条件》,载《社会科学》2010 年第 2 期。

④ [美]B.盖伊·彼得斯:《政府未来的治理模式》,吴爱民译,中国人民大学出版社 2001 年版,第 98 页。

⑤ [美]罗伯特·B.登哈特:《公共组织理论》,扶松茂等译,中国人民大学出版社 2003 年版,第 207 页。

国内诸多学者也对公共服务的概念进行界定,大致分为以下三种观点:一是将公共产品和公共服务二者的概念共用,认为由政府供给的公共产品就涵盖了公共服务的内容。① 有的学者认为公共服务指的是关于公共物品的生产及其供给,尤其是政府、市场等多主体在公共物品的生产供给中应发挥何种职能。② 二是认为公共服务包含了两种含义,一种是作为物质形态的具体公共物品,另一种是作为非物质形态的抽象公共服务行为,这两种类型的公共物品构成了公共物品的完整含义。③ 三是结合公共服务的目的来解释其概念,主张公共服务主要是通过一般性的服务来保障公共利益,实际上是一种人权事务,目标是实现公共利益,能够起到社会财富再分配的作用,通过共济互助手段使需求得到满足等。④ 有的学者还总结了公共服务的判定依据,即必须完全出自服务公众的目的;对应现实的公众生存、发展的需求;公众无法自力获取,必须公权力介入;政府在其提供和维护、实现的过程中直接或间接地使用公权力。⑤

从文义上观之,"公共"意味着各主体平等享受公共利益的权利,"服务"则代表对个体需要的满足,"公共服务"的本质属性为公共性。但是,根据我国的现实情况,公共服务这一词本身就面临着"普惠性、同质性与个性化"的需求在不同空间分布、不同时间节点很难得到满足的困境。一直以来,公共服务均由政府部门提供,但自 20 世纪 80 年代开始,非公共部门开放公共服务领域成为全球趋势。⑥ 总的来看,公共服务的范围和内容始终处于不断变化的状态,正如狄骥所言:"多样性与流动性是公共服务的重要特征。"⑦总的来看,本书所讨论的"公共"并非单纯指政府提供的事物,同时也涵盖公民参与社会公共活

---

① 杨凯:《公共法律服务学导论》,中国社会科学出版社 2020 年版,第 33 页。

② 马庆钰:《关于"公共服务"的解读》,载《中国行政管理》2005 年第 2 期。

③ 杨清望:《公共服务的"意义"探析与内容重构》,载《法律科学(西北政法大学学报)》2012 年第 4 期。

④ 柏良泽:《"公共服务"界说》,载《中国行政管理》2008 年第 2 期。

⑤ 马英娟:《公共服务:概念溯源与标准厘定》,载《河北大学学报(哲学社会科学版)》2012 年第 2 期。

⑥ [美]乔治·亚罗夫:《公共服务供给的政府监管》,载《比较》2005 年第 16 期。

⑦ [法]莱昂·狄骥:《公法的变迁·法律与国家》,冷静译,春风文艺出版社、辽海出版社 1999 年版,第 50 页。

动,创造公共利益的行为。① 公共服务具有较高的"公共价值",并指明是向全社会提供,并不是个体或一个群体,使公众参与的公共精神得到最大限度的体现,并不是所谓的消费精神。② 因此,公共服务与公共利益联系紧密。

毋庸置疑,公共服务与一般市场提供的消费品存在明显差别,公共服务消费者的权利会受到各种限制,其只能依靠特定服务机构、服务提供商等满足自身的需求。对于公共服务,消费者只有"要"或"不要"两个选项。本质上说,公共服务的使用者不能简单地被看作普通的消费者,其首要身份应当是公民,政府需要公平分配社会资源来保障公民权利,这种政治性的服务与消费的概念有着根本的区别。并且,公共服务的制度设计切实体现了国家对弱势群体的保护,是实现社会公平正义的重要手段。③

综上所述,本书将结合公共服务的域外发展与国内研究,立足于法学视域,以动态的视角对公共服务进行界定,主张公共服务是国家、社会以及个人基于公共利益的需要,为促进社会公平和保障公民权利,通过提供各种公共产品及其服务行为,囊括了法律政策等制度安排的系统性总和。④ 此外,在中国语境下的公共服务,还必须能够有效调和资源的有限性和不断提高的公共需求之间的矛盾,实现公共价值在国家权力与公民权利之间的平衡,促进公共服务顺利开展。⑤

总的来说,西方国家在公共行政领域的两次思潮以及基于这些理论创造产生的附随性实践,都在一定程度上推进了公共行政领域向科学化、现代化发展。从拘泥于单一专业与繁复的传统模式,到精于计算、提倡成果导向的新公共管理模式,再到专注于公共利益、公民权以及民主等议题的新公共服务模式,公共行政领域不断吸纳着先进的、现代的因素,并且与整体国家治理模式

①　Mathews D., The Public in Practice and Theory, *Public Administration Review*, 1984(44), pp.120-125.

②　杨雪冬:《公共权力、合法性与公共服务型政府建设》,载《华东师范大学学报(人文社会科学版)》2007年第2期。

③　于凤荣:《论公共服务的本质:秩序与正义》,载《理论探讨》2008年第2期。

④　参见陈振明:《公共服务导论》,北京大学出版社2011年版,第10~14页;孙晓莉:《中外公共服务体制比较》,国家行政学院出版社2007年版,第1页;李俊清、付秋梅:《在公共服务中感知国家——论铸牢中华民族共同体意识的公共服务路径》,载《公共管理与政策评论》2022年第3期。

⑤　孔繁斌:《集成性建构方式:公共管理学科再理解》,载《学海》2018年第1期。

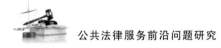

相呼应,在应对社会关系越来越复杂、利益格局越来越难以改变的固有情况下,提供了一种软性改革的方案。

新公共服务理论对我国公共服务体系建设以及公共法律服务体系建设的最大贡献,就在于其给出了一种关于公共服务的现代的、科学的设想,[1]这种理论的科学性不但体现在对传统模式的糟粕进行了精确的扬弃,更在于作为针对传统模式的批判以来的第二次革新,新公共服务理论在批判新公共管理理论时,帮助后进的国家避免了新公共管理理论的种种陷阱。以美国为首的公共行政改革启动较早的国家,用它们亲身经历为后来者揭示了改革路上可能遭遇的陷阱,诸如过于追求行政效率、管理模式过于严苛、忽视了人民需求与公共利益等问题,这些陷阱可能是系统性的,也可能是偶发性的,但是只有分析清楚这些宝贵的实践经验,才有可能在自身实践的时候避免重蹈覆辙。

所以,新公共服务理论为我国公共法律服务体系建设提供的宝贵经验,首先体现在对于新公共管理模式的改革陷阱的揭示,从而令我国公共法律服务体系建设的过程更加平稳、直接,而不必再摸着石头过河。此外,新公共服务理论的科学性还体现在其给出了一种关于公共利益的更加适合公共行政领域的观察视角。虽然商谈与合作的策论模式并非新公共服务理论首创,在公共事务领域中关于公民与公权力机关合作,通过沟通、对话的方式实现公共目的的方针构建并不在少数,但是新公共服务理论运用商谈与合作的方法,一方面批评了忽视公共利益的做法,另一方面又给出了进行公共服务这一体系整体目的与商谈理论的连接可能性,即对于社会公众参与公共事务积极性的促进。[2] 也就是说,将培育公民的公共意识作为公共服务实现公共利益的最终手段,是新公共服务理论为我国公共法律服务建设提供的又一贡献。

公民意识的培育与法治规训活动有着密切的联系。法治规训活动在于通

---

① 首先,对于公共事业本身的关注,也是新公共管理理论最为致命的缺陷。其次,对于商谈与合作模式的推崇,是基于前一条论述的原因,新公共管理理论无法深入的问题。最后,新公共服务理论处处体现着人文关怀,也即对于人本身的重视。此外,在提出上述改进的同时,新公共服务理论并没有完全否定作为前置理论的新公共管理,而是肯定了其中具有进步性的部分,也即运用技术与效率的思维与手段对陈腐的、传统的行政体系进行否定。

② “公民意识”的相关理论阐释,参见马长山:《公共意识:中国法治进程的内驱力》,载《法学研究》1996 年第 6 期;马长山:《公民性塑造:中国法治进程的关键要素》,载《社会科学研究》2008 年第 1 期。

过一系列宣传、教化以及与法律运作相关的法制实践,将法律运作相关知识与法治精神传播至受众的意识层面,从而通过对社会群众意识层面的影响,为法治运行提供更为底层的运行环境。这种制度实践培育社会意识又以社会意识促进社会实践的"实践—意识—实践"模式,与新公共服务理论中公民意识培育的核心十分契合。新公共服务理论中的三个核心因素中,公共利益的实现依靠公民意识的觉醒,商谈与合作模式正是处理公共事务、培育公民意识的不二良方,对于人本身的重视,将人视为目的本身而不是工具,则更与公民意识培育的核心精神相符,也即一种现代的人文关怀与社群凝结。所以,可以认为,法治规训活动与公共领域公民意识的培育,正是同一套现代人文关怀内核指导下的不同层面的实践方法。而作为公共行政领域与法律领域交叉路口的公共法律服务体系建设,则必须依循着上述理论的指引进行推进,才可能完成其自身的现代且科学的建构。

　　本节的主要任务是阐述"什么是以及为什么必须是法律领域的公共'服务'的形式"这一主干命题。针对为什么是公共"服务"的问题,引入了权力来源理论与具体的关系命题,说明了现代民主国家的法治建设,其决策与建设方法都不可能像传统统治模式那样自上而下地通过强制性政治命令来推进,而必须顺着权力来源的顺序,自下而上地、从根源处进行建设与革新,所以法治建设中的公共"服务"是必要且无可替代的。针对什么是公共"服务"的问题,引入了现代公共行政领域中的两次思潮,基于对前两种模式的批判性继承,新公共服务理论成为极具现代性的公共行政理论流派,进而为我国相关实践提供了充分且有益的理论借鉴,并且由于其理论思潮的实践背景极具普遍性,在学习、移植境外经验时会减少许多麻烦。且不论实践批判部分,至少在公共服务体系建构方面,新公共服务理论对于我国公共法律服务体系建设是具有启发性的。

第二节　市场调节失灵下的法律服务论

　　前一节内容从公共行政的角度分析了什么是以及为什么必须是法律领域的公共"服务"的形式这一问题,本节主要从经济学的角度去讨论"为什么要强调法律服务的'公共'性"这一主干问题。运用经济学的理论工具分析公共法律服务问题在国内已有学者涉及,该项研究成果从经典的经济学假设引入,并从成本收益分析、效益均衡状态等分析工具入手,着重讨论了公共法律服务的资源整合与配置优化问题。[①] 这一成果自理论出而最终回到实践,为公共法律服务体系资源整合等实践问题提供了极具可行性的建构性参照。此研究思路整体而言属于制度经济学的范畴,其研究对象也以实践中具体制度的整体为对象,具有体系性、普遍性的优势。而在"运用其他学科工具"这一思路上继续拓展,则可以运用经济学概念工具在更加细分的命题分支上对"公共法律服务"本身进行分析,继续补完关于公共法律服务领域的经济分析,从而达到进一步完善公共法律服务理论体系,为实践提供更加充分指导的目的。

一、自由市场下法律资源的集中

法律服务即为一种需要消耗社会资源生产出来的服务性产品,是满足使用主体某种需求的消费品。而若要分析公共法律服务之公共的特性,并欲考察在市场经济的环境下公共法律服务的产出、消费以及流转等问题,就需要借助公共物品理论的相关工具加以辅助理解。

(一)公共物品理论

现代主流的公共物品理论又称"马斯格雷夫—萨缪尔森范式",其起源于1937 年马斯格雷夫在 *The Quarterly Journal of Economics*(《经济学季刊》)发表的论文 The Voluntary Exchange Theory of Public Economy(《公共经济的自愿交换理论》)。这篇文章将以往欧洲大陆关于公共物品理论的传统成果介绍到英语世界。萨缪尔森在受到前述文章的启发后,于 1954 年、1955 年连续发表了两篇相关的论文——The Pure Theory of Public Expenditure(《公共支出的纯粹理论》)以及 Diagrammatic Exposition of a Theory of Public Expenditure(《公共支出理论的图形解析》),这两篇文章综合探讨了公共物品的客观属性以及最优供给问题。经此,后续进一步的研究蔚然成风,最后形成了新古典主义财政学这一全新体系。[②] 关于公共物品的现代定义最终由马斯格雷夫集成,但是其间围绕着"非竞争性"以及"非排他性"的认定及其边界问题

---

① 杨凯等:《公共法律服务学导论》,中国社会科学出版社 2020 年版,第 125～148 页。

② 韩清:《西方公共物品理论的演进研究》,中央财经大学 2020 年博士学位论文。

进行过一定区间的摇摆。① 且不论最终如何用文字或者符号去为"公共物品"这一概念进行更为精确的定义,前述学者将公共物品之公共性的讨论锚定在"非竞争性"或"非排他性"的做法已经能够提示后来的学者顺着这一思路继续讨论,也即从消费者端对公共物品进行审视。

公共物品所锚定的"非竞争性"与"非排他性",简而言之,是相较于私人物品而言的,其使用与消费并不会阻碍其他人继续进行使用与消费。比如,私人物品依据私有物权的存在,可以合法地排除他人对自己所有物品的取得与消费,而公共物品则不可被私人所有,且除非有特例,任何一个社会成员在使用公共物品时都不可以排除其他人继续使用或占有。顺着这一思路,对实践中的公共物品进行分类研究、如何使用、消耗品与非消耗品如何区分、使用条件与环境如何界定等问题的提出,继续细化关于公共物品的理论理解,但是也令公共物品的理论整体性变得较为零碎。② 进而,基于"非竞争性"与"非排他性"的新古典主义公共物品理论也因这两个定义核心的模糊性,而被新近的研究成果所吸收融合,形成非古典的一系列新研究范式。③

前述关于公共物品的"非竞争性"与"非排他性"的讨论在公共法律服务领域中并非能够直接利用。国内学者曾对公共物品、公共服务与公共产品等概念的关系作出辨析。④ 与汉语使用习惯有些许不同,这种区分指出,公共产品和公共物品,在语词含义上指代具有一定物质形态的物体,而公共服务虽然可能有相关的物质载体,但其核心内容还是提供服务的一种行为过程。进而,公共服务的一部分是以物品的形式提供的,另一部分是以服务行为本身为形式进行供给。在这种分类之下,公共服务所涵盖的范围是要广于公共物品的。加之法律服务、公共法律服务与私人法律服务的区分,可以认为公共法律服务也即公共服务与法律服务两个领域概念的交叉,其在形态分析上应当适用关于公共服务的特性,而从生产、供给和具体内容等角度进行分析时则应当时刻意识到法律服务的种种特殊性。

（二）法律服务

前述关于公共物品以及公共服务关系的区分,在一定程度上能够揭示出

---

①　马珺:《公共品概念的价值》,载《财贸经济》2005 年第 11 期。

②　闫磊、张小刚:《公共品非排他性、非竞争性逻辑起源与产权制度演生理论的频域分析》,载《中国集体经济》2021 年第 26 期。

③　张琦:《公共物品理论的分歧与融合》,载《经济学动态》2015 年第 11 期。

④　陈云良:《服务型政府的公共服务义务》,载《人民论坛》2010 年第 29 期。

新古典主义关于公共物品理论的讨论在法律服务层面的优点与缺点。关于"非竞争性"与"非排他性"的分析主要集中在有形物的供给之上,并且其讨论的角度是从公共物品的消费端进行考察的,也即公共物品的消费者能够以何种代价获得、以何种方式进行消费的角度,去描述公共物品在供应时应当注意的抽象特征,其在描述具体领域内的公共物品与服务时解释力较为薄弱。而法律服务的分类方式,主要是以服务发生的具体领域为区分标准,能够彰显其特殊性的考察角度是生产与具体服务过程。从法律服务的生产与具体服务过程的特殊性,反推到公共法律服务与私人法律服务的供给侧分类,从而明晰法律服务的"公共性",是与传统公共物品理论讨论相反的考察路径。

要从供给侧的角度来理解公共法律服务的公共性,则必须析取"公共"这一前缀,先将法律服务本身的经济属性分析清楚。法律服务作为公共法律服务与私人法律服务的上位概念,其指代的是一类在法律运行领域提供的服务。从服务内容上来说,其核心在于供给方向需求方提供的是基于政法相关知识的智识性输出,且这类服务具有个案特殊性。与前文关于政法话语的分析相联系,在内容上,法律服务的本质就是政法话语熟悉程度的输出,且基本上由口头语言以及相关文书为服务载体,并不会产生实体产品。[①] 从供给侧来说,这种服务天然地带有个案性,因为每一次法律服务的提供都不一定针对相同的法律关系,且因为缺少实际载体,其输出基本上都依赖于服务供给者自身的知识与经验,所以,法律服务最主要最直接的成本是对政法知识有一定理解的人。法律服务的直接提供者为一个个的个体,且这些个体还必须具备相应的职业资质与专业知识、技能,而具体情况各异的个案所需要的法律服务也不可能完全类似,所以,此类公共服务的供给成本相对较高且不稳定,这也就是法律服务作为法律专业领域内的一种服务产品所蕴含的首要特性,也即基于供给模式与供给内容特殊性的高供给成本。这种高成本的特性是从供给侧的角度分析得出的,法律服务在供给侧所体现的高成本也并非绝对的,而是一种相对的,且难以量化的高成本。与可以计算物料成本、人力成本等细节项目的基础设施建设等典型公共产品不同,法律服务的成本核算是极其模糊的。区别于依靠市场供需关系进行的定价系统,法律服务的成本需要考虑到服务内容与服务提供形式的特殊性,背后所依赖的政法智识经验以及法律人才资源是

---

① 比如,在最基础的法律服务中,司法审判代理人,即代理人通过自己对于法律制度内容、司法程序运作的熟悉,为被代理人提供智识性的服务。

难以估量的。如果考虑到法律服务供给的直接成本仅有服务者自身的人力成本，而几乎没有其他公共产品所需要的物料成本，从而单纯以市场供需关系确定法律服务的人力成本来衡量法律服务供给中的成本总量，则无法正确认识到法律服务供给侧的核心矛盾。

法律服务供给侧的核心矛盾即法律智识与人才资源的稀缺性。这种资源的稀缺性与经济学中经典假设"资源有限而人的欲望无穷"不甚相同，法律智识与人才资源的稀缺，最主要的原因为上游供应端与社会需求不匹配、社会分工导致的资源容量不足两个方面。法律智识与人才资源的上游供应端是政法类院校。与其他职业技能培训不同，法律服务对相应人才资源的教育水平与培育程度要求是相当高的，这就导致在培训环节人才资源的供应就相对较少。然而，在整体人才资源要求较高的同时，院校教育的供应端与社会需求侧不甚匹配的问题依然存在多年，国内学者将这一问题总结为，法学新学科人才培养乏力、不能满足法治实践需求，法学教育对西方法学理论过于倚重，法学教育存在忽视和轻视思想道德教育的现象。[①] 也有学者从法学教育整体角度给出诊断：(我国当下)法学教育质量良莠不齐，教育发展不均衡；法学教育的基础性和先导性功能没有得到有效发挥，无法满足快速发展的社会需要；充满活力的有效法学人才培养体制尚未建立；缺乏自身特色和国际影响力。其深层原因主要在于：心理层面缺乏自信；主观上缺乏创新的动力；客观上缺乏创新的机制保障。[②] 上述学者的种种分析都表明目前法科院校对于相应人才的培养仍然跟不上社会需求，所以会出现法律智识与人才资源的稀缺问题，并且这一问题在上游供应端的问题没有得到改善时，将会长期存在。

除了法科院校向社会输出的人才与社会需求不相适应以外，社会整体对法科人才的容纳程度亦成为限制法律服务供给的重要桎梏。基于社会分工，每一行业每一领域所能发展到的规模边界，基本上取决于其社会容纳程度，也即在社会群体成员意识与整体发展方针中，能够留出多少资源倾斜向某个行业，将成为划定行业边界的决定性因素。这一因素的具体表现则为政策的倾斜、市场的需求量以及相应的定价体系。比如，一个社会中投身于法律服务(且不论公共与私人)的人数的多少，虽然从开始时是由供给侧影响的，但在一

---

① 刘长秋：《论习近平法治思想中的法学教育》，载《广西社会科学》2022 年第 2 期。

② 冯果：《从法学教育大国迈向法学教育强国的历史自觉》，载《法学教育研究》2022 年第 1 期。

个动态调整的过程中,最终形成的行业规模,则必然蕴含着政策倾斜以及市场需求的因素。以法律援助领域举例,法律援助事业在我国的发展于20世纪末进入快车道,据统计,2001年全国范围内的法律援助机构便达到了2274个,拥有8816个工作人员,仅2001年便受理援助案件178748个,服务咨询1133718人次。[①] 此时由于法律援助制度的倾斜,加之法制建设过程中对于法律援助服务需求的客观存在,法律援助领域的规模发展十分迅速。而等到法律服务市场相对饱和、政策资源倾斜力度不再增加时,相关的服务市场规模也就会迅速定型。所以,无论是从法律服务的上游供给侧还是从法律服务的市场与政策支撑角度来看,政法智识与法律人才的稀缺性都是客观存在的,至少在市场供需的角度来看也将持续存在,直到上述影响因素得到改变。通过分析得知,法律服务的稀缺性将间接影响到社会整体上法律服务供给的高成本且不稳定,而这一特性也将影响法律服务在市场调节中的表现。而如何讨论公共法律服务与私人法律服务所蕴含社会功能的区别,进而提示法律服务之"公共"的必要性,则必须在自由市场这一背景之下进行讨论。

此外,从规范的角度探讨"法律服务"的含义有助于进一步了解法律服务与公共法律服务之间的区别与联系,进而为后续研究的开展奠定理论基础。"法律服务"这一法律概念散见于我国法律法规之中,多用于解释其他法律概念,但一直未有明确的内涵界定。结合《中华人民共和国法律援助法》(2022年施行)第2条的规定可知,法律援助主要是指国家建立的为经济困难公民和符合法定条件的其他当事人无偿提供的包括法律咨询、代理、刑事辩护等法律服务的制度,是公共法律服务体系的组成部分。因此,本书将结合现行法律规范体系,对"法律服务"进行理论阐释。

"法律服务"具有广义与狭义两个层面的含义。广义的法律服务包含各级有关国家机关、社会团体、社会力量甚至是单个的基层法律工作者在诉讼、非诉讼活动中提供的有偿或无偿的法律活动。狭义的法律服务则仅限定于《中华人民共和国法律援助法》所规定的法律服务供给者,即国家司法行政机关领导和监督下的法律从业者所组织开展的法律活动、提供的法律服务等。[②] 法

---

① 数据来源于国家统计局社会与科技统计司编:《中国社会统计年鉴2006》,中国统计出版社2006年版,第268页。

② 曹吉锋:《公共法律服务内涵研究》,载《黑龙江省政法管理干部学院学报》2016年第3期。

律服务行业面向社会提供专业法律服务,对于维护国家统一、保障人民权益、稳定社会秩序等都具有重要意义。它与其他服务行业不同,法律服务具有很强的公共性,从本质上看,法律服务从业人员与其他行业人员一样,也是以自身的专业知识、职业能力换取劳动报酬的劳动者,应当遵守市场经济活动规则,不能通过强制手段要求他们提供义务劳动或半义务劳动。综上所述,法律服务不同于"公共法律服务",可以说公共法律服务是法律服务的子概念。

2014 年,司法部出台的《关于推进公共法律服务体系建设的意见》对公共法律服务含义作了较为清晰的界定:"由司法行政机关统筹提供,旨在保障公民基本权利,维护人民群众合法权益,实现社会公平正义和保障人民安居乐业所必需的法律服务,是公共服务的重要组成部分。"① 该文件指出,公共法律服务属于公共服务的一种。2019 年,中共中央办公厅、国务院发布的《关于加快推进公共法律服务体系建设的意见》附件 2《国家公共法律服务发展指标(2019—2022 年)》也对公共法律服务进行了解释,即"为了满足人民日益增长的法律需求,弥补市场供给不足和资源配置不均衡,达到社会公平正义、和谐发展的最终目的,在政府的主导下,通过社会各界的积极参与,提供必要的服务产品、服务、设施等,以满足公民、法人、其他组织的有关法律方面的多种需求"。② 从公共法律服务的概念演变可知,公共法律服务的供给主体从单一的政府主导转变为政府主导下的社会力量共同参与。事实上,结合当前的立法条例和法律实践,从概念史的角度,以动态的视角看待公共法律服务,可以判定:我国已经形成了涵盖"基本公共法律服务、非基本公共法律服务、市场化公共法律服务和社会力量参与的公益性公共法律服务"四个领域的中国特色社会主义现代化公共法律服务体系。③ 据此,结合《厦门经济特区法律服务条例》的有关规定,可将公共法律服务界定为"由党委领导、政府主导、部门协同、社会参与,在社会公共生活领域提供的法律服务设施、服务产品、服务活动以及其他相关法律服务"。

基本公共法律服务是指由政府主导提供,基于一定的社会共识,并与经济

①　司法部:《关于推进公共法律服务体系建设的意见》(司发〔2014〕5 号)2014 年 1 月 20 日。

②　杨凯等:《公共法律服务体系构建及其评价标准研究》,中国社会科学出版社 2020 年版,第 1 页。

③　杨凯:《习近平法治思想中的公共法律服务理论》,载《东方法学》2022 年第 6 期。

社会发展水平和阶段相适应,在公共法律服务中选取,旨在保障全体公民生存和发展基本法治需求的纯公共服务和能够实现普惠性的准公共服务。① 《国家基本公共法律服务指导标准(2019—2022 年)》明确了基本公共法律服务的九项服务内容与网络,②湖南省人民政府办公厅随即印发了《湖南省基本公共法律服务实施标准(2019—2022 年)》《湖南省公共法律服务发展指标(2019—2022 年)》,文件具体规定了九项服务内容和网络,其中服务内容包括法治宣传教育服务、法律咨询服务、法律查询服务、法律便利服务、法律援助服务、人民调节服务、村(社区)法律顾问服务;服务网络包括服务平台建设以及法治宣传阵地建设。③ 此外,非基本公共法律服务指的是由国家确定收费标准的公共法律服务,市场化公共法律服务指的是由国家和地方政府指导和监管的公共法律服务,公益性公共法律服务指的是由社会公益慈善等各类组织资助的公共法律服务。④

构建多元化的公共法律服务体系源于我国作为社会主义国家为达致共同赋予所做的不懈努力。为了满足人民群众的真切需求,必须通过建立与完善公共法律服务体系对公共资源以及法律资源进行有效的再分配。随着市场经济的发展,社会群体开始分层,利益与诉求多元化导致社会矛盾频发,仅依靠国家主导的法治模式难以提供满足公众法律需求的法律资源,城乡二元结构也导致了法律资源的极度不平衡。⑤ 为了顺应中国式法治现代化发展,实现共同富裕,多元化的公共法律服务体系以共享型法治为价值内核,表现出了强烈的普惠性和共建性,即让所有人民都享有平等的法治资源,发挥人民群众的主体力量,鼓励共建式的公共法律服务模式,做到"人人参与、人人尽力、人人

---

① 宋方青、邱子键:《论基本公共法律服务的供给侧结构性改革》,载《东南学术》2023年第 1 期。

② 宋方青、邱子键:《论基本公共法律服务的供给侧结构性改革》,载《东南学术》2023年第 1 期。

③ 湖南省人民政府办公厅关于印发《湖南省基本公共法律服务实施标准(2019—2022 年)》《湖南省公共法律服务发展指标(2019—2022 年)》的通知,http://www.hunan. gov. cn/szf/hnzb_18/2020/20201/szfbgtwj_98720_88_1qqcuhkgveher/202001/t20200117_11159755.html,最后访问时间:2023 年 5 月 1 日。

④ 杨凯:《论现代公共法律服务多元化规范体系规范》,载《法学》2022 年第 2 期。

⑤ 杨凯、张怡净:《论公共法律服务体系建构的法学理论构架基础》,载《南海法学》2020 年第 4 期。

享有"。[1] 浓缩性是法律制度的显著特点,这一表征既含有固定特征,也包括均衡博弈路径,凡是涉及有关领域的参与人均对策略决策同本身的相关性持认同态度。[2] 因此,通过构建多元化公共法律服务体系能够切实增强公众以及各群体对法律及其有关制度的认同感与信赖感。

(三)法律服务的市场调节

在明确法律服务整体资源的稀缺性后,则可以分析通过市场调节的法律服务的具体运行样态。

改革开放以来,我国法律服务行业的市场化程度不断加深。2001 年我国律师人数为 122585 人,律师事务所为 10225 个。而到了 2021 年我国律师人数增长至 574042 人,律师事务所数量增加至 36504 个。[3] 这一发展速度十分迅猛,也见微知著地反映我国法律服务市场规模扩张的具体状况。但是,隐含在这种迅猛发展背后的问题也可由数据看出。在 2021 年律师人数的分地区统计中,仅有北京、上海、广东、江苏等少数经济发达省市的律师人数跨过 3 万人的关口,并且其中还有北京与上海两个占地面积与人口较其他省级行政区都更低的直辖市。由此可以看出以律师行业为代表的法律服务领域的发展在空间层面并非十分均衡。此外,虽然律师事务所个数从 2001 年的 1 万多家增长至 2021 年的 5 万多家,增长率有四倍之多,但与前述数据对比可发现,法律援助机构的增长速度远低于律师事务所的增长速度,即使有政策因素的影响,也可以看出在相关行业的发展中,私人法律服务的发展是远优于公共法律服务的。

由上述数据分析可知,在我国法律服务市场发展中,即使有着一系列政策的强调与资源的倾斜,法律服务在市场调节下的发展,仍受限于"高度集中于经济发达地区"及"公益性不足"这两个问题。高度集中于经济发达地区这一问题的产生尚可理解为,经济发达地区对于法律服务的需求较高,且因经济发达带来的社会容纳程度也较高,能够承担更多的法律服务成本,所以法律服务资源集中于此。这也是由自由市场调节法律服务产品过程中不可避免的集中

---

①　郭晔:《共同富裕视域下的共享型法治及其构建》,载《法商研究》2023 年第 1 期。

②　[日]青木昌彦:《比较制度分析》,周黎安译,上海远东出版社 2001 年版,第 28 页。

③　数据来源于国家统计局社会与科技统计司编:《中国社会统计年鉴 2006》,中国统计出版社 2006 年版,第 263 页;国家统计局编:《中国统计年鉴 2022》,中国统计出版社 2022 年版。

现象。而公益性不足这一问题则突出体现了法律服务的供给侧特征,政法智识与法律人才的稀缺性在面对公共需求时的强烈矛盾。法律服务相关资源本就稀缺,且由于自由市场调节的固有逻辑,皆往经济发达处聚集,这一现象的形成是法律服务作为特殊领域的服务内容所不能接受的。

二、公共法律服务的价值功能

公共法律服务作为具有公共属性的法律服务,其特性分析应当从法律服务这一具体内容切入,进而讨论其公共性。但是法律服务相关资源的稀缺性以及自由市场调节的现状,使得法律服务"公共"属性的讨论成为必要。

就服务内容而言,法律服务旨在向需求方提供关于法律制度以及政法运作的相关知识和非实体服务,就其服务内容涉及的领域来说可谓相当特殊。与其他社会服务相区别,法律服务所涉及的内容为正式的法律规范,其服务的提供将参与到国家法律运行的程序之中,其过程与质量将会直接影响到法律运行与整体法治建设。也就是说,即使是私人法律服务的提供,其结果也会影响到作为重要社会系统的法律系统的运作。而在自由市场的调节下,法律服务相关资源的流向相对单一,整体分布样态不甚均衡,这一现象已然成为客观存在。① 此时,重提法律服务之公共性的必要,则需要引入法律服务资源的分配这一话题。通过揭示公共法律服务相较于私人法律服务的社会功能就在于对法律服务资源的再分配,明确其中蕴含的公共性,为公共法律服务体系建设提供价值性的目标指引。

法律服务资源的分配模式既包含前文所提及的市场调节模式,也包含着公权力机关干预市场,通过政策与各类资源倾斜从而定向培育相关行业的政府干预模式。对于此两种模式的讨论已然蔚为大观,而在党的十八届三中全会中,更是提出要处理好政府与市场的关系这一命题。② 法律服务领域也不例外,如何处理好政府与市场之间的关系是发展法律服务行业道路上必须解

---

① 关于这一现象的研究和论述,参见陈柏峰:《送法下乡与现代国家建构》,载《求索》2022年第1期;宋方青、邱子键:《论基本公共法律服务的供给侧结构性改革》,载《东南学术》2023年第1期;刘国臻、唐燕勤:《广西城市更新领域推行公共法律服务的路径探析》,载《广西大学学报(哲学社会科学版)》2022年第3期。

② "经济体制改革是全面深化改革的重点,核心问题是处理好政府和市场的关系,使市场在资源配置中起决定性作用和更好发挥政府作用。"中国共产党第十八届中央委员会第三次全体会议通过的《中共中央关于全面深化改革若干重大问题的决定》。

决的重要问题。

关于公共法律服务之"公共"的特性,早有学者指出公共法律服务的核心要义就在于人民性、公平性与现代性。^① 其中,人民性指的是以人民为中心,便捷、高效且精准地满足人民需求,这一点与新公共服务理论中以人为本的核心特征相呼应。这使得相应的制度建构在一开始便具有了目标上的崇高性。公平性指的是应让人民群众在接受法律服务时充分感受到法治建设的成果,体验到法律运作的公平与正义。这一点直指公共法律服务作为法律领域的公共服务的重要特征,由于法律服务会直接参与到法律运行的过程中,因而其服务过程与质量也会连带着影响到法治建设与社会整体对于法治的信心。所以公共法律服务体系建设在内容上必须达到法律领域的公正要求。现代性指的是公共法律服务体系的建设需要以现代性作为指向,适应国家与社会现代化的时代要求。这一点与新公共法律服务中关注商谈与合作的核心特征相呼应。公共法律服务作为一种现代的法律制度与理念体系,必须反映现代精神,回答现代化过程中的种种问题。而公共法律服务对于这一问题的回答,则体现出法律服务之"公共"性的必要,也即通过法律服务资源的分配从而实现社会整体的法治进步。

前述的法律服务资源市场调节模式已然显露出其固有弊端,而法律服务的内容特殊性又使其会在很大程度上影响法律的具体运作,所以,由公权力机关高度介入进而对社会进行直接供给的公共法律服务模式,则能够在一定程度上调整法律服务资源的整体流向,保证法律服务行业的健康发展。并且,公共法律服务的供给模式与自由市场调节模式在价值目标上有着本质的区别,虽然私人法律服务的供给在某种程度上也为社会整体的法律运作作出不可或缺的贡献,其为社会公平正义的实现提供了更多的可能,但是市场调节模式本身的盲目性、逐利性与滞后性是不可避免的结构性故障。公共法律服务在诞生之初便秉承着公共服务理论遗留下来的价值目标与运行模式,在均等与普惠的层面更是受到了极高的期待,这些价值追求是自由市场模式所无法实现的。因而,在法律服务领域,受到自由市场调节的部分只能作为辅助,用以补足法律服务市场在多样化、高端化需求之处的完整,而法律服务领域的供给主体,应当且必须是由公权力机关把握并调控的公共法律服务,由此形成的公共为主、私人为辅的法律服务供给模式,才能够真正实现法律服务的公共特性,

---

① 宋方青:《公共法律服务的科学内涵及核心要义》,载《中国司法》2019 年第 8 期。

以满足社会的综合性需求,实现公共服务领域中关于均等、普惠等追求,实现公共法律服务人民性、公平性与现代性的核心要义。

第三节 政法话语主导下的法治建设论

本节主要解决什么是以及为什么是"法律"的公共服务这一主干问题。换言之,对于"法律"领域公共服务的需求从何而来。对于这个问题的解答,将从需求生成的角度对公共法律服务体系的必要性进行论证。在国家层面,《中共中央关于全面推进依法治国若干重大问题的决定》将推进公共法律服务体系建设纳入全面推进依法治国的统一进程之中,无疑体现出公共法律服务之于法治建设的重要性。理论界对于这种联系也形成了一定的共识。[①] 也就是说,基于法治建设与公共法律服务之间的联系,可以认为公共法律服务本体的存在必要性正是基于国家层面对于法治建设的需求与推进,因此,现代国家需要进行法治建设,需要推进全面依法治国,则成为论证法律领域的公共服务必要性的重要前提。推进现代法治建设存在着必要性,而法律的公共服务与法治建设存在某种具体而必然的联系,厘清上述两个分支命题,也就能够明晰什么是以及为什么是"法律"的公共服务这一主干线索,从而完成供给与需求角度的必要性论证,也能够不再局限于政策文件与自由生长的现实实践,从基础理论层面给出公共法律服务体系的高效率模式与理想形态。

一、法治建设与规训活动

现代法治建设的本质即统一的权威核心通过政法话语对生活世界进行规训的进程。这一论断的核心点在于"规训"一词,也只有在厘清规训作为一种特殊的社会活动的基本特点,明确法治建设即规训的论断,进而阐释公共法律服务的存在正是法治建设完成规训的关键这一衔接命题,才能真正解决法律的公共服务的必要性从何而来的问题。

---

① 如"建设我国'覆盖城乡公共法律服务体系',必须着眼于我国依法治国总任务要求,将其置于法治中国和法治社会建设的总目标之中",参见刘炳君:《当代中国公共法律服务体系建设论纲》,载《法学论坛》2016 年第 1 期。

（一）法治建设

法治建设这一动词短语，体现出的是一种动态的建设过程，从历史实践的角度来说，法治建设的基本语境是从无到有、从微弱到强大、从边缘到主流的建设过程，这就使得法治建设在进行时，不得不考虑具体的历史现实，并根据法治理想与具体现实之间的落差制定出兼具效果与效率的建设路径。

上述法治建设的重要前提，为法治建设的讨论提供了两条次级命题，分别是讨论作为法治建设目标的法治理想究竟为何的本体论命题，以及基于具体现实的法治建设基本路径的方法论命题。这两个命题之间在逻辑上存在前后的顺序关系，只有在明确了法治理想本体论命题之后，才有可能根据本体论命题与具体现实之间的落差规划出相应的建设路径，完成方法论命题。而且只有在明确法治建设的方法论命题之后，法律的公共服务的必要性之于法治建设的逻辑联系才能得到说明。

1.本体论命题

在不同时期或者不同背景下，法治含义的具体指向并不相同，而是会随着观察视野的扩大，从以法律制度为对象的"就法论法"式的描绘，逐步提升到制度与环境并重的立体建构。

在各个特殊历史时期，学者们对于法治的理解呈现出相对多样的状态，对于法律内容与形式的讨论更是蔚为大观。但是在法治理想的理解全面性方面，亚里士多德的理解反而更为立体。① 无论是戴雪还是拉兹，甚至是富勒，其所讨论的对象均是名为法治的法律制度应当如何的问题，上述学者对于法治理想的描绘，②其讨论更多地聚焦在如何做才是"符合"这一标准之上，也即

---

① 亚里士多德给出的基本意涵："法治应包含两重意义：已成立的法律获得普遍的服从，而大家所服从的法律又应该本身是制定得良好的法律。"这一理解将法治分成"良法"与"服从"两个阶段，其中良法的提出要求被遵循的法律本身存在着某种程度上的"良善"因素，无论是符合应然的自然法标准，符合历史客观规律的真理性标准，还是有利于促进社会效率的经济解释，抑或是符合广大人民根本利益的政治话语，都形成了对于法律规则本身的内容要求。而服从阶段的提出，真正地将法治内涵下沉到现实生活领域，揭示了法治概念的标志性特征。所以，在法治得到实现的理想图景中，"大家"所代表的群体成员对于良法的"普遍服从"是一个必要条件，甚至是影响法治能否切实落地的决定性条件。［古希腊］亚里士多德：《政治学》，吴寿彭译，商务印书馆 1965 年版，第 109 页。

② ［英］戴雪：《英宪精义》，雷宾南译，中国法制出版社 2001 年版，第 232～244 页；［英］约瑟夫·拉兹：《法律的权威——法律与道德论文集》，朱峰译，法律出版社 2005 年版，第 215 页；［美］富勒：《法律的道德性》，郑戈译，商务印书馆 2005 年版，第 46～47 页。

名为法治的法律制度应当拥有诸如"稳定性""排除特权"等特性时才是正确的、符合法治理想的，而并未跳出就法论法的学科范式以及价值立场。亚里士多德所提及的"已成立的法律获得普遍的服从"是从法治实施环境的角度较早地对法治本体提出了更具现实意义的要求，也即在何种环境之下，正确的、符合理想的法治内容才能得到真正的落实。

从社会整体的角度去观察法治本体的含义，能够不再局限于法律制度内容的视角，而是将制度环境等虽然处于周边却与制度内容同等重要的影响因素纳入考量，从而给出更加全面的法治本体建构。法律制度的内容方面就如前述学者们所给出的提示，需要遵循一系列重要原则，体现公平正义，实现最基本的法律功能，并且形成具有一定程度规范性的规则体系，也即"有法可依"与"科学立法"的实现。在此之外，如何令已经形成的"良法"体系发挥作用，这些周边的、"辅助性"的体制机制、社会氛围与历史惯习等内容，便形成了法治理想实现的具体环境，也即辅助实现"有法必依"与"公正司法、严格执法、全民守法"的法治运作环境。在明确由法律制度内容与法治运行环境所构建的法治本体之后，相对应的方法论命题也就呼之欲出。

2.方法论命题

如前所述，此处的方法论命题并非法治理想图景之中法律运作的方法，也并非直接与法治运行环境对等，而是在法治尚未完全铺开之时，为了建设法治，迎接法治理想所应当作出的背景性准备。从逻辑上而言，这些准备也仅仅是对于前文所提及的学者们构思的法治本体的可行性作出推演的结果，例如法律面前人人平等这一原则将会毫无疑问地出现在对现代法治有所了解之人的认识中，但是如何安排群体中的产权分配才算是平等、这种平等如何实现等本体与方法的问题，仍然会随着思路的推演不断下沉，从一般的、抽象的描述逐渐下沉到特殊的、具体的语境中。在这种难以停止的推演链条中，相对于法治理想的描绘稍微深入一步的追问，便是法治运作环境如何实现，法治建设如何进行的方法论命题。根据前文对法治理想本体制度内容与运作环境二分的建构，法治建设方法论命题必须回答制度内容与运作环境如何生成的两个问题，即"如何生成科学公正的法律制度体系"及"如何形成理想的法治运行环境"。其中，对于第二个问题的回答，则与前述"法治建设是一种规训"的论断产生联系。也就是说，运用政法话语对社会成员进行规训，以期达成令法治运作能够顺利运行的法治环境，正是法治建设如何形成法治运行环境的方法论命题。其中，关于政法话语的存在、创制以及应用是这一方法论命题的必要内容,也是法治建设与运作的核心要素。

作为法治建设的方法论命题,以法治建设为内容的规训活动(以下简称"法治建设规训")具有诸多的特性,包括客观性、良善性、中心性、建构性、强制性这五种属性。

客观性指的是法治建设以及同类的规训活动其存在形式及输出形式是客观的,不以个人的意志为转移。即使在法律规则的内容、形式以及运行体制机制都还未像现今这样完备、发达的历史时期,也存在着与特定历史时期相符的公共生活的规则。这些原始的、朴素的社会规则总是客观存在的,且其与法律同样作为涉及公共生活的行为准则,同样需要有其施行环境的存在。在这些规则的运行环境建设之中,规训活动的出现也就不可避免了。关于法治的规训也是如此,自从法治作为国家治理、社会治理的重要模式被提出,法律在社会行为调整规范中获得特殊地位,被要求平等地适用在所有群体成员之上时,规训活动便被启动。正如法律系统论认为法律系统在一遍遍地与其他系统的交互之中不断明确系统的边界,法治的规训也在一次次地被提及、被讨论、被辨认之中传播、散布,从而从诞生处脱离,获得自身的独立存在。从历史的角度来看,在客观上存在的法治规训活动也仍然对当下以及未来产生不可逆转的影响,整体的社会氛围一旦形成,期望通过少数的、个体的、单方面的行动进行干涉是极度困难的。这一特性对于法治建设的意义在于,正视现有的社会整合模式之中仍然存在的各类与法治建设规训相冲突的规训体系。所以,应当认识到法治建设作为一种规训活动,其存在形式、输出结果以及所需要面对的其他竞争性规训内容,都具有客观性。欲对其加以改造与革新,则需要作出特殊的应对。

良善性指的是法治建设在价值表达层面上是以良善自居的,换言之,在道德上的正确性,是法治建设进行规训的主要着力点。与其他规训活动相区别,法治规训活动在输出观念时必须强调其内容在道德上的正确性。前述法治本体的理想描绘中,控制权力、保障人权一直是法治的核心要义,其宪法法律至上的具体内容也是为控制权力、保障人权的目标而服务的,这一目标的设定与近现代国家与政府权力来源的理论革新相联系。此外,保证社会交往有秩序地顺畅运行,在社会产权分配问题上提供公正的解决方案,并且维持法律规则自身的安定,是法治作为法律治理所承袭的基本功能,秩序与公正作为法的价值的应然追求已成为共识。在法治建设的过程中,正是不同规训体系在价值上的碰撞,法治规训体系中的良善价值与其他体系的价值产生冲突时,法治规训主体基于自身在良善价值上的优越地位,对其他体系进行否定、改造,从而形成一次有效的法治规训。也就是说,法治建设活动以其在价值上的良善特性,对其他规训体系进行否定、扬弃,正是法治规训活动运行的基本过程。所以,良善性是法治规训在价值表达层面上的特性,也是规训过程中所必须运用的价值内容。

中心性指的是法治建设及其相应的规训活动不可能是分散的,而是由一个统一的中心进行推动。前述法治规训的良善性在规训过程中的运作,在逻辑上必须仰赖两个外在的前置条件,其一为良善价值的认定标准,其二为基于良善价值的规训活动的推动主体,也即必须解决何谓良善以及谁有权力进行认定与推动。法治建设的中心性,也就意味着法治建设中的相关价值的认定与建设不是分散的,而是拥有一个统一的中心来对法治规训的内容进行认定、理解与判定。法治规训之所以具有中心性,正是因为需要有一个统一的中心为凝聚个体作出努力,为社会个体融入群体生活提供心理认同与行为规范。所以,统一的中心是法治规训活动的实现基础,也是对抗分散个体原子化必不可少的路径。

建构性指的是法治建设相对于现有的社会意识以及观念体系而言,是一整个系统化的工程,法治建设的规训活动也就是通过教育、驯化等方式将整个系统化的法治观念传播至社会个体的观念之中。这种建设的过程与法律规范的生成路径相联系,也即法律规范从何而来、存在于何处、又往何处发展等问题。法律规范本身并不存在一个客观的实体,虽然能够被刻在十二铜表和鼎上,获得物质载体,但是其本身仍然是存在于意识领域的一种观念,并由众多个体的观念凝结而成为相对稳定的体系,并借由各类载体固定下来。正是由于法律规范并无实体,无法获得绝对的客观存在这一特性,使得其生成与存在皆处于变化之中。法律规范存在于个体的意识世界,仅在数个个体凝聚成为群体时获得相对的稳定,所以其生成并非完全是向客观世界进行科学式的探索,而是在意识层面上进行建构的结果。法治规训行为的建设性,也就体现在其规训活动,需要在被规训对象的观念体系中建立起法律规范的观念体系。这一过程所需要的主动性与人为性,以及涉及内容的体系性与智识性,都表明着不建设则无法治。法治规训的内容并非可以通过日常的社会生活与经济交往自然地形成,个体对于法律规范体系的理解也并非可以随着其社会实践时间的拉长以及深度的加重而自然获得。无论是规训内容的形成还是规训活动的展开,都离不开人为的建设。这对法治规训活动提出了极高的实践要求,必须作出主动且有效的建设。

强制性指的是法治建设的推动是由公权力机关作为建设中心统一推进的，社会成员无法单独拒绝或者反抗被法律制度所管辖，且社会成员难以逆转这种规训的方向，从而只能被动接受规训。前述法治规训活动的四个特性都在不同层面上描述了法治规训活动推进、实现功能的种种要素。前文所述及的现代法治的品性中，"法律面前人人平等"作为现代法治的重要原则，其所体现的法治精神，也与法治规训活动的强制性相吻合。《中华人民共和国宪法》第 33 条第 2 款明确规定："中华人民共和国公民在法律面前一律平等。"这一原则性的表述至少存在着两种层面上的含义：其一是任何人不得凌驾于法律之上，不得超越法律，拥有法律分配合法权益之上的特权；其二便是任何公民不得超然于法律之外，只要拥有中华人民共和国公民的身份，则必须接受中国宪法及相关法律的管辖与约束，相应的责任与义务均不得以放弃权力与权利为由而回避。从被规训者个体角度来看，正因为有着前述的种种理由，社会个体作为群体成员，必须接受法律规范的管控而不能存在例外，在这里，这种额外的责任则体现在法治环境建设的成本，以及法律规训推进的支出与收益的归属问题上。这也与党的"努力让人民群众在每一个司法案件中都感受到公平正义"这一工作思路不谋而合。①

此五种属性从法治建设规训的存在方式、内容特性、价值表达、实践形式以及作用模式等方面，对法治建设规训这一实践活动进行归纳描述，并在一定程度上加入抽象化的理想型构思，从而为法治规训活动的运行与实现提供体系化的思路。

在明确了法治建设的方法论命题即为了建设法治，迎接法治理想所应当作出的背景性准备，进而解明以法治建设为内容的法治规训活动所具有的客观性、良善性、中心性、建设性以及强制性等特性后，仍需要厘清，作为法治运作核心要素的政法话语在法律实践以及法治规训过程中的功能。明晰了政法话语自身的作用，再结合法治规训活动所具备的五种特性，便可以进一步回答法治建设过程中，公共法律服务作为法治环境建设的必要性。

---

① 《十二届人大五次会议举行第三次全体会议》，载《人民日报》2017 年 3 月 13 日第 01 版。

(二)规训

规训,意为规诫教训。规者,有矫正形状用具、规则与规劝之义;①训者,有教诲、开导与典式、法则之义。② 合称即以规训之,指运用某种规矩、法则进行教训、培育的活动或过程。这种过程与一般的知识性教育相区别,更体现出与师道尊严不同的等级次序之意味。在"以规训之"的语境之下,规训活动潜藏着一种区别对待的假设,也即被规训者自身的自然状态以及规训者理想之中的规训完成状态。正如"规"字的名词性含义,本身便指代着画出圆形的形状矫正用具,在这个义项中,有待被"规"的非圆形则预示着不规则、无规律的自然状态,而圆形则指向一种被规制后的,符合一定秩序的理想状态。这种前后状态的对照,凸显出规训后状态相对于规训前状态的秩序性与目的性,也反映出规训的主导一方对于被规训一方原初状态的否定与反对。

在福柯那里,规训(discipline)即规范化训练,其名词复数形式与"纪律""戒律"类似,被理解为近代产生的微观视域下对于人的影响与控制的权力技术,也指一种制造知识的手段,规范化是这种技术的核心特征。在《规训与惩罚》开篇便可看到在相隔不到一百年的两个情景之下,权力对于人的两种不同的惩罚方式。第一种是较为古老的肉刑,包括生前的肉体痛苦折磨以及死后的分尸、扬灰等精神层面上的磨灭与否定;第二种是更为"现代"且"文明"的自由刑,运用固定的巨细靡遗的作息时间表,将被惩罚者的一切行动纳入一种严肃的秩序之中。③ 这种惩罚方式的转变,意味着权力管控的运行思路以及应用场景发生了改变,由外在的、肉体的、施加痛苦的方式转变为内在的、精神的、规训的方式,也即更加抽象、微观的社会控制。惩罚从一种制造无法忍受的感觉的技术转变为一种暂时剥夺权利的经济机制,这种经济机制比起直接的肉刑更加隐秘,其作用路径也更加深刻,惩罚者通过一种潜移默化的方式实现对被惩罚者的规训。

---

① 《诗经·沔水》序郑玄笺云:"规者,正圆之器也";《国语·周语上》:"近臣尽规";《旧唐书·陆贽传》:"故无必定之规,亦无长胜之法"。

② 《尚书·尹训》:"伊尹乃明言烈祖之成德,以训于王";《诗经·大雅·烝民》:"古训是式"。

③ [法]米歇尔·福柯:《规训与惩罚》,刘北成、杨远婴译,生活·读书·新知三联书店 2012 年版,第 3~6 页。

福柯对惩戒与规训的探究在文化意义与社会意识层面上具有极强的批判性,[①]但是也需要认识到,并非所有的规训行为与结构都是负面与不正当的,即使对于规训的反思是遏制非合理性秩序无限制扩张的必要环节,但针对社会个体以及整体意识与氛围的培养、驯化是正在发生的,必须直接面对的。从褒贬的价值判断而言,笔者更加倾向在中性的立场上描述规训这一现象,它是现实发生的,可批判可反思的,但不必然是不正当的,也不一定是需要反对的。

　　在批判性之外,福柯对于规训的理解也明确地点出其作用机制正是意识层面的训诫,虽然作用过程是对被规训者在物理上施加一定的限制与鞭策,但最终形成并产生效用的正是由外而内的训练而成的意识烙印。

　　在由内而外的作用机制以及兼有规范性与隐蔽性的作用形式之外,规训活动在参与主体方面也体现出明显的上下层级次序,质言之,施加规训者与被规训者在整体的规训活动之中的地位是不平等的,存在由高到低、由强到弱、由众围独的方向性。在前述福柯关于监禁惩罚的例子当中,规训的规范性载体——"作息时间表"形成了对被规训者行动自由的严格控制,但是这种控制的运行,并非仅由一张纸质文件支撑,而是通过处于被监禁者周围的狱警、其他被监禁者的言行所体现出的对于这一作息时间表的遵守与认同,包括日常交谈与在破坏规定时受到否定性评价,遵守这一规定的所有言语与行为都构成了一种背景性的小型社会氛围。在规模与数量之外,规训活动通常伴随着知识与经验上的压制,也即信息不对称以及信息处理能力不对称所带来的不平等。对未成年人保护与犯罪预防的研究表明,家庭与学校在教育方面的疏忽是导致未成年人进行犯罪这一反社会活动的重要原因。[②] 此外,未成年人犯罪者中,无业者与受教育程度较低的犯罪者占比较高,也能间接说明在较少地受到学校教育、社会化规训的个体当中,反社会的倾向更为突出。[③] 即使不考虑年龄与成长因素,个体心理中的从众、权威崇拜等因素,都使得个体在行

---

　　① "秩序借助一种无所不在、无所不知的权力,确定了每个人的位置、肉体、病情、死亡和幸福……通过确保权力毛细渗透功能的完整等级网络,管理控制甚至深入到日常生活的细枝末节。"[法]米歇尔·福柯:《规训与惩罚》,刘北成、杨远婴译,生活·读书·新知三联书店2012年版,第221~222页。

　　② 刘艳红、李川:《江苏省预防未成年人犯罪地方立法的实证分析——以A市未成年人犯罪成因和预防现状为调研对象》,载《法学论坛》2015年第2期。

　　③ 李红勃、中国政法大学法治政府研究院主编:《中国未成年人法治发展报告(1991—2021)》,社会科学文献出版社2021年版,第199~231页。

为决策时自觉或不自觉地将数量优势或者智识优势的他者意志作为自我行为决策的重要参考，①而正是由于这些不平等的因素，规训活动切实影响着个体的行为决策，令被规训者将规训内容吸纳为个人意志。

规训活动的作用机制是由外而内的，作用形式是规范且隐蔽的，其教化与矫正功能正是基于参与双方在权威、智识上的不平等。法治建设的本质为公权力机关运用政法话语进行对社会的规训这一论断的阐释，下文将从作用机制、作用形式等方面进行分析。

（三）政法话语

政法话语是法治运作的核心要素，一切与法律相关的理论与实践都是建立在以一系列法律概念、政治话语为内容的政法话语的基础之上的。

政法话语在形式上契合法律体系作为社会意识层面的观念体系，也是一种存在于意识层面的内容。其具体内涵包括对法律理论知识的掌握，对法律程序的理解以及对法律运作的熟悉等。政法话语虽然指向实践中的法律运作，但是其背后所蕴含的知识性要求还包括政治、行政以及多项部门法理论等背景性的内容。无论是程序的设定还是具体规范的划分，其表达的规范内容以及背后所隐藏的特殊意涵，都对社会个体的学习与理解过程产生了影响。

政法话语的特性与功能都决定了其推行与适用需要极高的学习与理解成本。政法话语与前述的法治规训建构性相联系，也属于一系列人为建构的理性产物，而且这种建构的过程与产品在理论上（至少在生成的环节）是常常缺乏公共参与的，也即政法话语是一种少数人的建构产物。与现代的立法活动相区别，政法话语的产生、推广到获得认同，其发生场域基本处于法律职业共同体，特别是法律理论研究共同体中。虽然实践中的社会交往经验以及当下的权责分配格局都会影响法律规范生成后的样态，但是政法话语作为一种并非完全由政治权威中心认定的知识体系，其从少数职业群体的理论建构上升为由国家与人民意志所认可的社会规范的演变过程，需要经历相当漫长的程序。由于我国地域广阔人口众多的具体国情，人民代表制度的间接民主使得真正参与立法活动的人民代表与被代表的人民群众之间，仅在政治立场上存在着联系，而凝聚着民意的人民代表在参与立法活动时所获得的法律相关的

---

① 在一例针对社会规范影响个人健康行为的研究中，研究者通过观察疫苗接种行为的环境影响，综合探讨了社会规范是如何影响个人意志的。郭沁：《健康行为的社会规范性影响和从众心理》，载《浙江大学学报（人文社会科学版）》2019 年第 1 期。

经验与知识,并没有合适的渠道直接反馈到人民群众中。这种情况会导致虽然法律规范的生成、立法活动凝聚着民意,具有相应的正当性,但是作为立法活动结果的法律规范,往往并不能直接地被人民群众所理解,没有参与到立法过程中的大多数人反而需要消耗额外的成本去学习。人民群众在法律规范方面的学习成本较高,催生相应的知识性服务需求。

此外,由于以法律概念和行政知识为内容的政法话语并没有客观实体的对应,因而其理解与适用也就存在着个人性,这也与语言的个体性相对应。这种整个体系都无法解决的不稳定性,加大了职业群体与非职业群体之间的话语权差距。① 由于政法话语的建构性,其话语权与理解的知识天然地由创造、参与生成的小部分人获取,且其学习与运用方式也被职业共同体所垄断,这就令非职业群体成员的个体在获取相关知识时会遇到极高的知识壁垒。加之社会分工等因素影响,使得非职业群体在学习政法话语时付出的机会成本明显高于寻求相关服务所付出的经济成本,从而形成政法话语在生成与运用端都被少数人把握着的样态。

总而言之,法治建设的本体论命题指出了制度内容与法治环境同属于法治建设的重要内容,在通过法律创制活动进行制度建设的同时,能够令法治运行更加顺畅,更能够实现法治功能与价值的环境建设也同样重要。甚至在以往法治建设都重制度内容轻法治环境的情况下,环境建设的重要性更加凸显。而法治建设的方法论命题主要集中在以推广政法话语为内容的法治规训活动之中,法治规训活动的五种特性提示了法治规训所必须具备的要素,而政法话语的特性与功能决定了法治建设方法论命题中,必须解决与前述五种特性相对应的问题,形成法治环境建设的核心工作方式。在法治规训活动五种特性以及对应运作模式的指引下,公共法律服务体系的体系定位便呼之欲出,法律领域的公共服务体系的必要性也就蕴含在法治规训活动以及法治环境建设所提示的问题之中。

二、法治化道路上的必要成本

在明确了"法治建设即规训"的论断,厘清法治建设在方法上的法治规训

---

① 这与指向自然界的知识不同,指向自然界的知识可以通过经验观察与各类分析手段进行获取,虽然随着获取程度的加深,观察与分析条件差异所形成的话语权差异依然存在。

特征之后,便可以从生成的进路对法律的公共服务的必要性进行讨论。

法律领域的公共服务必要性就在于法治建设的推进需要由公权力机关承担相应的服务功能以及规训责任。与前述的法治规训活动五项特性相联系,法治环境建设的推进必须解决政法话语要素对法治规训活动提出的问题,包括客观的现实影响、良善的价值输出、建构与推广的统一以及整体性强制的实现。此类目标的实现在实践中皆需要某些主体承担相应的建设责任,而公共法律服务体系的提出与建设,则可以适当地承担起这一责任。

正如前文所述,法治建设包括关于制度内容的建设以及法治运行环境的建设,这种分类与传统的立法、司法、执法的法律体系内部分工存在区别。立法、司法与执法的区分标准为法律运作环节,以及实践中不同职能部门在职责上的区分。当然,目前运用的公共法律服务的概念意项之中并不包含传统法律机构的相关职能,如拥有相应权力立法、司法、行政机构在立法、司法以及执法方面的权力以及责任。为了明确现有公共法律服务概念与从前文中推演出来的,推进法治建设必要的公权力机关所承担的任务之间的联系,需要引入一个越过法律体系范畴的相对宏观的概念——公共法律职能。

公共法律职能概念的提出,主要是为了将立法、司法与执法等传统法律机构负责的社会功能与现有公共法律服务职能囊括为一个整体,在法治内容与法治环境二分的语境之下,用以对接整个法律系统的社会功能。也即,虽然公共法律服务负有公共服务之名,其内容也与立法、司法、执法等直接的法律权力不同,具有一定的辅助性质,但是公共法律服务仍与立法、司法、执法等法律权力处于同一层面,是公权力机关向社会输出公共职能的部门。① 在我国现有权力架构的划分之下,司法行政机关负责公共法律服务的统筹供给,司法行政机关也即行政系统中的下属部分,本不应与立法、司法与执法机关构成的整体法律机构相提并论。但是由于在法治建设这一总体工程的语境中,传统法律机构负责的社会功能与公共法律服务所提供的社会功能应当是处于同一层面的内容,所以笔者倾向于在法律体系的社会功能这一层面适用公共法律职能这一特殊概念,用以凸显在公共法律服务职能的语境下,传统法律机构职能作为一个整体的功能。

传统法律机构职能根据立法、司法与执法的划分,形成了完整的法律运作

---

① 关于公共法律服务概念命题的讨论,参见宋方青、张向宇:《公共法律服务体系建构的三重逻辑》,载《华东政法大学学报》2022年第6期。

实践链条,从法律规范的产出、执行到矛盾的解决等各个环节,都有相应的机构对其负责。而基于法律运作链条上的活动,立法、司法与执法在法治建设总体工程中所承担的任务,主要集中在制度建设与内容适用之上,而法治环境建设的任务,则缺乏与之直接对应的部门或机构。在实践的制度安排中,以公共法律服务体系为首的一系列法治环境建设任务较为分散地由各行政部门分别承担,如法治宣传等内容,皆由行政司法部门发布通知,要求各行政单位在各部门的工作中贯彻落实。这种分散的法治环境建设责任承担不但在成效上难以取得理想的效果,并且在理论上也难以担起促进法治环境建设、为法治规训活动掌舵的重要任务。所以,一个相对独立的,具有一定制度地位的公共法律职能部门的建立,对于承接法治环境建设的重任来说是必要的。

公共法律服务体系中责任与职能的承担必要性,皆来自前文所分析的法治建设方法论命题中的相关内容,也就是法治规训活动的五个特性以及以政法话语为核心的运作体系。先是由法治建设本体论命题推导出来的关于运行体系以及法治运行环境的区分,从而凸显出为法律体系正常运作提供合适的社会环境以及相应必要条件的重要性,也即法治环境建设在法治建设整体工程中的重要性。然后由对法治规训活动的分析得出法治建设的方法论命题中的重要环节,正是通过法治规训活动使社会环境由其他非法治的模式向适应法律运行的法治环境进行转变。要认识清楚现有法治建设成果并非绝对坚实且固定的,法律制度等具体内容在存在上均包含着一定程度上的不稳定性,这些在法律生成路径与存在方式等环节中遗留出的不稳定性,都会与非法律职业个体的日常生活场景产生一定的冲突。所以在法治规训活动的推进过程中,既要明确现有法治建设成果的建设性,更要注意这种建构性与被规训群体的日常生活场景之间的隔阂。强制性既要求法治规训活动必须覆盖法律规范体系所管辖范围内的所有社会个体,以保证法律治理的统一性与整全性;更需要注意在核算法治建设整体推进工程的成本与责任承担时,要将法律规训活动这种强制性纳入考量,也即法治建设所需要付出的相应成本,不能太过于依赖在实践中被动接受的社会个体的承担。前述法治规训活动的运作皆以政法话语为核心,将关于政法话语的理解与适用等智识性内容推广出去,正是作为法治环境建设的法治规训活动的核心工作方式。以上对于法治建设方法论命题的种种分析,都指向公共部门承担相应的实践责任,公共法律服务体系的提出与建构也就呼之欲出。

在法治建设的推进过程中,为社会运作提供相配套的法律领域的公共服务体系,正是法治环境建设的责任承担,也是国家治理与社会治理法治化道路上必要的启蒙成本。这种成本的付出,正体现为公共法律服务体系的提出与建设。

此前的公共法律服务在政策文件与实践中均由司法行政机关负责运行,本质上属于行政体系中的下属环节。而本书所指的公共法律服务体系,则是在法治建设整体大工程的背景下,基于法治环境建设的方法论命题,重新提出的一种整合性的社会服务体系,其对应的责任负担主体是国家公权力机关整体。即使由于具体工作情况以及公权力机关内部分工等因素,需要单独的部门领导整个体系的建设与运行,这种责任依旧需要由国家公权力机关整体来承担。但是在理论上,公共法律服务体系的建设及运行其责任负担并非某个单一部门与机构的任务,而是需要由决定实施法治建设整体工程的国家公权力机关的整体承担起体系建设的责任。公共法律服务体系建设所需要的成本投入,也应当与其他社会公共服务一样,由国家财政进行保障。这一体系的整体建设,作为法治化道路上的必要成本,必须在理论与实践上都得到重视。

综上所述,本节主要解决什么是以及为什么是"法律"的公共服务这一主干问题。从法治建设与公共法律服务建设的关系这一着眼点入手,分析可得现代法治国家、法治社会、法治政府的建设离不开法律制度的内容建设与辅助法治运作的环境建设。而法治建设的本质,则是公权力机关通过运用政法话语对社会整体进行法治规训,由此引出的法治规训活动五特征以及政法话语的存在与功能等要素,皆指向某种建设责任的承担。法治建设的推进,国家、社会以及政府的法治化,皆需要承担相应的建设责任,而这种责任的承担,集中体现为向社会提供法律领域的公共服务,从而形成法治运行环境建设的主体内容,最终为法治建设整体工程的推进形成助力。所以,法律领域的公共服务的必要性,正蕴含在法治建设整体工程的现实需求中。

第三章　公共法律服务体系建设的域外经验

　　"他山之石，可以攻玉"，应对公共法律服务均等化困境还可以从世界范围内汲取具有参考意义的经验。公共服务作为现代政府的重要职能，主要缘起于19世纪后半叶资本主义社会的阶级冲突与斗争，自由主义倾向和政府"守夜人"的角色定位导致贫富差距逐渐拉大，社会不同阶层之间的矛盾集聚，此时，社会开始呼吁政府不仅要维护市场经济的运作，也需要承担提高社会整体福利的职责。由是，西方发达国家开始逐步呈现出福利化发展趋势，政府着力于完善社会福利制度。在这个进程中，一些兼具发达国家和法治发达地区身份的西方国家，开始将部分法律服务纳入政府公共物品的供给范围。在此类欧美发达国家提供社会福利的模式中，根据市场化程度、分层化和社会团结程度以及国家对公民的保障程度三个标准划分，可以分为自由主义、合作主义和社会民主主义等三种模式。[①]其中自由主义模式主要指以英国和美国为代表的具有自由主义传统的盎格鲁—撒克逊国家所采取的模式；合作主义模式主要指以德国和法国为代表的具有法团主义和国家主义传统的欧洲大陆国家采取的模式；社会民主主义模式主要指以瑞典、挪威、丹麦、芬兰这四个北欧斯堪的纳维亚国家所采取的模式。[②]因此，关于公共法律服务域外经验的研究，可以从以上三种不同模式出发，关注不同模式下关于公共法律服务体系建设的经验。与此同时，域外有益经验的借鉴并非制度和实践的生搬硬套，而是在比较研究的过程中，基于合理分析我国公共法律服务体系建设与西方发达国家不同样态的基础上，得出符合我国公共法律服务体系建设需要的优化方向。

----

　　① ［丹麦］考斯塔·艾斯平-安德森：《福利资本主义的三个世界》，郑秉文译，法律出版社2003年版，第29～30页。

　　② 张军：《福利文化与制度供给：比较社会保障制度模式研究的新范式》，载《重庆工商大学学报（社会科学版）》2015年第3期。

第一节 公共法律服务体系建设的域外模式概述

公共法律服务是中国特色社会主义情境下具有独创性的公共服务子内容概念,西方发达国家普遍不存在作为整体性的公共法律服务这一概念。但世界范围内法治发达国家和地区的成熟经验表明,国家通常会向社会公众提供诸如法律援助、调解和法治宣传教育等具备公共法律服务属性的特定项目,因此,关于域外经验的总结,主要立足于考察不同公共服务供给模式下,各主要代表国家供给具备公共法律服务特征的公共服务经验。

一、自由主义模式

自由主义模式主要是以英国、美国、加拿大等盎格鲁—撒克逊国家为主要代表,此类模式主要特征为"最低保障与兼顾效率",在社会建设中,优先考虑经济发展,强调通过自由竞争和经济增长促进个体福利的提高,并根据个体对社会生产的贡献程度来保障其生活,公共部门的介入一般作为最后的保障手段,因此,这也被称为"剩余型"模式。概括而言,自由主义模式是一种在社会保障与社会福利等公共服务上坚持以市场为主导,引进竞争和激励机制的制度模式。在公共法律服务的制度建构方面,践行自由主义模式的英国和美国的经验,主要体现在政府机构的设置和职能划分以及具体供给内容和方式等方面。

(一)政府机构的设置与职责

在美国,主要是由司法部负责部分和政府设立的公设辩护人办公室承担公共法律服务供给职能,具体而言:其一,在美国司法部内部,设有司法援助局(Bureau of Justice Assistance,BJA),其主要负责司法信息共享、犯罪预防和维护弱势群体权益;社区关系服务部(Community Relations Service)主要负责调解、促进社区和谐、法律咨询服务;少年司法与犯罪预防办公室(Office of Juvenile Justice and Delinquency Prevention,OJJDP)主要负责通过公共资源的使用预防青少年犯罪。① 其二，公设辩护人办公室（Public Defender Office），由政府出资并设立，主要承担刑事法律援助职能。② 与此同时，在美国，私人部门和第三部门也提供部分公共法律服务。首先，法律服务公司（Legal Service Corporation）由联邦政府出资成立，主要负责民事法律援助。③ 其次，美国律师协会，在其职能范围内也包含着法治教育宣传和法律援助服务。④ 最后，民间非营利机构和高等院校，通过法律诊所、志愿活动等方式提供法律咨询、法治宣传教育、法律援助等服务。

英国司法部职能与公共法律服务存在范围重合的主要有法律援助服务、法律咨询服务、法律帮助等。在机构设置上，法律服务委员会（Legal Services Commission）作为司法部下属的非政府公共机构，⑤内设服务委托部、业务支持部和机构服务部，负责包括为英格兰和威尔士地区提供法律援助服务、制定法律援助政策和规划、监督政策和规划的实施，以及监督服务的经费使用和服务质量；法律专员（the legal ombudsman）负责应对社会公众和社会组织提出的法律投诉，并提供免费的法律服务；法定代表律师和公共受托人（official solicitor and public trustee）负责向社会弱势群体提供参与司法程序、终审代理、遗嘱执行等法律帮助服务。⑥

（二）具体供给内容和方式

1.法律援助服务

在美国，法律援助服务体系主要分为刑事法律援助体系（包揽型）与民事法律援助体系（资助型）两个独立的体系，并且两类法律援助也并没有统一的管理组织，而是由各类型机构在其职责范围内参与法律援助服务的供给。美国真正的刑事法律援助肇始于1963年，当美国宪法第六修正法案被联邦法院解释为州政府有责任出资为没有能力聘请律师的刑事被告人提供资金聘请律

① 杨凯等：《公共法律服务学导论》，中国社会科学出版社2020年版，第159～160页。

② 吴羽：《美国公设辩护人制度考察及其启示》，载《理论月刊》2014年第9期。

③ 宫晓冰：《美国法律援助制度简介》，载《中国司法》2005年第10期。

④ 美国律师协会成员和部分私人律师也会参与法律援助服务的提供，由政府出资单独雇佣或者适用合同制。

⑤ 法律服务委员会的性质比较特殊，属于执行性非政府机构，独立于政府和行业，经费来源包含律师等各个法律服务职业的会费。

⑥ 王舸：《国外司法部公共法律服务职能简介》，载《中国司法》2018年第10期。

师后,刑事法律援助的政府责任正式得到宪法确认。① 在刑事法律援助服务提供模式上主要包括公设辩护人模式、私人律师模式和合同制模式。公设辩护人办公室由政府出资设立,所雇佣律师领取政府薪金,但职责履行需要为被告人利益服务。私人律师模式是指法院为没有支付能力的被告人指派私人律师提供辩护,报酬由政府负责。另外,美国律师协会也鼓励律师每年提供义务性的法律服务。合同制模式是指美国政府与符合资质的律师事务所签订合同,在固定期限内由律师事务所指派律师提供刑事法律援助服务。美国的民事法律援助服务主要由法律援助服务公司和联邦法律援助协会参与。在内容方面包括法律咨询、法治教育、调解、法庭代理、法律帮助等。在具体的经费来源上,除了政府拨款,还有慈善组织、律师等的捐款。法律援助服务公司,由联邦政府拨付经费,负责民事法律援助工作的运行。另外,律师协会设立的法律援助机构、高校法学院的"法律诊所"也会提供一定的法律援助服务。美国民事法律援助的服务方式具体而言包括法律咨询、法律教育、和解、调解、法庭代理、法律帮助等。美国的民事法律援助实践中大部分案件都是以和解、调解方式结束的。除此之外,政府设立的法律援助机构,当地律师协会及其设立的法律援助机构,各大高校法学院师生组织的"法律诊所"等也向社会提供法律援助。

英国的法律援助制度历史悠久,一直处于世界前列。从法律制度的演变上看,英国于 1949 年通过的《法律援助和法律顾问法》(Legal Aid and Legal Advice Act 1949)确立了现代意义上的英国法律援助制度,随着立法的完善,英国在颁布一系列法律援助相关法案后,于 1999 年颁布实施了《1999 年接近正义法》(Access to Justice Act 1999),由此正式确立了英国法律援助制度。② 根据《1999 年接近正义法》的规定,法律服务委员会承继了原有的法律援助委员会(the Legal Aid Board)。③ 为了保障法律援助服务的质量,法律服务委员会依法制定了一套法律援助服务质量保证机制,通过该体制的运行间接地对法律援助服务及其律师开展监督。服务监督主要分为两种类型,分别是通过专家质量评分标准和业务处理标准对律师事务所进行判断,前者指的是律师

---

① 孙建:《美国法律援助制度考察》,载《中国司法》2007 年第 7 期。

② 陈冰晶:《香港法律援助制度研究——兼与英国比较》,复旦大学 2009 年硕士学位论文。

③ Access to Justice Act 1999,22 UK-ST § § 2(1)(1999).

事务所要想成为签约事务所的质量分数,包括信息服务、一般帮助、专业帮助等方面;[1]后者指的是审查律师包括公共辩护人记载的档案的要点和问题,并且会通过同行评审的方式对业务标准补充业务标准准则。[2] 除此之外,法律服务委员会对特别复杂的疑难案件采用了特别质量保障措施,从三个方面确保法律服务的质量:采用大案管理体系,筛选出难以处理的复杂的案件,这些案件的收费往往较高,受助人需要与律师事务所签订合同,独立计费;建立专业名册,只有具有较高专业水平的律师才可以纳入;对于重案罪的当事人将要求多名律师提供辩护。[3]

英国是法律援助制度的发源地,其法律援助服务主要包括社区法律服务(民事法律援助服务)和刑事辩护服务(刑事法律援助服务)两个方面。英国刑事法律援助服务的内容具体包括法律咨询与帮助、辩护帮助[4]和辩护代理[5]等。民事法律援助服务具体形式可以分为法律帮助和民事代理,内容包括法律咨询、法律帮助、法庭协助、家事调解以及诉讼代理等方面,适用条件上分为根据申请人可支配收入与可支配财产进行的经济条件审查,和根据提供援助服务类型产生的司法利益进行的特殊审查。[6] 英国的法律援助供给普遍采用合同制模式,即由法律服务委员会从律师事务所、民间机构[7]中选取合适的法律服务供应主体签订合同。另外,英国也有公设辩护人制度,由公设辩护人办公室负责提供刑事法律援助服务,并且还有电话或互联网的法律咨询服务、法

---

① 桑宁、蒋建峰:《英国刑事法律援助质量控制体系及启示》,载《中国司法》2007年第10期。

② 陈冰晶:《香港法律援助制度研究——兼与英国比较》,复旦大学2009年硕士学位论文。

③ 陈冰晶:《香港法律援助制度研究——兼与英国比较》,复旦大学2009年硕士学位论文。

④ 辩护帮助主要是指庭前准备阶段的法律帮助,在适用条件上,如果当事人的案件不涉及刑事处罚就不需要进行资格审查,如果涉及刑事处罚就需要满足经济困难的资格要求。

⑤ 辩护代理服务的适用条件包括司法审查和经济审查,司法审查要审查申请人是否涉嫌重罪和申请人是否因知识、智力和认知的因素无法理解法律和程序,经济审查则主要考察申请人的年度实际收入。

⑥ 高贞等:《英国法律援助制度及借鉴意义》,载《中国司法》2012年第2期。

⑦ 此处的民间机构主要有公民咨询局、法律中心、公益性法律中心、营利性服务机构等。

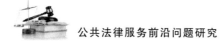

律保险和"败诉不收费"制度等作为国家供给法律援助服务的有效补充。

2.法治宣传教育服务

英国和美国的法治教育在促进公民法治素养提升方面均发挥着关键作用,更在一定程度上积极推动了国家的法治发展。就其目的而言,与我国公共法律服务内容中的法治宣传教育服务具有相似性。美国的公众法治教育起源于 20 世纪 60 年代的"法律学习运动"(law study movement),倡导全国范围内从幼儿园到高中学生,学习宪法和权利法案等法律文本,在授课内容上由案例教学逐步丰富形式开始包含法治项目和法治课程。在律师、学校和律协等社会组织和个人的推动下,"法律学习运动"开始转变为"法律相关教育"(law-related education,LRE),尤其自 1978 年《法律教育法案》(Law-related Education Act)颁布后,法律教育被确定为"使非法律专业者获得与法律、法律程序、法律系统有关的知识和技能并领会其赖以建立的基本原则和价值的教育"。[①] 从此公众法治教育的覆盖面也逐步扩大,包含美国的全体公民。在法治教育的推动上,主要围绕知识、技能、态度、信念以及价值观五个方面展开,并沿着两条路径推动:第一条路径是美国各州的律师协会负责推动,主要由公民教育委员会(The Committee of Civic Education,CCE)、青少年公民教育特别委员会(The Special Committee of Youth Education for Citizenship,YEEC)和公共法治教育委员会(Council on Public Legal Education,CPLE)负责推动律师与教育工作者和社区工作者在公民法治教育上面的合作,推动公民了解法律、公民的权利和义务;第二条路径是由学校开设互动性强的课程,并依托宪法日、法律日等活动加强学生法治教育水平。[②] 在英国,法治教育由司法部的公共法治教育与支持专项小组(The Public Legal Education and Support Task Force)推动,其目标是法治宣传教育能够促进公民理解权利和义务、增强法律知识和提升纠纷解决的法治化倾向。与此同时,不仅英国的其他权力机关,如上议院和下议院、国家消费者理事会等会从各自的职能出发,承担法律知识宣传工作,高校和社会组织也会积极参与法律的宣传工作。在具体内容上,公众的法治教育形式主要包含基础教育的融入和法律培训、法律书籍出版,以及法律咨询和法律知识宣传两个方面。在基础教育的融入上,英

---

① 袁光亮:《域外国家的青少年法治教育经验及启示》,载《北京青年研究》2022 年第 3 期。

② 高学敏:《中国公民普法教育演进研究》,复旦大学 2014 年博士学位论文。

国自中学阶段开始开设独立的法治教育课程,倡导学生参与社会实践,在实际生活中加深对法律的理解;法律行动组织和公民基金会这两个组织都采取以出版法制读物的方式从事公民的法律服务。①

3.调解服务

作为自由主义模式的代表,美国和英国都属于法治发达国家,社会公众习惯通过司法诉讼的方式解决日常纠纷,②但是案件数量的激增、诉讼成本的高昂、诉讼时限的拖累等问题也同时困扰着美国,因此,美国自20世纪70年代开始尝试推动以"法院主导"为特征的替代性纠纷解决方式(alternative dispute resolution,ADR)建设。③ 美国的调解方式,按照组织形式的不同包含以下五个主要类型:社区调解组织、法院调解组织、政府调解组织、商业调解组织、公司协会和专业团体资助设立的调解组织。④ 英国的调解机构主要包含以下五个类型:其一,咨询调解仲裁机构,主要负责个人和组织间的劳动纠纷;其二,全国律师ADR网络,负责处理商事纠纷的民间机构;其三,纠纷解决中心,是专业性、独立性和非营利性的民间机构,主要负责建筑、保险和信息技术等商业、公用事业领域的纠纷;其四,城市纠纷小组,主要负责域内和国家的商事纠纷,英国或国际商事领域所产生的纠纷;其五,英国家庭调解委员会,⑤是负责婚姻关系、抚养关系,如婚姻财产分割、遗产、赡养抚养纠纷的非营利性机构。整体来看这些调解机构有利于更高效地解决纠纷。⑥

美国的社区调解比较符合我国公共法律服务内容里调解服务的特征。美国社区调解是指一种依托于社区,由社区志愿者担任调解员,为社区邻居之间交往纠纷提供免费调解的非司法化纠纷解决机制,其在赋权社会和公民的基础上,倡导公民参与,以社区成员对自己生活美好向往驱动社会成员追求公平、争议和和谐的价值,凸显出社区治理的公民中心地位。美国诉讼费用的高

① 王倩:《英国中小学法治教育特点及对我国的启示》,载《南昌教育学院学报》2019年第2期。
② 汤维建:《美国民事司法制度与民事诉讼程序》,中国法制出版社2001年版,第4页。
③ 齐树洁主编:《外国ADR制度新发展》,厦门大学出版社2016年版,第68页。
④ 刘静、陈巍:《美国调解制度纵览及启示》,载《前沿》2011年第4期。
⑤ 该机构的调解费用相对较低,且可以申请法律援助。
⑥ 范愉:《非诉讼纠纷解决机制研究》,中国人民大学出版社2000年版,第250～251页。

昂、社会自治的传统和社会组织的相对发达共同构筑起社区调解发展的基础，而免费提供调解服务、降低纠纷解决成本、时间和地点灵活、调解程序与规则简单、提供必要的协助等因素进一步提高了社区居民通过社区调解化解纠纷的积极性。[①] 美国社区调解具有主体多元性和方式多元性的特点，社会调解的组织载体一般是社区调解中心，行动主体成员包含来自社区、非营利组织、政府部门和企业等公共部门或者私人部门的企业主、教育工作者、宗教领袖、家庭妇女、法律工作者等多元主体，采取的方法包含调解、仲裁、劝导和说服等诸多形式。[②] 社区调解机构不仅自身承担着纠纷化解的功能，还试图通过社区居民的培训加强社会居民纠纷的自我解决能力，减少社区矛盾。另外，美国还有依靠志愿者组成和社会资金资助的非营利性公共服务机构，承担部分调解职能。[③]

4.律师服务

在英美国家，公共法律服务开展的重要渠道还包括对律师的法律服务进行必要的管理，因此，有必要深入探究英美国家的律师监管制度，结合律师监管制度了解公共法律服务在律师服务中的具体形态。

美国的公职律师制度属于相对分散类型。美国的公职律师制度源于英国爱德华一世时代，但如今自成一体且具有较大的影响力。[④] 总的来看，美国的公职律师呈以下几个特点：从身份上看，美国公职律师兼具执业律师[⑤]与政府公职人员[⑥]双重身份；从具体职能及职位分布上看，美国公职律师可以分为司法部直辖和联邦政府各部门机构中的法律顾问办公室两种类型律师，其中前者在司法部部长领导下负责办理以美国政府为诉讼主体的所有诉讼业务以及其他相关业务，并且还需要向美国总统以及联邦各政府部门首长提供法律咨询服务；后者则主要负责提供与部门有关的订立行政法规等非诉讼类型法

---

① 吴晓燕、赵民兴：《美国社区调解制度的特点及启示》，载《人民论坛》2012年第11期。

② 徐君：《美国的社区调解机制及其建构》，载《中国行政管理》2013年第10期。

③ 法院附设仲裁是指通过美国的成文法或者法院规则规定，对于特定类型的纠纷在进入审判程序之前要求当事人将其提交仲裁裁决。

④ Paul Brand, *The Origins of the English Legal Profession*, Oxford: Blackwell Publishers, 1992, pp.78-106.

⑤ 徐家力、吴运浩：《中国律师制度史》，中国政法大学出版社2000年版，第259页。

⑥ 王进喜、程涛：《政府律师》，北京大学出版社2007年版，第46页。

律业务,同时也需要为部门首长提供法律咨询服务,此外还需要作为参与者支持司法部主导的诉讼类法律业务;[①]从管理体制上看,美国公职律师的管理较为松散,司法部部长在名义上领导联邦政府律师,但鉴于司法部部长与联邦其他政府部门法律总顾问(General Counsel)由总统任命、参议院同意而履职,同时还受到美国联邦法律委员会管辖,因而以上部分均可以在某种程度上对美国公职律师进行相应的管理,由此致使管理体制较为分散。[②]例如:美国财政部法律总顾问同时兼任美国财政法制局局长,参与重要事项的决策,事前需审查财政部内部的发展计划与有关工作,同时管理两千多名律师及一千多名辅助人员。[③]

英国的律师管理整体上属于混合模式。英国律师监管局(Solicitors Regulation Authority)独立开展对英格兰和威尔士的律师事务所及律师进行监管,其主要职能包括核准律师执业、组织律师培训、审查律师的行为以及对律师实施处分等;[④]律师协会(Law Society)以及律师公会(the Bar Council)是高度自治的为律师提供服务、维护律师利益的专业组织;法律服务委员会(Legal Services Board)的主要职责在于对律师协会以及律师公会进行监管,并且可以审核通过非传统律师事务所(Alternative Business Structures)的设立;法律投诉办公室(Legal Complaints Services)是英国唯一一家能够受理投诉法律服务人员的机构,其能够对投诉的情况进行调查和处理,但不享有惩戒权。[⑤]

综上所述,作为自由主义典型的英美国家,对于从事法律服务的律师监管呈现出较为宽松的风格。英国模式与其说是监管,倒不如说是软性的监督,其以一种能够最大限度激活市场竞争力的方式对法律服务的质量进行把控。与之不同,美国的公职律师监管则更多地倾向于政府对工作人员的管理,其服务对象也多是基于政府的指令,管理也更为严格。

---

①　Cornell W. Clayton, *Government Lawyers: the Federal Legal Bureaucracy and Presidential Politics*, Kansas: University Press of Kansas, 1995, pp.25-176.

②　姚尚贤:《公职律师制度的本土构建之路》,载《北京行政学院学报》2016年第5期。

③　孙建:《美国联邦政府律师制度探源》,载《中国司法》2006年第12期。

④　吴小帅:《论英国法律教育改革及对我国的启示》,载《教育教学论坛》2021年第50期。

⑤　王进喜、梁良:《英国〈法律服务法〉述要》,载《中国司法》2009年第12期。

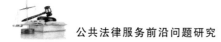

5.公证服务

"在英美法系国家的公证制度中,由于在制度和理念上奉行彻底的私权自治原则,政府普遍在经济上实行自由主义和不干预政策,因而在公证制度的功能设置上完全不同于大陆法系国家对经济的适度干预政策。"[1]美国没有实行统一的公证制度,而是各州独立立法调整本管理区域内的公证事务。自由主义模式主要将公证事务置于市场竞争当中,依靠自由主义市场经济的调节,充分发挥公证制度定分止争的作用。

美国的公证制度是公证人任职制度,因为美国的公证没有专门且固定的公证机构,也没有全国统一的公证协会。"美国的公证制度对公证对象遵循着形式上的审查,形成的公证文书没有强制力;并且在组织形式上,美国的公证组织较为松散,对公证员任职资格的规定也较为简单,公证事务的权威性不足。因此,公证制度在美国的社会影响力及其在司法过程中的重要性都比较低,在证据的收集与保全上几乎起不到任何实质性的作用。"[2]美国是由符合各州规定条件,具备一定资格的个人担任公证员,其中包括政府人员附带从事公证业务。政府人员担任公证员并不是兼职,因为公证不是官方的身份,而是一个辅助性的职业。这也影响了美国公证员的权限范围。公证员资格的取得总体上门槛较低,如马里兰州要求申请公证人资质的条件包括:年满十八周岁且获得州参议员的许可。要求较高的为纽约州,根据纽约州的《公证人许可法》内容,纽约州的公证人资格既可依申请也可依职权取得。[3] 具体而言,一方面可以由州务卿任命;另一方面可以通过公证人考试的人员申请,或者在纽约州执业的律师可以免试而申请取得公证人资格。宽松的公证人资格获取条件,致使公证人的权限范围也受到相应的限制。除掌握专业知识技能的律师之外,其他的公证人权限主要是真实性的证明,不包括材料合法性、关联性的证明。目前,美国的公证服务进一步提高了便利性,即进一步减少了法定公证的范围,并且允许公证员采用电子签名。为了公证人制度更好地适应现代社会的需求和技术进步,2020 年俄亥俄州大会通过并生效的《公证公共现代

---

① 宫晓冰:《中国公证制度的完善》,载《法学研究》2003 年第 5 期。

② Notary Public Modernization Act,S. 3534,116th Cong(2020).

③ The New York State Notary Public License Law, N. Y. Exec. Law § 130 et seq. (2020).

化法》(Notary Public Modernization Act)首次允许文件的在线公证。[①] 2023年 4 月 6 日生效的美国众议院第 367 号法案，允许公证的电子签名，取消了当一个人将授权委托书授予有执照的机动车经销商或经销商的代理人以转让机动车所有权时必须对授权委托书进行公证等要求。

英国公证人的职权范围与美国大多数州的规定相同，即仅证明相关材料的真实性。不同于美国宽松的自由主义模式，英国的公证服务是一种严格意义上的自由主义模式，在功能上与大陆法系国家奉行的公证制度更为相似。因为英国的公证制度要求遴选公证人作为国家官员。2007 年英国在法律服务委员会下设立了公证员协会和代书公证人协会两个协会，代表和维护公证员权益。[②] 根据《法律服务法》，在公证制度的职能上，英国与美国相同，均主要奉行自愿原则。[③] 英国与美国相同，公证服务只是政府的附带业务，这一附带业务的内容受到严格限制。国家对许多社会事务不要求公证，应该公证服务的内容主要是证明相关材料的形式合法性与真实性，而不包括实质内容。这一做法的积极性在于，为市场经济提供了较为宽松的交易环境。

自由模式下英美的公证制度，主要在经济活动和社会生活中起到适当的辅助作用。公证业务能够发挥的作用十分有限，因而，公证员主要由律师兼职担任，[④]政府公共法律服务中对公证服务的规定较少。

6.司法鉴定服务

美国的司法鉴定体制较为分散，美国司法部的国家执法与矫正技术中心主要职责包括管理鉴定机构、确定统一的司法鉴定标准以及对各类的鉴定机构进行评估和认证，但是，鉴定人的资格主要由行业协会确定。[⑤] 从具体机构设置来看，美国的司法鉴定机构可以分为两种类型：一种是由政府设立的官方实验室，其为执法机关提供鉴定服务；还有一种为私人投资的实验室，其可以

---

① 英国《法律服务法》(Legal Services Act 2007)，https://www.legislation.gov.uk/ukpga/2007/29/contents，最后访问时间：2023 年 4 月 26 日。

② 熊选国、陈明国、杨向斌等：《英国德国法律服务制度考察报告》，载《中国司法》2017 年第 10 期。

③ 英国《法律服务法》(Legal Services Act 2007)，https://www.legislation.gov.uk/ukpga/2007/29/contents，最后访问时间：2023 年 4 月 26 日。

④ 张文章主编：《公证制度新论》，厦门大学出版社 2006 年版，第 103 页。

⑤ 孙业群：《中外司法鉴定管理体制》，载《中国司法鉴定》2004 年第 1 期。

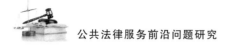

与州或当地政府签订合同进而为法庭提供科学服务。① 总体而言,美国的官方鉴定机构更加独立。由于美国实行联邦制,联邦、州、市县的鉴定机构相互独立,其由各层次政府直接投资,因此,虽然某些鉴定机构设在某部门,但其不隶属于该部门,其鉴定人员因而也不受部门的管理。这种机构的设立与配置方式最大限度地限制了美国鉴定机构的自主性。②

英国司法鉴定机构的管理有着从分散到集中的特征。就管理主体而言,英国司法鉴定机构由内政部、检察院、警察局共同成立的法庭科学管理委员会来管理,法庭科学管理委员会设在内政部,并由其承担具体的管理工作。从管理内容上看,英国没有单独设立鉴定人资格考试制度,而是由内政部根据行业协会推荐的专家名单确定、推荐以及发布定期公告,确立鉴定人(科学家)。随着鉴定技术的不断发展,鉴定机构的管理体制也趋于集中,英国内政部将国内诸多影响力较强的法庭科学实验室确定由内政部统一管理,并实行办案收费制度。③

总体而言,英美司法鉴定制度呈现出以下重要特点:从管理模式上看,其存在政府管理和行业自治并行模式,以自治为主、行政管理为辅。从鉴定主体上看,一般主体多元,存在管理政策制定者、主管机关和其他评估认定机构。从管理内容上看,鉴定人的资格主要采用推荐制、公告制、注册制、评估认证等多元模式,还有统一的认定标准。并且,英美的管理体制均由分散朝着统一发展。④

整体来看,美国和英国的公共法律服务体系建设均在具体供给模式上,呈现出浓厚的自主主义和多元主义色彩,具体可表现在法律援助的经费虽然主要由政府出资,但是在运营和管理上普遍遵循市场化和社会化的方式,即大部分由律师协会、公司、私人基金会或者律师等私人团体和个人来参与供给。

二、合作主义模式

合作主义的社会福利保障制度模式,主要存在于以德国、法国、奥地利和意大利这些具有法团主义和国家主义传统为代表的欧洲大陆。国家和政府在

---

① 周欣:《中外刑事侦察概论》,中国政法大学出版社 1999 年版,第 265 页。

② 闫晓旭:《英美司法鉴定制度简介》,载《中国司法鉴定》2002 年第 2 期。

③ 孙业群:《中外司法鉴定管理体制》,载《中国司法鉴定》2004 年第 1 期。

④ 朱玉璋:《国外司法鉴定制度》,载《中国司法》2004 年第 6 期。

市场的介入程度相较于自由主义模式更强,在福利保障和福利供给方面发挥着主要作用,并且工会、教会等社会组织的力量也发挥着积极作用。具体在社会保障方面,以社会保险制度为主,较少采用普遍性社会津贴。[①] 但合作主义模式实质仍未改变社会阶层的分化和经济地位的不平等,仅是尽量实现社会的整合。[②] 在公共法律服务均等化的制度建构方面,践行合作主义模式的经验,我们可以分别从政府机构的设置和职能划分以及具体供给内容和方式等两个方面进行考察。

（一）政府机构的设置与职责

在合作主义模式典型代表的德国,目前也并未将公共法律服务整体纳入公共服务体系,由政府承担供给的主体责任,但在政府和其他国家权力机关的职能范围内,也有具备公共法律服务特征的法律援助、法治教育、调解等服务。在组织架构的设置上,德国的司法和消费者保护部下设司法体制司,履行培训法律服务工作者、提供调解服务、为特殊群体提供法律帮助等方面的职能;法国司法部下设的秘书总局还专设法律援助办公室和国家被害人援助与调解研究所,分别负责法律援助立法与政府管理和为被害人提供诉讼咨询与心理疏导。[③] 与自由主义模式不同的是,德国的法律援助服务没有全国的统一管理机构,而是由政府出资、州法院审查申请人条件,并决定是否提供法律援助服务。

（二）具体供给内容和方式

1.法律援助服务

在制度层面,公民不会因经济条件上的贫穷而得不到法律上的平等保护,这是德国法律援助服务制度建设的宪法依据,但具体到法律层面,德国还未有直接的法律援助立法,而是通过《咨询援助法》《民事诉讼法》《法庭费用法》的有关规定规范法律援助服务的适用条件、费用和方式等。值得注意的是,德国

---

① Ferrarini,Tommy,Nelson,Kenneth,Taxation of Social Insurance and e distribution:A Comparative Analysis of Ten Welfare States,*Journal of European Social Policy*,2003(1),pp.21-33.

② 何子英:《西方福利国家的发展模式及其对我国和谐社会建设的启示》,载《马克思主义与现实》2009年第2期。

③ 王舸:《国外司法部公共法律服务职能简介》,载《中国司法》2018年第10期。

在民事诉讼领域有着特殊的强制律师代理制度。[1] 该制度也为民事法律援助服务的提供确立了必要性基础。在内容上,德国的法律援助服务除了涵盖刑事法律援助和民事法律援助,还包括诉讼程序以外的法律咨询和法律代理服务。在提供方式上,德国的法律援助都依靠私人律师提供。在援助的适用上,法律援助服务的经费由德国政府承担,当事人在提出诉请后,提交经济状况证明,法院会综合考虑当事人的诉请和经济条件,作出是否适用法律援助服务的决定。当诉讼类法律援助申请获批准后,诉讼和律师费用由财政支出,如果败诉当事人虽然不用支付自己的费用,但需要支付对方的诉讼费和律师费。[2]另外,德国还有大学法律诊所会提供法律援助服务。在大学的法律诊所,除刑法和税法领域禁止提供服务外,大学生主要提供劳动、租赁、买卖、救助等领域目标的额在 1000 欧元以下的法律援助服务。法国的法律援助在 1998 年后被纳入法律帮助体系,旨在实现有需要的公民能够获得法律上的帮助和争议的和解,因此,在具体范围上涵盖刑事领域的辩护与和解以及民事领域的诉讼与调解。并且,法国的法律援助服务主要由私人律师负责提供。[3] 法国也与德国法律援助模式具有相似性,由各级法院设置法律援助局承担法律援助的审核和供给职责,法律援助经费由国家承担,在收费模式上法国实行费用分担制度,分为免费和减少收费两种类型。[4]

2.法治宣传教育服务

德国的教育模式在世界范围内独具特色,特别是其开创的"高等教育和职业教育"二元制的教育模式具有很强的先进性。在德国的国家教育体系内,法治教育也是重要的一环,并已经深度融入青少年教育体系。德国的法治教育包括法治观念的培养和法学职业教育,其中与法治宣传教育服务相符合的主要是法治观念培养教育体系。德语里的法治教育一般是指 Rechtsstaatliche Ausbildung,侧重法治精神教育。[5] 在德国的联邦层级中,虽然没有专门针对

---

[1] 在德国主要有初级法院、州法院、州高等法院和联邦最高法院等四级法院,根据德国《民事诉讼法》的规定,除在初级法院审理的一般民事案件(标的额一般在 5000 欧元以下)以外,均必须由律师代理。

[2] 熊选国、陈明国、杨向斌等:《英国德国法律服务制度考察报告》,载《中国司法》2017 年第 10 期。

[3] 宫晓冰:《外国法律援助制度简介》,中国检察出版社 2003 年版,第 18~21 页。

[4] 刘趁华、王冰玉:《法国法律援助制度概览》,载《中国司法》2005 年第 7 期。

[5] 仇平安:《德国青少年法治教育镜鉴》,载《预防青少年犯罪研究》2021 年第 5 期。

青少年法治教育的立法,但是在公民教育体系内包含基本的法治精神教育的内容。① 在青少年法治教育方面,强调权利义务相统一观念的培养,侧重提升青少年理解哪些行为受到法律规制、哪些权利受到法律保护和权利遭受侵害时如何得到救济,试图促进青少年在遵守法律的同时也能积极运用法律,成为懂法、守法、用法的行为主体。以法治教育观念培养为目标的青少年法治教育体系根据青少年的不同年龄阶段,教育方式和内容也会有所侧重,如德国在青少年的早期阶段,主要通过参观警察局、法院、政府或者议会等了解国家机关职能,侧重培养个人独立能力和独立意识;到了中学阶段则侧重于培养宪法意识,塑造正确的权利义务观念。② 另外,德国的校外教育也是青少年法治教育的重要组成部分,校外教育主体在严格审查标准下呈现出多元化的特点,整体目的在预防犯罪、培养法治素养和实践经验,如不来梅州的《家庭促进法》就提出青少年的校外教育在于提高青少年的自我决策能力、能够维护自身利益、尊重他人权益、接受社会义务,从而能够合理地参与公共生活。③

3.调解服务

自 1877 年德国第一部《民事诉讼法》实施后,德国就开始设立专门的调解机构,由政府出资,调解委员会聘请调解委员展开调解工作,并确立调解的志愿原则。调解员人选既有退休法官、律师或者公证员等专业法律工作者,也有志愿从事调解工作的非专业人士。④ 伴随着德国诉讼纠纷的增多,法院人案矛盾的加剧,德国开始建立诉前强制调解制度,2000 年德国《民事诉讼法施行法》即规定在特定标的额以下的特定类型案件必须适用诉前调解。在调解机构的类型上,德国呈现出多元化特征,不仅有内设于法院的调解机构,也有在行业协会、工会等社会组织内部成立的调解机构。⑤ 德国的调解具有有偿性特征,但是总体收费相较于诉讼费用具有明显优势,如调解成果由当事人双方

① 马金祥、宋秋英:《加强青少年法治教育,建设新时代法治强国——访北京师范大学法学院副院长、北京教育法治研究基地主任袁治杰》,载《世界教育信息》2019 年第 31 期。

② 仇平安:《德国青少年法治教育镜鉴》,载《预防青少年犯罪研究》2021 年第 5 期。

③ 翟巍:《论德国青少年校外教育法律规制及对我国借鉴意义》,载《青少年犯罪问题》2015 年第 4 期。

④ 齐树洁:《德国调解制度》,载《人民调解》2019 年第 1 期。

⑤ 张明强、刘明凤:《德国民事调解制度的发展与启示》,载《中国司法》2012 年第 5 期。

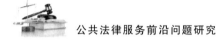

共同分担,如果失败则最终由后续诉讼的败诉一方承担,在具体金额上非法律专业人士的收费相较于法律专业人士更低,如非法律专业人士收费约 20 欧元(失败则收费约 10 欧元),律师和公证人员等法律专业人士参与的调解收费一般约为 100 欧元,整体表现出收费标准和专业水平相适应原则。① 调解的主要范围包括家事纠纷、社区纠纷、劳动争议、环境污染、商事纠纷和刑事案件赔偿等多种类型。

4.律师服务

同英美国家一样,德国公共法律服务的重要组成部分也包含对律师行业进行必要的监督和引导,通过规范律师准入、惩戒方式等保证律师服务保持一定的公益性和服务性。

德国律师类型多样,分为单独律师、企业常设法律顾问律师、共有办公室律师以及律师社团。单独律师指的是独立营业的律师,即对自己的职业行为负责,通过设立自己的事务所或者购买已存在的事务所开展律师活动;公司企业常设法律顾问律师的执业准许取决于常设顾问律师开展的律师活动是否同一般律师职业的独立性一致,因此,根据德国《律师法》的规定,常设顾问律师不得以律师身份为雇主在法院或仲裁法院代理案件;共有办公室律师可以称之为非真实的合伙,即律师之间各自承担风险,仅仅共用设备、办公场所等,属于真正合作的前阶段;律师社团属于真正的合伙,即律师之间共同拥有律师事务所、共同接受委托以及收取律师费用。②

德国主要通过法律和行业协会对律师进行管理,管理形式较为松散,更加强调行业自治。德国律师资格获取的要求是通过两次国家司法考试,一般而言,大学生需要完成不少于 3 年半的法学专业学习并完成有关课程后可参加第一次考试,合格后即获得"候补文官"的资格,经过 2 年的预备期后需要参加统一司法研修,合格后可以参加第二次司法考试,通过者即"完全法律人",可申请律师执业或担任法官等其他法律职业。不同于美国,在德国,只要在一个联邦州获得资格即可在任意一个州申请执业。此外,随着时代的发展,德国对律师的管理不断强化律师协会自治管理,在 2001 年之前,德国律师的管理体制以政府管理为主导,即由司法行政机关、法院和律师行业共同管理。具体而言,律师的执业和出庭许可是由州司法部来审批的,同时州司法部还可以审批

---

① 章武生、张大海:《论德国的起诉前强制调解制度》,载《法商研究》2004 年第 6 期。
② 朱林:《联邦德国律师制度简介》,载《法律科学》1989 年第 3 期。

律师事务所以及律师公司的设立,司法部指导和监督律师行业,律师行业协会主席团必须每年通过书面形式向司法部长汇报工作,并且,司法行政部门还要审批通过律师协会的设立。但是,随着司法体制的改革与发展,德国逐步废止了律师出庭许可制度,并将律师从业许可以及律师事务所设立许可权均转移给律师协会,司法行政部门主要承担对律师协会的监督职能,依法对协会被委托职责的履行情况进行监督。除此以外,德国对律师的惩戒兼具司法性与中立性。律师协会和法院共同行使对律师的惩戒权,一般而言,律师协会重要任务是处理对律师的投诉,其权限范围为对轻微的不当行为开展训诫;律师法院对其他不当行为进行惩戒,惩戒措施包括作出警告、严重警告、2.5 万欧元以下罚款、1～5 年停业和吊销执业证等处罚。德国律师管理制度最为有特色和创新的地方在于设立了律师法院,律师法院成员是荣誉法官,由律师担任,任期五年,律师法院共分为三个审级,分别是地区法院、高等法院和联邦法院,律师法院按照职业诉讼程序对有关案件进行审理,对律师进行惩戒。[①]

5.公证服务

德国的公证制度已有数百年历史,主要在民商事方面具有法定证明力。德国公证的相关实体性规定与程序性规定已经较为完备,形成了较为完善的公证制度体系,是我国公共法律服务中公证服务模块的重要参考。

德国公证服务的特点主要表现在三个方面:首先,调整公证事务的法律法规较为完备。[②] 与英美的公证制度不同,德国不仅有统一的公证法律,而且相配套的法律法规也较为健全。这些法律覆盖了公证服务的各个环节。这些内容主要体现在《德国民法典》的规定中。法定公证的范围较广,公证具有较强的法律效力。德国的相关法律法规中,规定了不动产转让事务、继承中遗嘱的法定效力问题、抵押和章程的法律效力问题、婚姻契约事务、合同约定的强制执行事务等。公证不仅证明了相关文件在法律上的有效性,而且成为法院强制执行的直接依据,如《德国不动产法》《住宅所有权法》等。其次,严格的公证人资格取得制度,提高了公证人队伍的专业性。德国的公证人队伍主要分成三种类型:第一种为专职公证人。这一类型的公证人由私人通过考试且满足实习、学历等条件的要求,从而获得公证人的资格。第二种为兼职公证人。这

---

①　熊选国、陈明国、杨向斌等:《英国德国法律服务制度考察报告》,载《中国司法》2017 年第 10 期。

②　李虎:《德国公证制度概览》,载《中国公证》2007 年第 1 期。

一类型的公证人由律师兼职公证职务。公证人资格的取得以通过国家司法资格考试为必要条件。律师资格与公证人资格的取得都需要掌握一定的法律专业知识,两者资格取得的前置条件相似。因而,一些经过选拔的优秀律师可以兼职公证业务。律师公证人的具体条件为:"实行律师公证人公证制度的州,州高等法院还会考虑申请人担任律师的工作年限、成绩。只有执业五年以上、未被当事人投诉、品行兼优的律师才可能被法院认可,成为律师公证人。"[①]第三种为官方公证人。其或设置于法院或设置于司法行政部门,享受国家公务员待遇。[②] 公证服务是德国政府提供公共法律服务的重要组成部分。最后,公证人监督管理体制,保障了公证人队伍的纯洁性。专职公证人与律师公证人由私人担任,主要由法院、司法行政机关、行业协会和社会进行监督。公务员系统的公证人主要受到司法行政机关的管理与监督。官方公证人受到体制的严格约束,形成了更加严谨的公证服务秩序。德国汉堡的联邦公证人协会是每一位公证人都必须加入的行业协会。这一协会不仅具有制定相关管理规定的权力,而且为公证人设立了统一保险,防止公证人在公证事务中失误而无力赔偿导致当事人利益受损。司法行政机关有权依照行政职权对公证人进行管理。特别是官方公证人,可以按照行政管理的规定,实施警告和吊销执照等纪律处分。对于公证人涉及犯罪的行为,由法院进行审理和判决。

德国非官方与官方的公证人共同提供法定公共服务,以完善的制度保驾护航,促进了公证服务的有序运行,产生了强大的法律效力。公证人在法律事务中的实质性参与,提高了政府的办事效率,是德国社会服务体系中的重要组成部分。德国的公证服务是我国政府职能转变的重要启示,促进了我国公共法律服务中公证领域制度的完善。

6.司法鉴定服务

德国司法鉴定机构设置不是很集中,散见于不同单位与各地域之中。司法部负责管理司法鉴定,检察院和法院不设立鉴定机构,警察系统设立司法鉴定机构,但是警察系统内部的鉴定机构不存在领导关系,而是各自受分属联邦

---

① 中国公证员协会:《德国公证制度简况》,载《中国司法》2005 年第 5 期。
② 马宏俊:《比较法视野下公证职业属性研究》,载《中国政法大学学报》2016 年第 3 期。

和各州的德国警察机构管理。[1] 德国鉴定机构主要分为三种类型,分别是大学和科研单位中的法医鉴定机构、警察系统中的刑事鉴定机构以及其他类型的鉴定机构。具体而言:第一,科研单位中的法医鉴定机构主要以法兰克福大学法医中心为代表,其每年接受的检察院、警察局委托业务约 2.5 万件,并且,全德国共计有 27 个法医鉴定机构设在各大学,其主要鉴定业务包括毒品、酒精、DNA、医疗事故等检测。第二,警察系统中的刑事鉴定机构则以联邦刑警局的刑事技术研究所为代表。该鉴定机构的鉴定工作由科学家、工程师个人完成,共有 200 多名技术人员,其中警察不参与鉴定工作,主要鉴定业务涉及毒品、枪弹、笔迹、指纹、视频等,一年的检验量有近万件。第三,其他类型的鉴定机构主要以北威州科隆大学医学院高级医学鉴定机构为典型代表。该机构是经过州交通管理局核准管理的鉴定机构,其主要业务涉及驾驶人行为能力的鉴定。区别于其他鉴定机构,该鉴定机构的所有鉴定活动、鉴定收费属于个人行为,一切行为由个人负责。[2]

德国的鉴定主体类型广泛,目前形成了一套较为完备的准入、管理、监督以及处罚制度体系。德国各州级别协会,包括工商协会、手工业协会、建筑师工程师协会以及农业协会,受国家委托对鉴定主体进行认定和管理。德国《企业法》第 36 条规定了鉴定师的任命和管理。一般而言,不同行业鉴定师必须为该领域的专家,同时由相关协会认可,经由协会组织评审委员会评审考核,协会将根据考核结果核准是否能够取得鉴定师执照,取得执照后还需要进行公开宣誓。在不同类型的鉴定活动中,用于法庭诉讼活动的鉴定被界定为司法鉴定。根据德国《民事诉讼法》的规定,鉴定师必须受法官委托,鉴定师不得拒绝法官的委托,并且必须保持中立。[3] 德国对司法鉴定报酬的规定体现了司法鉴定的公共性与公益性特征。在刑事案件中,鉴定费用主要由国家承担;在民事案件中,若当事人因经济困难进而难以负担鉴定费用时,可以向法院申请缓交、免交或申请贷款。此外,对鉴定师的监督机制也反映了国家为防止市场因逐利行为破坏行业规范而进行必要的干预。法律规定,行业协会和主管

---

[1]　闵银龙、宋远升:《比较视野下的司法鉴定制度的反思》,载《中国司法鉴定》2007年第 1 期。

[2]　司法部赴德司法鉴定培训团:《德国司法鉴定制度》,载《中国司法鉴定》2010 年第 3 期。

[3]　陈金明:《德国司法鉴定的特点及其对我国的借鉴》,载《中国司法》2010 年第 4 期。

部门会根据法院的要求协助调查鉴定师的工作和收费是否合法或合理。若鉴定师因违法鉴定等原因造成侵权、违约或犯罪时,鉴定师将面临行政、民事或刑事惩罚。[①]

总的来看,主要以欧洲大陆国家为代表的合作主义模式,相较于自由主义模式更多呈现出政府在公共法律服务体系建设实现过程中的积极介入。这与欧陆国家法律传统文化也有一定关联性。有学者曾提出,在德国传统法律文化中,具有崇尚国家主义或称团体主义的传统。[②] 但值得注意的是,尽管合作主义模式在国家参与方面略有强化,但仍具有市场化和多元化的特点。

三、社会民主主义模式

社会民主主义的社会保障制度模式,主要代表是瑞典、挪威、丹麦、芬兰等北欧斯堪的纳维亚国家,因此也被称为斯堪的纳维亚模式。在这种福利国家的建构模式中,全民性的社会保障分配与高水准的福利提供已经成为一种基本国策,即由国家提供给全民普适性的保障,并非仅是由政府承担某种辅助性功能。该模式主张建立制度化的、以确保公民权利为目的的国家福利体系,来实现建立"公正社会"这一目标。[③] 此种模式把公平作为首要价值理念,国家实行对全民的普遍保障,承担着保障全体国民的义务和责任,每一个人都享有社会保障的权利,属于一种机会和结构均等的制度实践。具体到公共法律服务体系的制度建构,其中社会民主主义在政府机构设置与职能划分以及具体供给内容与方式等方面的实践经验也值得我们参考借鉴。

(一)政府机构的设置与职责

芬兰和瑞典的公共法律服务均大致采用政府设立管理机构的模式,但部分公共法律服务职能并不直接归属于司法行政机关。具体表现在法律援助管理机构的设置上,司法行政机关主要负责管理法律援助经费和制定法律援助政策,并监督法律援助律师。瑞典政府在全国范围内设立公共法律办公室(Public Law Offices,PLO),由该机构负责聘请律师提供法律援助服务。在

---

① 杜志淳、孙大明:《德国司法鉴定在司法中的运作及其借鉴》,载《犯罪研究》2011年第4期。

② 夏新华:《德国法律文化的特性》,载《德国研究》2005年第4期。

③ Gosta Esping-Andersen,*The Three Worlds of Welfare Capitalism*,Cambridge:Polity Press,1990,p.27.

芬兰,由法律援助局承担管理法律援助服务的职能,并雇用律师提供法律援助服务。

（二）具体供给内容和方式

1.法律援助服务

在制度层面,欧盟于 2007 年通过的《欧洲基本权利宪章》第 47 条提出,为确保审判的公正,法庭有义务为没有经济能力支付诉讼费用和律师费用的当事人提供法律援助。[1] 因为芬兰和瑞典同属于欧盟国家,此条规定也同样成为约束芬兰和瑞典的基本法律规范。另外,芬兰和瑞典在国内也均有专门的法律援助立法。芬兰的法律援助在收费模式上,采取收费比例与申请人经济状况相关联模式,即法律援助服务并非直接免费而是根据申请人经济状况成比例减免;在适用条件上,芬兰法律援助局根据申请人的经济状况决定是否适用,并且当申请人无法提供收入、财产和债务证明时,法律援助局可以根据税务部门的信息审查申请人的经济状况;在内容上,包括法律咨询以及代理等服务;适用对象上,除了本国居民,还包括居住地在欧盟国家的居民和特殊案件当事人如难民避难案件当事人;参与人员除了公共法律办公室的公共法援律师,出庭律师和注册律师也可参与法律援助服务的提供。[2] 瑞典的法律援助服务包括刑事法律援助服务、[3]民事法律援助服务和法律咨询服务等;在适用对象和适用条件上较为宽泛,经济标准取决于案件费用与收入水平之间的比例关系,因此即使申请人并非生活困难,但案件费用较高仍有可能获得法律援助,这也导致在 2003 年有近 90％的瑞典人有资格获得民事法律援助服务;在费用支出上也采取免费和部分减免的模式。[4] 值得注意的是,瑞典独特的法律费用保险制度与法律援助的关联性。在瑞典,法律援助适用之前应当先适用法律费用保险。法律费用保险是指由个人投保,根据合同约定发生法律界分时,保险公司支付法律诉讼必要费用的保险,此类费用甚至还包含被保险人败诉时需要支付的对方当事人的法律费用,在瑞典约 95％的家庭投保了法律

---

① 宫晓冰:《外国法律援助制度简介》,中国检察出版社 2003 年版,第 102 页。

② 《芬兰的法律援助——人人平等享有公正司法》,http://www.chinalaw.gov.cn/jgsz/jgszzsdw/zsdwflyzzx/flyzzxzt/ztdsjzofyzyth/dsjzoflyzythgdjc/gdjczjsj/201909/t20190903_449440.html,最后访问时间:2023 年 3 月 1 日。

③ 部分刑事案件被排除在法律援助服务范围,如交通肇事或者其他轻微刑事犯罪。

④ 宫晓冰:《外国法律援助制度简介》,中国检察出版社 2003 年版,第 115～117 页。

服务保险。[①]

2.调解服务

挪威《纠纷调解法》确立了民事纠纷的诉前调解制度,即除婚姻、家庭、监护或者公民与政府间的纠纷外,民事纠纷都需要经过调解委员会调解。在挪威,主要存在五种主要的调解类型:刑事调解、家事调解、行政调解、民间调解和律师调解。刑事调解由公诉人决定,在部分刑事案件中,如果公诉人认为具备调解条件,则可以适用刑事调解;家事调解由家庭咨询办公室负责;行政调解由国家调解官[②]负责,地区调解官和特别调解官由国家调解官提名政府任命;[③]民间调解由民间组织参与,在挪威全国范围内有20多个,民间调解根据双方自愿处理轻微刑事案件和小额经济纠纷;律师调解主要由律师协会指定律师参与,适用于专业性强复杂性高的法律纠纷。[④] 在瑞典,劳动集体谈判时产生的争议适用强制调解制度,归属于行政调解范畴,由国家调解办公室负责。另外,瑞典的社会组织也提供一定的调解服务,如消费者投诉理事会、汽车保险理事会和商会仲裁所等组织。

3.法治宣传教育服务

瑞典、芬兰、挪威等北欧国家政府均非常重视法治宣传教育服务,以提高公众对法律和司法系统的理解和信任度。这些政府通过各种渠道向公众传达法律知识,以帮助人们更好地了解和遵守法律。北欧国家政府提供的法治宣传教育服务基本由三个方面组成,即司法部门的法治宣传教育活动、政府机构的法治宣传教育活动、政府的其他特色措施。法治宣传教育服务较为典型的国家为瑞典和芬兰。

瑞典政府为公众提供个性化的法治宣传教育服务,满足了不同群体的需

---

① 宫晓冰:《外国法律援助制度简介》,中国检察出版社2003年版,第116页。

② 挪威的"国家调解官"可作广义理解,其即指一种国家机构,也指在此国家机构负责调解的工作人员。

③ 李明祥:《从挪威调解官制度看我国劳动争议解决机制的改革》,载《法商研究》2002年第1期。

④ 齐树洁主编:《外国 ADR 制度新发展》,厦门大学出版社2016年版,第322~324页。

求和特点。① 第一,瑞典司法部门负责提供法律信息和教育服务。司法部门的网站上提供了大量的法律信息和法规解释,提供在线课程、研讨会和辅导服务,以帮助公众丰富和提高法律知识和技能。除了司法部门,其他政府机构诸如瑞典警察局也会向公众提供有关犯罪预防、个人安全和法律遵从等方面的信息和建议。此外,政府也设立了一些基础设施和机构以帮助公众更好地了解和参与法律和司法系统。第二,瑞典政府设置了一些基础设施和机构进行法治宣传教育服务,具体包括:司法服务中心(The Legal Aid Authority)、法律援助委员会(Legal Aid Board)、司法委员会(The Judicial Council)等。第三,瑞典政府除了提供法律信息和教育服务以及设立基础设施和机构之外,瑞典政府还通过其他措施来促进法治宣传教育,如法律意识教育。从小学到高中,瑞典学生都会接受法律知识的培训。又如促进数字化,瑞典政府提供在线法律数据库和信息平台,以方便公众了解法律和司法系统。此外,私人也承担部分法治宣传教育服务,如瑞典的律师协会为公众提供法律咨询和法律援助服务,帮助人们解决法律问题和争议。

芬兰政府提供的法治宣传教育服务内容非常丰富和多样化,②其中包括:第一,芬兰政府出版了大量的法律书籍和在线材料,涵盖了各种法律主题,例如刑法、民法、行政法等。这些材料是免费提供给公众的,旨在帮助公众了解和运用法律。第二,芬兰政府维护了多个官方网站,提供法律信息和服务。一些网站提供在线法律信息和法律援助,提供有关权利和责任的信息和资源等。第三,芬兰政府设立了多个热线,为公众提供法律咨询和援助。第四,芬兰政府还组织各种法律宣传和教育活动,例如法律讲座、法律培训、法律展览等。这些活动旨在提高公众对法律的认识和理解,促进法治和公民参与。芬兰的法治宣传教育服务是一个实现法治的重要机制,有助于增强公民权利意识和主动性,促进社会和谐和公共利益。

总之,瑞典和芬兰政府提供的法治宣传教育服务涵盖了多个方面和渠道,旨在帮助公众了解和运用法律,促进法治和公民参与。以瑞典和芬兰为代表

---

① Westerlund,U.,Communicating the Rule of Law:the Swedish Legal Information Service,*Journal of Scandinavian Studies in Criminology and Crime Prevention*,2018 (1),pp.46-57.

② Mäkelä,J.,Promoting the Rule of Law in Finland:Legal Information Services as a Means of Empowering Citizens,*Scandinavian Studies in Law*,2018(63),pp.19-38.

的北欧政府提供的法治宣传教育服务较为全面和深入,是法治宣传教育的主导力量。政府通过多种措施和机构,致力于促进法治宣传教育,提高公众对法律和司法系统的信任度和参与度。这些措施有助于促进社会的法治化进程,维护社会的公正和稳定。

4.律师服务

行业自治占据主导地位是社会主义模式国家在律师管理中的重要特征,这种模式使得律师服务更能够满足人民的需求,进而为公共法律服务的开展提供较好的制度保障。

在瑞典,律师的主要管理机构为律师协会,律师协会拥有行业协会的全部职权,可以说行业高度自治,律师资格是由律师协会理事会授予的,同时,律师协会理事会还享有对律师的惩戒权。在丹麦,律师主要是由各地律协和全国律协协同管理,各地和全国的律协在各自范围内享有管理权限。在地区,地区律师协会理事会负责管理本协会的有关事务,全国律协受理当事人不服当地律协的处理决定而决定提起的申诉。此外,对律师资格的授予由司法部负责,地区律协与全国律协享有律师惩戒权。总体而言,丹麦的律师管理制度以行业自治为主。[①] 在法律援助的具体管理上,瑞典将私人律师与国家提供的法律援助服务结合起来,受助人可以在公共法律事务所和私人执业律师之间进行自由选择。在这种双轨制的法律援助模式之中,国家依旧占据主导地位,而私人执业律师处于辅助地位。[②] 除此以外,瑞典的律师协会还专门享有处理律师收费纠纷的权利。《瑞典律师协会规则》规定,律师与委托人之间发生报酬、费用纠纷的,在最终交付律师费用1年内,委托人可以书面向律师协会理事会请求依法仲裁,有关律师均应当服从仲裁结果。[③]

芬兰的律师管理体制可以通过构建法律援助质量监管体系显现。为了保证刑事法律援助案件的质量,芬兰以案件的质量评估为前提,形成以质量评估制度、委员会协同制度以及法律援助案件管理系统为一体的质量监管体系。其中,刑事法律援助案件的质量评估标准是以芬兰律师协会规定的行为标准设立的,主要标准涵盖了律师自我评估、客户反馈,向主审法官、检察官以及对

① 孙文俊:《律师业发展路径与制度保障研究——以律师法律服务产品化为视角》,南京大学2015年博士学位论文。
② 柳玉祥:《大力推进公共法律服务均等化建设》,载《中国司法》2016年第1期。
③ 袁钢:《国内律师管理体制的类型研究(上)》,载《中国律师》2017年第9期。

方律师发放调查问卷,同行评估等。① 在实践中,荷兰设立了法律援助委员会以保证刑事法律援助案件质量,并以委员会制定的《最佳实践指南》作为衡量案件的评估标准。同时,为了保证委员会的专业性,委员会还设立由法学院和学者组成的专门研究机构,负责对编写评估年报,回答司法部对法律援助工作提出的问题,对客户和工作人员满意度进行调研和反馈。②

'5.公证服务

公证员在瑞典和芬兰的法律和商业系统的运作中起着至关重要的作用,经过公证的文件可以帮助约束协议,防止纠纷并防止欺诈,这些公证人员为当地的公民和企业提供了很好的法律服务与保护。

挪威公证制度起源于中世纪,最初是由教会和皇室授权的,后来逐渐演变为由政府授权的公共机构。在 20 世纪,挪威政府开始推行市场化改革,在此背景下,私人公证人的地位越来越重要,但公共公证人仍然是挪威公证人制度的核心。目前,挪威公证人可以分为两种类型,即公共公证人和私人公证人。公共公证人由政府授权,主要负责处理与房地产和财产转让有关的公证事务。私人公证人是指提供公证服务的私营企业或律师等主体,主要处理其他类型的公证事务。③ 政府提供公证服务的机构是国家登记处(Brønnøysundregistrene)。④ 国家登记处是挪威政府负责管理和维护各种登记和注册事务的机构,提供的公证服务包括公司注册、商标注册、不动产登记、个人身份证明等。这些证明文件可以用于申请身份证、护照、银行账户等各种场合。国家登记处的公证服务需要缴纳一定的费用,具体费用根据不同的服务类型和文件数量而异。除了政府提供的公证服务,挪威还有一些私人公证人和其他专业人士提供的服务。这些专业人士通常可以提供更灵活和个性化的服务,例如处理商业合同、

---

① 石贤平:《刑事法律援助案件质量评估指标体系研究》,吉林大学 2021 年博士学位论文。

② 刘帅克:《法国、荷兰法律援助制度改革情况及启示》,载《中国司法》2014 年第 11 期。

③ Tjostheim, I., & Kjelland-Mørdre, R., Public Authority and Private Enterprise in the Norwegian Notary System: A Historical Overview, *Journal of Comparative Law*, 2015(1), pp.1-21.

④ Jiang, H., & Li, X., Legal Implications of the Use of the Norwegian Notarial Model in China: A Case Study of the China State Administration for Industry and Commerce, *Nordic Journal of Commercial Law*, 2015(1), pp.1-18.

遗嘱和授权书等文件。

芬兰的公证制度中,公证机构由政府授权和监管,不受政府或其他利益方的操控,主要负责处理与不动产、遗产和财产转让等有关的公证事务。芬兰公证人的职责包括确保交易的合法性和有效性、保障交易双方的权益、提供法律咨询和解决争议等。① 芬兰政府提供的公证服务主体为地方法院和税务局,主要涉及财产转移、遗嘱、授权书、委托书、股票转让证明等方面。地方法院是芬兰司法系统的一部分,负责执行司法职能。地方法院的公证服务包括认证和签署各种文件,例如遗嘱、授权书、委托书等。地方法院还可以签署和认证财产转移文件、股票转让证明等证明财产所有权的文件。② 税务局也提供公证服务,主要涉及财产转移方面。税务局的公证服务主要包括对不动产交易文件的签署和认证。公民可以通过向法院或者税务局提出公证申请。总体上,芬兰公证人必须经过严格的职业资格认证和培训,而且受到监管机构的严格监督和管理。政府公证服务的优势在于程序更加规范透明,费用相对便宜,在保障交易安全、促进市场发展和维护公共利益方面发挥了重要作用,但是也存在耗时较长的问题。

社会民主主义模式下的公证员资格取得更加严格,权限也更大。自由主义模式的公证员几乎没有提供法律咨询的资格,对公证事务没有法定证明力。社会民主主义模式下的公证,是很多法律行为成立与生效的前置条件。挪威的国家登记处、芬兰地方法院和税务局提供的公证服务都具有强大的法律效力,也受到严格的监管,与社会私人公证员提供的公证业务形成优势互补关系。

6.司法鉴定服务

瑞典的司法鉴定制度起源于 19 世纪,经过多次改革和完善,已成为一个由政府授权的独立机构。③ 瑞典和挪威均有独立的提供科学技术鉴定和专业意见的司法鉴定服务机构,④主要负责处理与刑事诉讼、民事诉讼和行政诉讼

---

① Siltala, R., & Lepistö, J., The Finnish Notary System: A Model for Italy?, *European Journal of Law Reform*, 2018(4), pp.1-20.

② 严军兴:《芬兰的公证制度》,载《当代司法》1995 年第 2 期。

③ Larsson, S., & Ruuskanen, J., The Swedish Forensic Expert System: A Historical and Current Overview, *Forensic Science International*, 2019(295), pp.119-121.

④ Kaldager, V. A., & Mørland, J. G., The Norwegian Forensic Expert System: A Review of the Past 20 Years, *Forensic Science International*, 2015(249), pp.238-246.

等有关的鉴定事务。挪威和瑞典政府的司法鉴定服务由国家法医学院（Institute of Public Health）负责管理。该机构是挪威和瑞典唯一的法医学机构，负责执行法庭、警方和其他公共机构委托的鉴定任务。在挪威和瑞典的司法鉴定制度中，负责鉴定服务的组织包括法医鉴定机构和法医实验室，鉴定人员需要经过资格认证和持续教育培训，以保证其专业能力和技术水平。[①] 法医鉴定服务不仅仅在刑事案件中使用，它也经常用于其他领域，例如：交通事故、病理学、环境污染、建筑物损坏等方面。

挪威和瑞典政府的司法鉴定服务在司法系统中拥有很高的效力。法医鉴定结果被广泛认可，并经常作为法庭证据使用。在刑事案件中，法医鉴定结果可以对审判结果产生重大影响，有时甚至可以为定罪或无罪提供决定性证据。在民事案件中，法医鉴定结果也可以被用来确定赔偿金额。挪威和瑞典的法医鉴定服务由专业的法医学家和其他专业人员执行，他们通过科学方法和技术对物证、文证和证人证言等进行鉴定，并提供专业的意见和结论。在鉴定过程中，他们遵守科学原则和伦理规范，并确保鉴定结果的准确性和客观性。但是，法医鉴定结果并非绝对确定的，可能会受到各种因素的影响，因此，法医鉴定结果被视为一种证据，而不是绝对的真相。在法庭上，法官和陪审团会综合考虑其他证据，并对法医鉴定结果进行评估和判断。挪威和瑞典也存在部分私人司法鉴定机构，但是，私人鉴定机构不能执行与刑事案件有关的鉴定工作。芬兰政府的司法鉴定服务也是由国家法医学院提供的。该机构是芬兰警察署的一部分，负责为法院、警察和其他机构提供各种类型的司法鉴定服务。芬兰政府的司法鉴定职权、范围与挪威和瑞典的大同小异。

总体上，北欧这些国家的政府提供的司法鉴定服务在司法系统中发挥着重要的作用和强大的效力，为司法判决提供了有力的科学支持，但也存在鉴定人员的专业素质和独立性、鉴定结果的可信度和公正性不足等问题。[②] 私人司法鉴定机构的活动范围和权限受到法律的限制，主要在一些民事方面具有

---

① Bergström，M.，The Swedish Forensic Medicine Authority—a Model for the Future，*Forensic Science International*，2014(242)，pp.5-8；Larsen，L. K.，& Sunde，E.，An Overview of the Norwegian Forensic Expert System：A Review of the Organization，Competence，and Quality Assurance of the System，*Journal of Forensic and Legal Medicine*，2019(66)，pp.56-62.

② Larsson，S.，& Ruuskanen，J.，The Swedish Forensic Expert System：A Historical and Current Overview，*Forensic Science International*，2019(295)，pp.126-127.

鉴定资格,但是私人鉴定机构的鉴定结果在法院不被认可的风险较大,因此,在司法鉴定服务方面,政府扮演着更加积极和重要的角色。

在社会民主主义模式下,政府在资源分配方面扮演着更为积极的角色,并通过基本公共服务供给的均等化努力促进社会公平和正义的实现,具体到公共法律服务体系建设领域,表现出人群覆盖面更广和供给数量更多的优势。但值得注意的是,随着北欧人口老龄化问题的日趋严重,税收体制正在遭受冲击,应运而生的是福利制度开始尝试市场化和社会化的改革。

第二节 公共法律服务体系建设域外模式与我国的比较分析

前述部分简要概述了三种福利模式下公共法律服务体系的建设路径,其制度建构过程中展现出的供给理念、供给方式和组织架构均对我国公共法律服务体系的建设具有参考借鉴意义。但是制度的移植还需要考虑我国的基本国情,我国与法治发达国家之间存在一些基本情况的差异,在进一步完善公共法律服务均等化的制度建构时,应当合理审慎辨析这些差异。[①]

国情是构建公共法律服务体系的根基。不同国家在法律体系、社会文化、经济发展水平和政治制度等方面都存在差异,因此,公共法律服务的理论与实践需要根据国情进行调整。基于国情构建公共法律服务具有必要性。首先,基于国情构建公共法律服务可以更好地发挥政府的作用。政府在公共法律服务领域的作用是非常重要的,需要提供资金支持、监管和管理等方面的支持。不同国家的政府在这些方面的能力和资源是有所不同的,因此公共法律服务的实现方式也需要根据政府的能力和资源进行调整。其次,基于国情构建公共法律服务可以更好地满足当地人民的需求。不同国家的人民在法律方面的需求是不同的,一些需要帮助的人需要的可能是法律援助服务,而另一些人需要的可能是法律咨询或法律教育。因此,公共法律服务的实现方式需要根据当地人民的需求进行调整。最后,基于国情构建公共法律服务可以更好地促

---

① 宋方青、李书静:《比较视野下的中国公共法律服务建构》,载《人民论坛·学术前沿》2021 年第 24 期。

进社会发展。公共法律服务是实现法律平等和公正的重要手段,它可以促进社会的稳定和发展。通过基于国情构建公共法律服务,可以更好地促进社会的发展,促进法治建设。

国情深刻影响着公共法律服务政府作用的发挥、人民的实际需求内容和法律服务市场的情况。这也决定了即使我国 2013 年才建立起公共法律服务体系,公共法律服务的起步较晚,但我国公共法律服务的建构与发展仍然具有本土的特殊性,构建的是具有中国特色的公共法律服务发展之路。

公共法律服务建立在基本国情之上。中西方的国家制度、民众的意识形态和法律服务市场具有较大的差异。中国公共法律服务的构建参考了西方已有的构建成果,但我国公共法律服务的模式构建和制度完善,应立足国情,结合本地特色,在借鉴的基础上创新与超越。

一、国家政治制度的比较分析

"政治制度在国家制度和治理体系中处于关键环节。一个好的政治制度,能够有效促进和保证国家经济社会发展,有效促进和保证国家统一、民族团结和社会和谐稳定,有效保证国家长治久安。"[①]我国的政治体制是社会主义政治体制,强调党的领导和人民代表大会制度;西方国家的政治体制多为民主政治体制,强调选举和分权制衡。不同政治制度的国家所奉行的法律体系存在差异,例如,大陆法系、普通法系和伊斯兰教法系等。不同的法律体系决定了不同国家公共法律服务理论内容和实践方式的差异。西方公共服务理论是构建在西方民主制度基础之上的,而中国的公共服务理论建立在特色的社会主义制度之上。中国政治制度下的公共服务与西方公共服务理论上有一些不同,其中最显著的差异是,中国的公共服务理论主要源于马克思主义和社会主义理论,强调政府的责任和义务,更注重政府的主导作用和集中管理;而西方公共服务理论则更强调市场机制和民主参与。公共法律服务是公共服务下的一个领域,中西方政治制度对公共服务的影响,一定程度上也是对公共法律服务的影响。我们可以从公共法律服务的上位概念,即公共服务概念入手讨论中西方政治制度差异对公共服务整体的影响。

具体而言,西方公共服务理论更注重市场机制的作用,强调引入市场竞争

---

① 李敬德:《中国特色社会主义政治制度的创新发展及其重大意义》,载《新视野》2021 年第 4 期。

和民主参与,鼓励公共服务的提供者之间进行竞争,以提高服务的效率和质量。"以选举为特征和标志的西方民主政治,不仅是西方国家政治制度的重要内容和组成部分,也是西方国家输出给发展中国家的一种重要的政治价值、政治理念和民主模式。西方国家以实行了这种选举民主制度而标榜为自由国家、民主国家、法治国家、福利国家,甚至将选举民主模式作为干涉他国政治发展的重要手段,搞政治输出。"①西方的选举民主制度模式下,选举结果与社会各个利益集团的博弈密切相关。因而,关系公共利益的选举结果建立在许多利益集团的利益综合之上,而非一个阶层之上。这种直接民主具有难以克服的缺陷,民众的意愿难以得到统一。② 西方现代民主政治存在一些缺陷,影响了公共服务作用的发挥。

以英国为代表的许多西方国家奉行直接民主的政治模式,其优点在于充分保障民众的自由、促进政治参与和公共决策的透明度,但是这种模式也存在一些缺陷。在选举期间,政治家通常更关注如何获得选民的支持,而不是如何推动政策变革,这可能导致政治家过度关注短期的政治利益,而忽视长期的国家利益。而且,这种直接民主方式通常是基于短期选举周期的,政治家往往需要在短时间内展示成绩,而不是长期规划和发展。这可能导致政策只关注眼前的利益,而忽视长期的发展和可持续性。受政治制度的影响,以英国为代表的一些西方国家公共服务存在的主要缺陷为,这些西方国家一般奉行自由市场理论和新公共管理理论,主张引入市场竞争以提高公共服务的效率和质量。然而,在实践中,这种市场化往往会导致社会不公,例如富人和有权势的人更容易获得更好的公共服务,而弱势群体则更容易受到排斥和歧视。总体上,西方现代民主制度下的公共服务模式可以更好地满足人民群众的个性化需求,但也导致了一些弱势群体无法获得足够的公共服务,需要政府进行更为积极的干预和调控。

中国政治制度下的公共服务在组织和管理上更趋于集中和垂直化,政府部门在公共服务的提供和管理中扮演着主导角色。中国土生土长的政治制度主要包括人民代表大会制度、中国共产党领导的多党合作和政治协商制度、民

---

① 蔡立辉、欧阳志鸿、刘晓洋:《西方国家债务危机的政治学分析——选举民主的制度缺陷》,载《学术研究》2012 年第 2 期。

② 毛寿龙主编:《西方公共行政学名著提要》,江西人民出版社 2006 年版,第 71～75 页。

族区域自治制度和基层群众自治制度。相对于西方国家政治制度而言,"中国政治制度的优越性主要表现在四个方面:民主集中与议而能决、决而能行的政治效率,选贤任能与民主选举相结合的选拔机制,合作参政与互相监督的政治合力,党管军队、党指挥枪的根本原则"。[1] 中国政治制度对公共服务的影响主要体现在:首先,保障了公共服务的政策支持。中国政治制度下,政府高度重视公共服务,制定了一系列政策措施来保障公共服务的提供,例如加大对基础设施建设的投入,对医疗、教育等领域的政策扶持,加强公共服务体系建设等。这些政策措施对提高公共服务水平和覆盖面起到了积极的促进作用。其次,加强了公共服务管理的制度保障。中国政治制度下,政府加强了公共服务管理的制度保障,建立了一系列法律法规和管理制度,如《中华人民共和国教育法》,规范公共服务的提供和管理,保障公民的基本权利和利益。再次,增强了公共服务的社会支持。中国政治制度下,政府鼓励全民参与公共服务,积极发挥社会组织、志愿者、专业人员等的作用,共同推动公共服务的提供。例如在灾难救助、扶贫济困、环境保护等方面,政府与社会组织、志愿者等紧密合作,形成了全员参与的公共服务模式,增强了公共服务的社会支持力量。最后,改善了公共服务的政治环境。中国政治制度下,政府注重改善公共服务的政治环境,加强反腐败斗争,减少贪污腐败现象,提高公共服务的透明度和公正性,提高人民群众对政府的信任度和满意度。可见,我国的公共服务与党、政府的政策方针紧密相关。关注政府与社会、治理结构与治理过程等多组重要关系的中国公共服务实践,以"通过微观治理单元的不断优化推进宏观治理的整体进步","以公共治理的边际增量推动国家与社会互动体系的构建",推动了我国公共法律服务质量的发展。[2] 我国政治体制下的公共服务模式可以迅速实现公共服务的普及和服务质量的提高,但也可能导致政府服务的效率和灵活性不足,难以满足人民群众个性化需求。

因此,我国公共法律服务体系建立于本国的政治制度之上,应当积极通过转化西方理论中契合中国国情的理论成分,构建和完善具有中国特色的公共法律服务体系。在社会主义政治制度的影响下,我国政府重视公共法律服务

① 胡鞍钢、杨竺松:《中国政治生态的独特性及四大制度要素》,载《人民论坛·学术前沿》2013年第1期。

② 刘兰剑、惠兴娟:《公共管理学的演进路径与中国式创新》,载《行政论坛》2023年第2期。

体系的建设以保障公民的基本权利和利益，加强了法律援助、公证、仲裁、调解等公共法律服务机构的建设和发展，不断完善法律援助制度，提高法律服务水平，使人民群众享有了更加便捷、高效和公正的法律服务。

二、不同社会文化的比较分析

中西方国家的社会文化存在差异，这些差异影响了公共法律服务的理论与实践。在不同的文化背景下生成的公共法律服务模式各有利弊。由于社会文化的差异，我国构建公共法律服务体系无法完全适用西方公共法律服务的经验，需要结合本土社会文化，走出符合中国国情的特殊道路。出生于荷兰的霍夫斯坦德在其著作《文化之重：价值、行为、体制和组织的跨国比较》一书中提出了文化维度理论。① 文化维度理论是一个跨文化比较研究的理论框架，用于分析不同国家和文化之间的差异。霍夫斯坦德认为，人们的价值观和行为习惯可以通过五个基本维度来描述和比较：权力距离、个人主义与集体主义、不确定性规避、男性化与女性化倾向、长期取向与短期取向。国家的文化具有复杂性和多样性，难以简单地将某个国家的文化简单归为某个维度类型，但是中西文化整体上在某一维度具有偏向，通过对比可以发现两者的文化差异。

第一，权力距离指"特定文化中处于弱势地位的成员对权力分布不平等的预期度和接受度，即对社会等级结构的看法"。② 在权力距离的对立中，作为高权力距离文化代表的中国，更注重权威、尊重和忠诚。而低权力距离文化代表的美国和英国等，更注重平等和个人独立性。第二，西方国家的社会文化更强调个人主义，注重个人自由和独立性，可以认为个人主义是西方文化的核心价值观。③ 我国的社会文化强调集体主义，注重家庭、社会和国家的利益。第三，不确定性规避实际上是一种倾向，某一文化中的成员对于不确定性的回避倾向越强，说明承担风险的能力越弱。"中国属于较强不确定性回避倾向的国家，倾向于稳妥的行为方式；而美国属于较弱不确定性回避倾向的国家，倾向

① ［荷兰］霍夫斯坦德：《文化之重：价值、行为、体制和组织的跨国比较》，上海外语教育出版社2008年版，第63～87页。
② 姜艳：《从霍氏文化维度理论看中西文化行为的差异》，载《理论月刊》2013年第8期。
③ 杨明、张伟：《个人主义：西方文化的核心价值观》，载《南京社会科学》2007年第4期。

于冒险的行为方式。"①第四,男性化与女性化倾向反映的是社会文化中刚性与柔性的取向。在长期的历史发展中,中国男性作为社会生产的主力,形成了较为刚性的社会文化氛围。在刚性文化氛围中,人们更注重竞争与权力。虽然西方文化中也存在一段女性处于弱势地位的历史,但相较于我国,社会文化总体上表现出更加柔性的氛围。在柔性的文化氛围中人们更加注重合作与平等。第五,在长期取向上,中国倾向于强调长远的目标和价值观,注重个人的责任和义务,追求稳定和持久的发展。西方文化则更加注重短期的目标和价值观,更加强调个人的权利和自由,追求快速的结果和成功。

从以上五个方面,可以总结出中国社会文化与西方社会文化的主要差异为,中国社会更加追求权威、稳健和团结等价值,西方文化更强调平衡、效率和自由等价值。由此,中西方文化差异对公共法律制度的影响主要表现在以下两个方面:

一方面,公共法律服务的目的和功能上的差异。在西方文化中,提供公共法律服务的主要目的是保护个人的权利和自由,维护市场和社会秩序。而在中国社会文化中,提供公共法律服务的主要目的是维护社会和谐、促进公共利益的实现。从2019年中共中央办公厅、国务院办公厅发布的《关于加快推进公共法律服务体系建设的意见》可以发现,"推进公共法律服务体系建设,对于更好满足广大人民群众日益增长的美好生活需要,提高国家治理体系和治理能力现代化水平具有重要意义"。② 因而,我国提供公共法律服务的目的更加长远与宏观。另一方面,公共法律服务的方式存在差异。在西方文化中,提供公共法律服务的方式更加注重自由和平等,因而以美国和英国为代表的自由主义模式,就强调减少国家对公共法律服务业务的干预。在我国,强调公共法律服务的权威性、专业性,因而强化了政府提供公共法律服务的权力和责任。

中国社会"差序格局"和西方社会"团体格局"是费孝通先生在《乡土中国》一书中提出的两个理论概念,生动地描述了中国与西方的社会文化差异。团体格局是西方社会结构的格局。人与人之间、人与团体(群体)之间、团体与团体之间,彼此如一捆一捆扎好的柴,每一根柴都可找到自己的位置,彼此有一

---

　　①　姜艳:《从霍氏文化维度理论看中西文化行为的差异》,载《理论月刊》2013年第8期。

　　②　《中办国办印发〈关于加快推进公共法律服务体系建设的意见〉》,载《中国司法》2019年第8期。

定的界限。中国社会结构的格局不是一捆一捆扎清楚的柴,而是好像一块石头丢在水面上所发生的一圈圈推出去的波纹,每个人都是他社会影响所推出去的圈子的中心。[①] 良好的人情社会弥补了法律的缺陷,化解了一定的社会矛盾与纠纷。

综上所述,中国传统文化重视权威、稳定与公共利益,强调"仁义礼智信"等价值观念,为公共法律服务的规范化、专业化、人性化和信任化提供了重要的价值指导,对公共法律服务体系建设产生了深刻的影响。独特的中国传统社会文化背景下,制度建设中的问题无法完全适用西方公共法律服务建设的经验,需要走出符合中国国情的特殊道路。

三、法治发展路径的比较分析

公共法律服务的体系建设服务于全面推进依法治国的国家战略,其目的是保障公民基本生存和发展的法治需求,因此,法治发展的路径差异事实上也会直接影响公共法律服务制度发展的策略。采取自由主义、合作主义和社会民主主义模式的国家普遍都是西方法治发达国家。而考察西方发达国家的历史,西方法治发展的路径普遍遵循一种内生回应型的法治发展路径,并经历了一种渐进式的长期过程。[②] 法治是西方社会发展和社会进步的一个理性选择,是融合了社会形态、宗教信仰、经济因素、法律文化的产物,其中,社会形态起到关键和基础作用。西方国家的现代化过程是在市民社会的基础上而形成的。市民社会是一种在商品经济主导下由独立的经济理性的个体共同构筑的社会形态。每个经济理性个体都有清晰的目标,以自利作为行动的动机。[③] 在社会交往中,个人利益在经济理性的驱动下,容易产生诸多矛盾,因此也为法律的存在和法治的发展奠定了基础。西方的法治发展和制度建设的另一缘由在于西方历史上与神权统治、君主专制的斗争。因此,西方法治的内核带有制约和限制政府权力的色彩,并强调尊重个人自由,[④]政府负有保障个人生命之基本权利和尊严的义务,进而产生基本公共服务的供给责任。在个人自由、

---

① 费孝通:《乡土中国》,上海人民出版社 2019 年版,第 30～42 页。

② 张明新:《对我国法制发展战略的反思——以西方法律传统的形成为背景》,载《思想战线》2006 年第 3 期。

③ [德]黑格尔:《法哲学原理》,范扬、张企泰译,商务印书馆 1961 年版,第 1197 页。

④ 公丕祥:《法制现代化的理论逻辑》,中国政法大学出版社 1999 年版,第 162 页。

限制政府权力的法治观念的影响下,"小政府"理念促使国家在法律服务市场的介入集中表现在法律援助领域。而中国的法治化路径则表现出"后发外生型"特征。[1] 有观点就指出中国的法治意识是在对西方法治的传入与"移植"过程中,主要受国家主导的外力的作用下而逐步形成的。[2] 中国传统社会长期遵守集权主义,习惯国家强制力的干涉,并在基层处于"熟人社会"社会状态,社会公众间的社会矛盾主要依靠宗族和亲属关系化解,这也同时限制着法治发展内生需求的产生。为了适应经济社会体制改革的需要,国家治理者开始推动法治建设,并通过法律移植,试图尽快搭建适应市场化改革需要的法治体系。市场化进程也同时带来社会转型,我国传统的"熟人社会"正在瓦解,社会公众之间因为经济往来的频繁,法律服务需求也逐渐增多,且此类需求具有多样性特征,我国法治发展也开始具备内生动力。作为回应,国家和政府开始尝试在基本公共服务内容中进行拓展,从而满足公民基本生存和发展的法治需要,具体表现为:一方面为了进一步弥补公民法律意识的不足,我国公共法律服务需要涵盖法治宣传教育、法律咨询、法律援助、劳动仲裁、村(居)法律顾问等方方面面以促进公民通过法律途径保障自身基本权益;另一方面为了化解社会矛盾也需要人民调解的制度供给。概括而言,因为法治发展路径的差异,我国公共法律服务体系的建设在当前阶段就需要适配"外生型"向"内生型"的转变,依托国家推动积极回应社会公众需求。

　法治发展路径是公共法律服务体系建设的宏观背景,决定着体系建构的路径和方式。西方的法治发展经验和中国的法治发展实践,均表明单纯依靠外部力量的推动,或者自上而下的国家推动,抑或是自下而上的演进都无法真正实现中国法治的发展。现实证明,要实现我国社会的法治化转型,还需要构筑和培育中国的本土根基。[3] 当代中国公共服务政策的制定和实施,无法脱离党和政府的角色,其呈现出的是一种"从群众中来,到群众中去"的过程。[4] 因此,我国公共法律服务体系建设应当根植于中国特色社会主义核心价值观,合理确立与当前社会发展阶段适配的财政支出比例,通过政府与社会的交往

---

①　公丕祥:《外部影响与内发力量——中国法制现代化的动因机理》,载韩延龙主编:《法律史论集》(第 1 卷),法律出版社 1998 年版,第 550~551 页。

②　柯卫:《中西方法治意识的差异及启示》,载《求索》2006 年第 12 期。

③　马长山:《社会转型与法治根基的构筑》,载《浙江社会科学》2003 年第 4 期。

④　宁骚:《中国公共政策为什么成功——基于中国经验的政策过程模型构建与阐释》,载《新视野》2012 年第 1 期。

互动实现渐进式发展。

四、财政支出结构的比较分析

通常而言,基本公共服务的资金来源主要由财政支出、服务收费和社会捐赠等三部分组成,其中财政支出是支撑公共法律服务体系建设的重要基础,而三种模式的财政支持力度存在差异,这也跟三种模式不同的意识形态并在此基础之上构建的供给模式不同有关。自由主义福利制度模式通常采取市场主供型,国家和政府一般仅直接提供最低限度的保障,或通过补贴的方式激励市场参与基本公共服务的供给;合作主义福利制度模式通常采取国家—家庭—社会的供给模式,国家和政府通常是在家庭无法提供必要保障时才会介入基本公共服务产品的供给中;社会民主主义福利制度模式通常采取国家—社会的供给模式,国家和政府通常积极介入福利的基本公共服务的供给中,追求社会达到一个相对平等的状态。[①]

基本公共服务是公共资源的再配置,因此在社会支出占比、公共部门规模的指标上,具体呈现出自由主义模式、合作主义模式、社会民主主义模式间的区别。在社会民主主义模式中,公共部门占 GDP 比重约为 60%。在自由主义模式中,公共部门的规模相对较小,通常占 GDP 比重约为 30%,而私人部门的福利开支相对较高,美国 1992 年私人福利开支占社会总体福利开支的比例为 65.2%。公共部门占比和私人福利支出占比的数据也从一定程度上反映出政府在资源再配置方面所扮演的角色不同,以及财政在基本公共服务支持力度上的差异。与此同时,在社会支出占比上,从自由主义模式,到合作主义模式,再到社会民主主义模式,整体也呈现出一种递增趋势。例如,1993 年美国、英国、德国、法国、芬兰和瑞典的社会支出占 GDP 比重分别为 15.3%、23.4%、24.7%、28.7%、35.3%、38.3%,1995 年瑞典政府总的公共支出占 GNP[②] 比重为 63%,位居当时的世界第一。[③] 但是,我国用于民生保障方面的公共投入占比在世界范围内长期位于较低位置,与巴西、印度、美国和日本等

---

① 夏艳玲:《社会福利社会化:国际比较与启示》,载《开放导报》2011 年第 3 期。

② GNP 是国民生产总值(Gross National Product),指一个国家(或地区)所有常住单位在一定时期(通常为一年)内收入初次分配的最终结果。

③ 夏艳玲:《社会福利社会化:国际比较与启示》,载《开放导报》2011 年第 3 期。

国家比较,我国列居末位。[①] 虽然在"十一五"规划出台后的一段时间内,公共服务经历了跨越式增长,但是到 2010 年我国民生类支出在财政支出中的占比仍较低,仅约为 27%,而同时期世界主要发达国家除美国外均处于 60% 以上;社会保障支出占 GDP 比重为 2.1%,与世界主要发达国家普遍占比为 15% 以上也相去甚远。[②] 到了 2015 年,地处我国东部区域属于经济较发达地区的 F 省基本公共服务支出为 1617 亿,位于全国第 22 位,[③]占同年 GDP 比重约为 6%,还是无法达到世界主要发达国家 20 世纪 90 年代的数据。概括而言,基本公共服务的覆盖程度和供给水平受公共财政支出的显著影响,而我国在社会福利支出占比上与世界发达国家之间相比而言,仍有进一步发展的空间。具体到公共法律服务领域,财政支出的力度更是限制公共法律服务体系建设的进程。值得注意的是,在欧债危机发生以后,欧洲等社会福利支出占比较高的国家经历主权债务危机,也引发人们关于福利主义的反思。有学者曾提出,福利国家制度是欧洲发达国家衰败的原因之一,与经济基础脱节的福利非但无法实现制度设计在于促进经济社会发展的初衷,反而走向阻碍生产效率的方面。[④] 公共法律服务体系建设的初衷在于为社会的稳定和法治的发展发挥积极作用,理应也是社会福利制度的重要组成部分,财政的支出是在公共法律服务体系建设目标的约束下,提高公共法律服务财政支持力度,并根据生产力的发展,确定适合我国实际情况的公共财政支出比例。

五、人力资源基础的比较分析

公共法律服务所涵盖的服务内容具有很强的专业性,因此,人力资源基础也是影响公共法律服务体系建设的重要因素。在实践中,律师、调解员、基层法律服务工作者等构成公共法律服务的人力资源基础。而在自由主义、合作主义和社会民主主义国家的法律援助服务模式上,无论是采用合同制、公设辩护人制或者私人律师制都十分关注律师的参与,因此,从律师制度的比较分析

①　蒋瑛:《公共服务均等化的中国实践》,载《行政论坛》2011 年第 5 期。

②　罗志红、朱青:《促进民生改善的财政支出结构优化分析》,载《求索》2021 年第 4 期。

③　唐金倍、苏志诚:《福建省基本公共服务支出指标分析及对策建议》,载中国财政学会:《中国财政学会 2017 年年会暨第 21 次全国财政理论研讨会论文集》2017 年 4 月 21 日,第 238 页。

④　郝书翠:《福利主义的源流、本质及其危害》,载《人民论坛》2022 年第 19 期。

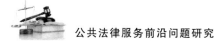

中也可以在一定程度上体现出各种模式人力资源基础的差异。律师制度在过去很长一段时间属于西欧国家的特有现象,且对西欧国家资本主义和"法律理性"现代国的形成均具有决定性作用,而资本主义和"法律理性"现代国正是西欧国家自文艺复兴时期起与世界其他国家差别的重要特征所在。① 律师制度缘起于西欧,并且与资本主义制度的发展密切相关,因此,欧美等福利国家在法律服务市场化、专业化和律师资源的丰富程度上相较于我国具备一定优势。具体在律师的培养时限上,欧美等福利国家与我国相比普遍时间较长。例如:英国成为事务律师一般需要一年的法律事务课程和两年的律师事务所实习经历;德国则在通过第一次司法考试后,还需通过两年的实习方能参加第二次考试;美国因本科不设置法学专业,因此律师资格考试需要取得法学硕士学位后方能参加。我国司法考试制度改革后正式确立统一的法律职业资格考试,在资格上限制提高,②律师资格审查也更为严格,但是整体时间上仍与英国德国相比较短,并且为了满足少数欠发达地区法律服务需求,我国还存在适当放宽法律职业资格考试参考资格和适当降低通过条件的制度设计。③ 体现在律师资源的配置上:2019年美国律师人数约为135.2万人,每万人约拥有41名律师;英国2011年出庭律师与事务律师约为7.2万人,每万人约拥有11名律师;德国2015年律师约为16.3万人,每万人约拥有20名律师;法国2013年律师人数约为5.8万人,每万人约拥有9位律师;我国2019年律师人数约为47.3万人,每万人约拥有3位律师。总的来看,一方面因为欧美等发达国家法治建设的时间与我国相比较早,社会公众已经逐渐形成用法治手段解决社会矛盾的习惯,而我国公民的法治意识还处于培养期,表现为公众需要法律服务,但是法律服务的市场需求还不充足;另一方面,欧美等发达国家律师资源相对丰富,法律服务市场化程度高,但我国律师服务资源还有进一步提升的空间,在供给端也存在相对短缺问题,因此在律师的人力资源方面,我国公共法

---

① [英]威尔弗雷德·波雷斯特:《欧美早期的律师界》,傅再明、张文彪译,中国政法大学出版社1992年版,第1页。

② 2018年司法考试改革之前,考试资格没有专业限制,改革后,除衔接阶段,资格普遍限制为法学类本科学历并获得学士及以上学位;全日制普通高等学校非法学类本科及以上学历,并获得法律硕士、法学硕士及以上学位;全日制普通高等学校非法学类本科及以上学历并获得相应学位且从事法律工作满三年。

③ 我国现存C类法律职业资格证书,C类法律职业资格证书是颁发给身处艰苦边远和少数民族地区,适当放宽参考资格和合格分数线,并达到放宽合格分数线的人员。

律服务体系的建设存在供需之间的矛盾。另外,我国还有特殊的基层法律服务工作者制度,其中早期是为了弥补律师人数无法满足快速增长的法律服务需求而建立的。随着律师人数的增多,为了解决基层法律服务工作者和律师之间的职业竞争关系,国家开始限制基层法律服务工作者执业,但也导致基层法律服务工作者人数减少,制度陷于尴尬境地,进一步造成公共法律服务人力资源基础的相对短缺。[①] 我国公共法律服务体系的建设需要考虑如何平衡法律服务专业化和法律需求大众化之间的矛盾,从而实现公共法律服务参与主体的多元化。

六、法律服务市场的比较分析

法律服务市场可以调动资金与资源,增加服务供给,满足服务需求。中西方法律服务市场具有差异,主要表现在服务市场的经济水平和人才资源方面,这些差异影响了公共法律服务的质量和模式。完善的法律服务市场没有固定的模式,不同国家之间具有不可复制性。

(一)服务市场的经济结构差异

我国实行具有中国特色的社会主义市场经济制度。换言之,我国坚持公有制和多种所有制经济并存。公有制经济占主导地位,但也允许多种所有制经济共存,包括私有制、集体所有制、混合所有制等多种形式。这种经济体制既保证了国家宏观调控的能力,也为市场经济提供了更多的发展空间。而西方国家多以私有制为主导。西方国家的市场经济体制中,私有制经济占主导地位。私有制经济的发展和对利润的追求是市场经济体制的核心驱动力。私有制经济的发展也推动了自由市场经济的发展。在不同经济制度的指导下,形成了不同的市场运作机制。我国市场运作坚持政府主导和市场调节相结合。政府在宏观调控和市场监管方面发挥着重要作用。政府通过宏观调控和产业政策引导市场,同时加强市场监管和保障公平竞争,使市场经济发展更为健康和稳定。西方国家的市场运作中,市场机制自由运作是市场经济体制的一个重要特点。政府的干预主要是提供基础设施、维护市场秩序、调节市场失灵等。在不同的市场运行机制下,市场相关服务体系的发展呈现不同态势。

中国政府主导市场机制运行,政府在市场调节方面的作用比较大,可能存

---

① 宋方青、李书静:《比较视野下的中国公共法律服务建构》,载《人民论坛·学术前沿》2021 年第 24 期。

在政府过度干预市场的问题。在产业政策失误时,可能扭曲市场的自由运作,并且资源配置可能不够灵活,无法及时适应市场变化,导致经济效率下降。但政府的干预能够在较大程度上保障社会公正、公平和稳定,保障人民的基本权利,使市场经济的发展更加符合人民的需求和利益。西方市场运行机制自由,推动了金融机构的发展和创新,为实体经济提供了多种融资渠道和融资工具,但也会容易导致收入不平等问题。收入分配取决于市场竞争和产业结构,因此贫富差距可能扩大进而导致社会不稳定。充分自由的市场经济运行也可能导致市场失灵的情况,例如垄断问题导致市场效率下降。

不同的市场经济背景下催生了不同的公共法律服务模式。西方政府、企业组织和社会组织等角色地位在市场经济中处于均衡状态,因而自由市场为公共法律服务的发展提供了经济动力和自由竞争的环境。公共法律服务模式在西方的市场机制运行中呈现出自由高效的特点。中国仍然处于强政府、弱市场经济格局中,在这种条件下,政府在公共服务中的主导地位和作用无可替代。公共法律服务模式在中国的市场经济运行下,呈现出更加公平稳定的特点。

（二）服务市场的人才条件差异

法律服务市场的发达意味着相应的人才储备充足,为公共法律服务的供给提供稳定的支持。中西方的公共法律服务市场中,律师都是提供法律服务的重要力量。律师提供公共法律服务的质量和数量等,较大程度上影响法律服务市场的水平。西方发达国家的法律服务行业和法律服务市场较为成熟。西方政府将资源集中于更需要公共法律服务的法律援助等领域,将其他法律服务事项交给市场解决,致力于维护法律的尊严和提升律师职业的权威。我国律师的市场地位仍处于较低水平,影响了律师主体提供公共法律服务的积极性。我国公共法律服务的专业人才主要集中在政府部门,而不是市场当中。

中西方律师队伍的建设存在一些差异,影响律师在法律服务市场的作用发挥。中西方在律师教育和考试的严格程度、律师协会和政府对律师队伍的监管、律师的独立性和社会责任意识、律师的专业化和多样性等方面都存在差异。总体上,中国律师队伍在这些方面还有进一步提高的空间,需要加强律师教育和探索更加有效的监管机制。我国基层律师的社会地位长期处于较低状态,随着社会法治建设的推进,政府逐渐意识到律师的重要性并通过一系列的法律法规保障律师的权益,律师行业的市场地位逐渐得到提升。

总体上,与西方国家相比,我国社会律师的发展受到一定限制。为了满足法律服务市场对于专业法律服务的需求,我国发展了具有中国特色的公职律师制度。2014年,中共十八届四中全会通过的《中共中央关于全面推进依法治国若干重大问题的决定》明确指出:各级党政机关和人民团体普遍设立公职律师,"我国公职律师制度是在建设法治政府、法治国家进程中推行的一项非常重要的司法配套制度"。① 公职律师具有双重身份,既是律师队伍的组成部分,又是党政机关公职人员。"截至2017年,全国34万多名执业律师中有公职律师13000多人,占律师总数约4%。这既与公职律师的特殊性有关,也与我国政府法律服务市场格局有关,从而导致过去和现在公职律师与社会律师存在互补、共生关系。"② 因此,我国公共法律服务市场的格局,形成了公职律师与社会律师共同提供法律服务的现象,加强了公共法律服务市场中律师主体的法律服务供给。

由于中西方政治制度基础、社会文化背景和法律服务市场的差异,中国公共法律服务在发展过程中呈现出与西方不同的样态。尽管公共法律服务相关理论源自西方发达国家,但其经验无法完全适应中国国情。因此中国应当走出一条新的道路提升公共法律服务的质量和效率,提供让人民群众满意的公共法律服务。基于我国的国情,我国的公共法律服务由政府主导。因此,优化我国公共法律服务供需关系应以政府为带头主体和主导力量,降低我国政治制度、社会文化和服务市场对公共法律服务质量的消极影响,充分发挥我国特色社会主义制度的优势。加强我国公共法律服务的供需平衡,需要提高公共法律服务的供给能力,优化公共法律服务的需求结构,完善调节供需关系的保障机制。发挥供给能力提高对需求的支撑作用、需求结构优化对供给结构的牵引作用、供需关系保障机制对关系平衡的调节作用,形成以供需结构更高水平动态均衡来促进我国公共法律服务体系的整体改善。

第三节　公共法律服务体系建设域外经验的启示

我国公共法律服务体系建设既要结合我国特殊国情而展开,也需要积极

---

① 《让公职律师发挥更大作用》,载《人民论坛》2018年第25期。

② 苏镜祥:《中国特色公职律师制度的法理分析》,载《兰州大学学报(社会科学版)》2018年第1期。

借鉴域外公共法律服务体系建设的有益经验。通过系统梳理三类福利模式下公共法律服务体系建设制度建构的模式,并在比较我国与法治发达国家之间在国家政治制度、社会文化、法治发展路径、法律服务市场、财政支出结构、人力资源基础等方面差异的基础上,我国公共法律服务体系建设的进路可以从国家责任确立和体制改革两个方面着手。

一、公共法律服务体系建设应当确立国家责任

一个国家即使已经具备健全的法律体系、完善的司法机构,但如果缺乏必要的法治保障体系,社会的公平和法律面前人人平等的法治价值均无法真正落实。公共法律服务体系建设旨在保障社会成员平等地实现法律所赋予的权利,因此,公共法律服务体系建设的制度建构也应是国家法治体系建设的重要组成部分。当前,我国公共法律服务体系建设的制度推进主要由司法行政机关负责,体现的是传统公共产品理论下政府的主体责任。但是,公共法律服务包含诸多如公证、司法鉴定、法治宣传教育、法律援助、法律咨询等法律服务内容,仅仅依靠政府的资源投入无法充分实现均等化目标,还需要多元主体的参与和多种资源的注入。事实上,域外经验已然表明公共法律服务体系建设存在由政府责任层面上升至国家责任层面的可能。

三种福利模式下公共法律服务体系建设的制度经验也在一定程度上说明确立公共法律服务国家责任具有必要性。虽然域外的公共服务内容中并没有直接出现公共法律服务的政策话语,但是法律援助服务和调解服务的均等化推进普遍有政府参与的痕迹。因此,以法律援助国家责任确立的域外经验为考察,也可以在一定程度上为明确我国公共法律服务国家责任提供参考。从法律援助制度的发展历史、国际社会的通行做法以及以美国、日本、韩国、加拿大等法治发达地区的立法经验来看,均可以发现法律援助的发展经历了由公益性的自主发展到国家责任的转变。[①]

在国际条约和宪法规范层面上,《联合国宪章》《世界人权宣言》《公民权利和政治权力公约》等一系列国际社会的人权标准,还有《欧洲基本权利宪章》、美国宪法第六修正法案和德国的宪法均提出个人不能因为经济能力的不足,而无法受到法律上的平等保护,这是法律援助服务国家责任理念的国际条约

---

① 樊崇义主编:《法律援助制度研究》,中国人民公安大学出版社 2020 年版,第 52～57 页。

和宪法基础。在具体的制度建设上,英国是世界首个建立法律援助制度的国家,早在 1867 年《囚犯辩护法》中法律援助就开始上升为国家责任,而后历经多次制度完善,刑事法律援助的范围不断扩大,涵盖阶段从审判阶段逐步前移至侦查阶段,且案件类型也逐步覆盖所有刑事案件。[①] 在民事法律援助方面,1945 年英国就通过立法开始尝试规定民事诉讼的当事人在经济条件存在困难时可以获得免费的法律帮助并免除相关费用。[②] 20 世纪 60 年代,美国刑事法律援助服务中的公设辩护人制度,规定公设辩护人的资金来源于国家税收,法律援助服务的国家责任理念开始显现。在价值观念层面,社会公众均在不同程度上接受公共服务均等化的国家责任观念。社会民主主义国家的价值主张包含对机会平等和分配平等的追求。即使是在强调个人自由的自由主义模式中,古典经济学派作为自由主义的代表仍承认国家在提供公共产品方面的责任值得关注。[③] 法律援助是公共法律服务的内容之一,应当在目标、责任属性、核心理念等方面具有统一性,所以,法律援助制度的域外经验和不同福利模式下社会公众的意识观念都可以表明,公共法律服务国家责任的确立应当是一种趋势。

二、公共法律服务体系建设应当进行体制改革

公共法律服务体系建设除了需要国家责任的驱动,还需要相应的制度配套。因此,面对当前实践中存在的城乡和区域间公共法律服务的差异化趋势,还需要进行相关体系的调整。

(一)完善分税制财政体制

域外经验表明,财政的支持是公共法律服务体系建设格局的基础。我国分税制改革后形成的财政制度也是与其他国家相似的财政分权制度,因此,现实中存在的分税制改革与公共法律服务体系建设之间的矛盾并非财政分权本身的错误,主要是分税制改革在具体实践中存在一定问题。分税制改革的意图是建立公共财政体制,增强国家和政府公共服务的供给职能。事实上,不同

---

①　江海燕:《贫穷者如何获得正义——论我国公设辩护人制度的构建》,载《中国刑事法论坛》2008 年第 5 期。

②　彭锡华:《法律援助的国家责任——从国际人权法的视角考察》,载《法学评论》2006 年第 3 期。

③　［英］亚当·斯密:《国富论》,唐日松等译,华夏出版社 2005 年版,第 732 页。

区域间公共服务水平的差距需要中央财政在全国范围内进行财力的再分配，地方政府的适当赋权也有利于提高公共产品的供给效率，财政分权可以积极推动公共法律服务体系建设的实现。1994 年进行的分税制改革在于实现中央财力的集中，但是当中央财政的收入占比逐步升高后，公共法律服务的供给就形成地方政府需要依靠中央财政的转移支付才能满足支出需求的格局。由是，当前公共法律服务体系建设的困境呈现出地方政府财政与事权的不匹配，这主要是因为中央政府向地方政府进行财力转移支付的体制机制存在问题，具体表现为上级政府和主管部门决策权过度集中，地方财力无法支撑地方支出责任，公共法律服务职责在中央政府和地方政府之间配置失衡，行政管理体制仍然存在"条块"管理矛盾，激励机制与公共服务均等化之间的制度平衡不足，转移支付制度的落实存在困境，中央与地方财力的协调缺乏一个统一的机构。①

上级政府和主管部门决策权的过度集中与我国地方差异的特征存在矛盾，在中央政府统一规划和决策下，地方政府难以根据地方实际进行资源配置，从而导致公共法律服务的不同内容分别存在资金不足或者资金浪费的现象。中央政府向地方政府进行的专项转移支付需要地方政府资金配套，而地方政府的预算在年初进行却无法预知后续资金配套需求，且财政的向上集中导致地方政府的财力在匹配地方支出责任时也存在困境。分税制改革有效地解决了中央财力不足的问题，但是并未清晰划分各级地方政府的支出责任，导致公共法律服务职责政府间的错配，进而引发公共法律服务供给效率不高或资金浪费的情况。我国现行行政管理体制是中央集权和地方分权结合管理的体制，俗称"条块"分割的管理体制，此种行政管理体制在处理央地之间的行政关系上还存在问题，并导致财权管理体制出现问题。财政分权后，地方政府自主权增大，中央政府通过政绩考核激励地方政府，形成府际竞争格局，在以经济发展为主要指标的考核机制驱动下，地方政府的公共财政支出主要投入经济建设领域，公共法律服务投入不足，从而导致贫富差距拉大、社会公平性不足等问题。在上级政府和主管部门决策权集中和"条块"管理体制背景下，即使已经开始强调要通过一般性转移支付推动公共法律服务体系建设，但是实践推进力度还有待加强。在我国自上而下集中式垂直型的行政管理体制下，

---

① 倪红日、张亮：《公共服务均等化与财政管理体制改革研究》，载《管理世界》2012年第 9 期。

下级政府是上级政府的执行机关,在没有统一的协调机构时,有可能出现利益博弈困境。因此,公共法律服务体系建设要进一步完善财政体制,应当从政府间事权划分、税收分成制度、财政转移支付制度的科学化和合法化方面着手应对以上问题。[①]

（二）转变城乡二元体制

在过去很长一段时间,城乡二元结构通过财政投入的城市偏向、城乡有别的福利制度和要素流通的限制等因素影响着我国城乡之间公共法律类服务供给水平的均等化,具体问题表现为:权力的不平等和财政保障的不均等为代表的机会不均等、可获得性上的差别和城乡公共服务转续困难的过程不均等、公共服务覆盖面差异和公共服务社会效用不平等的结果不均等。[②] 公共服务的城乡差异化趋势也影响着公共法律服务的供给,并且因为市场机制下法律服务资源向城市的集中,公共法律服务在城乡之间存在较为明显的非均等化问题。因此,弥合公共法律服务城乡间的差异,需要打破城乡二元体制。首先,应当坚持贯彻城乡融合发展理念。党的十八大以来,我国意识到城乡二元结构对社会发展的抑制和公共服务方面的负面影响,试图重塑城乡之间的关系,开始推动城乡一体化发展,并贯彻城乡融合发展理念。[③] 城乡融合发展理念是推动新型城镇化的指引。城镇化的本质是一种空间聚集,核心在于通过人口、资本等要素的集聚,发挥出结构性优化和功能性提升的综合效应。[④] 因此,在人口向城市空间集聚的过程中,应当改变过去的城乡差异观念,坚持公共法律服务城乡一体化的制度建构。其次,深化户籍制度改革。公共服务领域长期存在的城乡差异与户籍制度有着紧密关联。城乡和区域户籍利益分配的失衡形塑公共服务供给水平分化的格局。地方政府出于成本负担、效益和

[①]　谢贞发:《公共服务均等化建设中的财政体制改革研究:综述与展望》,载《南京社会科学》2019年第5期。

[②]　党秀云、马子博:《我国城乡公共服务均等化的制度困境及改革路径》,载《西北大学学报(哲学社会科学版)》2013年第6期。

[③]　《中国共产党第十八届中央委员会第三次全体会议公报》:"城乡二元结构是制约城乡发展一体化的主要障碍。必须健全体制机制,形成以工促农、以城带乡、工农互惠、城乡一体的新型工农城乡关系,让广大农民平等参与现代化进程、共同分享现代化成果。"《中国共产党第十八届中央委员会第三次全体会议公报》,载《新长征》2013年第12期。

[④]　徐越倩:《城乡统筹的新型城市化与公共服务均等化》,载《中共浙江省委党校学报》2011年第1期。

人均财政支出指标的考量,长期通过户籍制度与公共服务获取条件挂钩的方式限制供给范围,进而造成城市与乡村间公共服务财政投入存在差异、流动人口公共服务保障不足的问题。因此,深化户籍制度改革具有必要性,需要积极促进公共法律服务供给覆盖常住人口,并完善相关财政制度。再次,搭建服务导向的公共法律服务考核机制和农村公共法律服务需求偏好的表达机制,提升农村公共法律服务的供给水平。最后,推动农村产业发展,促进公共法律服务供给资源的丰富。公共法律服务的供给资源不能仅依靠政府财政支撑,还需要真正提高农村居民的收入水平、吸引专业人才返回农村和丰富村集体的收入等,因此,可以依托乡村三产融合发展和建立产业基础等方式推动农村地区的发展。

(三)创新公共法律服务供给体制

公共法律服务的实践经验表明供给的单一主体在资金和人力资源投入方面均存在支撑性不足的问题。域外的法律援助服务模式也呈现出多种样态,包含政府直接参与的公设辩护人模式,也存在法律服务公司、合同制或者私人律师、律协、高校法律诊所等多种模式。经验表明,多元主体参与的公共法律服务供给体制才更有利于推动公共法律服务体系建设的完善。因此,一方面,可以从促进市场主体和社会主体积极参与公共法律服务层面着手,推动司法行政机关与其他公共部门的沟通和协调;提高法律服务工作者、高校法学院教师和学生、退休司法工作人员等主体参与的积极性;培育社会志愿组织等。另一方面,可以从促进公共法律服务供给方式的多元化着手,推动市场机制的引入。在市场的调节下,即使个人均出于私利而参与竞争,仍可能会促进社会福利的增长。[①] 这足以说明市场机制亦可以成为公共法律服务体系建设的保障之一。自由主义福利模式下的英国和美国通过合同制提供法律援助服务,政府或者公共法律援助机构与律师事务所签订长期协议,由律师事务所选派符合条件的律师参与法律援助供给,并在续约时加入审核机制,形成法律援助服务领域的市场化竞争机制,调动律师事务所和律师的竞争性和积极性,提高法律援助标准,从而提高法律援助服务的供给水平。在我国公共法律服务的供给中,政府购买服务的实践已经展开,但仍存在政府购买行为异化、交易过程和考

---

① [英]亚当·斯密:《国富论》,唐日松等译,华夏出版社 2005 年版,第 7 页。

核评价机制缺失等问题，[①]因此，在积极推动市场机制的引入过程中也需要通过制度体系的完善审慎对待政府购买公共法律服务实践与目标的偏离问题。

　　公共法律服务在实践推进的过程中虽然表明国家在该领域的财政投入正在逐步增加，人力资源基础正在逐步丰富，但是因为制度建设经验的积累不足、区域禀赋的差异、央地之间财权事权的不匹配、城乡二元结构的掣肘等问题，城乡之间和区域之间仍呈现出公共法律服务供给的差异化趋势，并表现为公共法律服务制度的独立性和整体性不足、供给资源相对匮乏和资源配置相对失衡等问题。欧美的福利供给模式已然成为当今世界主要的社会保障制度建构模式，公共法律服务的制度建构作为社会保障体系下的重要组成部分，自由主义、合作主义和社会民主主义的不同模式能够为我国公共法律服务体系建设的制度建构提供有益的借鉴。但经验的借鉴不能简单地进行制度移植，还需要考虑我国与其他国家在社会意识形态、财政支出结构、人力资源基础和法治发展路径等方面的区别。总之，通过实践检视和域外经验比较，可以发现我国公共法律服务体系建设的制度建构需要确立公共法律服务的国家主体责任，并通过完善分税制财政体系、转变城乡二元体制和创新公共法律服务供给体制等方式进行公共法律服务的体制改革。

---

　　① 　张怡歌：《政府购买公共法律服务的异化与法治化破解》，载《法学杂志》2019 年第 2 期。

第四章　公共法律服务供需均衡的 理论、现状及影响因素

公共法律服务均衡理论主要包含"公平与效率理论"、"供给与需求理论"以及"公共法律服务的供给与需求理论",其中,公共法律服务的供给与需求理论汲取了现有公平与效率、供给与需求等理论的优点,同时又富有其自身的特色。下文将从理论与实践双重视角展开对公共服务供需均衡的研究,在对理论进行梳理与总结后,对公共法律服务供需均衡的现状展开实证分析,进而分析公共法律服务供需失衡的影响因素,以期为促进公共法律服务供需均衡提供有益对策。

第一节　公共法律服务供需均衡的理论

公共与效率理论、供给与需求理论以及公共法律服务的供给与需求理论是开展公共法律服务供需均衡理论研究的前提和基础。

一、公平与效率理论

目前针对公共法律服务相关理论基础的研究还比较匮乏,但实践迫切需要理论的支撑与指导。弗雷德里克森认为,公共行政有必要将效率和经济作为指导方针,而公平应当作为公共行政的第三理论支柱,得以回应公民的需要。[①] 公平与效率理论能够阐释公共法律服务的价值与意义,其既是公共法律服务的理论基础,也是衡量公共法律服务均衡与否的重要指标。

---

① ［美］H.乔治·弗雷德里克森:《公共行政的精神》,张成福译,中国人民大学出版社 2003 年版,第 68 页。

（一）理论概述

中国共产党从实际出发，在运用马克思主义公平理论的基础上进行了创新，通过创造性发展逐渐形成了中国化的具有新时代特征的公平正义理论。

1.公平

公平是人们自古以来孜孜不倦追求的诉求和愿景，代表了人们内心追求的真实渴望。无论是我国古代思想家孟子提出的"老吾老以及人之老，幼吾幼以及人之幼"，还是古希腊思想家梭伦提出的"公平就是不偏不倚"，古往今来，公平理论是许多思想家苦苦追索的永恒主题。作为一个历史范畴，现行的对当代政治经济发展具有较强借鉴意义的公平观大致有以下几种观点：

（1）古典自由主义的收入公平观

西方古典自由主义在经济学上的代表人物为亚当·斯密，古典自由主义者主张的公平可以称之为机会公平。这种公平观适用于市场经济之中，其强调的是一种注重过程、程序的公平，即每个市场主体均具有平等获得物质、机会以及其他产品的权利，机会公平与结果公平是一对相互排斥的概念，古典自由主义者拒绝通过社会再分配以实现社会公平。具体而言，机会公平从本质上而言强调的是以权利为理论内核的公平，而不注重结果上的实质正义，由此将导致分配结果上的"虚无"。换言之，机会公平强调的是一种程序公平或形式正义，对事物、资源的分配不以结果论，其能够保证的是赋予公众以获得某种事物、资源的可能性，而不是保证公众一定能获取特定的福利或事物，但是其确实能够保障的是公众能平等从事经济自由活动的尊重和认可，同时防止他人对权利进行侵犯。对于如何消除社会的贫困这一问题，西方古典自由主义主张难以通过社会再分配解决，解决之道还是在于发挥市场经济的能动性，通过经济增长以消除贫困，并且反对通过社会再分配实现实质公平或实质正义。[①]

（2）马克思主义公平观

马克思主义公平理论是直面早期资本主义经济带来的一系列恶劣结果，对西方工业化、现代化进程中出现的社会不公平现象进行深入分析、思考和研究而提出的科学理论。[②] 在批判和怀疑资本主义制度不公平、积极寻找新的

---

① 黄秀华：《公平理论研究的历史、现状及当代价值》，载《广西社会科学》2008 年第 6 期。

② 何建华：《马克思的正义观与社会主义实践》，载《浙江社会科学》2007 年第 6 期。

社会主义思潮之下,马克思主义批判继承了空想社会主义提出的公平正义等社会主义理想,坚持从现实社会经济生活来阐释公平正义,在批判西方资本主义形式主义的正义原则、资本主义生产关系的非正义性之上,马克思表达了他的卓越社会正义思想——共产主义思想。[①] 可以说,马克思主义公平观的重要理论渊源是历史唯物主义,变革社会生产关系是实现社会正义的最关键因素。[②] 在马克思看来,实现社会公平正义最关键的是充分推翻资本主义生产关系,建立社会主义社会,实施社会主义制度,只有这样才能真正实现公平正义。公平正义只能蕴含在社会制度和政治制度之间才能切实发挥其应有的价值和效用。[③]

社会主义最早是作为一种价值观、价值理想提出来的,公平正义是社会主义最核心的价值追求,社会主义制度极大丰富了社会公正,并为社会公正的实现创造条件。[④] 马克思主义公平观主张公平分配应当遵循生产资料共有和按劳分配的原则,并且,在制度层面,要想实现社会公平必须有有效的制度保障,即现行法律制度必须保障无产阶级政权的牢固,实现无产阶级的意志。在社会公共服务和保障方面,马克思主义公平观认为公共服务需求,实际上就是能够让社会基本需求得到满足而提供的社会劳动产品,通过国家调整分配来满足公民对共同利益的需求。

(3)罗尔斯的公平观

罗尔斯的公平观又叫分配公平观,主张社会上处于最糟糕境遇的人能够享有的福利最大化。[⑤] 康德是德国古典哲学的创始人,他生活在封建等级社会,在他看来,"自由、公正和理性"是社会公平的特征。人可以自由、自主选择自己的行为活动,自由是人的价值得以体现的标志。[⑥] 罗尔斯的公平观也深受康德的正义伦理的影响。事实上,罗尔斯的公平观与马克思主义公平观存在诸多共通之处,表现为均深入反思了资本主义不公平现象,且均共同关注实

---

① 何建华:《马克思的正义观与社会主义实践》,载《浙江社会科学》2007 年第 6 期。

② 何建华:《马克思与罗尔斯的公平正义观:比较及启示》,载《伦理学研究》2011 年第 5 期。

③ 龚秀勇:《马克思主义的公平正义思想及其当代意义》,载《马克思主义与现实》2008 年第 4 期。

④ 何建华:《马克思的正义观与社会主义实践》,载《浙江社会科学》2007 年第 6 期。

⑤ [美]曼昆:《经济学原理:下册》,梁小民译,北京大学出版社 1999 年版,第 53 页。

⑥ Jefferis G. Murphy, Kant,*The Philosophy of Right*, London, 1970, p.22.

质正义；不同之处在于罗尔斯的公平观是从"无知之幕"引申出正义原则，并且试图通过改良的方式实现公平与正义，但马克思主义公平观则主张以革命式的方式推动社会的公平正义。① 罗尔斯谈及的正义原则分别指的是："第一个原则指的是平等自由原则，其含义是每个人都能够平等地享有权利、履行义务；第二个原则指的是面对社会上不平等的现象，如果能够对每一个处于劣势地位的人员进行补偿，那么即是正义的。"② 其中，第二个原则还包括"差别原则"和"自由主义原则"，差别原则指的是在符合代际正义的储蓄原则条件下，使最少受益者得到最大利益；自由主义原则指的是在公平的机会平等的条件下，使所有的职位和地位向所有人开放，由此，方可最大限度地改善处于社会不利地位人等的生存条件，进而逐步缩小或消除社会各种不平等的现象。③ 罗尔斯的公平观本质上主张依靠国家调节以实现分配正义，为我国社会主义建设提供了重要借鉴。

（4）中国特色社会主义公平观

总的来看，我国在批判借鉴了罗尔斯的公平观以及古典自由主义的收入公平观的基础上，结合我国传统文化和具体国情，形成了以马克思主义公平观为重要内核的中国特色社会主义公平观。公平思想在中国传统文化中一直处于重要的地位。以孔孟为代表的儒家思想所阐述的"大同"社会，充分反映了在当时等级制度约束下人民追求公平的理念；以韩非子为代表的法家强调法律制度的重要性，其法治思想中蕴含着"法不阿贵"的平等理念。

中国共产党将马克思主义公平思想与理论充分运用到中国特色社会主义建设之中，形成了公平理论中国化的新成果。中国特色社会主义的公平思想在我国社会不断建设、发展之中生成的扎根于祖国大地的特色公平观，是在邓小平、江泽民、胡锦涛和习近平等共产党人的领导下，结合我国不同时期的特征，就如何切实实现社会公平而持续努力探索而成的伟大成果。④ 总的来看，中国特色社会主义公平思想大致分为五个阶段，分别是历史奠基与以邓小平、

---

① 何建华：《马克思与罗尔斯的公平正义观：比较及启示》，载《伦理学研究》2011 年第 5 期。

② ［美］罗尔斯：《正义论》，何怀宏等译，中国社会科学出版社 1988 年版，第 12 页。

③ ［美］罗尔斯：《正义论》，何怀宏等译，中国社会科学出版社 1988 年版，第 71～84 页。

④ 陈文斌、谢金迪：《中国特色社会主义公平思想的历史谱系、理论特性与时代意义》，载《理论探讨》2015 年第 2 期。

江泽民、胡锦涛和习近平为领导核心的几个发展阶段,具体如下:

①历史奠基:以毛泽东为核心的领导人集团对公平的探讨。毛泽东从制度建设与多元社会主体的平衡协调着手探讨社会公平思想。在制度层面,毛泽东指出:要"通过宪法的形式确立人民民主和社会主义原则"。[①] 同时,毛泽东在《论十大关系》中,提出了诸如"公私兼顾""城乡兼顾"等涉及多元主体如何高效分配各自利益的论述,进而能够有助于化解多元利益纠纷,稳固社会秩序,促进社会和谐。[②] 总的来看,毛泽东领导下的公平思想主要体现在:大力发展经济,以此作为物质基础来达到社会公平的目的;在社会主义制度下,将人民当家作主放在首位,奠定了生产关系基础;加强制度建设,保障人民的基本权利。

②第一阶段:以邓小平为核心的领导集体对社会公平的构建。邓小平将促进社会公平的模式确立为效率优先、兼顾公平的模式。其强调解放和发展社会生产力,同时提出"社会主义最大的优越性就是共同富裕,共同富裕最能体现社会主义本质"。[③] 他反对平均主义和两极分化,其各项主张即社会主义思想的重要体现,为中国特色社会主义公平思想的形成发展奠定了基础。改革开放以来,在邓小平的带领下,中国共产党引领中国人民进入社会主义全新的发展阶段,公平理论在邓小平理论中得以充分体现:大力发展生产力是实现社会公平的物质基础;完善社会主义制度是实现社会公平的有效途径,在稳步推进计划经济的同时,也不可否认市场经济在促进经济发展方面发挥着重要的作用;[④]进一步加强制度建设,通过法律制度规范国家治理;在区域、群体间发展不均衡的问题上,注重发挥国家调节作用等。

③第二阶段:以江泽民为核心的领导集体对社会公平问题的论述。江泽民在党的十四大报告中最早提出"社会主义市场经济"概念,并就"公平与效率"之间的关系,围绕着社会主义市场经济的分配制度进行与时俱进的阐述。党的十六大提出:"初次分配注重效率,发挥市场关系……再分配注重公平,加强政府对收入分配的调节职能,调节差距过大的收入。"[⑤]可以说,这一论断从

---

① 《毛泽东文集》(第6卷),人民出版社1999年版,第328页。

② 陈文斌、谢金迪:《中国特色社会主义公平思想的历史谱系、理论特性与时代意义》,载《理论探讨》2015年第2期。

③ 《邓小平文选》(第3卷),人民出版社1993年版,第364页。

④ 《邓小平文选》(第3卷),人民出版社1993年版,第373页。

⑤ 《江泽民文选》(第3卷),人民出版社2006年版,第550页。

分配和再分配两个层面,科学地处理好公平和效率的关系。江泽民"三个代表"重要思想,从制度维度丰富和发展了公平理论,并且,其将法治建设作为维护社会公平的有力保证。

④第三阶段:以胡锦涛为代表的领导集体对社会公平问题的深入认识。在他的带领下,中国共产党始终坚持"以人民为主体",完善公平思想,确立了"以人为本"在科学发展观中的核心地位。2010年9月,胡锦涛提出,我们应当建立以权利公平、机会公平、规则公平、分配公平为主要内容的社会公平保障体系,不断坚持和推进社会公平正义,促使人人有望得到平等发展的机会。权利公平是实现社会公平和正义的前提和保证,也是其他类型的公平能够得以实现的基础。社会主义公有制是确立全体劳动人民在生产资料的关系上处于公平地位的制度保障;机会公平是社会主义社会公平的基本条件,是社会主义社会公平的首要标志;规则公平是社会主义社会公平的必要保障;分配公平是社会主义社会公平的目标和核心。分配公平的含义为各种利益处于相对均衡的情况,可以从两个层面加以理解:一是资源或利益的初次分配主要通过按劳分配进行,其他分配方式并存;二是社会利益或资源的再分配需要坚持以防止贫富悬殊和社会两极分化为目的。①

⑤当前阶段:以习近平总书记对社会公平的历史总结和全面创新为统领,强调应当把促进社会公平正义作为中国特色社会主义建设的核心价值追求。② 习近平总书记对公平正义一再作出强调,他曾指出:"公平正义是中国特色社会主义的内在要求。"③推进公平正义是践行"以人民为中心"理念的重要途径。习近平总书记表示:"中国共产党始终要将人民置于首位,努力让人民过上憧憬的生活。"④以经济建设为中心,是实现社会公平、实现人的全面发展的基础和保障。坚持和完善中国特色社会主义制度,是实现公平正义的制度保障。习近平总书记不仅把公正作为法治的生命线,而且提出构建以权利

---

① 张远新:《马克思主义社会公平理论与当代中国社会的公平问题》,载《云南社会科学》2010年第6期。

② 习近平:《坚持严格执法公正司法深化改革　促进社会公平正义保障人民安居乐业》,载《人民检察》2014年第1期。

③ 《习近平谈治国理政》第一卷,外文出版社2018年版,第95页。

④ 中共中央宣传部:《习近平新时代中国特色社会主义思想学习纲要》,学习出版社、人民出版社2019年版,第40页。

公平、机会公平、规则公平为主体的社会公平体系。[①] 国家应当依法保障公民权利。为了有效保障公民权利,国家应当努力推进完善各项促进公平相关的法律制度,包括权利公平、机会公平以及规则公平等。法律制度应当保障公民的各项权利不受侵犯,使得公民享有政治、社会、经济等多项权利,同时赋予公民权利受损时的救济渠道,国家尊重和保障人权,同时也呼吁全社会应当尊重公民各项权利的实现。[②] 总的来看,习近平总书记提出的有关社会公平的系列论述内涵丰富,理念深厚,牢牢以人民的利益作为实现社会公平正义的出发点和落脚点,旨在从理念、权利以及制度等各个层面阐述如何促进、保障社会公平与正义,为公共法律服务制度提供有益的理论基础。

2.效率

公平与效率的关系是公共行政研究领域内的一个核心议题,正确看待公众行政视域下的公平与效率的含义、相互关系是建设服务型政府、提高行政效率的重要前提。

理论界主要存在两种类型的效率观:一种是技术效率观,另一种是帕累托式效率观。前者将效率视为资源与结果间的关系,即投入与产出间的比率,并且提出了是“效率还是公平”的问题,主张政府必须对效率与公平作一选择,二者之间处于非此即彼的关系。但是,帕累托式效率观将效率作为政府治理能力的重要体现,这种能力是政府同时促进公平等首要社会目标的能力,换言之,效率与公平不是非此即彼的关系,而是相辅相成的关系,如何使得效率服务于公平才是需要政府急需解决的问题。[③] 具体而言,对于前者而言,效率是指限定单位时间内的工作量,当组织规模达到一定程度时,效率不仅包括投入成本、投入时间,还包括目标的完成度和质量等多项指标。有学者认为,公共行政效率是行政活动所产生的成本与效率的对比关系,这里的成本包含行政活动消耗的人力、物力、时间、财力、信息等。[④] 简言之,效率就是投入与产出的一种关系,即如何在投入一定时产出最大,或者在产出一定时投入最小。

---

① 张文显:《习近平法治思想研究(下)——习近平全面依法治国的核心观点》,载《法制与社会发展》2016 年第 4 期。

② 习近平:《关于〈中共中央关于全面推进依法治国若干重大问题的决定〉的说明》,载《〈中共中央关于全面推进依法治国若干重大问题的决定〉辅导读本》,人民出版社 2014 年版,第 11~12 页。

③ 张乾友:《重思公共行政的效率目标》,载《中国行政管理》2018 年第 11 期。

④ 徐仁璋:《公共行政学》,中国财政经济出版社 2002 年版,第 198 页。

在对公共行政效率的定义中,不仅要考虑成本也要考虑价值与数量。我国作为一个地域差异性较大的国家,在社会治理体系中既要顾及治理的整体效果,又要顾及地方特色,在保持地区自主性的同时还需要关注整体目标。在实践中公共治理十分复杂,大多数情况下重点关注的是治理的目标和结果,对于成本的控制始终隐含在期待之中,因此,社会治理效率作为富有中国特色的效率观,为促进社会公平正义、完善公共法律服务体系发挥着重要的作用。

社会治理效率指的是:"在群众认可的前提下以尽可能少的财政投入实现更多的社会治理目标;或者是在完成上级目标任务的同时,以尽可能少的财政投入获得更高的群众满足。"其一方面体现为效益与成本之间的关系,另一方面还体现为满足不同偏好的程度。评价一个地方的社会治理效率,实际上是考察是否以较低的成本实现治理目标,以及是否尽可能地满足大多数人的不同需求偏好。社会治理效率有三层内涵:第一,公共目标的实现效率。公共目标是一个阶段的突出问题,既包括国家的目标,也包括地方的目标。公共目标的实现效率包括实现的速度、实现的程度以及完成的质量等。由于公共政策目标往往具有一定的超前性和理想化,因此与公民的现实需求可能产生偏离,此外,政府部门职能的划分、对政策理解的偏差等也会影响公共目标实现的效率。第二,不同需求的满足效率。这包括对群众多样化需求的回应速度和公众满意度。人们对美好生活的客观需要日益增长,主观上也呈现多元化的特点。通过现代治理技术,促进多元主体参与,增强与群众和专业人员的交流等,是提升公民满意度、提升治理效率的重要手段。第三,降低成本的效率。在西方国家,公共管理的首要问题就是如何减少公共支出,提升公共服务质量。中国也面对同样的问题,由于人口众多、幅员辽阔,治理成本过高会带来过重的负担,最终会影响到公共服务的供给总量和质量,影响公民的体验。[①]

综上所述,马克思主义公平理论与社会治理效率理论为找寻公共法律服务理论的法理基础提供了坚实的理论框架。

(二)作为公共法律服务的法理基础

我国基于国情充分借鉴并发展马克思主义公平理论,通过推进中国特色社会主义公平理论的方式提倡公平正义。该理论以人民作为基本核心,在强调权利公平和规则公平的同时还包括机会平等。如前所述,权利公平即通过

---

①　王阳、熊万胜:《简约治理到精细治理:效率视角下的社会治理及其变迁》,载《暨南学报(哲学社会科学版)》2021年第43期。

宪法与法律满足所有社会成员基本的生存发展需求;机会公平是给予社会成员享用改革发展成果均等的机会;要想实现机会公平,就要保证制度规则的公平性。在中国特色社会主义公平理论中,主要内容不仅强调经济发展的重要性,而且追求共同富裕,同时还保证制度正义。国内经济自新时代以来已成功进入高质量发展时期,始终将经济发展作为满足人民幸福所需、实现社会公平正义的物质基础。共同富裕是促进社会公平的本质追求。坚持社会主义制度是促进社会公平的根本保障。中国特色社会主义公平正义理论含有以下三大特征:一是历史性,在历史阶段和发展水平存在差异时,不同思想认知的人对社会公平正义的认知和诉求都不同;二是相对性,指的是公平的实现没有统一的标尺;三是具体性,指的是表面要将公平正义置于具体的地区、具体的群体中分析。

1.公平是公共法律服务的制度起点

实现公平的过程具体体现在以下四个环节中:一是起点公平,即个体参加社会活动的初始条件应当体现其公平性,例如天赋、能力、家庭、教育程度、经济水平等。二是机会公平,指每个人达到既定目标的可能性和手段相同。三是过程公平,即参加社会活动或者得到某项权益时,执行的程序以及规则应当是公平的。四是结果公平,以此为基础确保下轮起点公平的实现,着眼于利益的分配主体、接受主体和分配量等问题。在公共法律服务制度建设过程中,无论是从其目的上看,还是从整个运行过程上看,都充分体现了公平。

就公共法律服务而言,其治理功能重点体现在以下四个方面:矛盾纠纷化解、法治宣传教育、公民权利维护、法律服务供给。[①] 其中法治宣传教育体现了法律相关知识获取的起点公平和机会公平;公民权利维护体现了公民维护合法权益的过程公平和结果公平;法律服务供给功能体现了公民获取法律服务的机会公平等。法治宣传教育功能是对公民普遍进行的普及法律常识的教育,对于国家法律赋予的每一项权利以及义务,应当让公民清楚地知道并能够正确地理解,增强人民群众的法治素养,调动社会成员参与社会治理的积极性。由于人与人之间天然存在的天赋、资源、资本等差异,不同人受教育的水平存在差距,对法律知识的认知也存在差距,可能会导致对自身合法权益的不了解,对违法事情的不清楚,无法明确知晓可为之事和不可为之事,在合法权

---

① 郭东旭:《公共法律服务的治理功能、现实困境与完善》,载《北方经贸》2021 年第4 期。

益受到侵犯时也无法通过合法手段维护自身权利。因此,公共法律服务的法治宣传教育功能建立的出发点也在于维护公民获取法律知识的起点公平和机会公平,让人们都有相同的机会和能力知晓法律、运用法律。

公民权利维护功能是公共法律服务的重要内容,其具体形式主要表现在法律援助的提供上,由此确保法律的正确实施,维护社会公平正义和公民的合法权益。要想获取无偿的法律援助,主体可以是特殊案件的当事人,也可以是经济困难的公民。对于不同的公民来说,因相互间具有不一样的经济基础、知识层次、法律观念等,从而造成经济困难、身体残疾等情形发生,无法公平地享有部分权利。法律援助制度能够有效保护这些弱势群体的合法权益,实现公平与司法正义。

法律服务供给功能是重点针对弱势群体、小微企业、农村集体经济组织等主体而言的,因其具有自身的特殊性,而导致其在法律咨询、法律顾问、仲裁、司法鉴定、公证等方面需要得到相应的基础性法律服务,是对市场法律服务的补充。由于不同社会群体之间的经济状况不同、知识水平存在差距和信息不对称等,导致获得法律服务的能力存在差异,通过公益性以及基础性的法律服务的有效供给,可以使公民的基本法律需求得到充分满足,同时能够有效化解矛盾纠纷,使他们的法治观念得到全面增强。

公共法律服务可以通过制度建设实现一定程度的社会公平,关注社会弱势群体、普及法律知识等措施为所有社会成员提供一个平等维护自身权益的基本条件,弥补起点的不公平;通过对弱势群体等提供公益性、无偿性的法律服务,缩小与其他群体的结果不公平。通常情况下,只有在理想状态下才可能存在起点公平,任何两个人都具有不一样的出生背景以及天赋,所以不会有相同的起点。因此,在实践过程中,普遍存在由此而造成的机会不公平现象出现,即使过程公平,结果也是不公平的。现实中的起点公平是一种存在自然差别的相对公平,公共法律服务弥补的起点不公平,主要是通过公益性的法律服务使公民在法律知识普及程度和法律帮助资源分配上尽可能地实现平等。要想在社会中拥有公平的起点,公民就必须获取基本的法律帮助。密切关注存在生理缺陷或经济上贫困的弱势群体的困难并提供必要的保障,解除人们维护法律权益的后顾之忧,才能促进公平的实现。

综上所述,公共法律服务能够在消除不公平现象中起到一定的作用,却无法实现真正的公平。例如,高收入者可以通过聘请高水平的律师为自己提供高质量的法律服务,在整体上比弱势群体更能获得好处。但公共法律服务强调的公平并非平均主义,是通过弥补起点和机会的不公平,缩小结果的不公平程度,同时也需要关注公共法律服务与效率的关系。

2.效率对公共法律服务产生影响

公共法律服务是以政府为主体实施的公共服务,但它并非古典经济学家所认为的那样会阻碍自由竞争市场的运行且导致效率降低。公共法律服务制度反而能够为市场的运行创造稳定的环节,在一定程度上促进效率的提高。一般来说,经济效率有静态效率、动态效率之分,其中前者主要是针对资源配置而言的,体现在达到帕累托最优状态,但这要以完全竞争市场作为前提条件。而动态效率则是一种动态的协调过程。

关于混合公共物品,其不仅具有公共物品的特征,而且体现了私人物品的特点,有以下两种类型之分:一类是同时具有非竞争性、非排他性的混合物品,一类是具有外部效应的混合物品。前者可以通过收费的方式将不付费者排除在受益范围之外,可以由市场提供也可以由政府弥补由供给而支出的各项成本,最终实现免费供给;而后者则与之不同,应对外部效应进行相应的判断,若出现较大的外部效应,则应当通过公共供给来实现,为了提高效率也可以采取混合提供方式。

公共法律服务是通过一定的组织为特定社会成员在特定范围内提供的法律帮助。在公共法律服务消费过程中,一个人的消费不会将别人排除在外,充分反映了它的非排他性特征。公共法律服务需要一定的资金支持,由政府财政提供保障。公共法律服务提供者的人数也是有限的,因此,随着消费者人数的增加,收益额必然减少,说明公共法律服务具有竞争性。由此可见,公共法律服务的非排他性和竞争性决定了混合公共物品的属性。同时,公共法律服务还具有较强的外部性,不仅保护当事人权益,同时也维护社会秩序与法治环境,增加整个社会的福利。仅靠市场提供会出现供给不足的现象,因此,由政府主导实施公共法律服务在一定程度上实现了对外部性问题的解决。

但是,公共法律服务的道德风险和机构膨胀可能会带来静态非效率。道德风险问题有三种:第一,如果贫困阶层的状况优于独立劳动者,会损害独立劳动者的劳动积极性。因此,公共法律服务标准应当适度,特别是要考虑社会分配关系,应当作一种基本服务来看待,且应处于较低水平上。第二,尽管公共法律服务的社会成本是正数,但接受服务一方不直接支付费用,对于供给者与消费者而言这一过程是"零"成本的。因此,不需要考虑消费者的支付能力,政府以外的供给者可能存在过度供给的动机,进而导致公共法律服务面临"过度消费"的现象。公共法律服务的供给越全面,可能过度消费的倾向越严重。第三,由于存在政府以外的第三方提供公共法律服务的情况,第三方实际上是政府的委托代理人,由于政府、第三方和消费者之间信息不畅,加上法律服务的标准和效果难以界定,第三方供给者的工作绩效难以用具体的标准衡量,必然会出现道德风险。消费者难以拥有充分的信息判断第三方供给者提供法律服务过程中的努力程度,案件的不确定性、方案的多样性等外在因素也增强了法律服务供给者机会主义的倾向,政府难以对供给者的具体行为进行有效制约。公共法律服务制度的顺利运行必然需要相应的机构负责协调、管理以及征收和报销费用等。在产品供给方面,政府主要负责提供非市场产品,因其并未制定严格的"投入—产出"衡量标准,往往具有非常低下的生产效率,管理成本高、监管效率低。随着经济社会的发展,公共法律服务需求的增加,现有的行政管理机构、人员数量具有膨胀的趋势,进一步加大了公共法律服务机制的运营成本。

动态效率的核心是经济增长,经济增长涵盖以下四个方面:物质资本、技术进步、知识积累、人力资本。公共法律服务的动态效率功能能否得到充分发挥,不仅由公共法律服务对上述四个方面的影响程度来决定,而且必须关注经济增长对其造成的反向影响。公共法律服务是保障和改善民生的重要举措,与经济发展程度成正比,推进公共法律服务的发展有利于为经济发展创造良好的法治环境。所以,对于公共法律服务、经济增长而言,前者能够加快后者实现的速度,同时后者会对前者的供给总量、供给内容和供给方式产生深刻影响。

综上所述,静态效率与动态效率共同有利于公共法律服务的促进与发展,有助于保障民生,维护公民权益,同时也能为经济发展构建较好的法治环境。

(三)作为公共法律服务供需均衡的标准

实现公平和效率的均衡,是为了更好地创造社会福利。以尽量低的成本,提高国民收入总量和保障政府提供基本公共服务,促进社会经济福利的增加,使最大多数人能够最大限度感受到幸福,这是公共法律服务供需均衡的衡量标准。

在西方经济学中,大部分经济学家认为公平与效率之间的矛盾难以调和,形成了三种典型的观点。

公平优先论认为,应当优先考虑公平,不公平会损害效率。在旧福利经济学中,庇古是其中典型的先驱者,他指出促进社会福利的提升,其先决条件就是实现分配平等。德沃金认为,公平是市场效率的基础。罗尔斯将正义置于效率之上。按照公平优先论可知,通过市场能够实现最优的资源配置,然而市场具有盲目性的特征,则会导致不公平现象的出现。对经济效率造成的影响主要体现在:由于资源配置结构失衡,经济运行机制有效性难以得到正常发挥,从而导致人们获得的收入与付出的努力程度不成正比,降低工作热情最终使效率降低。公平优先论的依据主要体现在:第一,公平是所有公民生来就应当想说的权利之一,尽管政治制度和社会制度承诺人们公平获得各种机会的权利,但追求效率的自由市场机制会导致收入分配的差距,使机会公平难以实现,恶性循环导致效率降低;第二,盲目的市场机制存在缺陷,自由竞争难以产生符合文明社会要求的公平正义,因初始资源,如资本、天赋、力量等存在分配不平等的情形,导致机会的随机性产生,所以对于政府来说,应坚持公平正义的原则,给予市场一定的干预。概括地说,坚持公平优先论的学者,非常重视国家的主导作用,希望采取行政方式来达到真正的公平,但这种公平往往会带来平均主义、低效率和乌托邦式的幻想。

效率优先论认为,自由竞争才是最公平的。新自由主义者哈耶克(Hayek)认为,如果牺牲效率换取所谓平等,只会造成更大的不平等。公平应该是在自由竞争的市场中个体拥有平等的机会,国家的财富再分配实质上使用一种不平等替代另外一种不平等。政策目标应当优先考虑效率,为减少不公平提供必要的物质基础,当物质财富总量增加到足够多的时候,社会公平和正义自然会得到改善。要想实现社会财富的提升,首先要达到资源配置的帕累托最优状态,其次应具有较高的资源利用率,在此基础上实现最终的公平。政府的干预反而会让个体产生依赖心理,降低经济效率。但这一观点忽略了人与人之间在发展起点上的差距导致不可能实现的机会公平,认为经济总量的长期增长可以逐步渗入下层贫困阶层,但事实上经济效率的最大化反而引发了更严重的贫富分化现象,这反映了蕴含在效率中的公平是难以实现的。

公平效率兼顾论认为,公平与效率具有同等重要性,公平代表了政治权力,效率则是市场经济权利的代表,不能过分偏重于其中之一,只有全部实现才能促进社会的快速发展。所以在实践中,需要在二者间找到一个均衡点才行。奥肯认为,虽然公平与效率同等重要,但两者的地位随着时间和范围的不同而不同,当经济发展较快、财富差距过大时,社会就急需公平;反之,则需要首先追求效率。①

我国改革开放以来,党中央在吸收借鉴了各种经验教训的基础上,对公平与效率的关系进行了不断的探索。在探讨公平、效率二者关系问题的过程中,先后出现了"公平优先""同时兼顾效率和公平""效率优先,兼顾公平""初次分配效率优先,再分配公平优先""以经济发展为前提,对公平高度重视""理顺效率、公平二者间的关系,对公平给予更多的关注"多种思想。到了 20 世纪 80 年代时,人们迫切地想要实现社会公平,更加注重按劳分配的方式,始终坚持公平优先的分配观念。随后党中央逐渐认识到,实现共同富裕首先要提高经济效率,大力发展生产力。经过一段时间经济的飞速发展,贫富差距加大,迫切需要高度重视社会公平的问题,正是因此,在基本建成社会主义市场经济体制后,我国开始更加注重社会公平。从"公平优先"到"更加注重公平"并非轮回,而是旋转式上升的过程,在这一过程中,人们对二者关系的认识也在不断加深。

综上所述,公共法律服务的供需均衡有助于实现公平,公平可以作为衡量公共法律服务供需是否均衡的标准。公共法律服务的目标是缩小公民之间寻求法律帮助的能力差距,实现公平。公共法律服务的核心要义包含了公平性,以人民为中心,体现公平正义。因此,公平作为一种评价指标可以衡量公共法律服务供需的均衡。公共法律服务的供需均衡有助于提升效率,公共法律服务的供需错配会导致公共法律服务效率的损失,效率可以作为衡量公共法律服务供需是否均衡的标准。

二、供给与需求理论

除了公平与效率理论以外,供给与需求理论也是公共法律服务理论的重要内核。萨缪尔森系统论证了公共服务效率,强调了投入产出比的最大化,发展出帕累托改进、西托夫斯基标准等理论,这些理论大多从政府供给侧展开对公共服务供给效率的研究,与中国的善治理论存在一定的契合性。新公共管理理论和新公共服务理论将公共服务研究范围拓展到了需求侧,为实现公共法律服务供需均衡,提高供给效率提供了参考,具有一定的借鉴意义。但我们必须看到现有理论也存在其局限性,需要结合国情与现实对其进行修正与超越。

---

① [美]阿瑟·奥肯:《平等与效率——重大抉择》,王奔州译,华夏出版社 1999 年版,第 86 页。

目前已有大量经济学、公共管理学等学科的学者对供给与需求及二者之间的关系进行深入研究,概括起来可以将现有理论分为供给侧、需求侧以及供需均衡三个方面。

(一)供给侧理论

公共物品的供给主要是指供给主体以某种供给方式筹集资金并用于提供公共物品,包括供给主体、供给模式、供给内容等,其实质是资源配置。公共物品的长期供给能够提高经济效率和社会福利。[1] 按照传统的公共选择理论,通常是基于同质偏好假设,以公共物品自身所具有的非排他性、非竞争性两个特点为基础,对有效供给以及资源配置进行深入剖析。若能够将所有消费者的真实偏好都显示出来,达到一致性就会变得非常容易,以帕累托最优状态下的数量来安排公共物品的生产和供给。但是,不同于私人物品,公共物品的供求决策是通过政治制度而非市场制度实现的,因此不存有能够有效分析公共物品供求分析的竞争性秩序的对应物,因而,公共物品有时候不能有效率地提供,甚至会违背民众的意愿,导致公共选择失灵,难以实现帕累托意义上的社会福利最大化。[2]

公共服务的供给主体主要由政府、市场和第三方构成,关于供给主体的选择并非单一的而是动态多元化的过程,不同主体之间相互转换、替代、合作与监督进而实现供给的最优状态。供给主体的变化也是供给机制替换和优化的过程。供给模式基于供给主体性质,可以分为公共部门供给、私人部门供给和多元供给三类(参见图 4-1)。

公共部门供给主要存在以下两种不同模式:一种是政府直接供给;另一种是政府间合作供给。在实践中,国防、公安等纯公共服务一般由政府直接且单独供给。由于公共服务内容广泛,政府间的合作供给模式对公共服务的供给起到了积极作用,在资源有限的情况下,政府间的合作可以兼顾供给效率、效益和公平。[3] 公共部门供给可以发挥政府管理优势,避免信息不对称带来的

---

① Batina R. G., Public Goods and Dynamic Efficiency: the Modified Samuelson Rule, *Journal of Public Economics* 1990(41), pp.389-400.

② 胡乐明、王杰:《非自愿性、非中立性与公共选择——兼论西方公共选择理论的逻辑缺陷》,载《经济研究》2020 年第 12 期。

③ Andrews R., Entwistle T., Does Cross-Sectoral Partnership Deliver? An Empirical Exploration of Public Service Effectiveness, Efficiency, and Equity, *Journal of Public Administration Research and Theory* 2010(3), pp.679-701.

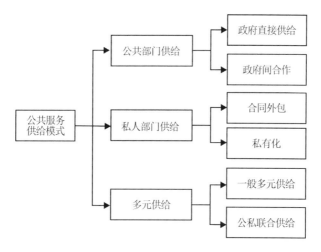

图 4-1　公共服务供给模式

影响,然而这通常会受到传统官僚体系下垄断供给的种种限制,服务成本主要来自政府资金,不能形成足够提高供给效率、降低服务成本的动力,进而导致服务水平不高。私人部门供给模式包括公共部门以合同方式与私人部门建立委托关系的合同外包和私有化。合同外包的供给责任主体仍然是政府,私有化则是私人部门拥有公共服务的产权。无论是公共部门或者私人部门,单一的供给模式都存在不可避免的缺陷,难以兼顾效率和公平。除了公共部门和私人部门,第三部门也是公共服务的供给主体。通常第三部门会联合公共部门或私人部门一起提供公共服务形成多元供给模式。多元供给模式既能发挥政府的管控作用,又能实现市场的高效供给,加上第三部门的补充,使公共服务供给公平化、高效化和多样化。多元化供给的主要形式之一——公私联合供给模式在理论和实践中备受关注,主要是公共部门和私人部门以实现特定公共效益为目的,为提供公共服务而建立的合作伙伴、融资、建设和经营管理模式。①

1.公共选择理论

公共选择理论指出,既要降低政府在公共服务领域的影响,也要削减其在公共产品方面的作用,并明确市场与社会在该领域的地位。该理论的独特之

---

① 叶晓甦、徐春梅:《我国公共项目公私合作(PPP)模式研究述评》,载《软科学》2013年第 6 期。

处在于将经济学交易模式、个人主义方法论等内容运用到政治行为研究中。美国经济学家詹姆斯·麦吉尔·布坎南在公共选择理论领域成就显著,其通过经济学方法分析政策决策的过程,对政府的本质进行了深入的探讨。公共选择理论有三个核心内容:第一是交易的政治理论。该理论在政治选择领域引用了市场交易行为的分析模式,将前者的政治决策视作交换行为,除权力与利益以外,最终结果还与政治领域对地位的让步与交易有关。第二是个人主义方法论。布坎南认为,"一致同意规则"即在原规则选择层面延伸引用了原以特定政策选择层面为主的集体使用资源效率标准,[①]从而实现整治行动从集体向个人的转变过程。集体行为的产生是个体行为的必然结果,个体行为是集体行为的唯一终极决策者,因此要以作出政治行为的个人作为研究对象进行深入剖析。第三是经济人假设。亚当·斯密最早提出此概念,它是西方经济学的基本前提。公共选择理论将政治也作为一个经济市场,强调必须满足经济人假设前提。由此可知,在拥有自利性的同时,还需对政治家提出理性要求,其行为受到利益驱使,同时也追求成本最小化,在信息充分的前提下作出最优选择。

结合公共部门运作情况可知:首先,公共选择,即将无数个个体偏好进行融合而形成最终的集体决定,想要在实践工作中达成所有人一致同意并不现实,多数同意是公共决策的基本准则,但也为多数人暴政埋下隐患;获选政治家需在遵循既定流程与制度的基础上作出公共部门决策,然而获取最终胜利是其参与选举的最终目标,所以既会引发不公现象,也会降低公共选择效率。其次,导致政府失灵的根本因素有以下两点:一是对政府项目立法持支持态度的群体能够满足政府的预算需求与规模标准,相关人员将在赢得竞选胜利后组成利益集团;二是短期性是政治家实现定期选举利益最大化的根本目标,追求短期效益和看得见的成果,破坏了长期利益和长期计划。

公共选择理论在发展过程中也遭到一定的批评。第一,人的本性具有社会性,人的自利动机不一定必然存在,个人也可能是出于理想、信念、荣誉等非经济因素参与政治活动;第二,政治活动与经济活动存在一定区别,个人无法全权负责相关成本与最终收益,同时由于个人的理性和智慧有限,不可能在任

---

① Marianne Johnson, Wicksell's Unanimity Rule: Buchanan's Dominance Considered, *The American Journal of Economics and Sociology* 64(4), 2005, pp.1049-1071.

何时候都作出对政治活动成本和收益最准确的预测与判断;第三,人的需求是多元的,除了自利因素,利他主义、自我牺牲精神等因素也影响个人的选择。

尽管公共选择理论存在一定的逻辑问题,但也不能否认公共选择理论的正向影响。第一,该理论为政府奠定了严谨的理论基础,对政府的局限性进行了反思,强调规则和立法限制的重要性。第二,公共选择理论将个人看作是开展行动与举行评选的基本单位,在探究个人决策与相关偏好的同时,明确与制度结构对应的结果,通过采取经济学方法及其相关理论对政治行为进行科学的分析,能够在很大程度上消除采用传统政治学研究方式而带来的种种弊端。第三,在公共服务的范畴,公共选择理论指出有效管控政府扩张和确保个人自由的必要性,要求加大市场保护力度,适度外包公共服务,为私营企业提供更多机会,在应用市场机制的同时进一步优化政府公共服务。充分运用公共选择理论,对详细阐述国家起源、政党制度与利益集团,分析投票规则与政府规模,明确列举政府干预的负面影响,建立民主政体防止政府权力滥用都具有重要的意义。[①]

2.新公共管理理论

新公共管理理论与公共选择理论都推崇市场力量,然而最大限度降低政府干预并非其关注的主要内容,其将重点放在政府公共部门内部,希望把市场机制引进来以使政府公共组织得到进一步优化。此间需将顾客视作公民身份,政府需轻管控重方向,既要满足公众服务需求,也要提高整体效率,适当引荐企业成功的营运管理办法,借力市场达到变革目标。同时,在公共服务领域中,对市场机制在其中能够体现出来的作用非常重视,通过倾听公民即顾客的声音,不断改进公共服务,降低成本的同时提高品质。

新公共管理理论的主要内容有:第一,公民是公共服务的需求者,而政府则是供给者,服务内容应能够完全适应消费者偏好;第二,政府应基于交易成本理论,在加大公共管理活动投入力度的同时更要关注最终结果,既要满足工作需要,也要推动社会发展,以期实现投小产大的目标,为顾客提供最需要的、品质最高的、高效的公共服务;第三,政府需采用竞争机制和市场机制加强管理,为私营部门提供进入公共服务供给领域的机会,打破以往全由政府部门管控的局面,提高公共服务供给质效;第四,建立绩效目标责任制度,按照职责分工来建立科学的指标体系,采用定期的形式来进行绩效考核,提高政府工作人

---

① 余燕、刘书明:《公共选择理论的发展及反思》,载《中国集体经济》2020 年第 10 期。

员的工作积极性;第五,借鉴私营企业人力资源管理经验,积极构建并优化人事管理系统,通过赋予人员更多话语权的方式提高其工作热情。

戴维·奥斯本与特德·盖布勒在新公共管理理论研究领域成果显著,其中以"重塑政府理论"最具代表性。在《改革政府:企业精神如何改革着公营部门》一书中指出,传统政府部门是社会的中心,具有行政权力、监察权力、决策权力,对于各方面工作均可全方位参与,但也呈现出政府规模庞大臃肿,效率低下、人员冗杂等问题。事实上,政府机构不需要所有的事情都亲力亲为,尤其是当前社会需求多样化,需要政府将其重心从具体事务中解放出来,将力量集中于大政方针政策的制定。新公共管理理论与传统公共管理理论最大的区别在于市场化和顾客导向。[①] 一方面,市场机制被运用在公共管理过程中,要求提高政府公共管理能力与效率;另一方面,政府在履行官僚机构职责的同时,还要肩负起企业责任,身处公共服务中的公民都是企业顾客,既要快速提升政府服务能力,也要满足日趋多样的社会需求。

3.多中心治理理论

20世纪90年代,公共管理领域正式提出治理理论,除供给方式以外,该理论还将公共产品及服务的供给体制作为重点研究内容,大力探讨治理方式,将构建社会和政府协作的善治模式作为发展目标。治理即借助合作、协商等手段来管理一切公共事务,公私领域的所有管理方式均包含在其中,其管理机制不再完全依附于政府而是通过合作网络来实现。

奥斯特罗姆夫妇是多中心治理理论的开创者。除权力中心以外,该理论还以组织体制为重点,重在强调生产与治理体制中心的多样化,通过协作负责公共事务的方式满足公共服务需求。传统公共行政管理理论认为,只有强化层级、权责界限清晰的体制才能拥有高效率,即单中心治理。存在多中心时也可以将此理解为无中心,既不支持垄断权力也不认可权力集中。就多中心治理体制而言,决策中心各异,形式彼此独立,是一种充满竞争和活力的模式。

多中心治理理论将兼具成本收益核算和独立决策优势的理性人作为基本单位,不同于传统经济领域完全的理性人,除环境因素干扰以外,该类理性人的犯错与纠错还多出现在自主决策以后。个人也许是直接行动的个体,也可能是代表他人作出决策的人。埃莉诺·奥斯特罗姆在研究公共池塘治理问题

---

① 黄柳东:《新公共管理理论与传统公共管理理论的比较分析研究》,载《现代经济信息》2018年第4期。

时，将人看作是复杂的社会人，"在这种情形中，人们不断地沟通，相互打交道，所以既能判断可信任的对象，也能明确公共池塘资源和他人受该类对象行为的具体影响，同时得出有效维护本身组织利益的方法。当该类环境对人产生长久影响时，不仅行为准则会逐步趋同，而且将以互惠形式处事，由此构建以突破公共池塘资源现存使用问题为目的的社会资本制度"。①

多中心治理体制在自主治理中占据基础地位。"自发性是多中心体制设计的核心"，"多中心独有的定义性特征即自发性属性"。② 自主治理对多中心治理而言尤为关键，既有助于确立决策、制定制度与实施监督，也有利于约束政治治理权力，外部权威发挥积极作用需要适应这种自治体制。除制度供给与相互监督以外，通过自主治理攻克的关联问题还涉及了可信承诺等领域。在制度供给问题方面，既要充分架构信任关系，也要构建社群理念；在承诺问题方面，强调认可与践行规则存在相互性，即将对方有无遵守作为自己是否遵守的依据，所以有效处理监督问题是实现承诺可信目标的关键。结合小规模社群可知，人与人的联系更为密切，为相互监督提供了方便条件。

相较于传统治理理论而言，多中心治理具有更多的选择，可以减少"搭便车"现象的出现，能够在很大程度上支持决策工作的开展。"公民可以借助多中心治理结构增加治理当局的数量。"③该理论提出了政府和市场之外治理公共事务的新的可能性，既能客观体现公民参与意愿，又能有效落实参与渠道，减少"搭便车"行为，可以避免公共服务提供不足。与此同时，该理论还将下移决策中心作为重点，将决策逐步落实到地方与基层，提高公民与基层组织的参与热情。传统公共决策认为，科学合理的决策应该由高层或中央政府作出，因为那里拥有先进的科学设备、高精尖人才以及全面的文献资料数据等，对于全国性的公共决策，不可否认高层或中央政府具有较大优势，但对于地方性的公共问题来说，由于其时效性与地域性，需要由生活在其中的居民和当地官员来解决。

集权与分权都具有其优势和劣势，在改革实践中应该避免两种极端的情

---

① ［美］埃莉诺·奥斯特罗姆：《公共事物的治理之道》，余逊达、陈旭东译，生活·读书·新知三联书店 2000 年版，第 275 页。

② ［美］迈克尔·麦金尼斯：《多中心体制与地方公共经济》，毛寿龙译，生活·读书·新知三联书店 2000 年版，第 78 页。

③ ［美］埃莉诺·奥斯特罗姆、拉里·施罗德、苏珊·温：《制度激励与可持续发展》，陈幽泓等译，生活·读书·新知三联书店 2000 年版，第 204 页。

况出现。多中心理论与官僚制理论实际上是并存的，为我们提供了不同的分析视角。"当公共服务的提供有限时，选用基于大城市的规模性组织更为适用，不过在提供该类区域所有的公共服务时并不适用。"①

4.善治理论

党的十八届三中全会首次提出"推进国家治理体系和治理能力现代化"，提出了治理的全新理念，构筑了富有中国特色的治理逻辑与治理话语，同时确立了制度—治理之间的有效链接，尝试从治理—法治—善治逻辑阐述全面推进国家治理体系和治理能力现代化的必经途径。② 而后，党的十八届四中全会正式将"善治"写入报告中，指出"法律是治国之重器，良法是善治之前提"，由此，善治为我国建设法治国家提供了基本指针，通过构建治理、善治与法治之间的关联来推动多层次多领域治理国家和社会。

善治是法治的一种基本形态，同时也是以"良法"为前提而成的一种治理模式。法治内涵丰富，不仅包括平等与公平两种概念，还涵盖了社会秩序与正义，"法治"的界定与现有的社会制度与社会文化息息相关，这是因为法律体系有效制约政府权力；保障公民应享有的合法权益，保障公民享有自由；除行政以外，法律基本原则也是立法的根本依据。③ 并且，有的学者从四个角度阐述"法治"的内涵：一是以国家制度和国家权力为基础，推行以法而治；二是基于法律与权力构建概念体系；三是明确司法制度体系在发展中的核心地位；四是全面贯彻权利与法治观念。④ 按照卢梭的社会契约论，人们为了更好地实现自由，让渡部分权利组建了国家，法律体现了人民的意志，不仅赋予公民权利，也规范政府行为。在现代文明社会，法治作用显著，良善品质的法律是维护文明秩序和保障社会和谐的基础，可以说，"善治"是法治进程中不断实现的更高级别的社会治理模式。善治可以归纳为五大基本要素——制度化、民主化、法治、效率、协调，⑤促使政府和社会就新型合作关系达成一致意见，达到最佳治理水平。善治的本质是以人为本，在强调观念与制度的同时，还需关注人在行

---

① ［美］迈克尔·麦金尼斯：《多中心体制与地方公共经济》，毛寿龙译，生活·读书·新知三联书店 2000 年版，第 56 页。

② 肖金明：《党内法治基本范畴、原则与逻辑》，载《上海政法学院学报（法治论丛）》2019 年第 2 期。

③ 张文显：《法治与法治国家》，法律出版社 2011 年版，第 5 页。

④ 於兴中：《法治东西》，法律出版社 2015 年版，第 16 页。

⑤ 俞可平：《依法治国的政治学意蕴》，载《探索与争鸣》2015 年第 2 期。

为方面的主体地位,除了全面发展与个人尊严以外,国家和法也要将个人兴趣纳入终极关怀范畴。[①] 实际上,还政于民是善治核心,与民协作是政府达成公共利益最大化的最佳选择。[②] 推行善治需满足两大条件:一是管理机构须关注政民矛盾,增强公民在公共管理活动方面的参与热情与认同程度;二是除选举权与管理权以外,还需保障公民拥有决策权与监督权。

善治具备治理优势,即提升公众的能动性,转变活动执政者与公众之间的伦理关系,由传统的主体性范式转向"他者性"治理范式。具体而言,执政者与公众之间应当形成"他者性"伦理关系,执政者与公众之间属于对方的"他者",通过感知"为他者"的伦理呼应,彼此均能感受到相互的尊重。在行政管理过程中,执政者不是采用强权式的管理或统治方式为公众施以义务,而是以服务的意识去对待公众。同时,公众也应当具有"为他者"的"他性",愿意主动承担相应的责任,"为他者"的精神可以转为"为他者"的行动。

善治模式下的政府行为将社会利益推向最大化。[③] 善治是我国政府在长期执政过程中,不断进行价值权衡、凝聚共识而形成的有助于切实保障我国人民权益的有效治理手段,它能够使得公民和政府保持通畅、良性以及有效的对话与沟通。[④] 在公共法律服务的语境下,善治表现为政府时刻以公民的需求为导向,积极引入社会各方力量参与到多样化的公共法律服务供给之中,切实保障公民基本权益,推动社会正义,在此过程中不断实现社会公共利益。[⑤]

善治理论对促进公共法律服务均等化具有重要的理论意义。第一,善治有助于规范公共法律服务均等化的责任主体。当前,在经济发展水平相对滞后的地区,不少基本公共法律服务难以满足公众需求,当地政府对基本公共法律服务的认识和投入不足,由此造成地方政府的公共法律服务职能弱化、主体意识与责任意识淡薄,进而造成责任主体的"无为"现象。公共法律服务的善

①　张文显:《法理:法理学的中心主题和法学的共同关注》,载《清华法学》2017 年第 4 期。

②　俞可平:《治理与善治》,社会科学文献出版社 2004 年版,第 8~11 页。

③　何哲:《"善治"概念的核心要素分析——一种经济方法的比较观点》,载《理论与改革》2011 年第 5 期。

④　李兵:《基于善治理论的体育公共服务供给侧改革研究》,载《南京体育学院学报》2016 年第 4 期。

⑤　李兵:《基于善治理论的体育公共服务供给侧改革研究》,载《南京体育学院学报》2016 年第 4 期。

治理论要求政府、市场和公民都应成为公共法律服务均等化的责任主体,通过多元主体协同,形成"市场参与""公民自治"的发展模式,进而明晰公共法律服务责任主体的具体权责。第二,善治有利于提高公共法律服务均等化的效率。将善治理论贯穿公共法律服务有利于有效调节公共法律服务部门的工作效率,理性设置司法行政部门的规模与权责,健全体制机制,提升公共法律服务的能力与水平,厘清不同层级司法行政部门之间的职能边界,进而突出地方司法行政部门的公共法律服务职能,最大限度降低管理成本。第三,善治能够引导公众参与,赋予公众更多权利,有助于实现公共法律服务均衡化的正义与透明。公共法律服务均等化包含多层面的含义,公民享有公共法律服务的权利均等,公民的表达权与参与权也应当均等。当前公共法律服务在不同地区、不同社会群体、城乡之间存在不均衡的现象,而供给不足的地区往往存在决策不公平、不透明等现象,且主要采取"自上而下"的决策机制,此种情况下,若能畅通公民利益表达的渠道,将能提升决策的透明化程度,促进公民与政府之间的有效互动,提升政府的权威性与公信力。①

综上所述,公共产品与公共服务供给方式与体制是善治等治理理论的研究重点,重在推行基于政府和社会合作的管理模式。公民、非政府组织等在公共事务中的两种作用:一是在治理中公民与政府共同形成公共权威治理社会;二是在公共供给中共同参与公共服务的提供。

(二)需求侧理论

"需求"属于经济学范畴,即消费者在一定时期内的每一价格水平下具备意愿和能力购买特定产品或服务的数量,②而"表达"则是将内心的想法通过一定的方式传递给他人,具有社会学特征。因此,公共法律服务的需求表达可以理解为公民采用特定手段将特定公共法律服务的真实需求偏好表达出来,同时能够对供需决策造成一定影响的过程。对于需求表达机制而言,并不是只体现在这个层面上,而是贯穿从表达到识别再到决策的全过程。这一过程中包含着需求主体、客体、内容、渠道、效率以及反馈等诸多内容。

先前的公共选择理论是基于经济人的假设前提而建立起来的,主要采用

---

① 浦义俊等:《善治视域下公共体育服务均等化路径选择》,载《成都体育学院学报》2011年第10期。

② 周刚等:《基于供求理论的本科生创新创业竞赛促进机制研究》,载《荆楚理工学院学报》2022年第6期。

同质化处理的方式来作出投票偏好选择,忽略了个体的偏好强度差异。亚当·斯密最早提出经济人假设,它是纯市场领域研究的理论根基,随后新古典学派将其视为解释人类社会经济行为的基本假说,贝克尔(Becker)等不局限于经济行为,只是把它当作能够对人类社会所有行为做出合理解释的一种工具而已。经济人假设将人的利己性作为核心,经济人在面临选择时,出于使自己获利的原则会趋向于采取相同的行为模式。

"需求显示"或"偏好表露"理论主要有赫维茨(Hurwicz)、克拉克(Clark)、格洛夫斯(Groves)、蒂布特(Tiebout)等人的研究。赫维茨经研究得出机制设计理论,选取以合作为前提的委托人和代理人两组人群作为研究样本,让研究者基于全能视角展开分析。同时对研究者提出制定有效机制的要求,既要确保委托人和代理人彼此信任,也要促使两者尊重为先,由此达成既定目的。对委托人而言,掌握代理人实际信息与当下能力是开展委托工作的必要前提,如果信息不准确就会影响决策判断的结果,机制设计理论又称为激励理论的存在,就是为了获取真实信息。赫维茨提出,涵盖市场机制在内的分散性经济机制属于理想状态,可以为民众表露真实偏好提供支持,同时还能达到帕累托最优。现实中,政府在信息和决策中的优势使其最终成为公共物品的供给主体。

关于赫维茨论证的真实显示偏好,克拉克、格洛夫斯二人对其存在的不可能性进行了验证,他们认为,税收政策是政府获取公民真实偏好的有效手段,能够降低公共物品供给效率受公民策略行为影响的可能。当人们需要决定是否选择某项公共产品时,每位参与人报告他对该项公共物品的取舍赋予的个人估值,也就是公共物品能给他带来多少回报,根据所有参与人总体回报最大原则选择一个结果,如果一位参与者的估值改变了结果,对公共物品决策结果起关键性作用的参与者就必须缴纳一定的税。克拉克提出了公共物品的定价方法,即个人的边际税额等于公共物品边际成本与公共物品所有使用者边际效用之间的差额,因而个人愿意尽量多地消费公共物品,直到其得到边际效用等于其边际纳税额。[1] 该机制主要运用于一种公共物品有超过两种供给方案的情况或是决定是否应该供给某项公共物品的情况。克拉克-格洛夫斯机制的原理简单来说,就是在其他参与者如实显露估值的情况下,某个参与者 A 说谎并不能带来回报的增长:假如 A 说谎不会

---

① 姚卫:《公共物品供给中的需求显示机制研究》,湖南大学 2010 年硕士学位论文。

影响最终结果,那么他的回报没有变化;假如 A 说谎改变了最终结果,若结果对他有利,但因为他需要缴纳与他的回报增长相等或更高的税,所以他最终获得的回报不会变化甚至变得更低。克拉克-格洛夫斯机制有效隔离了公民应缴纳的税收、表达偏好水平,为投票者表露真实偏好提供动力支持。就制度设计而言,克拉克-格洛夫斯机制并不复杂,也存在不足之处,现实中人们可能形成联盟,促使决策结果有利于自己,这时税制的激励性可能就失效了。不过在公共物品供给领域,该制度为策略行为提供了充分借鉴,其中以"搭便车"最具代表性。

蒂布特对地方公共物品的需求现实问题进行了分析,认为人们会根据对不同地区的公共物品的偏好而选择居住地点。一旦政府不能满足居民对本地赋税制度和公共物品的供给水平,居民可以迁移到自己满意的地区。为了吸引居民,政府必须按照居民的需求调整公共物品的供应。蒂布特模型可以在一定程度上显示居民的偏好,但是,一方面,居民在地区间流动时还面临着迁徙成本、交通成本和其他因素的影响,很大程度上会限制蒂布特模型的说服力;另一方面,蒂布特并未进一步解释对于迁移居民的偏好应当通过何种方法得知。

偏好显示机制的各种理论都具有其存在的合理性,但也都存在弊端。这些理论仍然停留在抽象的理论探讨上,运行成本高,可操作性低,因此,还需要进一步研究出实际可行的理论方法,解决公共物品的偏好显示问题。

阿罗(Arrow)、哈耶克、西蒙(Simon)等学者通过各种理论推演和案例研究逐渐构建出公共品领域的经济人假设,对经济人假设作出修正。[①] 修正后的经济人假设将人的异质性充分展现出来,指出不同个体间存在一定的差异,主要体现在生物学意义、成长环境、价值观念、文化氛围等多个方面,它们均会对个体造成不同程度的影响,在公共产品供给过程中呈现出来的行为选择与偏好往往会产生一定的差异。投票人在参与集体选择的时候,既会考虑自己的利益,又会受到集体伦理的约束,具体表现为利己偏好和利他偏好。利他偏好可能受到选民之间存在的亲缘关系或重复互动关系的影响,除此之外,关于不存在亲缘关系的个体合作,可以将其解释为趋社会性情感和强互惠性特征,也可以表述为强互惠性利他偏好,所以利他偏好则存在亲缘和互惠利他偏好、

① Falkinger J., Fehr E., Gächter S., A Simple Mechanism for the Efficient Provision of Public Goods: Experimental Evidence, *American Economic Review* 2000 (1), pp.247-264.

强互惠性利他偏好两种不同的形式。总的来说,异质性偏好就存在利己偏好、亲缘和互惠利他偏好、强互惠性利他偏好三种不同的形式。

构建异质性偏好的公共物品效用函数:

$$U_n(m) = U_{sn}(m) + U_{apn}(m) + U_{spn}(m) + \varepsilon_m$$

以上函数公式中,$U_n(m)$ 表示第 n 个投票者消费 m 数量的纯公共物品能够获取的效用,$U_{sn}(m)$ 表示由利己偏好带来的效用,$U_{apn}(m)$ 表示由亲缘和互惠性利他偏好而带来的效用,$U_{spn}(m)$ 表示由强互惠性利他偏好而带来的效用,ε_m 则表示在以上三种偏好之外的随机影响因素。所有人的偏好都存在异质性特征,上述几种偏好效用以及随机影响因素的总和构成了对消费 m 数量的公共物品的评价。换句话说,公共物品是否被选择、究竟提供多大的供给数量主要取决于上述几种偏好效用以及随机影响因素。

异质性偏好导致公共物品的消费存在天然的非自愿性。非自愿程度函数如下:

$$IU_n(m) = IU_n[U_n(m)] = IU_n[U_{sn}(m), U_{apn}(m), U_{spn}(m)]$$

非自愿程度函数,由效用结构决定。可以得出消费者非自愿程度系数的函数:

$$IU_n(m) = -[U_{sn}(m) + U_{apn}(m) + U_{spn}(m)]/[|U_{sn}(m)| + |U_{apn}(m)| + |U_{spn}(m)|]$$

非自愿程度系数数值范围在 $[-1,1]$,取值为 -1 时,消费者十分愿意消费;取值为 1 时,消费者非常不愿意消费;取值为 0 时,意味着对公共物品的消费处于可有可无的边界。可以推出,效用水平数值越大,自愿程度越高;反之,非自愿程度越高。尽管对偏好效用的测度带有较强的主观性和功利性,但它在揭示异质性偏好和公共物品的非自愿性上清晰简洁,通过它进行合理的理论推演有助于进一步认识公共服务的选择。

与非自愿性一样,非中立性对于公共物品来说亦是其具有的一种自然属性。在异质性偏好的基础上,不同的人消费相同数量的公共物品,通常会获得不一样的效用,无论其成本能不能实现有效分摊,损益都会处于非中立均等的状态。私人产品的消费,个人可以通过自我选择实现效用最大化,但公共产品的消费不能由个人单独选择,而必须在集体约束下选择,因此可能会出现有人净受损、有人净受益的情况,进而影响整体社会福利的损失。如果净受益之和不足以补偿损失之和,那么根据卡尔多补偿原则则不进行此公共物品的供给。

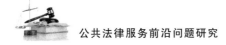

（三）供需均衡的一般原理

经济学家萨缪尔森、诺德豪斯等人将产品的市场均衡定义为：在完全市场竞争中，生产价格和数量的市场供给和需求会达到某种平衡点，在这一点上，购买者愿意购买的数量刚好等于供给者愿意出售的数量。马歇尔最先在经济学分析时引入均衡，即通过市场经济交易，供给者的经济利益实现了最大化，而消费者获取的效用也实现了最大化的一种理想状态。

在实践中，市场中的产品均衡会受到供给侧和需求侧的影响，经历不均衡到均衡再到不均衡的循环发展。一般而言，影响市场供给的因素有产品价格、技术水平、投入成本、市场组织、预期等，影响市场需求的因素有产品价格、收入水平、需求偏好等。这些因素会单个或多个地发生变化，影响供需均衡点的变化。在理想状态下，市场价格处于均衡价格水平之上，会导致供不应求的现象出现，造成生产过剩，使产品价格下降，向均衡价格靠近，反之亦然。由于市场主体的逐利性、信息不对称等因素的影响，市场自行调节实现供需均衡比较困难，因此，政府通过立法、规划、政策等宏观调控对市场供需进行调节。

上述一般原理主要适用于私人产品，公共产品的供需均衡不仅需要分析经济和社会指标方面的影响因素，而且由于公共产品不存在市场价格，其消费与政治制度的设计关系密切，需要形成从需求表达到需求识别再到供给决策作出的渠道使公共产品的供给满足需求。

公共服务发生供需失衡的情况，主要体现在以下几个方面：第一，公共服务供给过剩。因政府能力在不断增强，其供给水平在逐渐提升，由超额生产倾向而导致这样的结果出现。第二，公共服务供给不足。由于政府供给的服务种类、数量、质量等不能满足公众的需求，导致供给滞后、效率低下等问题。[1] 第三，公共服务单向供给，是指政府依据自身能力、运行状况作出单向供给安排，没有根据需求偏好调整公共服务供给结构，容易忽略地区和群体差异。[2] 第四，公共服务需求乏力。公共需求应当对公共供给起到牵引作用，但需求端的作用发挥与否和公众需求表达渠道、公民意识等相关。[3] 供需均衡理论要

---

① 程宇：《公共服务供需均衡的制度变迁范式》，载《四川行政学院学报》2006 年第 5 期。

② 郭小聪、代凯：《供需结构失衡：基本公共服务均等化进程中的突出问题》，载《中山大学学报》2012 年第 4 期。

③ 郭倩倩、秦龙：《政治冷漠与积极公民重塑》，载《探索与争鸣》2016 年第 3 期。

求政府通过制度安排,满足公众的多样化需求。实际上,对于公共服务供给侧改革来说,实现对公民真实需求的精准供给就是其最终目的所在。[①]

1.新公共服务理论

新公共服务理论是在其不断被批判以及反思过程中逐渐建立起来的,新公共服务学派指出,"相较于政府的早期'改革'而言,现下基于新公共管理的'市场模式'所涉范畴更大,在一定程度上对民主政治在公共部门管理中的主导地位产生威胁"。[②] 罗伯特·B.登哈特等认为,就新公共管理而言,只是重视经济、效率、效能,没有体现公平、道德和民主的社会价值。新公共服务理论将公民放在首位,重在构建服务型政府,秉持以人为本的工作理念,以公民的需求为导向。公民不仅是公共服务的顾客,也是提供公共服务的一方,利用向本身和他人提供帮助的方式与政府达成合作,从而有效应对公民现存生活问题。结合新公共服务理论可知,该理论既强调自治,又重视民主,多以自我服务和管理的方式满足公民需求。

新公共服务的基本内涵:第一,政府应将服务作为核心。为公民表达需求提供支持,为实现共同利益提供保障,减少管束。第二,政府的根本目的就是实现公共利益。政府应逐渐形成一种公共利益思想,使公民的利益得到最大限度实现,满足尽量多数人的共同需求。第三,"战略地思考,民主地行动"。颁布能够有效满足公共需求的各种政策文件,在政府以及社会各界的共同努力下促进最终目标的实现。第四,"服务于公民,并非顾客"。公共利益是在共享价值探讨过程中建立并逐步发展而来的,并非简单地将个体利益进行汇总处理,因此在有效满足公民需求的过程中,对于公务员而言,应充分关注合作、加强信任。第五,"责任并不是单一的"。管理部门不仅要关注市场、政治规范和公民权益,还要关注法律法规与专业标准。第六,"重视人而不只是生产率"。强调对人的尊重,在部门管理中引入共享与协作精神,既要满足个人需求,也要契合社会效益。第七,相较于企业家而言,要将公共服务价值和公民的价值置于更高标准。通过遵循与践行为社会作出贡献的承诺,公务人员与公民均能从中获益,这与管理者的企业家精神并无关系,将公共财物视为自己的一样行动。

---

① 王玉龙、王佃利:《需求识别、数据治理与精准供给——基本公共服务供给侧改革之道》,载《学术论坛》2018年第2期。

② 李军鹏:《公共服务型政府》,北京大学出版社2004年版。

新公共服务更重视建立一个将公民放在首位的公共机构,强调政府与公民之间的良性沟通与交流,重视公民的意见。在有效调和公民共同利益的同时,政府还需确保价值观保持统一。公共政策在关注公共与其他组织的同时,组建联盟时还需兼顾私人,由此达到统一需求。服务是该理论政府治理的核心,始终将公民意愿置于首位,最终的公共利益选择符合公民需求。①

2.公共产品理论

降低公共利益在市场失灵中的损失是引用公共产品理论的根本目的,该理论将产品的性质作为划分社会产品类型的主要依据。一是公共产品,二是私人产品。公共产品理论以市场经济为前提,除彼此关系与总体规律以外,该系统还全面分析了社会需求和政府供给的主要结构,研究了社会公共需求的弹性特点等。

萨缪尔森从分析性定义角度对私人产品和公共产品展开对比探究:就公共产品而言,其基本特征在于所有人的产品消费均不会因其他人使用该类产品而降低,即非竞争性。对于私人产品而言,生产者可以决定由谁获得这一产品,不愿意为这一产品支付费用的人会被排除在外。两类产品的根本差异体现在总量和个人消费量的关系上。萨缪尔森的二分法只是对两种极端情况进行理论层面上的讨论,现实中存在许多中间状态。马斯格雷夫充分借鉴了前者的研究成果,除了私人产品与混合产品以外,还将产品划分为优效品与公共产品。其中,在遵循市场机制的基础上达到最优配置标准的即私人产品;基于市场机制的消费水平未能达到权威机构要求时,后者干预相关消费且无须消费者同意的物品即优效品。公共产品和优效品则属于非私人物品,相较于市场机制而言,政治体系才是达成最优配置目标的最佳选择,而供给者有无考量消费者偏好与意愿则是两者的最大区别。布坎南将可分性作为划分产品类型的主要依据:一是"纯私人产品",即加总私人消费量所得结果与物品总量相等,不可分范围与程度均记作零;二是"纯公共产品",即单个消费者消费量与单个物品总量相等,不可分范围与程度均很大。除了"纯私人产品"和"纯公共产品",还存在其他几种可能。还有很多学者例如德姆塞茨、奥尔森等都对公共物品做了不同的解释。

综上所述,可以总结概括出公共产品的基本特性:一是非排他性。拥有私

---

① 李明阳:《新公共服务理论对构建服务型政府的借鉴与启示》,载《经济研究导刊》2019年第29期。

人产品的一方可在不受他人影响的情况下独自享有产品效益，不过公共产品存在让他人从中获益的可能，或者采取特殊手段处理的成本水平超出预期，甚至超过了使用该产品带来的收益导致排他的无效率。二是非竞争性。对于私人产品来说，一旦有一个消费者使用了该产品，这一产品将不能再被他人消费，所以生产成本与消费者数量之间成正比。不过对公共产品而言，其生产成本不会随新增消费者而上升，当范围既定时任何人消费某一公共产品均不会对个人消费该产品产生影响，即便消费者数量上升也不会增加边际成本。三是外部经济性。任何人可以在无须支付公共产品的前提下进行消费。因为产生外部经济的部门难以取得酬劳，极易出现私人与社会在成本和收益方面发生偏离的情况。四是不可拒绝性。譬如义务教育，无论是否对该公共产品存在意愿均要进行消费。

市场竞争机制作为资源配置机制的好处已得到大部分人的认同，所有参与者都可以通过竞争性市场资源交易并获取利益，社会资源的价值也获得了最大化。现代福利经济学提出了帕累托最优的概念，指的是在某种状态下，没有任何一个人能在至少不使另一个人处境不变得更坏的基础上让自己的处境变得更好。经济活动领域对帕累托作出如下界定，即某人福利资源配置的提升必然要以牺牲他人福利为前提。不过现实世界基本不存在上述状态，但它的存在有可能带来社会福利的增进。造成公共产品提供低效的根由有三：一是就公共产品而言，其均衡状态下的消费者需求曲线存在典型的虚拟特征，消费者很难描述出自己的真实需求曲线。价格在这里所起的作用与私人物品不同，价格不再能决定谁将消费多少，仅能用作确立使用者划分公共产品成本的依据。二是消费者在明知个人需求曲线的前提下隐藏其真实偏好。对公共物品需求而言，所有人均对自身影响的轻微程度持统一意见，相信其他人会在自身隐瞒真实需求的同时为公共物品给予资金支持从而达到获益的目的。三是消费者客观阐述真实需求，不过受总体数量较多的影响导致计算成本增加，总量计算难度增加，消费者要达成协议变得困难甚至无法实现。

三种经典的低效模型包括公共的悲剧、囚徒困境和集体行动的逻辑。其中第一种模型加勒特·哈丁（Garrett Hardin）给出更加全面的解释，在一个绝对开放的公共牧场中，任何一个理性的放牧人都可以通过畜牧来获取相应的收益，若出现过度放牧的情形，全部放牧人需要共同承担相应的退化成本。放牧人只需要付出退出成本的代价就能以此换取直接获利的机会，这也是促使其提高牲畜总量的根本动力。据公共的模型可知，所有人使用存在竞争性但

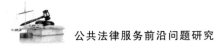

未有排他性的公共产品的权利并无不同,由此追究经济利益最大化的经纪人会有滥用一切不需要付费或付出任何努力就可以得到产品的动力,进而导致对公共产品的过度消费,公共产品因此退化。社会最优供给在过度消费的影响下逐渐超出公共物品,导致所有人的消费收益下降,最终造成公共产品提供低效的结果。阿尔伯特·塔克(Albert Tucker)最早提出囚徒困境。犯罪嫌疑人 A 与犯罪嫌疑人 B 被抓捕后隔离审讯,警方给出了三个解决方案:一是假设 A 与 B 均坦白罪行,则均判处 8 年有期徒刑;二是假设 A 坦白、B 隐瞒,则释放 A 并判处 B 10 年有期徒刑(或相反);三是假设 A 与 B 均不坦白罪行,则均判处 1 年有期徒刑。重复多次或单次所得结果有所差异。以重复为例,将产生多次博弈,若一方在上回合不进行良好的合作,本回合需接受相应的"惩罚"。在这种情况下,每个人可能会因害怕被惩罚而不再有欺骗的动机,由此便会形成一个更好的效果。若资讯不会造成任何影响,则囚徒们可以采取合作不坦白的手段来达到利益最大化的最终目的,一旦无法明确资讯则多通过出卖对方的方式确保自身利益最大化。所以,A 与 B 在资讯不通的情境下均将抛却团体利益即背叛对方作为最佳选择,该帕累托最优方案即"困境"所在。集体理论指出,共同利益是促使相关个人自行加入相关行动的根本原因。奥尔森认为,"除了一个群体中人数相当少以外,个人为共同利益开展行动还多受到特殊方式或强制手段的影响,若非如此,无论是保障本身利益,还是遵循理性思考,均会成为阻碍他们参与共同利益行动的阻碍"。[①] 首先,除物品水平以外,群体总收益还受到集团规模的直接影响,而成员在集团收益中的占比情况直接决定了个人收益水平。然而该类物品存在非排他性,任何人都拥有消费权利,集团中的个人会倾向于获得最大的份额,很难拥有主动提供集体物品的动力。在其他条件相同的情况下,集团规模越大,个人占据的份额就越小,个人愿意贡献集体物品的动力越小,集体物品的供应量越难以达到最优水平。因此,集团规模越大,效率越低。其次,当个人的集团获益程度提高时,对应收益也将随之增加。譬如财产税,相较于穷人而言,富人在减免方面的获益更加显著,实现最优水平便是促使后者主动为集体物品予以更多支持的根本原因。因此,当集体成员规模分布均衡时更容易偏离最优水平。最后,在公共物品的成本分担上,成员付出成本份额的高低和最终所得收益的多少并无直

---

① [美]曼瑟尔·奥尔森:《集体行动的逻辑》,陈郁译,生活·读书·新知三联书店1995 年版,第 2 页。

接关系。

"搭便车"现象导致个人可能隐瞒自己的真实需求,期望他人承担公共物品的成本,而自己可以免费享受,进而影响公共物品的供给困境,这时候理性行为人需要通过集体决策来决定公共物品的供给。就个人行为而言,其在小规模群体和大规模群体中的心理学基础存在明显区别。若为小规模群体,个人和他人的彼此关联更为密切,人们更容易采取结盟、讨价还价、以牙还牙等策略性行动;在大规模群体中,人与人之间的依赖较少,个人行为微不足道,不会对总体结果产生影响,公共物品的多边交易难以达成。如果没有某种决策规则改变人的行为,公共物品的交易将无法达成。

关于一致同意规则,实际上就是一种集体决策制度,从公共物品自愿交易中逐渐产生。对于私人物品来说,参与双边交易的双方在意见上保持统一即为一致同意。公共物品受不可分性的影响涉及多人之间的交易,要保证每个交易参与者都同意关于公共物品的决策也需要满足一致同意规则。布坎南认为,对大规模群体而言,在遵循一致同意规则的基础上则可有效规避"搭便车"现象。该规则将获取所有人一致同意视作达成交易的基本要求,促使所有人发现自身在其中的关键作用,当个人发现通过公共物品所得成本低于最终收益时,将有意凸显本身的真实需求。若决策受益者想要扭转初期并未实现一致同意的局面,多会利用向决策受损者提供政策补偿的方式争取后者同意,由此达成全体一致同意的目的。不过上述情形属于理想状态。一方面,随着人群规模的扩大,全体一致同意所需成本也在急剧增大;另一方面,要达成一致同意在实践中非常困难,任何一个参与者投出反对票都将导致集体决策无法达成,而反对者很可能是出于心理不平衡或者对公平的理解不同等无法预见的理由。一致同意规则过于严苛,因此在现实中很少有采取该原则的集体决策。

为了保证交易中的每个人都同意采用一致规则,通过外部强制力量或外部仲裁者参与到决策中来显然与自愿交易理念相悖。从集体决策上看,个体选择行为不仅需要支付决策成本,而且会带来一定的外部成本。外部成本是指当本人不同意某一方案时,感受到或预期到的其他表示赞成的人的强制成本。除交涉成本与让步成本以外,决策成本还包括参与者以达成某项决策为目的所投入的沟通成本。以 N 指代全体参与人数,表示同意的人数为 N_1,一致同意意味着 $N_1 = N$。外部成本会随着同意人数的增多而减少,当 $N_1 = N$ 时,外部成本为 0。决策成本会随着同意人数的增多而增加,当 $N_1 = 1$ 时,决

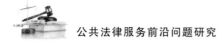

策成本为 0。个人面临的总成本为外部成本＋决策成本,在选择决策规则时需要使之最小化。

外部成本的函数:$A_i = f(N_1)$,$i = 1, 2 \cdots\cdots, N$,$1 \leqslant N_1 \leqslant N$

决策成本的函数:$B_i = g(N_1)$,$i = 1, 2 \cdots\cdots, N$,$1 \leqslant N_1 \leqslant N$

当 $A_i + B_i$ 最小时,$1 < N_1 < N$,N_1 为介于 1 和 N 之间的某个值,由于决策成本的存在,一致同意规则往往并非最佳的决策规则。如果不考虑决策成本,那么任何非一致同意规则的决策都会带来一定的外部成本。因此,理性的个人在选择决策规则时会计算比较自己所获得的收益和付出的成本。同时,个人在决定是否参加某一集体决策时,如果采取非一致同意规则(多数规则),他并不能确定自己属于多数还是少数,那么他将尽量避免加入这种集体活动。①

公共物品的不可分性源于决策过程的不可分性,即集体决策。一致同意规则意味着任何人都不存在外部成本,当决策规则不符合一致同意规则时,由此产生的外部成本所要分摊的人员达到一人及以上。一人及以上状况受到偏离帕累托效率变动的直接影响即帕累托效率。布坎南从政治选择术语角度展开分析,认为威克塞尔一致同意是帕累托最优的最佳选择。然而对于集体的极少数成员而言,当某一变革得到全部成员的一致认可时,其境遇必定每况愈下,此时的变革提议未能达到帕累托最优标准。② 若要促使私人物品交易实现帕累托最优,就必须达到完全市场竞争标准;对于公共物品集体决策规则来说,因决策成本的存在,从而造成偏离一致同意规则情形的发生,但与无效率不是等同关系,反而可以由此形成更高的效率标准。既然存在这样的情况,由政府提供公共物品来实现帕累托效率恐怕也不存在理论依据。目前,学术界将政府作为公共物品的主要提供方属于非效率彼此代替的做法。在《公共物品》中,布坎南所分析的公共物品在交易过程中可以对数量进行调整,却通过《同意的计算》从接受和拒绝两个角度明确决策分析,导致调整数量并不可行。结合公共物品集体决策可知,"互投赞成票"尤为常见。假设有 A、B 两人对 X、Y 有不同偏好,A 主张 100 份 X、50 份 Y,而 B 主张 50 份 X、100 份 Y。如果数量上具有可调整性,则交易协商的结果可能是 75 份 X、75 份 Y,交易结

---

① 张琦:《布坎南与公共物品研究新范式》,载《经济学动态》2014 年第 4 期。

② [美]詹姆斯·M.布坎南:《公共物品的需求与供给》,马珺译,上海人民出版社 2017 年版,第 85～90 页。

果取决于谈判能力与实际实力等；如果不具有可调整性，则 A、B 两人无法通过一致同意规则，该决策无法通过，A、B 均无法得到任何公共物品，这对于两人来说是最差的结果。因此 B 对于 A 的主张，理性选择会是接受，A 对于 B 的主张也会选择接受作为某种回报，而如果还存在其他参与人 C，此时 A、B 已形成多数，即使 C 的主张只有 30 份 X、30 份 Y，也可能会通过 100 份 X、100 份 Y 的决议，导致公共物品成本分摊至 C。由于"互投赞成票"较为多见，因而更易实现集体决策，但公共物品往往倾向于过度提供。

综上所述，通过分别分析供给与需求的相关理论为探析公共法律服务的供给与需求理论提供必要的理论基础：供给侧理论包含新公共选择、新公共管理、多中心治理、善治等理论；需求侧理论主要在剖析回应供给侧理论的基础之上，借用函数公示进行证成；供给需求均衡原理则主要围绕新公共服务理论以及新公共产品理论展开论述。

三、公共法律服务的供给与需求理论

公共法律服务的供给与需求可以直接被拆分成"公共法律服务的供给"与"公共法律服务的需求"两个部分，鉴于当前理论界与实务界未对以上两个概念作出明确的界定，笔者拟采用类型思维方法探析公共法律服务的供给与需求的含义，即将公共法律服务与具有其相同或相近特征的事物进行类比，进而概括出公共法律服务供给与需求的应有之义。如前所述，虽然公共服务的概念要广于公共物品，但在狭义层面，公共服务指的是关于公共物品的生产及其供给，因此，可以参照公共物品的供给与需求对公共法律服务的供给与需求进行分析。此外，基本公共法律服务作为公共法律服务体系的重要组成部分，其供给与需求所涵盖的要素对界定公共法律服务具有重要的参考意义。

（一）公共法律服务的供给

公共物品供给是指公共物品由特定主体以何种方式筹集资金并加以使用，最终向社会成员提供公共物品的活动。[①] 公共物品的供给需要重点解决的是供给的种类、数量、生产费用的支付方式、生产方式以及质量保证方式等问题。[②] 基本公共法律服务的供给涉及供给理念、供给范围、供给资源、供给

---

① 樊丽明：《中国公共品市场与自愿供给分析》，上海人民出版社 2005 年版，第 5 页。

② ［美］埃莉诺·奥斯特罗姆、拉里·施罗德、苏珊·温：《制度激励与可持续发展》，陈幽泓等译，读书·生活·新知三联书店 2000 年版，第 87 页。

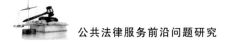
主体、供给方式五个方面。①

具体而言,基本公共法律服务的供给理念包括"以人民为中心、公平与效率并重、多元共治、底线保障"等理念;供给范围需要结合公众获取相关法律知识的内容、获取法律知识的途径以及为公众提供获得保障其生存和发展所需救济等;供给资源包括财政资源、人力资源、技术资源等;供给主体包括政府、市场和社会;②基本公共法律服务应坚持以政府为主导,充分发挥社会组织作用,有效利用市场机制,探索建立基本公共法律服务多元供给模式。③

综上所述,公共法律服务的供给指的是多元主体以特定方式向社会成员提供公共法律服务的法律活动,包括供给理念、供给方式、供给主体、供给覆盖面和供给资源、供给的生产方式与生产成本、供给质量的保证等内容。较之于公共物品和基本公共法律服务的供给内涵,公共法律服务的供给范畴更加宽广。

首先,公共法律服务的供给较之于公共产品更加依赖于市场竞争。前者能够打破传统政府"包办"的服务模式,将供给主体与供给方式扩大至市场与社会,进而有助于充分发挥市场在资源配置中的重要作用,降低政府购买服务的成本并且能有效激励公益服务。④ 但是,由于供给主体的多元性和供给产品的层级性,公共法律服务的供给曲线不同于其他市场上一般交易物品的供给曲线,公共法律服务的供给曲线除了价格因素,还需要考虑政策、市场背景、文化等因素。不可否认,公共法律服务的生产成本存在模糊性特征,集体成员均要为公共物品的成本负责,但是每位成员应当分摊多少成本没有一个明确的标准,并且成本征收也存在一定困难。

其次,与基本公共法律服务相比,公共法律服务的供给理念更加注重人民重点需求和社会发展需求的综合发展。基本公共法律服务供给必须持有一种较为贴近实际的底线思维,而不是要一味提供满足公众所有需求的多样化公

① 宋方青、邱子键:《论基本公共法律服务的供给侧结构性改革》,载《东南学术》2023年第1期。

② 宋方青、邱子键:《论基本公共法律服务的供给侧结构性改革》,载《东南学术》2023年第1期。

③ 于泓源:《关于推进基本公共法律服务的思考》,载《中国司法》2014年第4期。

④ 杨凯:《论现代公共法律服务多元化规范体系规范》,载《法学》2022年第2期。

共服务产品。① 换言之,其只满足公众的基本法律需求得到最低限度的满足。而非基本、市场化、社会公益化公共法律服务的供给需要创设多元化市场主体参与的体制机制,为社会力量的引入提供更加便利和流畅的平台接口,便于各类服务资源与要素的供给充分流动,进而有效维护市场秩序,优化服务配置的结构。②

(二)公共法律服务的需求

公共法律服务的需求与供给联系紧密、相互作用,公共法律服务的需求是建设服务型政府的逻辑起点。"公共行政是讲求公共需求与公共供给动态平衡的科学。"③不同于市场上的一般服务,公共法律服务的需求难以通过市场价格得到直接体现。实践中,公民通常不愿意表达自己的真实需求,有时还会将其中一部分或全部隐藏起来,并且,在不同时期、不同空间下的公民对公共法律服务的需求偏好具有差异性和动态性。此外,在现行的公共法律服务供给体制下,公民表达需求的渠道不够畅通。由于公民的需求难以有效地反映至政府手上,这就导致政府有时候为了达到政治目的、获取经济利益,进而倾向于提供那些能够为其带来更多利益的项目。面对公共需求和公共供给时,行政权力的把控情况直接决定了公共行政的绩效高低。④ 由此可见,对公共法律服务的供给展开研究反映了我国由管理型政府迈向了服务型政府,以保障公民权利作为服务型政府的重要目标。⑤ 在此过程中,政府致力于不断通过改进公共服务质量进而能够尽可能达到公民的需要,⑥可以说"需求导向型公共服务质量改进坚持以公共服务需求作为政府开展公共法律服务的思路和

① 宋方青、邱子键:《论基本公共法律服务的供给侧结构性改革》,载《东南学术》2023年第 1 期。

② 杨凯:《论现代公共法律服务多元化规范体系规范》,载《法学》2022 年第 2 期。

③ 黄建洪:《公共供求场域中的行政权力:配置方式、运行机制及发展趋势》,载《社会科学研究》2013 年第 5 期。

④ 黄建洪:《公共供求场域中的行政权力:配置方式、运行机制及发展趋势》,载《社会科学研究》2013 年第 5 期。

⑤ 文华、钟晓凯:《从"管理型"迈向"权利保障性"的地方立法——基于内地与澳门公共安全技术防范立法的经验比较》,载《地方立法研究》2017 年第 1 期。

⑥ 王春婷、鲁利洁:《基层政府购买公共服务中心的干预行为研究——基于两个案例的探索》,载《江苏社会科学》2021 年第 5 期。

方法"。① 作为行政的逻辑起点,公共需求从根本上对政府职能的发挥起到支持作用,不但能够对职能予以明确,而且可以充分发挥相应的功能,还能够对政府行为形成一定的制约。② 此外,是否能将这些公众的公共法律服务需求高效地转化为供给是检验政府行政能力的关键。

综上所述,公共法律服务的需求研究指的是以建设服务型政府为目标,以保障公民权利为价值追求,遵循供需关系的基本规律,根据影响需求的诸多因素,拓宽公共法律服务需求的识别路径和表达渠道,不断增强有效供给,构建以需求为导向的公共法律服务供需关系。

公共法律服务的需求与多种因素相互影响、相互作用。公民与地方行政机构之间的关系是影响公共法律服务的需求是否能够被满足的重要因素,③公民需求从本质上而言是其参加政治生活的一种重要反映,与政府的行政能力和行政反应息息相关,④总的来看,当公众需求越强烈时,政府反映也就越加积极,公共服务供给也就越充分,⑤因此,政府为了能够切实了解公众对公共法律服务的真实需求,应当通过各种各样的方式通畅需求传达的渠道,包括民意调查、调研等,这将有助于获取多元的需求信息,同时能够提供对口的多类型需求和相应的多元化服务选择。⑥

公共法律服务的需求存在一定的现实张力,既具有多样性又具有差异性。公共法律服务不仅仅立基于基本的生存需求,还涵盖了生存需求、发展需求或

---

① 杨钰、吴敏意、曹雯洁:《需求导向型公共服务质量改进及实现路径——基于浙江公共服务改革的经验》,载《东南大学学报(哲学社会科学版)》2023年第2期。

② 金太军:《行政学原理》,中国人民大学出版社2012年版,第4页。

③ Rodriguez P G,Burguete J V,Valino P C,Evaluation of Factors that Determine the Quality of Local Public Services:An Analysis of Citizen's Perceptions and Their Repercussions Regarding Satisfaction and Credibility,*Innovar-revistade Ciencias Administrativasy Sociales* 2010(20),pp.139-156.

④ Mladenka K R,Citizen Demands and Urban Services:the Distribution of Bureaucratic Response in Chicago and Houston,*American Journal of Political Science* 1981(4),pp.693-714.

⑤ Winters Ms,Karim Ag,Martawardaya B,Public Service Provision Under Conditions of Insufficient Citizen Demand:Insights From the Urban Sanitation Sector in Indonesia,*World Development* 2014(60),pp.31-42.

⑥ 杨钰、吴敏意、曹雯洁:《需求导向型公共服务质量改进及实现路径——基于浙江公共服务改革的经验》,载《东南大学学报(哲学社会科学版)》2023年第2期。

者享受需求。因而,随着社会经济的发展,广大人民群众追求美好生活而日益增长的法律服务现实需求具有多层次、多维度、多元化以及多领域的特征,这种需求的多样性已经成为新时代公共法律服务体系建设研究的核心问题。[①]需求的差异性体现为农村以及欠发达地区与经济发展较好的城市之间对公共法律服务的需求明显不同,前者的需求往往要大于后者。除了公共法律服务的需求在不同经济发展水平的地区具有较大差异以外,公共法律服务中的非基本公共法律服务也会因同一地区在不同的时间段而产生不同的法律服务需求。法律服务需求本身具有一定时空范围内的经济、文化、社会烙印,因此,公共法律服务应当是具有差异性的动态概念。[②] 不同于公共物品或公共产品,公共法律服务的需求具有抽象性,通过经济学视域来分析公共物品的需求时,往往更多关注需求量,而较少关注对公共物品的质的需求。

(三)公共法律服务的供需均衡

公共法律服务的供需均衡体现为公共法律服务的供需关系之间达致一种平衡的状态。公共法律服务的完满效应与供给与需求密切相关,只有实现供需均衡才能实现公众享受公共法律服务的最大化,进而最大程度获取社会的满足度。[③]

当前公共法律服务的供需缺乏平衡。从服务供给的内容上看,服务提供方与需求方之间缺失互动,供给的内容很难能为民所需,供需之间缺乏平衡,公共法律服务也很难发挥聚合效应。[④] 有别于私人产品,基本公共服务在供给领域存在的最大问题是供需匹配和供给结构问题。[⑤] 对私人产品而言,价格直接影响供需关系,若价格相对较高,则会产生需求不足的情况,造成供给过剩;如果价格过低,需求量大于供给量,造成需求缺口。经济学主张供给线和需求线的交点即市场均衡价格。但是,为促进公共法律服务供需均衡,对公

① 杨凯:《论现代公共法律服务多元化规范体系规范》,载《法学》2022 年第 2 期。

② 安宁、潘越:《乡村振兴视域下政府提供公共法律服务的现代化治理路径》,载《河北法学》2023 年第 3 期。

③ 湖南省司法厅课题组:《建立健全公共法律服务体系供需机制的思考》,载《中国司法》2016 年第 4 期。

④ 刘玮珂、江利红:《基层公共法律服务现状分析及优化路径探究》,载《社会治理》2021 年第 6 期。

⑤ 熊兴、余兴厚、王宇昕:《推进基本公共服务领域供给侧结构性改革的路径择定》,载《当代经济管理》2019 年第 1 期。

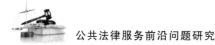
共法律服务的供给侧结构性改革绝不能直接套用市场经济领域的调控策略。[1] 此外,在不少农村及欠发达地区,不少公共法律服务的供给往往采取自上而下的国家推进模式,忽视了乡村以及有关地区的真实生存环境和公众的现实需要。[2] 2021 年,司法部通过的《全国公共法律服务体系建设规划(2021—2025 年)》提出,要加快推进公共法律服务均衡发展,包括均衡配置城乡法律服务资源、加强欠发达地区公共法律服务建设以及重点保障特殊群体合法权益。根据文件的要求,需要对重点地区和重点人群提供符合实际情况的服务供给,由此才可以有助于实现供需均衡。

在建设中国特色现代公共法律服务多元化规范体系中,如何建立供需平衡的体系是实现供需平衡的重要途径。为了实现公共法律服务的供需平衡,政府与其他供给主体需要根据公众的需求,结合公共法律服务的类型、公共法律服务的实施地区、公共法律服务的供给方法与供给技术等方面来解决当前供给与需求不均衡的问题。具体而言,政府需要根据经济发展水平适当动态调整非基本公共法律服务的范围;在市场化法律服务供给不足的地区或领域,政府可以通过综合运用直接提供、购买服务等方式扩大供给;政府需要完善公共法律服务的均等化机制,促进要素和资源的合理流动;政府应大力促进公共法律服务平台与其他资源的共享,不断扩大公共法律服务平台的边际效应与聚集效应,促进服务信息的共享和流程共通。[3] 此外,政府还可以利用大数据技术来分析与整合公共服务需求信息,制定符合实际情况的需求清单。[4]

根据萨缪尔森的一般均衡模型可知,切实了解公众的需求是促进公共法律服务供需均衡的有效手段。萨缪尔森一般均衡模型的结论为:假设私人产品和公共产品同时存在,那么只有当公共产品的边际转换率与各消费者的边际替代率之间的总和相等时,公共产品的供给才可能实现帕累托最优。其中,边际转换率代表的是公共产品供给的机会成本,边际替代率代表的是各个消

① 宋方青、邱子键:《论基本公共法律服务的供给侧结构性改革》,载《东南学术》2023年第 1 期。

② 王亚丰、黄春蕾:《乡村公共法律服务体系建设的价值、困境与优化》,载《安徽行政学院学报》2021 年第 1 期。

③ 杨凯:《推进中国特色现代公共法律服务多元化规范体系建构》,载《中国司法》2022 年第 5 期。

④ 杨钰、吴敏意、曹雯洁:《需求导向型公共服务质量改进及实现路径——基于浙江公共服务改革的经验》,载《东南大学学报(哲学社会科学版)》2023 年第 2 期。

费者对公共产品相对效用水平的评价,要实现帕累托最优,公共产品供给的机会成本要与消费公共品所得到的收益相等。[1] 由此可得,消费者对公共产品的各类需求是提供公共产品的重要基础。[2]

综上所述,从本质上看,公共法律服务的供需均衡实际上是要求实现公平与效率的有机统一。实现公平与效率统一状态不仅是公共法律服务的目标,也是衡量公共法律服务供需均衡的重要指标。公共法律服务的供给与需求必然会面临如何解决供给者的成本收益不匹配与需求者无力承担成本之间的矛盾、供给数量和质量与需求不匹配的矛盾等问题,而这些问题只有通过深入探讨公共法律服务供需背后的理论渊源,通过理论与实践相互照应才能得到有效的解决对策。

第二节　公共法律服务供需均衡的现状

无论是从平台建设还是从基层法律服务工作的机构和人数来看,我国公共法律服务体系的建设稳步推进,从事公共法律服务的人员、服务内容、服务数量都在逐年扩展和上升,我国已建立起专门的公共法律服务人才库与机构库。公共法律服务热线和网络服务平台纷纷建成,[3]目前部分省市的公共法律服务平台已经具备了基本的提供信息的功能。同时,我们也清醒地看到,在实践中,公共法律服务平台建设还没有达到普及化,实体、热线、互联网平台并未实现全面开通,向人们供给精准、普惠、便捷公共法律服务的精准化目标尚未完成,人才库、机构库的功能性优势尚未展现,服务实效尚未与公共服务评价体系进行对接。在分析公共法律服务供需的现状及问题前,需要对主体性要素和内容要素进行概览考察。

---

① 唐娟莉:《农村饮水供给效果及影响因素:收入异质性视角的解析》,载《农业现代化研究》2016 年第 4 期。

② 支勉、朱玉春:《小型农田水利设施农户需求影响因素研究》,载《北方园艺》2014 年第 14 期。

③ 本刊记者:《我国公共法律服务三大平台全面建成　政务服务"网上办""指尖办""马上办"》,载《中国司法》2019 年第 3 期。

一、公共法律服务的权利义务主体

作为公共法律服务实施范畴的首要要素，权利义务主体是服务活动的直接参与者和承接者，其中包括公共法律服务的提供者和接收者。一般来说，公共法律服务提供者就是其义务主体，接收者则是权利主体。随着我国公共法律服务体系的发展和完善，二者被进一步丰富和细化出了多层次结构。[①] 虽然根据 2014 年司法部发布的《关于推进公共法律服务体系建设的意见》可知公共法律服务的提供主体是司法行政机关，且它的提供主体定位是"统筹提供"，说明具体负责提供服务的主体还有其他，所以提供主体主要是政府部门但绝不限于此。2019 年中共中央办公厅、国务院出台的《关于加快推进公共法律服务体系建设的意见》明确了公共法律服务作为政府公共职能重要组成部分的地位。这两份文件就公共法律服务的提供者的表述是开放性的，除了政府部门以外，还提出"引导广大律师、公证员和基层法律工作者积极参与公益性法律服务""促进公共法律服务多元化专业化"等意见，这表明公共法律服务虽然具有公共性，同时它也是法律服务，仅依靠政府单一的提供主体难以满足现代社会生活多元化、专业化的发展需求，因此，需要来自广泛法律工作者以及团体的强大的专业性支撑。在我国公共法律服务的具体实践中，2019年，司法部关于印发《公共法律服务事项清单》的通知中公布了公共法律服务事项清单，具体罗列了 16 个服务项目。其中有 8 个项目的服务提供主体是政府部门，5 个项目的提供主体是法律援助机构，其他 3 个项目的提供主体分别是人民调解组织、三种不同部门内部设立的律师调解工作室（或中心）、村（居）法律顾问。由此可以看出，当前服务提供主体中政府承担了主要角色，同时服务的提供也表现出了一定的多元性。由服务事项清单可知，服务对象（也即服务接收者、权利主体）有社会公众、法律援助申请人、法律援助法定通知对象、没有辩护人的犯罪嫌疑人或者刑事被告人、军人军属、符合法律援助条件的当事人、矛盾纠纷当事人、符合条件的民商事纠纷当事人、村（居）民等，这些权利主体由服务内容种类的不同而具有主体范围上的相对差异性。

（一）服务提供主体的种类划分

由于公共法律服务具有广泛的布局需求以及丰富的服务类别，是一项具有公共性和社会福利属性的国家治理事业，这样一种浩大工程的建设仅仅依

---

① 杨凯：《论现代公共法律服务多元化规范体系建构》，载《法学》2022 年第 2 期。

靠政府推进是远远不够的,资源也远不足以支撑起社会广泛的公共法律服务需求。不同于国外公共法律服务产生的现实基础即政治制度和市民观念等,我国的公共法律服务体系建设属于国家政策体系的重要组成部分,走的是一条具有中国特色社会主义特征的"从群众中来到群众中去"的运行轨迹,我国公共法律服务的实施作为一种公共政策的运作过程可以被视为"上下来去"逻辑过程。① 因此,无论是资源提供能力还是我国公共法律服务本身的运行逻辑都使服务提供主体的多元化具备稳固的必要性基础。

有学者分别从主体性质类型和供给职责两个角度将公共法律服务提供主体作了不同分类。依据前者,服务提供主体划分为公权力部门、一般法律服务机构和社会力量;依据后者,服务提供主体则被分为服务组织提供主体、服务直接实施主体、服务宏观统筹管理和跨部门职能协调主体。② 总体而言,选择以主体性质类型为分类依据的观点居多,比如有学者谈及鼓励服务主体多元化时指出,除了司法行政部门等政府各部门参与,还激励律师、公证等在各自专业领域承担起服务提供主体责任,以及高校内部的相关组织为法律援助和普法宣传等活动贡献力量;③ 还有学者提到公共法律服务体系的定位时,强调它是我国重视多元治理的生动实践,应坚持政府主导、社会参与、全面共建共享的体系建设指导思路;④ 也有学者就完善公共法律服务问题从强化政府领导、突出市场导向、多元主体共同参与监督管理等方面展开,⑤ 虽然多元主体的参与被强调在了监督管理领域,但是不难发现这也是遵循政府、市场、社会这样的主体性质分类逻辑。这样分类有助于从责任落实的角度推进公共法律服务的实施与完善,从主体性质类型的不同发现各自所长、各负其责、各司其职,不仅清晰了职责划分,而且增进了协调机制运行的精准性,有益于高效地推进公共法律服务的实施。

---

①　宁骚:《中国公共政策为什么成功?——基于中国经验的政策过程模型构建与阐释》,载《新视野》2012 年第 1 期。

②　杨凯:《论现代公共法律服务多元化规范体系建构》,载《法学》2022 年第 2 期。

③　宋方青、李书静:《比较视野下的中国公共法律服务建构》,载《人民论坛·学术前沿》2021 年第 24 期。

④　杨凯、张怡净:《论公共法律服务体系建构的法学理论构架基础》,载《南海法学》2020 年第 4 期。

⑤　王勇、姜兴智:《论公共法律服务体系的完善》,载《辽宁公安司法管理干部学院学报》2022 年第 1 期。

（二）服务接收主体的类型分析

从本质上讲,公共服务以公民权利的实现和公民自我发展的完善为一切活动的出发点和落脚点,[①]因此置于我国以人为本的大环境中,从满足服务接收主体的实际需求下功夫与致力于服务民众的追求目标是完美契合的。由于"公共服务的权利主体是一国之内的全体公民和社会组织",[②]公共法律服务属于公共服务重要组成领域,因此,在宏观视角下公共法律服务权利主体的涵盖范围也应与公共服务同步。进一步细化而言,我们可以依据服务事项清单,初步把权利主体划分为不特定主体和特定主体。不特定主体往往被规范性文件描述为"社会公众",这是由公共法律服务事项的内容决定的,普法宣传、法律咨询多是面向社会全体成员的,追求的是我国公民的普遍性覆盖。特定主体指的是因具体情景、特定缘由需要被提供相应公共法律服务的群体,比如法律援助,无论是申请类还是通知辩护、通知代理类,都具有特定的申请人或者法律明确要求的必须具有法律援助服务的当事人;公证、司法鉴定等法律援助的对象也必须是符合法定条件的当事人;人民调解的服务接收者也必定是矛盾纠纷的当事人等。这种划分方式是依据公共法律服务的不同内容而有具体分别的,该角度指向具体实施过程中的特定相对人。公共法律服务作为公共服务若是向不特定的广泛群体提供的,则具有较轻的论证负担;若是向特定人或群体提供的,则需要具有较为充足的论证理由。也有研究基于国家政策文件中表达的"覆盖城乡"用语,提出应以城乡二元经济结构为出发点,结合城乡不同的法律需求建立差异性和精准性的公共法律服务体系。[③] 这种主体类型的划分方式侧重于以实际需求为导向,基于不同地区的特点合理配置服务资源种类和数量,以确保我国公共法律服务资源的高效合理布局。

二、公共法律服务供给类别

我国公共法律服务具有丰富的供给类别,有学者基于相关规范性文件发现公共法律服务供给类别被分为基本服务、非基本服务、市场化服务以及社会

---

① 陈云良、寻健:《构建公共服务法律体系的理论逻辑及现实展开》,载《法学研究》2019 年第 3 期。

② 陈云良、寻健:《构建公共服务法律体系的理论逻辑及现实展开》,载《法学研究》2019 年第 3 期。

③ 杨凯、张怡净:《论公共法律服务体系建构的法学理论构架基础》,载《南海法学》2020 年第 4 期。

公益化服务,但是这种分类标准不能以国家是否免费提供为其判断前提。[1]如在地方立法中,《厦门经济特区公共法律服务条例》在章节体例设计上就明确了基本服务和非基本服务的区别,即第三章的"基本公共法律服务"和第四章的"促进公共法律服务多元化专业化";《山东省公共法律服务条例》没有在章节标题上作类似分类,在第16条和第17条将公共法律服务分为"应当无偿提供"和"公共法律服务中心在本级司法行政部门指导下无偿提供下列服务",从服务提供方式上分别体现为政府负责提供和市场主体在政府指导下提供;《黑龙江省人大常委会关于加强公共法律服务体系建设的决定》第7条区分了免费服务和有偿服务,第8条和第9条区分了不同经费保障所涵盖的类别,即"纳入财政预算统筹保障"的事项和"落实补贴经费"的情形。此外,《上海市公共法律服务办法》在章节设置上区分了"基本公共法律服务"、"多元化专业化公共法律服务"和"高水平国际化法律服务"。在供给模式上,主流观点认为存在政府直接提供和间接提供两种样态,后者又可以被区分为行政委托、政府购买和特许经营等。[2]由于公共法律服务需要供给的内容愈发丰富、数量日益增多、覆盖面更加广泛、待满足需求的层次和质量越来越高,政府掌握的资源和能力越发有限,况且公共法律服务体系本就是需要多元主体共建的事业,因此,政府直接提供服务的这类模式不占据主流地位。由于公共法律服务属于公共服务的范畴,在间接提供的三种模式中,最为常见的是政府购买模式。我国的政府购买公共服务是在国际社会大环境影响与国内经济社会发展实况的双重作用下产生和发展起来的。政府购买公共服务模式是在西方国家化解福利国家危机过程中作出的改革决策,并通过了实践检验作为可借鉴的成功示范,日益成为国家公共服务供给模式的主流。在这种成熟做法影响的同时,一方面我国社会主义市场经济发展带来了多元社会主体的活跃性、人民群众日趋多元且高质量的美好生活需求,另一方面我国治国理念从"管理型"政府到"服务型"政府的转型促使部分政府职能向市场和社会领域流动,所有这些不仅有助于提高公共事务的处理效率,而且有利于进一步激发市场活力和社会活力,增强社会治理的创新动力。也有学者将其归为五种类型,即政府无区别对待地向全体公民提供的法律宣传教育和法治文化氛围熏陶赖以依托的平台载体建设等相关专业性工作,政府部门向符合相关法律规定情形的当事人提

---

① 杨凯:《论现代公共法律服务多元化规范体系建构》,载《法学》2022年第2期。
② 杨凯:《论现代公共法律服务多元化规范体系建构》,载《法学》2022年第2期。

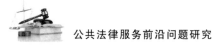

供的法律援助,以政府购买公共法律服务的方式向特定有困难的群体提供的法律咨询服务、诉讼代理、刑事辩护以及公证、司法鉴定等一般性法律服务,政府部门组织的人民调解活动,向群体性法律需求提供的一般性法律服务。[①]其中前四项都是司法部印发的《关于推进公共法律服务体系建设的意见》中有所涉及的。虽然这些类别的覆盖范围较广,几乎列举了公共法律服务供给内容的所有情况,但是尚且不够具体,不易于深化对具体类别行业的观察研究。因此,结合上述提到的国家规范性文件,我们选取其中提及率较高的几个类别予以参考分析。

(一)法律援助

法律援助制度是最能体现公共法律服务的公共性意义所在,在中国特色社会主义的语境中其宗旨即以人民为中心。有学者曾指出,一个国家的法律援助制度是该国构成司法制度"木桶上的最短板",[②]是评价一国"法治发展水平和人权保障程度的重要标志之一",[③]因此,对于法律援助制度建设应给予高度重视。我国的法律援助制度是随着刑事诉讼制度而发展起来的,从 1979 年我国《刑事诉讼法》规定的指定辩护规则中萌芽,到 1996 年《刑事诉讼法》的修改明确表述了法律援助义务,再到 2003 年国务院以行政法规的形式初步建构起法律援助制度体系,以及 2012 年、2018 年我国《刑事诉讼法》的修正,其间还有国务院多部门、"两高"发布的相关规范性文件,援助事项范围逐步扩大、援助规则逐渐完整,尤其是 2022 年开始实施的《中华人民共和国法律援助法》是我国特色法律援助制度体系基本完整的标志。根据《中华人民共和国法律援助法》的总则可知,我国的法律援助是国家建立的为经济困难公民和符合法定条件的其他当事人无偿提供法律咨询、代理、刑事辩护等法律服务的制度,是公共法律服务体系的组成部分,旨在保障公民和有关当事人的合法权益,保障法律正确实施,维护社会公平正义。实践中,我国法律援助的供给模式有两种:一是由法律援助机构人员直接提供法律援助服务;二是通过政府购

① 刘炳君:《当代中国公共法律服务体系建设论纲》,载《法学论坛》2016 年第 1 期。
② 冀祥德:《论法律援助制度的中国特色》,载《政治与法律》2022 年第 6 期。
③ 潘金贵:《刑事法律援助制度的发展与完善——兼评〈法律援助法〉相关条文》,载《法学杂志》2022 年第 2 期。

买服务途径,由社会律师提供法律服务。前者被质疑制度设置的妥当性,[①]即法律援助机构同时承担着供给和监督公共法律服务的职能,理论上来讲这并不符合法理,然而面对我国当前律师资源数量不足和分布不均的情况,部分资源稀缺地区不得不通过这种方式保障符合法定条件且需要法律援助服务的公民群体获得法律援助。值得一提的是,值班律师制度确保了相关权利主体获得法律援助服务的及时性和现实性。

（二）律师

公共法律服务的运行需要较强的专业性支持,对于具体实施中提供服务的主体而言,需要较高的专业水平,其中大多数公共法律服务内容的实际提供者以律师居多。[②] 在国际化交流深化推进的今天,我国律师的地位不仅是中国特色社会主义法律服务的提供者,更是我国企业在国际经济与贸易过程中法律保护的捍卫者与话语权的实践倡导者。从微观视角而言,律师行业较高的准入门槛决定了律师在提供法律服务过程中的专业贡献可能性,公民对公共法律服务品质追求的不断提升已使昔日基层法律服务工作者难以胜任,需由更为专业的律师群体才能予以保障。实践中律师及广大的基层法律服务工作者参与了几乎所有类别的公共法律服务项目,诸如承担政府法律顾问、提供法律援助服务、参与人民调解、开展普法宣传和法律咨询等法律服务活动等。[③] 参与公共法律服务领域相关活动的律师被称为"公益律师"的亚群体,其贯穿于政府、市场和社会这三个领域,包括政府提供的法律援助律师、扎根市场领域偶尔兼职投身于公共法律服务建设的商业律师、民间社会自发性质的公益律师等。[④] 之所以单独列出律师这项类别,是因为这个行业作为公共法律服务供给资源的中坚力量,承担了服务内容的实际供给工作,他们既是服务的提供者,又是公共法律服务资源本身,因而其参与公共法律服务活动具有一定的特殊性,尤其是在政府购买公共法律服务的情形中,律师同作为政府购买的公共法律服务资源和向公民提供法律服务的提供者,处于特殊地位,不

[①] 参见《全国人民代表大会宪法和法律委员会关于〈中华人民共和国法律援助法（草案）〉修改情况的汇报》,http://www.npc.gov.cn/npc/c30834/202108/816a35b56d704be69d745f97b204e970.shtml,最后访问时间:2022 年 11 月 2 日。

[②] 宋方青、李书静:《比较视野下的中国公共法律服务建构》,载《人民论坛·学术前沿》2021 年第 24 期。

[③] 王进喜、陈宜:《公共法律服务何以"更上一层楼"》,载《人民论坛》2018 年第18 期。

[④] 周晓霞:《我国公益律师群体形成机制研究》,南开大学 2012 年博士学位论文。

仅要完成政府公共服务所致力于实现的目标,而且要切实满足受众公民群体的权益保障诉求,立足并坚守律师行业在公共法律服务中的应有定位。[①] 作为公共法律服务具体提供者的律师,在参与人民调解的场合中,不似市场领域中的商业律师具有明确的委托人立场站位,而是要帮助协调多方诉求、化解纠纷;作为公共法律服务的人才性资源,需要响应党和政府的号召,积极投身于欠发达地区、法律服务资源匮乏的地方,为有需要的群体提供法律服务、维护其合法权益、做好普法宣传等。

(三)公证

公证之于公共法律服务事业的意义主要在于其社会纠纷化解的预防性功能。由于国家治理模式的转变、社会形态的变迁以及公民产权保护意识的增强等契合了公证制度的价值理念和实践职能,我国的公证服务迎来了新时代的发展契机。[②] 不同于以往社会对公证的模糊性、偏见性认知,近年来出现了"综合法律服务理念"、"可行性理念"和"'公证+'理念"。法律服务理念的要旨在于新时代对公证职能的整体定位:服务性、法律性、综合性。"综合法律服务理念"认为出具公证文书等证明文件只是公证行业的职能之一而非全部,先是从事法律事务,在此基础上才有证明属性;可行性理念要求,公证人应当在自己的知识结构和能力范围内,尽可能地运用各种法律工具和方式协助当事人提高法律行为的可行性(可履行性);"公证+"理念认为公证活动的本质在于,公证人的行为与当事人的行为结合起来发生作用,产生新的事物。[③] 公共法律服务体系建设进程中,公证在诸多领域都展开了探索与创新,综合性和一站式的治理思路为公证服务延伸生产链条的创新实践提供了宏观导向,诸如整合家事公证业务、综合发挥公证职能保护企业产权、丰富延展金融领域业务类型、运用多元公证手段全链条环节地维护知识产权等。[④] 此外,多地公证处的工作实践也为诉讼程序和行政执法活动增添了诸多便利,比如厦门鹭江公证处不仅充分发挥网络平台优势开展线上线下一体化的公证服务模式,而且在司法辅助和行政执法辅助方面深度参与、多流程介入,既保障了社会民众的合法权益,又助力司法活动和行政执法工作的高效与正义。从这种意义上来

---

① 岳琴舫:《公共法律服务体系构建及律师业务拓展》,载《中国律师》2014 年第 9 期。

② 苏国强:《公证参与公共法律服务体系建设探析》,载《中国司法》2020 年第 3 期。

③ 段伟、李全息:《公证法律服务的三个基本理念》,载《中国公证》2017 年第 2 期。

④ 苏国强:《公证参与公共法律服务体系建设探析》,载《中国司法》2020 年第 3 期。

说,公证已经突破其传统的纠纷预防功能范畴,在全方位、多节点地参与到司法程序和行政执法程序的同时,确保程序正义、公权力行使的公开透明。

(四)司法鉴定

司法鉴定制度是与诉讼中的证据制度密切关联的,是在诉讼活动中遇到涉及案件的专业性问题,由司法机关指派或当事人委托法定鉴定单位,运用专业知识与技术依照法定程序作出鉴别、判断和解释的活动。全国人民代表大会常务委员会制定的《关于司法鉴定管理问题的决定》和《司法鉴定程序通则》一同建立起我国司法鉴定管理制度的法律规范,推动着司法鉴定制度的改革。司法鉴定作为司法活动的重要环节,确保司法鉴定服务的高质量和可信度,对保障人民群众的合法权益发挥着直接作用。[①] 2017 年《关于健全统一司法鉴定管理体制的实施意见》将司法鉴定界定为公益性质,标志着我国司法鉴定行业管理进入了更加规范化的轨道;2019 年《全面深化司法行政改革纲要(2018—2022)》更为明确地表达了司法鉴定行业属于公共法律服务建设健全的改革范围,除了要求鉴定行业本身的质量提升和规范管理,还强调了完善司法鉴定与其他工作的衔接机制;2020 年司法部《关于进一步深化改革、强化监管、提高司法鉴定质量和公信力的意见》明确要强化司法鉴定的公益属性,在强化其公共法律服务功能的层面上,推动司法鉴定机构及其信息系统与公共法律服务平台的对接和融合。文件中也表达了加强司法鉴定与法律援助服务的工作衔接,体现了公共法律服务的体系化建设与完善。在参与诉讼程序的程度上,有研究表明司法鉴定应注重其发挥功能的全程性,确保民众在需要鉴定的节点都有可获取的鉴定服务。[②] 从国家实情和政策导向中不难看出,司法鉴定作为公共法律服务的类别之一,在运用信息科技力量提升自身服务质效的同时,需要为公共法律服务体系化建设贡献出各自的资源协调整合力量。

(五)人民调解

人民调解制度是极具我国传统特色的新时代社会治理的生动创新实践,在以"和"为贵的民族传统价值取向影响下,相比于通过现代诉讼程序处理矛盾纠纷,有相当部分民众更能接受人民群众自我教化的亲民方式。公共法律服务将人民调解纳入体系建设范围之中,正是意在发挥这种亲近群众的功能

---

① 魏哲哲:《让司法鉴定更规范》,载《人民日报》2017 年 2 月 22 日第 19 版。
② 郭华:《公共法律服务体系建设框架下的司法鉴定制度改革》,载《中国司法》2019 年第 7 期。

优势,形成人民群众发生纠纷时化解矛盾的第一道防线,同时有益于人民调解制度借助公共法律服务体系建设平台进一步优化升级,更高效便捷地为人民群众提供优质的调解服务。[①] 人民调解属于柔性治理的具体实践,在我国新时代国家治理现代化理念下,激发社会活力主要靠社会治理的柔性方式予以推进。实践中,多有通过网络平台体系、建设队伍组织职业化专业化、对接机制多元化等方面提升人民调解工作的质量和效率。[②] 此外,还有地区尝试通过已经实现区域全覆盖的人民调解网络体系,为人民群众输送更丰富多元的公共法律服务产品。[③] 人民调解不仅可以针对具体纠纷提供相应服务,而且可以通过事前评估、排查和防范,增进服务质效。以广州市公共法律服务建设为例,其就把人民调解的事前预防机制通过政府规章的立法形式予以规范化。[④] 新时代和新需求的不断推动下,人民调解制度需要以人民群众最迫切真实的需求为导向、以创新为驱动,进一步探索并发展高质量的调解服务供应。

（六）仲裁

在仲裁领域的顶层设计方面,党的十八届四中全会提出了"完善仲裁制度,提高仲裁公信力"的要求,对推进纠纷解决机制多元化发展作出重要部署。仲裁自其产生伊始就带着国际化的属性,仲裁制度在我国的源起可以追溯至20世纪"中美商事联合仲裁委员会"的成立,[⑤]且1994年我国出台的单行《仲裁法》彰显着对仲裁国际化立场的支持与明确。在国内层面,仲裁具有诸如"或裁或审"、"依法独立"和"一裁终局"等原则,国家强制力保障仲裁程序中的证据保全与财产保全以及仲裁裁决的结果得以实现。在国际一致性层面,我

---

① 《人民调解》期刊特约评论员:《公共法律服务助推人民调解制度创新发展》,载《人民调解》2018年第4期。

② 王玥:《提升人民调解工作质效 夯实基层公共法律服务根基》,载《人民调解》2018年第4期。

③ 冯乾:《打造更加精细化的法律服务产品——陕西省西安市莲湖区公共法律服务体系中人民调解工作的探索与发展》,载《人民调解》2018年第4期。

④ 《广州市公共法律服务促进办法》第20条:"人民调解组织可以通过定期开展矛盾纠纷综合分析评估和参与矛盾纠纷排查等工作,预防和减少矛盾纠纷发生,在矛盾纠纷调解过程中采取法、理、情相结合等方法,提高人民调解法律服务的质量和效率。"

⑤ 郭玉军、付鹏远:《当代中国仲裁的国际化发展:现状、挑战与应对》,载《武汉仲裁》2018年第1期。

国《仲裁法》对仲裁的监督采取"当事人申请而启动"的模式,明确了当事人意思自治原则。公共法律服务中那些非基本、市场化、具有公益属性的类别是为了满足独立个体的自由个性充分发展和实现的促进力量,提升公共法律服务行业的国际竞争力往往需要市场化服务模式。[①] 相比于国外仲裁制度源起于商人自发形成而后被国家法律承认,我国的仲裁模式是先由国家确立仲裁法律制度,然后应用于社会民众之间,因而具有区别于他国模式的本土特色。[②] 这也从一定程度上说明了我国仲裁作为公共法律服务体系的组成部分,具有政府主导的公共性、公益性色彩,同时,相较于其他类别的公共法律服务,仲裁距离多数普通民众生活较远,接触可能性以及了解程度较低,更多地有赖于法治宣传和法律咨询环节的普法活动。

(七)法治宣传和法律咨询

全民守法作为习近平法治思想的重要组成部分以及全面依法治国的基础性工作,其前提需要民众知法懂法,而这离不开法治宣传和法律咨询等普法活动。不同于法律援助等其他公共法律服务类别,法治宣传和法律咨询服务的对象是全体公民,而非符合特定条件的特定对象。法治宣传多是发生在没有具体纠纷的情况下,而法律咨询往往是针对具体纠纷展开服务。从公民群体的角度看,这个类别的公共法律服务不仅包括被动地接受国家提供的普法教育,还包括主动地通过网络、实体、热线平台咨询法律知识运用困惑以及向村(居)法律顾问寻求帮助等。《中央宣传部、司法部关于开展法治宣传教育的第八个五年规划(2021—2025年)》指出,要加强社会主义法治文化建设,守法文化理应包括在其中。营造守法文化的相关研究以创新普法方式、完善基层公共法律服务能力为切入点,[③]因此,法治宣传和法律咨询活动对于全民守法建设的深化落实具有重大意义。在提升普法的针对性和实效性问题上,《中央宣传部、司法部关于开展法治宣传教育的第八个五年规划(2021—2025年)》指出,要在立法、执法、司法过程中实时普法,充分发动社会力量进行公益普法,以及运用新技术新媒体开展精准普法,这表明法治宣传及法律咨询的提升与

---

① 杨凯:《论现代公共法律服务多元化规范体系建构》,载《法学》2022年第2期。

② 宋连斌、杨玲:《我国仲裁机构民间化的制度困境——以我国民间组织立法为背景的考察》,载《法学评论》2009年第3期。

③ 彭振:《中国共产党先进法治文化建设的实践和经验》,载《社会科学家》2022年第6期。

完善需要多元主体工作机制的衔接协调、科技平台等创新方式的运用。法治宣传教育、法律咨询服务作为《国家基本公共法律服务指导标准(2019—2022年)》的在列项目,由国家免费供应,在分配实践中需要满足实质意义上的均等覆盖。法治宣传的路径日趋多元化,法律咨询在某种程度上也是其中的一种宣传渠道,民众在咨询具体案件的同时不仅能够被精准地普及法律知识,还可以增进相关法律知识的扩容。这种深入群众内部的公共法律服务,具有最为显著的群众路线特色和模式,对于法律意识和知识尚且薄弱的群体而言,是可获得性最高的法律服务类别。

结合上述公共法律服务的不同类别的政策文件以及工作实践可知,其共性在于深化信息技术平台建设、扩大业务链条的时空范围、完善不同类业务之间的工作机制衔接等,这与习近平总书记指出的"深化公共法律服务体系建设,加快整合律师、公证、司法鉴定、仲裁、司法所、人民调解等法律服务资源,尽快建成覆盖全业务、全时空的法律服务网络"战略决策保持着高度的一致性。虽然上述行业和业务特色鲜明、类别迥异,但是作为公共法律服务,它们在完善和发展的出路上具有方法论意义上的共性。因此,后续关于评价、保障和监督机制等方面的考察和完善不再严格地依据类别分别阐述。

三、公共法律服务的供需失衡

公共法律服务的供给方式、定价模式与需求范围都在不断地发展变化,要求公共法律服务的供需平台探索新的模式。因此,需要对供给现状、需求现状以及民众对公共法律服务知晓程度和满意度进行调研,发掘现存的问题以及背后的原因,为优化公共法律服务的供给、努力实现公共法律服务的供需均衡提供现实样本。

(一)研究范围与问卷设计

笔者通过问卷调查、访谈等方式进行统计分析,着重测量分析公民对公共法律服务的总体知晓率、满意率情况,以及对基本公共法律服务的供需匹配度、供给效率、供给专业性和监督情况等问题进行调查。

1.调查对象与范围

本书主要研究基本公共法律服务的供给与需求均衡问题,限于研究条件等原因,难以在全国范围内开展基本公共法律服务的供需现状调查,在对全国公共法律服务基本情况进行分析的基础上,结合所处的地理位置、经济发展水平上存在的差异程度,同时考虑调查的可行性,选取上海市、厦门市、宁德市、广东省、湖北省、辽宁省六个省市作为调查范围,分别代表经济发展情况不同的城市和省份。

2.调研数量

一般来说,如果调研样本容量过小,会增加抽样误差,样本不具备代表性。为了提高调查数据的可靠性,需要扩大样本容量,保证调查数据的真实可靠性。此次调查研究样本容量采用参数统计方法中重复抽样条件下确定样本容量的公式来确定。为更好地保证各项数据的准确性以及可靠性,此次调查问卷发放、收回数量均为 622 份,有效样本达到 95% 以上的置信水平。样本来源地包括上海市(97 份)、厦门市(94 份)、宁德市(100 份)、广东省(101 份)、湖北省(101 份)、辽宁省(99 份)、其他地区(30 份)。

3.调研方法

此次调研工作主要采用随机抽样、非随机抽样二者结合的方法来进行,可以分为拦截式、走访抽查以及委托调查三种不同类型的形式。其中拦截式抽查,即在不同地方,每隔一段时间随机抽取部分民众作为调查对象,时间上的选择以双休日为主;走访抽查是对律师、人民调解员、社区居委会等相关人员进行深度访谈,时间以工作日为主;委托调查是指委托其他城市的朋友在不同城市进行问卷调查。

为了全面了解公共法律服务供给与需求存在的问题,访问调查对象除了普通民众外,还对提供基本公共法律服务的主体,如律师、调解员、社区居委会人员等进行访谈。由于受到疫情的影响,实地调研访谈只在厦门市展开。

(二)问卷调查

问卷调查的对象主要是公民,即公共法律服务的需求方,重点在于调查了解公共法律服务供需中的需求表达、需求识别以及满意度等的状况,测量公共法律服务体系中供给与需求的匹配与均衡问题。通过问卷调查这种数据收集方法,可以了解公民对公共法律服务供需中的态度、行为、观点、需求等情况,以便支持相关服务规则的制定和实施。

1.问卷设计

问卷设计包括三个部分:基本情况、现状问题和影响因素、监督与反馈。第一部分主要是对调研对象的身份信息、收入状况及其所在区域等信息的采集,了解调研对象的身份特征、区域特征等。第二部分是现状问题与影响因素,主要调查公民对公共法律服务的满意度、服务渠道、认知程度、需求及存在问题等。第三部分是调查公民对公共法律服务的意见反馈及监督途径等问题。具体问卷见附录。

（1）基本信息采集

第一部分是关于被调查者的身份信息采集，包括年龄、性别、学历、工作情况、家庭人均收入以及所处的地区，以上信息皆有可能影响被调查者对公共法律服务的认知与需求。只有了解了不同身份特征、区域特征对公共法律服务的影响，才能对公共法律服务的资源配置优化有更直观的认识。

（2）现状与满意度

第二部分是关于公共法律服务的现状以及公民的认知与满意度调查，首先对被调查者获取公共法律服务相关信息的渠道、接受公共法律服务的比例进行调查；其次从需求侧的角度，了解公民对公共法律服务主体、对象、内容和范围的预期；最后，了解公民对公共法律服务的满意度、存在的意见，公民对寻求公共法律服务途径的了解程度，对供给者水平的认知，对供给内容、宣传水平以及公共法律服务平台建设的满意程度等。

（3）反馈与监督

第三部分是关于公共法律服务的反馈与监督情况调查，对公民参与公共法律服务相关投票的意愿、公民对公共法律服务意见反馈渠道的了解程度、公共法律服务的监管以及救济途径进行调查。

2.问卷样本

围绕公共法律服务供需匹配的满意度、供给主体和范围、意见反馈和监管等内容，对问卷样本进行了多次修订，具体表现为根据问卷的初步填答，请教相关专家的意见后，将问题不清楚、不容易理解的选项进行修改。

调查共发放问卷 622 份，回收调查问卷 622 份，不存在数据空缺较多或前后矛盾、不一致或有错误信息的问卷，有效回收率 100%。

（1）样本基本特征

被调查的指标样本数与比例参见表 4-1。具体来说：对被调查人员来说，从其基本信息上看，年龄处于 18～55 周岁的人数居多，合计 472 人，占总人数的 75.88%；其中，18～30 周岁的有 210 人，占总人数的 33.76%，30～55 周岁的有 262 人，占总人数的 42.12%；55 周岁以上的有 150 人，占总人数的 24.12%。女性有 157 人，占比 25.24%；男性 465 人，占比 74.76%。被调查的男性相比之下人数较多。文化程度方面，大专及以下、本科、硕士及以上三个层次的人员，从其绝对人数上看，分别为 366 人、217 人、39 人；从其所占比重上看，依次是 58.84%、34.89%、6.27%。

表 4-1　样本基本特征

统计指标		样本数	比例/%
性别	男	465	74.76
	女	157	25.24
年龄	18 周岁以下	0	0
	18~30 周岁	210	33.76
	30~55 周岁	262	42.12
	55 周岁以上	150	24.12
学历	大专及以下	366	58.84
	本科	217	34.89
	硕士及以上	39	6.27
目前工作情况	在岗(包含学生)	417	67.04
	离退休	150	24.12
	下岗	55	8.84
家庭人均月收入	2500 元以下	52	8.36
	2500~5000 元	85	13.67
	5000~10000 元	262	42.12
	10000 元及以上	223	35.85
地区	广东省	101	16.24
	湖北省	101	16.24
	辽宁省	99	15.92
	上海市	97	15.59
	厦门市	94	15.11
	宁德市	100	16.08
	其他	30	4.82

　　从目前工作情况上看,在所有的被调查人员中,在岗、离退休、下岗人员人数分别为 417、150、55 人;从其所占比重上看,依次是 67.04%、24.12%、8.84%。从家庭人均月收入上看,2500 元以下、2500~5000 元、5000~10000元、10000 元及以上人数分别为 52、85、262、223 人,所占的比重依次是8.36%、13.67%、42.12%、35.85%。

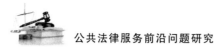

（2）对公共法律服务的了解

第一，了解程度。被调查者对公共法律服务的了解程度，选择比较了解的人数最多，占总体的 34.41%；其次是不了解，占总体的 24.76%；非常了解的人数占总体的 21.22%；还有 19.61% 的人仅知道公共法律服务的存在。（参见表 4-2）

表 4-2　居民对公共法律服务的了解程度

了解程度	非常了解	比较了解	仅知道	不了解
样本数	132	214	122	154
比例（%）	21.22%	34.41%	19.61%	24.76%

被调查者中有 49.04% 的人未接受过公共法律服务，还有 30.87% 的人不清楚自己接受的是不是公共法律服务，有 20.10% 的人接受过公共法律服务。（参见表 4-3）

表 4-3　公民接受公共法律服务情况

是否接受过公共法律服务	样本数	比例
是	125	20.10%
否	305	49.04%
不清楚自己接受的是不是公共法律服务	192	30.87%

第二，了解渠道。政府或公检法机构发布渠道、网络、报刊和亲友告知是主要的传播路径。有 30.39% 的人通过政府或公检法机构获取公共法律服务相关信息；有 31.67% 的人通过网络了解公共法律服务；有 30.71% 的人通过报刊了解公共法律服务；有 30.06% 通过亲友告知的方式了解公共法律服务。除此之外，有 27.81% 的人通过法律从业人员了解公共法律服务；有 28.62% 的人通过新闻了解公共法律服务；有 28.94% 的人通过广播了解公共法律服务。（参见表 4-4）

表 4-4　公共法律服务的了解渠道

了解途径	样本数	比例
政府或公检法机构	189	30.39%
法律从业人员	173	27.81%
网络	197	31.67%

续表

了解途径	样本数	比例
新闻	178	28.62%
报刊	191	30.71%
广播	180	28.94%
亲友告知	187	30.06%
其他	180	28.94%

（3）对公共法律服务的预期

第一，对公共法律服务供给主体的认知。有43.41%的人认为公共法律服务的供给主体应当是志愿者组织，有30.39%的人认为仲裁员应当是公共法律服务的提供主体，有29.74%的人认为政府相关部门是供给主体，有29.9%的人认为律师是供给主体，还有29.10%的人认为人民调解员应当是供给主体。另外，分别有21.54%和27.49%的人认为法律援助机构和其他法律从业人员应该是公共法律服务的供给主体。（参见表4-5）

表 4-5　公共法律服务的预期供给主体

供给主体	样本数	比例
政府相关部门	185	29.74%
律师	186	29.9%
仲裁员	189	30.39%
人民调解员	181	29.10%
法律援助机构	134	21.54%
其他法律从业人员	171	27.49%
志愿者组织	270	43.41%
其他	157	25.24%

第二，公共法律服务的对象。被调查者中有52.89%的人认为全体公民都应当是公共法律服务的对象，有47.43%的人认为弱势群体，如老人、未成年人、经济困难者等应当是公共法律服务的对象，有53.22%的人认为中小型企业、个体商户应当是公共法律服务的对象，还有45.18%的人认为还有其他应当作为公共法律服务对象的群体。（参见表4-6）

表 4-6　公共法律服务的预期对象

公共法律服务的对象	样本数	比例
弱势群体,如老人、未成年人、经济困难者等	295	47.43%
全体公民	329	52.89%
中小型企业、个体商户	331	53.22%
其他	281	45.18%

第三,公共法律服务的内容。对公共法律服务内容的理解,有 48.07% 的人认为公共法律服务的内容应当包括调解,有 31.83% 的人认为公共法律服务的内容应当包括普法,有 25.08% 的人认为公共法律服务的内容应当包括法律咨询,有 35.53% 的人认为公共法律服务的内容应当包括法律援助,有 36.01% 的人认为公共法律服务的内容应当包括仲裁。另外,有 36.17% 的人认为公证也是公共法律服务的内容,有 35.05% 的人认为司法鉴定是公共法律服务的内容,有 37.62% 的人认为社区矫正是公共法律服务的内容。(参见表 4-7)

表 4-7　公共法律服务的预期内容

公共法律服务的内容	样本数	比例
普法	198	31.83%
法律咨询	156	25.08%
调解	299	48.07%
法律援助	221	35.53%
仲裁	224	36.01%
公证	225	36.17%
司法鉴定	218	35.05%
社区矫正	234	37.62%
其他	244	39.23%

第四,公共法律服务的覆盖范围。被调查者中有超过一半的人认为刑事诉讼是最需要公共法律服务的,占比 50.96%,有 31.51% 的人认为民商事法律纠纷需要公共法律服务,有 27.01% 的人认为行政诉讼需要公共法律服务,有 45.66% 的人认为公益诉讼最需要公共法律服务,有 34.24% 的人认为社区矫

正帮扶需要公共法律服务,还有 34.73％的人认为其他方面需要公共法律服务。（参见表 4-8）

表 4-8　公共法律服务的预期覆盖范围

公共法律服务的范围	样本数	比例
民商事法律纠纷	196	31.51％
刑事诉讼	317	50.96％
行政诉讼	168	27.01％
公益诉讼	284	45.66％
社区矫正帮扶	213	34.24％
其他	216	34.73％

（4）对公共法律服务的满意度

第一,对现有的公共法律服务的满意度。被调查者中有 69.29％的人对现有公共法律服务满意,有 3.86％的人不满意,还有 26.85％的人表示不清楚。（参见表 4-9）

表 4-9　对现有的公共法律服务的满意度

对现有的公共法律服务的满意度	样本数	比例
满意	431	69.29％
不满意	24	3.86％
不清楚	167	26.85％

第二,公共法律服务存在的问题。被调查者中有 47.59％的人认为公共法律服务的宣传不够,有 31.83％的人认为公共法律服务无法解决实际问题,有 26.53％的人认为服务内容种类少,有 26.37％的人认为程序繁杂,有 24.92％的人认为服务质量不好,有 22.83％的人认为寻求公共法律服务的途径不明,还有 25.56％的人认为不存在任何问题。（参见表 4-10）

表 4-10　公共法律服务存在的问题

公共法律服务存在的问题	样本数	比例
没有问题	159	25.56％
宣传不够	296	47.59％
不知道从哪里寻求公共法律服务	142	22.83％

续表

公共法律服务存在的问题	样本数	比例
服务质量不好	155	24.92%
无法解决实际问题	198	31.83%
程序繁杂	164	26.37%
服务内容种类少	165	26.53%
其他	204	32.80%

第三,公共法律服务的寻求途径。被调查者认为公共法律服务的途径最便捷高效的主要有法律咨询热线和公检法机构,占比分别为44.21%和42.12%;其次是法律援助中心和律师事务所,占比分别为36.01%和35.85%;还有33.76%的人认为社区街道办事处是最便捷高效地寻求公共法律服务的途径之一,32.80%的人认为仲裁机构是最便捷高效地寻求公共法律服务的途径之一,有31.99%的人认为到政府机构可以方便地寻求公共法律服务,只有24.12%的人认为法律服务网站(12348)可以便捷高效地寻求公共法律服务,有21.54%的人认为AI智能咨询系统可以便捷高效地提供公共法律服务。(参见表4-11)

表 4-11　公共法律服务的寻求途径

公共法律服务的寻求途径	样本数	比例
法律援助中心	224	36.01%
社区街道办事处	210	33.76%
律师事务所	223	35.85%
公检法机构	262	42.12%
政府机构	199	31.99%
仲裁机构	204	32.80%
法律服务网站(12348)	150	24.12%
法律咨询热线	275	44.21%
AI智能咨询系统	134	21.54%
其他	142	22.83%

第四,公共法律服务供给主体的水平。被调查者中有44.05％的人认为公共法律服务供给主体的水平较高,有36.98％的人认为供给主体的水平一般,还有3.54％的人认为供给主体的水平较差,有15.43％的人认为供给主体的水平参差不齐。(参见表4-12)

表 4-12　公共法律服务供给主体的水平

供给者水平	样本数	比例
水平较高	274	44.05％
水平一般	230	36.98％
水平较差	22	3.54％
水平参差不齐	96	15.43％

　　第五,公共法律服务的供给内容。被调查者中有高达81.99％的人认为公共法律服务的供给内容需要补充或更新,只有18.01％的人认为公共法律服务的供给内容不需要再进行补充或更新。(参见表4-13)

表 4-13　公共法律服务的供给内容是否需要补充或更新

供给内容是否需要补充或更新	样本数	比例
是	510	81.99％
否	112	18.01％

　　第六,媒体在公共法律服务中的作用。被调查者中有74.44％的人认为媒体在公共法律服务中发挥了作用,有25.56％的人认为媒体在公共法律服务中未发挥应有的作用。(参见表4-14)

表 4-14　媒体在公共法律服务中是否发挥其作用

媒体在公共法律服务中是否发挥作用	样本数	比例
是	463	74.44％
否	159	25.56％

　　第七,公共法律服务平台的完善程度。被调查者中有71.22％的人认为公共法律服务平台已经完善,只有28.78％的人认为公共法律服务平台尚未完善。(参见表4-15)

表 4-15　公共法律服务平台的完善程度

公共法律服务平台是否完善	样本数	比例
是	443	71.22%
否	179	28.78%

（5）公共法律服务的监管与意见反馈

第一，公共法律服务相关投票的参与意愿。被调查者中有74.92%的人愿意参与公共法律服务的相关投票，有25.08%的人表示不愿意参与。（参见表4-16）

表 4-16　公共法律服务相关投票参与意愿

是否愿意参与公共法律服务相关投票	样本数	比例
是	466	74.92%
否	156	25.08%

第二，公共法律服务的意见反馈途径。公共法律服务的意见反馈途径知晓度较高，有40.84%的人选择了了解意见反馈途径，只有34.41%的人表示不了解，还有24.76%的人表示无所谓。（参见表4-17）。

表 4-17　意见反馈途径的知晓度

意见反馈途径的知晓度	样本数	比例
是	254	40.84%
否	214	34.41%
无所谓	154	24.76%

第三，公共法律服务的监管。关于目前对公共法律服务的监管，有23.95%的人认为已经足够完善，有20.90%的人认为一般，有10.93%的人认为不完善，还有44.21%的人不了解。（参见表4-18）

表4-18　公共法律服务的监管

对公共法律服务的监管	样本数	比例
完善	149	23.95%
一般	130	20.90%
不完善	68	10.93%
不了解	275	44.21%

第四，救济失败的补救方式。若公民对公共法律服务不满，可以采取其他行动补救。有46.95%的人可能选择通过人脉、找关系等方式寻求救济，有38.91%的人可能放弃诉求，有34.73%的人可能转而寻找付费的市场法律服务，还有38.26%的人选择找相关部门投诉。（参见表4-19）

表4-19　补救方式

补救方式	样本数	比例
转而寻找付费的市场法律服务	216	34.73%
找相关部门投诉	238	38.26%
放弃诉求	242	38.91%
通过人脉、找关系等方式寻求救济	292	46.95%
其他	327	52.57%

（6）基于人口统计特征的了解程度与满意度分析

第一，依据年龄层次。根据年龄来看，30～55周岁的年轻人对公共法律服务的了解程度最高，有29.01%的人选择了非常了解；18～30周岁的人对公共法律服务的非常了解程度占26.67%；55周岁以上的人对公共法律服务的了解程度最低，有44.67%的人不了解公共法律服务。（参见表4-20）

表4-20　年龄与公共法律服务了解程度的交叉分析

	非常了解	比较了解	仅知道	不了解	小计
18～30周岁	56(26.67%)	79(37.62%)	37(17.62%)	38(18.09%)	210
30～55周岁	76(29.01%)	90(34.35%)	47(17.94%)	49(18.70%)	262
55周岁以上	0(0.00%)	45(30.60%)	38(25.33%)	67(44.67%)	150

18～30周岁的人中有69.05%的人对现有的公共法律服务表示满意，有

27.14％的人表示不清楚,还有 3.81％的人表示不满意;30～55 周岁的人中,有 67.94％的人对现有的公共法律服务满意,有 28.24％的人不清楚现有的公共法律服务,还有 3.82％的人不满意;55 周岁以上的人中,有 72.00％的人对现有的公共法律服务表示满意,有 24.00％的人不清楚,还有 4.00％的人不满意。(参见表 4-21)

表 4-21　年龄与公共法律服务满意度的交叉分析

	满意	不满意	不清楚	小计
18～30 周岁	145(69.05％)	8(3.81％)	57(27.14％)	210
30～55 周岁	178(67.94％)	10(3.82％)	74(28.24％)	262
55 周岁以上	108(72.00％)	6(4.00％)	36(24.00％)	150

第二,依据性别。根据性别来看,男性与女性对公共法律服务的了解程度与满意程度基本相当。有 33.76％的男性和 36.31％的女性对公共法律服务比较了解,有 25.38％的男性和 22.93％的女性对公共法律服务不了解,还有 21.29％的男性和 14.65％的女性仅知道公共法律服务的存在。(参见表 4-22)

表 4-22　性别与公共法律服务了解程度的交叉分析

	非常了解	比较了解	仅知道	不了解	小计
男	91(19.57％)	157(33.76％)	99(21.29％)	118(25.38％)	465
女	41(26.11％)	57(36.31％)	23(14.65％)	36(22.93％)	157

有 70.75％的男性和 64.07％的女性对现有的公共法律服务满意,有 3.23％的男性和 5.73％的女性不满意现有的公共法律服务,还有 26.02％的男性和 29.30％的女性表示不清楚。(参见表 4-23)

表 4-23　性别与公共法律服务满意度的交叉分析

	满意	不满意	不清楚	小计
男	329(70.75％)	15(3.23％)	121(26.02％)	465
女	102(64.97％)	9(5.73％)	46(29.30％)	157

第三,依据学历。根据学历来看,大专及以下学历的人群中有 16.94％和 36.07％的人对公共法律服务非常了解和比较了解;本科学历的人群中有

29.03％的人非常了解公共法律服务,33.18％的人比较了解公共法律服务;硕士及以上的人民群众中有 17.95％的人非常了解公共法律服务,有 25.64％的人比较了解公共法律服务。(参见表 4-24)

表 4-24 学历与公共法律服务了解程度的交叉分析

	非常了解	比较了解	仅知道	不了解	小计
大专及以下	62(16.94％)	132(36.06％)	67(18.31％)	105(28.69％)	366
本科	63(29.03％)	72(33.18％)	46(21.20％)	36(16.59％)	217
硕士及以上	7(17.95％)	10(25.64％)	9(23.08％)	13(33.33％)	39

大专及以下学历的人群中,有 69.13％的人对现有的公共法律服务满意,有 3.01％的人表示不满意,还有 27.87％的人不清楚;本科学历的人群中,有 69.12％的人满意现有的公共法律服务,有 5.07％的人表示不满意,还有 25.81％的人不清楚;硕士及以上学历的人群中,有 71.79％的人对现有的公共法律服务满意,有 5.13％的人不满意,还有 23.08％的人不清楚。(参见表 4-25)

表 4-25 学历与公共法律服务满意度的交叉分析

	满意	不满意	不清楚	小计
大专及以下	253(69.12％)	11(3.01％)	102(27.87％)	366
本科	150(69.12％)	11(5.07％)	56(25.81％)	217
硕士及以上	28(71.79％)	2(5.13％)	9(23.08％)	39

第四,依据工作情况。根据工作情况来看,在岗人员中有 27.34％和 35.01％的人非常了解和比较了解公共法律服务,有 18.23％的人仅知道公共法律服务,还有 19.42％的人不了解公共法律服务;离退休人员中有 30％的人比较了解公共法律服务,有 25.33％的人仅知道公共法律服务的存在,还有 44.67％的人不了解公共法律服务;下岗人员中有 32.73％和 41.82％的人非常了解和比较了解公共法律服务,有 14.55％的人仅知道公共法律服务的存在,还有 10.91％的人不了解公共法律服务。(参见表 4-26)

表 4-26　工作情况与公共法律服务了解程度的交叉分析

	非常了解	比较了解	仅知道	不了解	小计
在岗	114(27.34%)	146(35.01%)	76(18.23%)	81(19.42%)	417
离退休	0(0.00%)	45(30.00%)	38(25.33%)	67(44.67%)	150
下岗	18(32.73%)	23(41.82%)	8(14.54%)	6(10.91%)	55

　　在岗人员中有 70.02% 的人对现有的公共法律服务满意,有 2.88% 的人不满意,还有 27.10% 的人不清楚;离退休人员中有 72.00% 的人对现有的公共法律服务满意,有 4.00% 的人不满意,还有 24.00% 的人不清楚;下岗人员中对现有的公共法律服务满意人数只有 56.36%,有 10.91% 的人不满意,还有 32.73% 的人不清楚。(参见表 4-27)

表 4-27　工作情况与公共法律服务满意度的交叉分析

	满意	不满意	不清楚	小计
在岗	292(70.02%)	12(2.88%)	113(27.10%)	417
离退休	108(72.00%)	6(4.00%)	36(24.00%)	150
下岗	31(56.36%)	6(10.91%)	18(32.73%)	55

　　第五,依据家庭人均月收入。根据家庭人均收入来看,家庭人均月收入在 2500 元以下的人群对公共法律服务的了解程度较低,有 44.23% 的人不了解公共法律服务。家庭人均月收入在 2500~5000 元的和 5000~10000 元的人群对公共法律服务的了解程度比较接近,都有约 30% 的人比较了解公共法律服务,但家庭人均月收入在 2500~5000 元的人群中,有 31.76% 的人不了解公共法律服务,而家庭人均月收入在 5000~10000 元的人群中有 21.37% 的人不了解公共法律服务。家庭人均月收入在 10000 元及以上的人群中有 23.32% 的人非常了解公共法律服务,有 37.22% 的人比较了解公共法律服务,有 17.94% 的人仅知道公共法律服务的存在,还有 21.52% 的人不了解公共法律服务。(参见表 4-28)

表 4-28 家庭人均月收入与公共法律服务了解程度的交叉分析

	非常了解	比较了解	仅知道	不了解	小计
2500 元以下	0(0.00%)	18(34.62%)	11(21.15%)	23(44.23%)	52
2500~5000 元	7(8.24%)	27(31.76%)	24(28.24%)	27(31.76%)	85
5000~10000 元	73(27.86%)	86(32.83%)	47(17.94%)	56(21.37%)	262
10000 元及以上	52(23.32%)	83(37.22%)	40(17.94%)	48(21.52%)	223

　　家庭人均月收入在 2500 元以下的人群中,有 71.15% 的人对公共法律服务满意,有 1.92% 的人不满意,还有 26.92% 的人不清楚;家庭人均月收入在 2500~5000 元的人群中,有 70.59% 的人对公共法律服务满意,有 8.24% 的人不满意,还有 21.18% 的人不清楚;家庭人均月收入在 5000~10000 元的人群中,有 67.94% 的人满意现有的公共法律服务,有 3.05% 的人不满意,还有 29.01% 的人不清楚;家庭人均月收入在 10000 元及以上的人群中,有 69.96% 的人对公共法律服务满意,有 3.59% 的人不满意,还有 26.46% 的人不清楚。(参见表 4-29)

表 4-29 家庭人均月收入与公共法律服务满意度的交叉分析

	满意	不满意	不清楚	小计
2500 元以下	37(71.16%)	1(1.92%)	14(26.92%)	52
2500~5000 元	60(70.59%)	7(8.23%)	18(21.18%)	85
5000~10000 元	178(67.94%)	8(3.05%)	76(29.01%)	262
10000 元及以上	156(69.95%)	8(3.59%)	59(26.46%)	223

　　第六,依据地区。根据地区来看,不同省市对公共法律服务的了解程度比较相近。广东省对公共法律服务非常了解的人占 21.78%,比较了解的人占 32.67%,不了解的人占 27.72%;湖北省的被调查者中,有 19.80% 的人对公共法律服务非常了解,有 36.63% 的人比较了解,还有 23.76% 的人不了解;辽宁省的被调查者中有 18.18% 的人非常了解公共法律服务,有 37.37% 的人比较了解,还有 21.21% 的人不了解;上海市的被调查者中,有 20.62% 的人非常了解公共法律服务,有 34.02% 的人比较了解,还有 25.77% 的人不了解;厦门市的被调查者中,有 17.02% 的人非常了解公共法律服务,有 31.91% 的人比较了解,还有 29.79% 的人不了解;宁德市的被调查者中,有 25.00% 的人非常了解

公共法律服务,有34.00%的人比较了解,还有23.00%的人不了解。(参见表4-30)

表4-30　地区与公共法律服务了解程度的交叉分析

地区	非常了解	比较了解	仅知道公共法律服务的存在	不了解
广东省	22(21.78%)	33(32.68%)	18(17.82%)	28(27.72%)
湖北省	20(19.80%)	37(36.64%)	20(19.80%)	24(23.76%)
辽宁省	18(18.18%)	37(37.37%)	23(23.23%)	21(21.21%)
上海市	20(20.62%)	33(34.02%)	19(19.59%)	25(25.77%)
厦门市	16(17.02%)	30(31.91%)	20(21.28%)	28(29.79%)
宁德市	25(25.00%)	34(34.00%)	18(18.00%)	23(23.00%)

广东省的被调查者中有71.29%的人对现有的公共法律服务满意,有4.95%的人不满意,还有23.76%的人不清楚;湖北省的被调查者中有68.32%的人对现有的公共法律服务满意,有6.93%的人不满意,还有24.75%的人表示不清楚;辽宁省的被调查者中有82.83%的人对现有的公共法律服务满意,有1.01%的人不满意,还有16.16%的人不清楚;上海市的被调查者中有68.04%的人对现有的公共法律服务满意,有1.03%的人不满意,还有30.93%的人表示不清楚;厦门市的被调查者中有67.02%的人对现有公共法律服务满意,有4.26%的人不满意,还有28.72%的人不清楚;宁德市的被调查者中有63.00%的人对现有的公共法律服务满意,有6.00%的人不满意,还有31.00%的人不清楚。(参见表4-31)

表4-31　地区与公共法律服务满意度的交叉分析

地区	满意	不满意	不清楚
广东省	72(71.29%)	5(4.95%)	24(23.76%)
湖北省	69(68.32%)	7(6.93%)	25(24.75%)
辽宁省	82(82.83%)	1(1.01%)	16(16.16%)
上海市	66(68.04%)	1(1.03%)	30(30.93%)
厦门市	63(67.02%)	4(4.26%)	27(28.72%)
宁德市	63(63.00%)	6(6.00%)	31(31.00%)

（三）调研结果分析

根据问卷内容可以将调研结果分为三大类。首先是需求侧调查，主要侧重对公民对公共法律服务的了解程度、满意程度以及预期进行调研，侧面也能反映出公民对公共法律服务的供给内容、供给范围以及供给水平的评价；其次是关于公共法律服务的监督与反馈机制的调查，加强公共法律服务的监督以及反馈，能够促进供需之间的沟通畅通，可以进一步完善供给侧；最后是关于不同人口统计特征与了解程度和满意程度的关系的分析。

1.了解度、预期与满意度

需求侧调查包括对公共法律服务的了解程度、对公共法律服务的预期和对公共法律服务的满意程度。对公共法律服务的了解反映了公共法律服务的宣传与普及程度；对公共法律服务的预期反映了公民对公共法律服务的需求变化；对公共法律服务的满意度，不仅反映其供给内容，也是对其供给水平的体现。

（1）对公共法律服务的了解

根据问卷调查结果，虽然有较大一部分公民都认为自己比较了解公共法律服务，但仅知道甚至完全不了解公共法律服务的人数占比不低，可见要强化宣传引导，提高人民群众对公共法律服务的知晓率。在访谈过程中，大部分公民对公共法律服务内容都能说出一二，但对公共法律服务的供给主体以及具体内容不甚了解。同时，受访民众表示未接受公共法律服务的比例较高，有相当一部分人群不清楚自己接受的是不是公共法律服务，这体现了公民对公共法律服务的范畴认知模糊。总体来看，无论是知晓率还是实际运用状态都有待提高。

公民了解公共法律服务的方式多种多样，其中通过政府或公检法机构、网络、报刊和亲友告知等传递消息的方式较多，通过法律从业人员、新闻和广播等方式获取信息较少。政府或公检法机构作为国家权力的代表，公民需要帮助时首先会想到这些机构，而网络、报刊和亲友作为生活中最常见的方式是公民了解公共法律服务的最佳途径。公共法律服务与人们的生活密切相关，但又不是时时刻刻都需要的，在人们不需要的时候未必会注意到公共法律服务的相关宣传，只有在需要的时候才会意识到了解公共法律服务的重要性，这就需要对公共法律服务进行持续性、不间断的传播。

（2）对公共法律服务的预期

许多公民认为，公共法律服务应当由律师、人民调解员、其他法律从业人员、志愿者组织等多种主体共同提供,志愿者组织被大多数公民认为是应然的供给主体,而对法律援助机构的需求呼声反而不大,究其原因可能是公民对志愿者组织的质量和水平的期待高于对法律援助机构的期待,并且由于公共法律服务的公益性,公民更容易联想到同样具有公益性的志愿者组织。由此可见公民对公共法律服务供给主体的预期与目前的现实仍然有一定的差距。在采访中,有政府工作人员认为,目前公共法律职能大部分是由司法行政部门、律师和调解员等共同承担,经费保障与人才储备未必能很好地适应供给量,应当充分挖掘其他主体的能动性,促进供给主体多元化发展。

有超过一半的公民认为全体公民和中小型企业、个体商户应当属于公共法律服务的对象,根据中共中央办公厅、国务院办公厅发布的《关于加快推进公共法律服务体系建设的意见》精神,推进基本公共法律服务均衡发展主要侧重于加强欠发达地区公共法律服务建设和保障特殊群体的基本公共法律服务权益。普通民众和中小型企业、个体商户并没有纳入重点服务对象,在采访中,有个体商户提出,自己在日常经营的过程中可能会面临行政或民事纠纷,但小本经营没有足够的经费去聘请专业的律师协助处理纠纷,如果可以有公共法律服务提供帮助,将有利于中小企业或个体商户的发展,这种供需之间的差异应该认真思考。

被调查者对公共法律服务的需求主要集中于调解上,有较多比例的人将调解作为公共法律服务的重要内容之一。在传统中国文化的影响下,人们更倾向于避讼而寻求更和谐高效的纠纷解决机制。同时,民众对社区矫正的预期程度也较高,社区矫正服务到位了,有利于公民生活环境的安宁,也有利于相关人员走向正确的道路。但是,被调查者对于普法和法律咨询的关注度不高,原因是公民更加关注对他们具有实际影响的相关法律服务,认为普法可有可无。对于法律咨询,因为法律咨询提供者非常多元,并且一线的基层法律工作者并不一定能满足多样、动态的咨询需求,导致法律咨询这样一个重要服务内容遭遇冷落。

有超过一半的被调查者认为刑事诉讼是最需要公共法律服务的,刑事诉讼中的需求者面对的惩罚更严重,更需要专业的人员提供相应的援助,避免出现冤假错案等。有较大一部分被调查者认为,公益诉讼在实践中案件量较小,但影响力较大、诉讼难度大,需要公共法律服务的援助;社区矫正帮扶是对犯罪行为较轻的对象实施的非监禁性刑罚,有助于让被矫正人员改掉恶习,让他们尽快融入社会,杜绝犯罪再次发生,进而有利于个人发展以及促进社会稳定。其他常见的民商事法律纠纷和行政诉讼,市场法律服务可以分担较大的一部分需求。

(3)对公共法律服务的满意度

对现有的公共法律服务表示满意的人数较多,但仍然存在一部分不满意或者不了解的情况。对于公共法律服务存在的问题,人们的认知较为分散,有认为宣传不够的,有认为救济途径不明的,有认为服务质量不好的,有认为无法解决实际问题的,还有认为程序繁杂或者服务内容种类少的,其中认为宣传不够的人数较多。但通过调查可以得知,大部分被调查者都认为公共法律服务存在一定问题还需要进一步完善。

关于公共法律服务的寻求途径,被调查者认为最便捷高效的是法律咨询热线和公检法机构。被调查者更倾向于通过传统的途径寻求公共法律服务帮助,但一些公共法律服务平台例如法律援助中心和法律服务网站在他们心中的便捷程度仍然有限,这可能是由于公民对公共法律服务平台不了解,也可能是由于这些平台尚未完全健全,与公民的实际需求存在一些差距。

有较大一部分被调查者认为公共法律服务供给主体的水平一般,还有一部分被调查者认为供给主体的水平参差不齐,甚至还有一小部分被调查者认为水平较差。有的被采访者表示,在寻求公共法律服务时,有的律师是刚从业不久的年轻律师,对问题把握不好,又因为是免费服务不甚用心,服务态度不佳,导致整体体验感不好。也有的被采访者表示,自己在接受公共法律服务的过程中,受到了耐心的接待,顺利解决了实际问题,非常感谢供给者的帮助。可见目前公共法律服务供给主体水平的评价存在较大的主观性,需要对供给主体水平的评定制定相对统一的标准,不能仅靠每个个体的主观评判来确定。

大部分公民都认为公共法律服务的供给内容需要补充或更新。有受访者表示,过去人们需要的公共服务主要是与衣食住行密切相关的基本生活需要;随着人们生活水平的提高,生产交易逐渐频繁,产生的法律纠纷也随之增加,需要基础的法律援助、法律咨询服务;随着社会生活不断变化发展,政府应当研究出新的公共法律服务产品或内容,回应新时代发展带来的新挑战。

媒体在公共法律服务中的作用受到了部分公民的肯定,但还有一部分公民认为媒体未发挥其应有的作用。有受访者认为,媒体在公共法律服务中起到的宣传作用有限,自己很少从媒体中了解公共法律服务的发展状况。还有的受访者认为,媒体是一把双刃剑,有时候媒体的导向可能会直接影响结果,因此需要谨慎把握媒体在公共法律服务中的作用,例如在法律宣传过程中,谨慎利用媒体,普及相关法律知识,也要谨防不法分子模仿作案。这些认知也就迫切要求公共法律服务的宣传应重新定位传播主体与受众之间的关系。

大部分公民认为公共法律服务平台已经完善,但仍有小部分被调查者认为公共法律服务尚未完善。目前各省市的公共法律服务平台已经基本建立,连接线上线下平台,将各种资源和服务集中搭载为公民提供便捷高效的服务。有受访者认为,公共法律服务平台看似把所有主体统一搭建于一个平台,但实际上在页面设计和程序设计上过于简单,未必能使寻求公共法律服务的流程更加简便,反而可能增加更多烦琐的前置程序。还有受访者认为,通过公共法律服务平台寻求帮助常常不能实际解决问题,最终还是需要与法律服务供给者面对面交流才能沟通清楚。这些问题,为平台提供服务的友好性、便捷性以及精准性提出了新的要求和方向。

2.监管与反馈

根据问卷调查结果,公民对公共法律服务的相关投票参与意愿较高,公民对公共法律服务建设的参与意愿较强,因此,需要提供更多更有效更便捷的渠道,连接公民与公共法律服务供给主体,让公民的声音更多地被听见。

公民对公共法律服务意见反馈途径的知晓度不低,但仍有不少被调查者不了解反馈途径。在采访的过程中,还有很多人不清楚具体应该如何反馈意见,或者并不想提出意见。有受访者认为,公共法律服务者的态度不佳,但解决了部分问题,这种情况下通常也不会想提意见,多一事不如少一事。还有受访者认为,即使提了意见,也未必能改进;即使改进了,自己也未必会再次接受公共法律服务。由此可见,公共法律服务的意见反馈需要建立一个改进后的反馈机制,给提出意见的公民一定的反馈,保证及时、有效地处理相关意见。

对公共法律服务的监管,大部分公民并不了解,有较多公民认为还有进步空间。有公民认为,普通百姓对公共法律服务的监管情况未必有更多的了解,但是鉴于公共法律服务实践中存在的态度不佳、供给主体水平参差不齐等情况,应该进一步加强监管。

公共法律服务的一个基本价值是引导公民培养遇事找法解决问题、用法化解矛盾的法律思维,若通过提供公共法律服务不能化解其中的矛盾,很多公民则会采取通过人脉、找关系等手段来进行补救。通常寻求公共法律服务的人群一般是不愿或不适合寻求市场法律服务救济,在公共法律服务无法解决问题的情况下,可能会通过其他不需要花费金钱的方式,例如通过人脉、找关系等方式,或者放弃诉求,或者找有关部门投诉等。有受访者认为,在寻求救济无果的情况下,很多人会选择自认倒霉,尤其是在农村地区,行政色彩较浓厚,有些法律纠纷甚至会通过行政手段来解决。确实是无法自认倒霉的情况下,人们会选择付费的市场法律服务,人们还是愿意相信花了钱的比免费的质量高。还有受访者认为,中国社会是一个人情社会,寻求公共法律服务无法解决问题的情况下,如果能找到一些"关系"可能能更快地解决问题。

3.基于人口统计特征分析

根据问卷调查结果,18～55 周岁的人群对公共法律服务的了解程度较高,55 周岁以上的人群对公共法律服务的了解程度相对较低。可能由于公共法律服务是新兴的概念,对于 55 周岁以上的人群来说,了解和接受起来难度相对较大。但 55 周岁以上的人群对公共法律服务的满意度较高,18～30 周岁的年轻人对公共法律服务的满意程度较低,可能是由于年长者的阅历与见识更广,对于公共法律服务供给主体和供给内容的期待低于年轻人,且对社会提供的帮助更容易怀着感恩之心,因此相对更容易满意。

从性别来看,男性与女性对公共法律服务的了解程度与满意程度基本相当。无论是男性还是女性,对公共法律服务大部分还是比较了解的,满意程度也都较高。可见性别对公共法律服务的了解程度和满意程度影响不大。

从学历来看,本科及以下学历的人群对公共法律服务的了解程度更高,硕士及以上的人群对公共法律服务不了解的占比较高。原因可能在于,学历相对较低的人群对公共法律服务的需求可能更多,而学历相对较高的人群可能利用自身的知识、经济、能力和人脉等优势,可以解决大部分的纠纷,无需公共法律服务的帮助。学历硕士及以上的人群对公共法律服务的满意度较高,学历在本科及以下的人群满意度相对较低,可能由于学历较高的人士对公共法律服务的质量和水平的期待与低学历人士不同,因此满意度反而较高。

从工作情况来看,下岗人员对公共法律服务的认知程度最高,离退休人员对公共法律服务的了解程度最低。下岗人员可能面临更多的法律问题,例如劳动解约纠纷、合同纠纷、婚姻家庭纠纷等,而经济水平难以承担市场法律服务的价格,因此有更多可能性去了解公共法律服务;而离退休人员通常年纪较大,对公共法律服务这一新兴事物的认知较少,但离退休人员对公共法律服务的满意度最高,这一点与前面的 55 周岁以上人群对公共法律服务的满意度相对一致。

从家庭人均月收入来看,收入低于 2500 元的人群,对公共法律服务的了解程度也较低,收入中等及以上的人群对公共法律服务的了解程度相对较高。

这是由于低收入群体的主要矛盾还集中于生活,对法律服务的需求相对较少;而中等收入及以上的人群,主要矛盾已经随着经济水平的进步而发展变化,对法律服务的需求相应也增加了。收入较低的群体对公共法律服务的满意度较高,由于这些弱势群体在公共法律服务上得到了应有的帮助,自然满意度提升;对于收入处于较高水平的人群而言,需要更高层次的公共法律服务,其满意度会相对降低一些。

从地区来看,广东省、湖北省和辽宁省这三个具有代表性的大省,对公共法律服务的了解程度相差不大,可见各地都在积极普及公共法律服务。宁德市对公共法律服务的了解程度甚至高于上海市,这是由于宁德市百姓对公共法律服务的需求较大,且基层公共法律服务的推进卓有成效,而上海作为一个高度发达的城市,市场法律服务占据了重要的位置,对公共法律服务的需求相对会减少一些,但基层公共法律服务的满意程度有待增强。

第三节　公共法律服务供需失衡的主要原因

公共法律服务供需失衡的主要原因包括以下三个方面:供给侧失衡、需求侧失衡和供需关系不协调。供给侧的供给主体不够多元、职责划分不够清晰与运行机制不够科学;需求侧的需求表达与传递不够准确与及时;供需关系的供需双方主体力量、认知和内容匹配度不高。这些问题在调研中较为突出和典型,是公共法律服务供需不够平衡的主要表现。有针对性地解决这些问题,是优化我国公共法律服务体系的重点,也是提高实践中公共法律服务质量的关键。

一、供给侧限制因素

从供给侧主体的角度,一方面,我国公共法律服务的供给侧主体多元化不足,并且不同供给主体之间的权责不够清晰;另一方面,供给主体在提供公共法律服务的过程中存在服务机制不够完善的问题。

我国公共法律服务主要由政府机构和律师事务所提供,而其他社会组织、非营利机构等提供公共法律服务的力量相对较小,公共法律服务的供给主体相对单一,缺乏多元化的供给主体。2019年司法部发布了《公共法律服务事项清单》，列明的服务事项涵盖了法治服务设施、法治宣传教育、法治文化活动、律师参与调解、法律服务咨询等内容。其中服务提供主体几乎为政府机关和部门（主要为司法部、司法行政机关、法律援助机构）。在 16 项公共服务事项清单中，只有 3 项由律师和人民调解组织完成。① 可见，政府是公共法律服务的主导力量。

目前，我国政府提供的公共法律服务仍存在不足，影响了我国公共法律服务的总体质量。这一现象的历史原因在于，我国公共法律服务的供给体制改革轨迹与公共服务具有高度相似性，"改革历经了从政府供给到政府退出、市场主导的民营化，再到公共性回归的嬗变演进，始终难以契合转型时期民众日益增长的公共服务需求"。② 但是这一变化始终无法满足人民日益增长的美好生活需求，暴露出了供给与需求失衡的问题。具体而言：第一，历史上供给主体的角色主要由政府承担时，缺乏有效的制度约束，将造成对公共法律服务的资金投入与产出效果不对等的问题；第二，供给主体主要由市场承担时，公共法律服务的公共性与私人主体的逐利性存在较大的冲突隐患；第三，政府主体向市场主体逐渐放权，出现了公共责任不清、相互推诿的问题。因此，不能单一地看待政府与市场为供给主体的好坏。根据历史经验和制度改革逻辑，"不应是政府与市场的二元对立，也不应是政府给付责任的市场化，而是政府、市场、社会多元协同合作供给体制的完备，以及公私权责分配谱系的重塑。建立政府、市场和社会多元协同供给，建立合理的公私权责分配体系，扩大有效供给"。③

当前，我国公共法律服务主要由政府和律师、仲裁员、人民调解员、公证员等主体提供，相关社会组织发展缓慢，承接能力薄弱；高校的法律援助组织在基层公共法律服务中具有关键作用，但法律属性仍待确定，所处地位仍待商榷。④ 尽管相关的政策文件十分重视引入社会力量，实践中也有许多法律援助组织、律师事务所自发开展公共法律服务活动，但由于缺乏相应的互动机制，传统的决策模式尚未改变，对社会主体的引导与支持不足，使公共法律服

---

① http://www. moj. gov. cn/pub/sfbgw/jgsz/jgszzsdw/zsdwflyzzx/flyzzxzcxx/zcxxzcfg/zcfggfxwj/202101/t20210127_188822.html，最后访问时间：2023 年 4 月 1 日。

② 李蕊：《公共服务供给权责配置研究》，载《中国法学》2019 年第 4 期。

③ 李蕊：《公共服务供给权责配置研究》，载《中国法学》2019 年第 4 期。

④ 刘洋：《合作行政视域下村居公共法律服务的完善与发展》，载《中国司法》2020 年第 7 期。

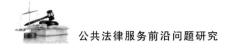

务的供给呈现零散化、低效化的状态。①

(一)供给主导力量的服务不均衡

根据上文治理理论可知,政府始终居于元治理地位,除了行动方向以外,还在构建共同准则方面发挥主导作用,不断趋近治理目标。从宏观来看,我国政府在公共服务方面一直占据着垄断地位,市场尚未发挥作用,社会力量发展薄弱且对政府的依赖严重。② 虽然政府体制改革趋向于建设服务型政府,加强中央向地方政府、政府向社会的放权,但是政府在公共法律服务领域,仍然处于主导地位。如果政府可以充分发挥总领全局、协调各方的作用,忽略应当投入的成本,公共法律服务主体即使单一,政府也能够提供良好的公共法律服务。但是随着全能型政府逐渐被服务型政府取代,政府在社会治理中的地位降低,所能发挥的服务作用逐渐削弱。

首先,政府供给方式上干预多于监管导致供需失衡。可能的原因主要是,公共法律服务体系建设不完善,相关的法律法规不健全。在这种情况下,政府通过加强干预来保证公共法律服务的质量和可靠性。社会可能存在对法律和司法系统信任度不够的问题。政府需要通过干预来增强公众对法律服务的信任度。政府在经济、社会和政治方面拥有广泛的权力,赋予了政府在公共法律服务供给方面更大的干预能力。我国经济地域发展不平衡,一些地区和人群可能会面临较大的法律服务需求,政府可以通过干预来灵活地满足这些需求。这些原因相互交织,最终在特定的历史条件下形成了政府干预多余监管的局面。随着法治社会的发展,干预多于监管的消极影响日益显现。具体而言:第一,政府过多干预公共法律服务供给可能影响法治公正。政府机构可能会优先考虑政治和经济考量,而不是法律的公正性和客观性。这可能会导致公民对司法系统的信任度降低,损害法治建设。第二,政府过多干预公共法律服务供给可能导致市场失灵。政府机构可能会通过直接干预来提供法律服务,而不是让市场机制发挥作用。这可能会限制市场竞争,导致服务质量和效率下降。第三,政府过多干预公共法律服务供给可能导致服务不足的问题。政府机构可能会过于关注公共法律服务的数量,而忽视服务质量和多样性,这可能会导致公民无法得到满足其特定需求的法律服务。因此,平衡政府在公共法

---

① 王亚丰、黄春蕾:《乡村公共法律服务体系建设的价值、困境与优化——基于社会治理视角》,载《安徽行政学院学报》2021年第1期。

② 葛洪义:《社会治理与法治社会》,载《现代法治研究》2016年第1期。

律服务供给中干预和监管的作用,才能更好地实现公共法律服务的良性发展。

其次,公共法律服务在不同层级政府之间供给不均衡。导致这一问题的主要原因在于政府内部不同层级部门的责任划分不清。我国的管理体制存在责任向下、权力向上的特点,导致基层责任与权力配置不相适应。[①] 不同层级政府之间存在的职责不清、权责不明的问题,影响了公共法律服务供给的均衡性。特别是基层政府治理权限较小和治理负担较重的问题较为突出。"随着社会经济发展,地方政府、基层政府呈现出一种管理事务逐步增加的态势,这使得原有权力结构下的基层政府出现了权力与责任不匹配的状态。权责失衡不仅影响着基层治理成效的提升,还容易诱发形式主义、减负悖论等一系列问题。"[②]我国不同地区政府和部门的关系可以形象地表述为条块关系。"条块关系失衡导致基层政府长期负荷运作成为推进基层治理体系和治理能力现代化,夯实国家治理根基的重要堵点。"[③]可见,基层政府提供公共法律服务缺乏足够的激励机制,承担着较大的服务压力,不仅是基层政府,不同层级政府机构和部门之间或多或少受到政府权责失衡的影响,由此产生了财政资金分配不均、人才资源分配不均、不同层级政府的管理体制建设水平不均衡等问题。各级政府的财政收入和支出存在较大差异,一些地区政府和部门可能获得更多的财政资金,而其他地区政府和部门可能缺乏资金支持。各级政府的行政管理体制存在较大差异,一些地区和部门的行政管理体制可能更加健全和完善,其公共法律服务更加规范和有序,而其他地区和部门则可能存在服务质量不高的问题。中央政府可能拥有更多的法律专业人才和相关从业人员,而偏远地区政府和部门则可能缺乏这些人才资源。

最后,政府公共法律服务资源供给地域分配不均,影响了供给的均衡。政府机构可能会偏向于向一些政治和经济利益较大的群体提供法律服务而忽视其他群体的需求。这是由于我国各地区的社会经济发展水平存在较大差异,一些地区经济发展较快,而其他地区则经济发展较慢。我国地域广大,区域发展差异、人口分配差异、基础设施建设差异等问题仍然突出。即使近年来我国

---

① 李旭东:《"在地治理原理"对国家治理体系现代化的意义》,载《哈尔滨工业大学学报(社会科学版)》2019年第1期。

② 李春花:《权力错配调适:基层权责失衡的直接逻辑与破解之道》,载《领导科学》2022年第12期。

③ 周振超、黄洪凯:《条块关系从合作共治到协作互嵌:基层政府负担的生成及破解》,载《公共管理与政策评论》2022年第1期。

政府已经在公共法律服务资源的供给上存在政策倾斜,例如在西部地区和农村地区推动普法宣传和法律援助工作,但这些政策的实施效果受到资金、人才等方面的限制。总体上,政府提供的公共法律服务主要集中在城市和发达地区,欠发达地区和乡村地区的公共法律服务供给不足,导致了公共法律服务供给的不均衡,一些地区的公共法律服务更加发达和成熟,而其他地区则可能存在公共法律服务基础设施不足的问题。① 非均衡的社会发展现实与经济发展方式转型和政府职能的转变交织,必然使三者之间不匹配的问题越来越突出。② 经济社会发展现实推动了政府职能的转变,影响了不同地区的公共法律服务资源配置。

(二)供给主体的责任分配不明确

公共治理中"治理主体多元化使得主体间责任界限趋于模糊,因而出现的难题是如何克服不同治理主体之间可能出现的责任推诿等问题"。③ 同理,法律服务主体多元化首要面对的问题即多元主体之间的责任合理划分问题。目前,由于制度不健全、资金投入不足、监管机制不完善以及各主体之间协同不足等原因,我国公共法律服务多元主体合作共治的责任分担机制还存在一定的问题。

可以肯定,政府主导型国家体制提高了我国公共法律服务的效率与灵活性。司法部和财政部在 2020 年出台了《关于建立健全政府购买法律服务机制的意见》,由此可见,我国公共法律服务的主要供给方式之一是向社会第三方购买服务,相关购买服务的机制渐趋完善。但是相关规定对多元供给主体权责的划分仍然较为模糊和抽象,为政府转嫁责任提供了可能,导致政府之外的公共法律服务供给主体发展受限。我国公共法律服务主体责任划分不清主要表现在以下几个方面:

首先,法律责任标准不明确。现行法律对公共法律服务机构的责任规定,多数是一般性的规定,缺乏具体的标准和要求,难以实现有效监督和追究责任。对于公共法律服务机构服务质量不高、服务范围不足等问题,法律规定的

---

① 罗霞,肖忠华等:《凝聚公共法律服务力量助力乡村振兴》,载《湖南法治报》2022年 9 月 15 日第 3 版。

② 朱光磊:《地方政府职能转变问题研究——基于杭州市的实践》,南开大学出版社2012 年版,第 1 页。

③ 钱海梅:《关于多元治理主体责任界限模糊性的思考》,载《改革与战略》2007 年第6 期。

责任标准和处罚措施不够明确。尤其是公共法律服务中政府责任标准不明确,将损害政府公信力和公共法律服务的效果。例如:在政府向第三方购买法律服务的过程中,依照的是民事法律法规,承担的是合同违约责任,而这明显不足以对政府行为形成有效制约。实践中的典型案例为"新官不认旧账?陕西一招商引资项目'求生不得求死不能'"。① 政府职能部门之间职责不明确、协调不力,影响了公共法律服务的覆盖面和质量。

其次,法律责任主体不明确。现行法律对于公共法律服务机构的责任主体规定不够明确,难以确定具体责任单位和责任人员。例如《中华人民共和国法律援助条例》规定,法律援助服务由法律援助机构提供,但对具体责任主体的规定不够明确。在某些地区,法律援助机构由司法行政部门、法院、律师协会等多个部门共同管理,但是规定中没有明确区分责任主体,难以实现有效监督和追究责任。不仅是法律援助服务,多部门共同管理公证机构、人民调解委员会、律师队伍等都存在各个管理主体的责任难以区分和不够明确的问题。又如教育机构责任不到位。公共法律服务的推进需要广泛的社会支持和参与,教育机构是法治宣传教育的重要主体。教育内容和方式不够贴近实际需求,将导致很多公民对法律知识的掌握不够充分。对教育机构的责任主体规定不明确就难以起到事前预防的作用,"毒教材"事件就是一个鲜活的例子。教材争议事件发酵后,教育部、国家新闻出版署、中央网信办、文化和旅游部、市场监管总局联合发布了《关于教材工作责任追究的指导意见》,但对"追究谁"的问题仍未明确。

最后,法律责任制度不健全。现行法律对于公共法律服务机构的责任制度还不够健全,缺乏有效的监督和惩戒机制,难以推动公共法律服务机构改进服务质量和扩大服务范围。公共法律服务供给主体的责任缺乏明确的规定。尽管《中华人民共和国律师法》《中华人民共和国公证法》等法律法规中规定了律师、公证员等公共法律服务机构的责任,但是仍然存在一些提供公共法律服务的非营利性组织责任规定不明确的情况。例如缺乏法律研究机构和法律咨询机构的公共法律服务责任规定。对于参与公共法律服务的企业如保险公司的责任也没有专门规定,而是依照各行业的基本职业伦理和一般法进行规范。

---

① 王文志:《新官不认旧账?陕西一招商引资项目"求生不得求死不能"》,https://baijiahao.baidu.com/s?id=1690547081881816412&wfr=spider&for=pc,最后访问时间:2023 年 4 月 20 日。

综上所述,公共法律服务多元供给主体的责任不清问题还比较突出,需要政府、社会组织、司法机关、教育机构等各方共同努力,明确各自的责任分工,推进公共法律服务的全面发展。

（三）供给主体的服务机制不完善

根据公共法律服务的供给流程可以建立分析框架。公共法律服务的供给过程可以划分为服务前端、服务过程与服务后端三个阶段,涵盖了政府供给侧与公民需求侧的互动全程。这一过程涉及多种机制的运行,直接决定了公共法律服务的总体供给水平,也是供给侧与需求侧不断调整的过程。从供需平衡的视角入手,公共法律服务供给的前端也是需求侧的起点,包括需求表达机制和需求识别机制;公共法律服务的供给过程包括资源整合机制、平台运行机制和考核问责机制,直接影响公共法律服务后端的结果。公共法律服务后端环节包括满意度反馈机制和成果固化机制,满意度反馈主要是群众对公共法律服务过程的评价,也是供给过程中考核问责机制中的组成部分;成果固化机制则是对供给机制的长效化和制度化,二者是改善公共法律服务供给全过程的重要参考。（分析框架参见图4-2）

现有的公共法律服务平台建设在覆盖面上已经基本达到预期,但在实际效用上仍然存在一定问题。现代系统理论中,所谓机制实际上就是社会有机系统的发生、发展以及作用需要经历的整个过程,在设计时至少应包含系统的动力、运作方式、调控条件等。公共法律服务运行机制包含了公共法律服务过程中的资源整合机制、平台运行机制、考核问责机制,它们均存在不同程度的问题。此外,还包括公共法律服务后端的满意度反馈机制和成果固化机制,其中运行机制过程的考核问责机制与运行机制后端的满意度反馈机制是相互交互的作用,满意度反馈实际上既是考核问责的重要内容之一,也是考核问责运行结果的反映;而成果固化机制由于公共法律服务的发展仍然处于探索阶段,各地区根据自身实际情况存在不同的制度安排,法律服务需求具有动态变化的特征,难以总结制度化成果,目前仍具有长效化的困境。

1.资源整合机制

公共法律服务的资源整合是一项系统工程,需要调整法律服务市场的管理现状,促进资源配置效能最大化。资源整合包括对法律服务资源的整合和对供给模式的整合等。目前我国公共法律服务的资源整合机制存在协同困难的问题。各个部门拥有独立的数据专网,数据归集率不高,不同信息系统的协调存在困难。此外,对于法律服务而言市场管理实际情况不能有效满足其发

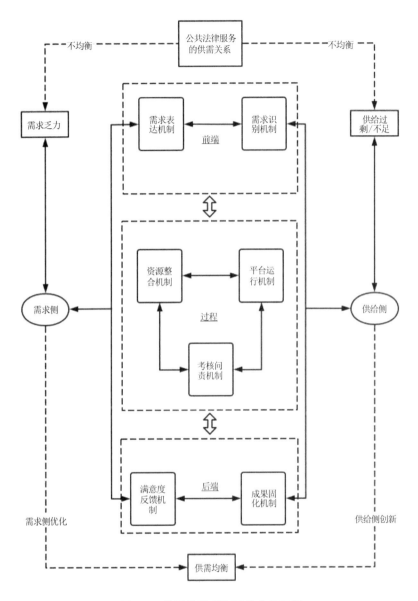

图 4-2　供需均衡理论下的分析框架

展要求。法律服务市场管理权力分散,对各类法律服务机构缺乏统一的监管和执行标准,造成法律服务市场混乱;司法行政机关内部缺乏科学的监管职能划分;政府宏观管理、协会行业管理、法律服务机构自律性管理一体化的体制还没有达到真正的健全,难以适应现代科学、规范的管理要求。[①] 目前虽然已经探索出多样化的供给模式,但具体的运行程序和监督管理等仍有待完善。资源整合的重要内容人才与资金,是影响公共法律服务供给的关键因素,当前存在的人才资源分布不均、资金保障不足等问题亟待解决。

构建公共法律服务体系不再是单一地贯彻执行国家政策,而是搭建相应的载体为满足人民实现公平正义的内在需求提供支持。第一,组织资源待重建。在我国城市等较发达地区,公共法律服务实体平台的搭建基本完善,但在相对落后的基层农村地区,仍然存在某些阻力。一方面,农村建设范围非常广泛,基层纠纷解决组织管辖好几个村庄的事务,在进行跨村纠纷解决过程中,已经逐渐进入半熟人社会甚至是陌生人社会,有时处理起来非常困难;另一方面,村庄组织在跨村解决纠纷的过程中无法避免自利性和情绪化。这就迫切需要新的组织资源,重建基层地区法律服务组织体系。第二,政府资源单一化。只有得到一定的政府资源,才能实现法律服务的有效供给,公共法律服务的供给部门和供给项目是多元化的,财政资源也应当是多元化的。目前国家对公共法律服务的财政支持相比于其他经济建设、基础设施建设等方面较少,缺乏自我集资的方式,例如法律援助基金会等缺少民间法律服务组织募集资金的途径等。第三,社会资源运用有限。通常认为法律服务是由受过专门法律教育、具有法定任职条件的主体专门从事的一种职业。目前实践中提供法律服务的主体不限于律师等具有从事法律职业资格的人群,还包括一些民间法律能人、基层法律服务工作者、志愿者等。这些人群由于制度未给予身份的认定,被排除在法律服务供给主体之外,但实际上他们在公共法律服务的供给中发挥了一定的作用。[②]

供给模式的多样化有利于政府提供公共法律服务时更加灵活高效,但不同的供给模式也存在各自的局限性。目前公共法律服务供给模式以下列三类为主[③]:第一类,政府购买服务模式,即通过公开招标、委托等方式,获取更高效、质量更好的公共法律服务,更大程度地满足公众多元化、多层次的公共法

① 李云雄:《关于实现法律服务市场管理资源整合的若干思考》,载《中国司法》2007年第 7 期。

② 陈荣卓、唐鸣:《农村社区法律服务的资源整合与体系建构》,载《当代世界与社会主义》2009 年第 4 期。

③ 何兰萍、周西蓓、李雪:《公共服务供给模式比较研究》,载《天津大学学报(社会科学版)》2017 年第 5 期。

律服务需求。这种模式下,政府作为资金的提供者和服务的监督者,对公共法律服务的供给起到了决定性作用。由于社会组织或企业拥有更强的专业性,可以使公共法律服务更加高效。但政府购买公共法律服务的模式存在一定问题。首先,可能存在缺乏竞争、监督成本提高、服务质量下降等现象。其次,政府作为直接领导者,一方面可能既无法兼顾公众需求差异,也无法顾及多元需求,从而难以及时提供针对性的公共法律服务,可能造成资源的浪费;另一方面,公民对公共法律服务供给决策的参与有利于公共法律服务水平的提高,政府主导公共法律服务时,公民的发言权效果不明显。有观点认为,如果公民变成消费者,公民概念会被削弱,因为此时消费者仅有支付费用进行消费和无法担负费用被动退出两个选项,但公民具备保留权。政府在政府购买服务模式中发挥主导作用,公民表达的途径不明,也没有明确的责任追究制度。[①] 最后,公共法律服务的供给存在区域化差距,市场的逐利趋势必然导致私人供应商选择较发达地区,其他地区的公共法律服务成本更高、难度更大;政府主导提供公共法律服务同样也会受到地方发展水平、财政水平以及人才水平等因素的影响,影响公共法律服务供给的公平性。第二类,合作治理模式,是指政府联合社会组织开展协作,属于第三部门提供服务的供给模式,[②]其方向由下向上,通过需求来确定供给,这样的话,公共法律服务多元化需求就可能得到有效满足。例如一些法律服务志愿组织,融合了政府、企业、个人和社会组织等相关主体,活动资金来源于社会捐赠和政府补助等,具有较强的独立性、公益性和灵活性等优势。但合作治理模式在我国目前的发展状态下仍然缺乏一定的稳定性。随着组织成员的流动和其他条件的变化,组织随时可能变得松散,供给目的和供给内容也随时可能发生变化。第三类,政府与企业合作模式,通过政府与企业之间的合作伙伴关系来提供公共法律服务。该模式有利于降低运营成本,提高供给效率,可以充分调动社会资本,缓解政府财政压力,整合多方资源。但在这种模式之下,身份认证、内部体系管理、资金运作以及税收问题等也会导致组织难以维持长久的发展,或者失去独立性。政府与企业合作模式最终避不开私企的盈利目标,从中获益是私企和政府维系合作的基本保障,因此,必

①　孙海涛:《我国公共法律服务供给模式的革新》,载《江苏警官学院学报》2018年第3期。

②　敬乂嘉:《从购买服务到合作治理:政社合作的形态与发展》,载《中国行政管理》2014年第7期。

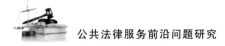

须考虑如何鼓励、支持和引导社会资本参与公共法律服务。未来有可能还会发展出通过遵循企业营运模式达成社会公益目的的新型组织形态。[①]

2.平台运行机制

目前,全国范围内很多地区都构建了当地的公共法律服务平台,让民众享受一站式法律服务,但这种方式对需求者的素质要求较高,应用程度有限。随着社会经济的发展,科技手段不断更新,公共法律服务的供给方式也在不断更新:从基本的当面交流,到报纸媒体的传播,再到热线、网络的发展,以及最新的大数据收集和 AI 智能协助。但公共法律服务采用新技术手段未必能够真正实现群众的需求,反而可能使更多的资源浪费在无效的前置程序上。因此,供给方式的选择该如何平衡创新与成效之间的平衡值得思考。例如法治宣传。媒体在当下的社会中占据了越来越重要的地位,在法治宣传领域,新闻媒体与法律之间的关系表现为互相扶持。若以课堂作比,大众传播具有典型非正式特征:"往来课堂的学生从不间断。该类课堂与正式课堂仍有相似之处,比如无法在课堂中聚精会神的情况也在该类学生中有所体现。不过非正式课堂依然达到了向人们宣传知识的效果,让人们了解更多事实,通过向与自身相关的客体中揉入诸多事实的方式表达个人态度。"[②]媒体是一个非常好的法律传播手段,对学生的挑战作出应有的回应,将法律置于不一样的情景下进行宣传。要运用媒体进行法治宣传,第一步在于确立受众和法治宣传两者间的实际关系。"结合诸多情境可以发现,除了不存在心理不适以外,与个人不存在实际关联也是人们对公共事务领域需求为零的根本原因。"[③]若要与个人产生关联,必须借助法律问题,才能引起更多的关注。其次需要减少法治宣传中的不确定性。在过去的法治宣传过程中,程序法普及的缺失,导致公民的观点与法律实践产生错位,从而导致公民对法律的不信任感。因此,需要更加注重对公民不熟悉的部分的普及。最后需要具体化议题,如果法治议题始终停留在抽象状态,很难引起民众的关注。媒体可以通过"讲故事"的形式提高民众兴趣,在适当时机引进法治议题,尤须注意不得本末倒置,重视故事情节而忽视

---

① 邓国胜:《公共服务提供的组织形态及其选择》,载《中国行政管理》2009 年第 9 期。

② [美]马克斯韦尔·麦库姆斯:《议程设置:大众媒介与舆论》,郭镇之、徐培喜译,北京大学出版社 2008 年版,第 52～53 页。

③ [美]马克斯韦尔·麦库姆斯:《议程设置:大众媒介与舆论》,郭镇之、徐培喜译,北京大学出版社 2008 年版,第 62 页。

了背后的法律问题。通过采用媒体的方式，能够更好地普及法律知识及其理念。在信息社会高速发展的同时，媒体的作用愈加显著。媒体既是实现个人言论自由和交流的社会组织，还是以公共利益为取向的公共机构，起着连接政府与社会关系的作用。同时，媒体也具有自身利益，因此需要寻找推动媒体进入法律宣传领域的动力。根据新闻学研究，人们对反常的事物通常有浓厚的兴趣，而案件作为一种社会反常现象，可以转化为媒体的关注热点。在国内，一般情况下，法律类栏目往往很受人们的欢迎，且具有较大的社会影响力。当然，媒体是否发挥作用也受到多种因素影响，"对受众效果而言，大众传播既不是充足条件，也并非必要条件。通常情况下，彼此影响的影像与因素是开展大众传播的最佳选择"。[①] 个人往往能够通过媒体引导从全新的法律角度进行思考，但法律运行实况直接决定了成功把握时机的可能性。除了法律共同体以外，同样在法律宣传领域极具动力的主体还有媒体、政府，虽然三方目标一致，不过碍于利益诉求有所差异，必须加大对三者关系的协调力度，保证三者在保障自身诉求的基础上服务于法律宣传的目标。

就公共法律服务来说，其平台在需求侧、供给侧二者间搭起了一座沟通的桥梁。供给侧既可以第一时间向群众进行需求反馈，也能够及时公布政府购买服务清单，不断扩充社会力量规模，从而达到增加公共法律服务供给的目的。公共法律服务平台作为司法行政机关面向社会提供一站式服务的窗口，能够使公民对公共法律服务需求得到有效满足。目前，公共法律服务网作为公共法律服务供给平台能够满足项目信息服务需求，不过还未达到整体管控供给流程运行的目的，想要达到"淘宝式"购买目的依然任重道远。首先，部分地区平台有效覆盖面不足，存在流于形式的问题。一些地区存在浪费现象，即便大量投入后获取高规格平台，却无法获得预期效益。即使是服务数量在各级平台中居首的县级平台，部分地方日均提供服务数量也只有十几人，平台职能发挥的作用与群众的法律服务需求有较大的差距。其次，服务平台推进工作不平衡。一方面，部分地区利用科技化、信息化手段助推平台建设的系统性、融合性和智能化，部分地区则进展缓慢，停留在传统的财务与人力资源的问题上；另一方面，线上线下的服务不平衡，未实现无缝对接，服务流程与评价标准不统一。再次，部分地区平台服务的便利化程度不足，群众满意率不高，

---

　　① ［美］沃纳·赛佛林、小詹姆斯·坦卡德：《传播理论：起源、方法与应用》，郭镇之等译，华夏出版社 2000 年版，第 248 页。

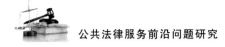

复杂的流程手续严重影响群众的服务体验,与便民利民的需求存在一定差距。最后,平台的宣传强度不够,导致群众对公共法律服务平台的熟悉程度欠佳,不了解具体作用,遇到问题时不习惯通过公共法律服务平台进行求助。

3.考核问责机制

考核问责机制的目的在于通过对政府及其部门在提供公共法律服务过程中的表现进行评价和反馈,提升政府运作效率和服务水平。根据问卷调查,大部分公民对公共法律服务的相关监管程序并不了解,有较多公民认为还有进步空间。在具体实践中,主观和客观的考核带来的问责压力,引发了被考核者的多重策略行为:一方面,在执行过程中选择性执行、象征性执行或者应付与流于形式等;另一方面,其产出结果会因此而发生扭曲,像数据造假就是其中一个典型的例子。主要原因是:考核指标设计不合理、考核制度的适用前提不明确等,使政府宁愿采取这些行为减轻绩效考核压力,背离考核问责的初衷。在考核与问责的助推作用下,能够使得政府更加重视公民的满意度以及公共责任,通过不断健全现行的体制机制、优化服务逐渐靠近公众的期待。采用上级政府确定指标、任务安排、量化考核等方式,能够清晰地看出任务是否高效完成,强化问责,也会对下级官员产生巨大的考核压力。[1] 采取避责策略是问责机制可能带来的结果之一,官员可能采取模糊因果关系、责任转移、隐匿信息等方式,避免承担问责后果。[2] 问责强度越大,考核压力越大,采取避责行为的可能性越高。[3]

实践中公共法律服务的考核问责机制主要存在以下问题:第一,问责主体存在偏差。绩效问责主体是考核问责机制运行的关键,公共法律服务的供给主体对上要完成任务并接受考核评价,对下要满足公共法律服务需求并提升满意度。可以看出同体问责占据了问责的主导地位,政府在绩效问责中基本上以自上而下的方式推行绩效评估,评估主体和问责启动主体比较单一,因此,造成工作人员往往只对上级负责而不对外负责。外部评估薄弱,普通群众和社会组织作为服务对象,对公共法律服务的质量和效果应该是最佳评价主

① 王汉生、王一鸽:《目标管理责任制:农村基层政权的实践逻辑》,载《社会学研究》2009年第2期。
② 谷志军:《问责政治的逻辑:在问则与避责之间》,载《思想战线》2018年第6期。
③ 倪星、王锐:《从邀功到避责:基层政府官员行为变化研究》,载《政治学研究》2017年第2期。

体,但公众的评估在绩效考核评估体系中往往是占比最小的。所以在进行绩效问责过程中,将同体问责放在核心地位,而异体问责则处于虚置状态。第二,缺乏较强的问责动力。考核问责的目的是促进被考核者积极作为和主动改进,承担更大的任务,实践中激励不足、惩罚匮乏,使考核主体对评估和问责抱着敷衍的态度,不愿主动参与到评议或绩效改进中来。为了达到自我保护的目的,工作上不具有主动性,各自为政的现象非常严重,上级下达什么指令就完成什么任务,未制定有效的绩效改进计划,未建立健全跟进反馈机制。政府内部问责主体在启动问责、调查、追责和结果反馈等环节都缺乏动力,缺少外部力量的约束和推动,政府内部的问责主体不愿"自找麻烦"。作为外部监督的问责主体,社会公众也缺乏问责意识和动力,对于政府发放的统计问卷,有很大一部分公民为了图省事,随意勾选,对于开放式问题通常选择不填,导致调查结果不具有可参考性。此外,外部评估问责主体很少会积极启动问责、提供线索,缺乏积极主动的生态环境。第三,绩效问责的客体认定不清。实践中存在部门与工作人员个人之间权责不清由此导致转嫁责任的现象。在多任务协作、多头管理的情况下,由于在一个绩效评估周期内对执行周期较长的任务较难划分清楚相应的权责,导致任务成效和责任难以在某一责任人或多个责任人之间进行比重划分,导致互相推诿,影响问责效果。第四,绩效评价指标不完善。绩效评估指标作为考核问责的依据,各项指标的属性和权重直接决定了责任人对指标的态度和行为选择,当前的绩效指标缺乏灵活性和可操作性,未认识到不同岗位职责对工作业绩的要求差别,未反映出不同职级和岗位工作人员需要的知识能力水平不同,缺乏客观的优劣评价。对可计量任务指标的关注高于不可计量的任务指标,于是导致工作人员将工作重心置于可计量指标上,忽视了其他不可计量的指标,例如满意度等。第五,考核与问责衔接不到位。对于被考核者而言,最终形成的绩效评估结果不仅与其工作能力有关,而且关系到工作方法,同时会受到不确定因素的影响,从而造成绩效与问责之间不匹配的情况发生。没有建立规范的评估流程,在评估项目、评估指标、参评人员、结果运用等方面并未形成统一的制度体系来进行约束和提供相应的指导;问责程序的启动和各环节都缺乏规范化的标准。第六,问责效果有限。实践中问责的启动往往是由于某些重大事故、热点问题等引发舆论压力,问责是用于疏导社会舆论、降低损失的滞后的责任追究方法。未将问责当作日常的监管行为,必定使得监管问责效果滞后。

二、需求侧限制因素

需求表达是需求方向供给方提出的各类需求并加以整合的过程,需求表达机制是指各方利益主体通过直接或间接的表达渠道将需求传递给供给方。各方之间遵守相应的法律法规,互相制约、联系,最终实现各方平衡协调发展的运作系统。

根据问卷调查结果,公民对公共法律服务建设具有一定的参与意愿,需要提供更多更有效更便捷的渠道,但目前仍有不少被调查者不了解反馈途径。公共法律服务的需求表达机制赋予公民合法的话语权,让公民可以更高效地参与到公共法律服务建设中,将自己的需求直接或间接地传递给政府相关部门。就现阶段而言,公共法律服务还缺乏较为完善的需求表达机制,主要体现在需求表达主体缺乏较强的表达意识,缺乏较为顺畅的表达平台,缺乏相应保障制度等问题。尽管现有的公共法律服务实体服务网点、网络服务平台为公众提供了办事平台,但尚未建立有效的表达渠道,部分表达渠道的定位仅停留在政府信息公开,更加重视政府传达,对群众表达的关注度不够,缺乏公民与相关部门直接展开对话的机制,群众需求反馈渠道单一,供给侧处于被动回应的状态,缺乏主动挖掘群众需求的动力。

(一)需求的表达动力不足

党的十七大报告首次将"用法"写入党的文件,明确指出要"深入开展法制宣传教育,弘扬法治精神,形成自觉学法守法用法的社会氛围"。[①] 在国家发展过程中,起初的"守法"已逐步趋至"用法",这说明了公众在法律意识方面已经开始觉醒。公民开始尝试运用法律手段维护自身的合法权益,有利于确保法律权威,保障本身权利,提高公民参与法律实施的热情,从被动接受走向主动实施,进一步凸显生活中的法律地位。

结合国内发展实况可知,行政机关是落实法律规章的重要主体。一是行政法律规章,执行占比为 100%;二是地方性法规,执行占比为 90%;三是法律,执行占比为 80%。[②] 目前,除了司法机关以外,负责推进我国法律实施的

---

① 胡锦涛:《高举中国特色社会主义伟大旗帜 为夺取全面建设小康社会新胜利而奋斗——在中国共产党第十七次全国代表大会上的报告》,载《实践(党的教育版)》2007年第Z1期。

② 王永清:《对改革现行执法体制的几点思考》,载《中国法学》2000年第1期。

国家机关还包括行政机关,在强调遵守与适用的同时,有关法律实施的理论内容还覆盖了法律监督与执行等方面。纵观法律实施过程可以发现,难以得到重视的环节便是法律遵守,除了法律信仰和法律知识以外,导致该情况的因素还包括法律意识等,公民"用法"也会受到影响。当前我国法律体系逐渐完善,立法数量庞大,但法律实施效果并不尽如人意。其中的原因除了立法本身的问题,还有法律实施机制的问题。首先,法律实施机关的执行力不足,部分法律处于休眠状态,除了规避以外,落实期间还多存在闲置问题;其次,公民在法律落实过程中缺乏热情,除被动接受处罚以外,大多以消极姿态应对。

(二)需求的动态变化难以及时回应

当社会所处的经济发展阶段存在差异时,不仅出现的公共问题有所区别,而且公共品需求也各不相同。回顾经济发展初期可以发现,公众在追求更高居民收入的同时,还热衷于拉动经济发展,公共法律服务的重点在于社会秩序的维护,由政府提供的公共法律服务已经足够满足公民的法律服务需求。当经济处于发展的中期阶段,政府公共服务需要弥补市场失灵现象,侧重于对经济秩序的维护。随着经济发展,社会矛盾逐渐出现,公民对公共法律服务的需求必然增加,对效率的关注度也在提高。当经济达到成熟阶段后,公共法律服务需求从基本矛盾转向了知识产权、涉外案件、环境保护等更多的领域。

公共法律服务受到私人需求层次的直接影响,居民需求会随之改变,不仅会使短期数量发生变动,而且会拉高长期需求层次。马斯洛认为,除了生理、社交与自我实现需求以外,安全需求与尊重需求对于人们而言也至关重要。通常情况下,处于低层次的个人需求偏好总趋向于高层次发展,始终将低层次置于优先地位。若同一时期的需求类型较多,将出现优先偏好对个人行为起到支配作用。各层次的需求重叠,当个人有了高层次需求后,低层次需求并未消失,只是行为的优先次序发生变化。对于大部分人来说,除了本地经济与个人学历以外,需求层次结构还与科学文化水平之间存在密切联系。公共法律服务需求层次提升的过程中,不减少低层次需求的数量而追求质量的提高,高层次需求随着经济水平的提高而增加。在日益扩大的私人产品消费领域面前,出具针对性的公共法律服务内容成为政府工作的重中之重。人们对法律服务的需求不仅停留在对基本权利的保障上,更要求在知识产权、涉外案件、环境保护等方面的优质服务。这些公共法律服务供给的水平和效率直接影响到公民的满意度,进而对政府提供公共法律服务提出了新的诉求。

通过生命周期理论不难得知,人的一生需要经历从年轻到老年多个不同的阶段,当人所处阶段不同时,其收入水平、人生阅历和消费倾向也不同。当个体所处的生命周期阶段存在差异时,会向政府提出不同需求,导致偏好的公共法律服务类型随之改变,因此人口结构会影响社会公众整体的需求偏好。社会中如果少年儿童比重较高,对于相关的未成年人保护等公共法律服务需求较大;如果人口老龄化程度较高,则对养老保险、医疗纠纷、社会福利等相关的法律服务需求较高;如果中青年人数较多,则可能关于劳动权益、家事纠纷等相关法律服务需求更旺盛。随着计划生育政策的开展,人口总生育率下降,人口老龄化加速到来。随着老龄化程度的加深,年轻人承担养老责任的压力变大,会影响其对相关公共法律服务的需求。个人的公共法律服务需求随着生命阶段的不同会产生不同变化,集体的公共法律服务需求随着社会经济的发展也会产生变化,因此根据需求状况提供的公共法律服务并非一成不变,而需要根据时代的变化、需求的变化进行调整,公共法律服务的相关机制、经费拨款、绩效考核标准等也应当随之变化,要做到及时回应需求变化,并对整体供给进行调整。

(三)需求的传达途径有限

公共服务供给制度安排基本上是从上到下而形成集体决策,正是因为不能对个体的需求偏好作出全面了解,才导致不能达到有效供给现象的长期存在。首先,公共产品具有明显的外部性特征,一些消费者会将其偏好隐藏起来,从而造成"搭便车"行为的产生;其次,偏好表达渠道不充分,很多消费者具有消费偏好,但无法通过有效的渠道进行传递,因此,完善的真实偏好显示机制建设就显得非常重要,只有以此为基础才能够保证公共法律服务实现有效供给。

在社会实践过程中,有不少对真实需求表达造成影响的因素,包括促进需求表达和抑制需求表达的双向影响,这些因素与我国国情有着紧密的联系。促进需求表达的因素,例如户籍制度,它的存在具有两面性。因户籍制度存在其不足,利用户籍制度很难对公民身份进行确定,也无法据此来对人口进行统计。由于程序相对比较复杂,且存在着严重的地方主义倾向,导致户籍制度未能充分发挥自身的作用。但是,户籍制度会对人口的快速流动形成极大制约,在这种情况下,城镇、社区等人口数量处于比较稳定的状态,这就意味着公民对周围的环境和其他公民的偏好有较强的了解,公民会更清楚区域内需要改进的方面,能够为政府提供更为真实、准确的信息。另外,这也表明个体需求表达处于重复博弈之中,这样的话在理论上仍然可以实现公共物品的最优供给。

公民需求缺乏多样化的表达途径,对需求表达形成了制约。在多种不同类型的偏好表达中,投票是一种最为常见的方式,现阶段使用最多的就是间接投票制。现实中的公共物品供给决策并不是通过公民直接投票产生,而是首先由公民投票选出人大代表,他们代表广大人民群众来使用表决权。然而,我国当前的现状是公民没有强烈的权利意识、投票机制还不够完善、一些人大代表不能完全代表人民的利益,从而使政府不能准确掌握公民的真实偏好。由于我国的实际情况比较特殊,就算公民真实偏好可以被人大代表准确地传递给政府,且能够在人民代表大会上通过以形成集体偏好,也无法对地方政府的实际行为造成切实的影响。人大的监督职能无法在现实中得到充分的发挥,若地方政府将其一再弱化,必使得政府无法充分发挥自身在实际工作中的监管作用,且在信息的使用过程中往往以获得自身最大化的利益为主时,必然会导致公共物品的供给效率低下。

公民的需求偏好如果无法通过投票的方式进行显示和传递,还可以通过发言表达的方式。通常公民会通过网络、报纸、电视台、市民热线等渠道表达,但对这些媒体的呼吁成本较高,缺乏政府对相关事件的回应,媒体报道与政府改进供给行为的约束力较弱,这会进一步导致公民对媒体的不信任。信访也是一种公民表达方式,但在现实中,信访已经逐渐变成公民表达不满情绪的一种手段,随着信访比例在我国被纳入地方政府政绩考评,各地政府各式各样的"截访"行为现象屡见不鲜,甚至有的信访公民在进行信访后遭到打击报复。其他形式例如"市长热线""领导接待日"等为公民表达需求开辟了更多途径,但问题的解决也存在不尽如人意之处。

(四)需求的识别困难

公共法律服务的需求识别困难主要是缺乏科学的需求识别方法、工作人员缺失、缺乏相应的政策支持、重视程度不够等原因导致的。

在需求表达与供需决策之间还存在一个需求识别的环节,即供给者对需求表达偏好进行真实性判断。"KANO"模型是日本学者狩野纪昭(Noriaki Kano)提出的,作为一种双维度认知模型,其主要作用在于对企业用户满意度以及产品满足度进行分析,随后,在研究公共品配置相关问题中得到了普遍应

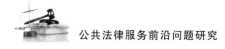

用。^①"KANO"模型将需求划分为五个不同的层次,按照五种不同的形态对公共品需求进行了划分,具体参见图 4-3。

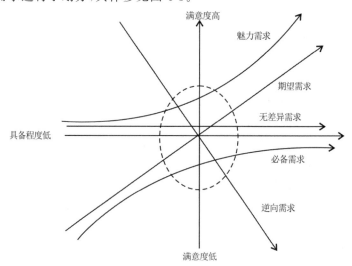

图 4-3 "KANO 模型"下公共品的五种需求形态

首先通过设计与发放问卷,就产品的质量特性进行提问,将评价结果同 KANO 分析评价表(参见表 4-32)对应,确定个体对该公共品的 KANO 类别的划定,最后根据相对多数原则确定公共品的具体类别。^②

表 4-32 KANO 分析评价表

提供 ＼ 不提供	很满意	理所当然	无所谓	勉强接受	很不满意
很满意	可疑结果	魅力型	魅力型	魅力型	期望型
理所当然	逆向型	无差异型	无差异型	无差异型	必备型
无所谓	逆向型	无差异型	无差异型	无差异型	必备型
勉强接受	逆向型	无差异型	无差异型	无差异型	必备型
很不满意	逆向型	逆向型	逆向型	逆向型	可疑结果

---

① 彭正波:《城市公共产品供给决策中的公众参与——以桂林市"两江四湖"工程为个案分析》,载《大连干部学刊》2008 年 12 期。

② Kano N, et al., Attractive Quality and Must-be Quality, *The Journal of Japanese Society for Quality Control* 1984(2),pp.147-156.

在利用"相对多数"原则进行 KANO 类别分类后,可能会无法判断某类需求是否得到满足或从无法满足转变为可以满足时在提升客户满意度方面的效果,也会因无法确定公共品的偏好顺序就无法判断将哪一种公共品的需求满足置于优先位置,因此"Better-Worse 系数"基于此深入分析了公共品需求满足的顺序。① 采用以下公式进行计算,可以计算得到相应的 Better 系数,即魅力和必备需求公共品两者的和在整个公共品当中的占比(具体包括期望、无差异、必备以及魅力需求公共品四类),"Better 系数"的数值如果较大,就说明在充分满足此类公共品需求后能够显著提高满意度;Worse 系数的计算方式相似,只不过所计算的是期望和必备需求公共品两者之和在整个公共品当中的占比,"Worse 系数"的数值如果较大,说明在无法充分满足此类需求后会大幅降低公众的满意度。以上两个系数的绝对值与 1 越是接近,表明该类公共品的需求满足程度越高。

根据上述需求识别模型,目前我国公共法律服务供给的需求识别存在以下问题:第一,缺少对公共法律服务需求信息的调查。通过调研发现,公民迫切需要获得公共法律服务,但是政府所提供的服务有时并非公民所需求的,即政府在调查公民对公共法律服务需求方面的工作较少。随着社会结构的转型和经济体制的改革,公民越来越需要获得更为多元化的公共法律服务需求,且这种需求也越来越高级化,但是由于政府缺乏了解公民需求的动力,因此,往往会不能较好地识别公民的需求偏好。未充分考虑需求状况的前提下,供给则更多的是政府的主观意愿,由此就导致了供需在一定程度上的不均衡。第二,缺乏准确识别公民公共法律服务需求的组织。单纯依靠政府去了解和识别公民的公共法律服务需求是不现实的,需要通过某些组织作为公民与政府之间的中介,利用自身更贴近群众的优势深入了解和识别公民的真实需求。第三,需求识别偏向于对单一公共法律服务的分析。在单项公共法律服务的供给过程中,政府往往会对供给的需求与满意度进行调查,但对不同种类的公共法律服务的需求缺乏对比分析,对公共法律服务的整体性需求缺乏必要的认知。第四,需求识别过于简单且具有主观性。政府在获取需求的时候往往通过开放性问题的方式获得相关意见和建议,公民在表达需求的时候由于其表达能力的限制,可能存在无法表达潜在需求的情况,同时工作人员在识别相

---

① Berger C,Blauth R,Boger D,et al.,KANO's Methods for Understanding Cus-tomer-defined Quality,*Center for Quality Managerment Journal* 1993(2),pp.3-36.

关需求的时候一定程度上可能带有主观性。

(五)需求的判定复杂

准确地衡量对于公共物品的需求比较困难,因需求存在多样性、差异性、抽象性等方面的特征,不同的个体或群体往往对其需求程度不一样,很难采取统一的尺度或标准进行衡量,同时有的消费者可能是整个社会或某些群体,具有抽象的特征。在一个群体中是否提供公共物品需要经过集体成员的决策,然而,公共物品一经提供,此时消费者的需求就会出现一定的变化,但这并不能通过价格变化予以反映,不具有即时显示的特点,因此,在集体决策的过程中需要思考如何对公共物品需求变化的显示加以规定。

从需求曲线上看,公共物品和私人物品二者之间存在明显的区别。对于私人物品来说,各个消费者需求横向加总便是社会需求;就公共物品而言,则是通过各个消费者需求纵向加总来反映的,也就是所有消费者的边际收益加总形成社会边际收益。经济学在分析公共物品的需求时往往更多关注需求量,而较少关注公共物品对质的需求。马斯洛认为人的需求是按照一定的层次逐级提升的。马克思同样也对人的需求进行划分,主要包括生存、发展、享受三个方面的需求。这些就是对需求的质的分析。公共法律服务可能是生存需求,也可能是发展需求或者享受需求。例如,对于部分需要法律援助的弱势群体来说,公共法律服务是生存需求,因为法律服务可以是他们获得基本生存能力的条件;对于某些需要公证、律师服务等法律服务的人群来说,公共法律服务是发展需求;而对于某些需要更高端法律服务的人群来说,公共法律服务是享受需求。因此,就公共法律服务需求而言,在对其进行分析时要看其是否存在同质性,若同质则可以在同一层次上作出合理的分析;若不同质则相互之间无法进行有效的比较。

现阶段,我国的改革开放在进一步深化,国家更加关注人民大众提出的建议,在公共物品的供给中采取了许多方式确保供给效率。一方面,衡量一个政府效率高低的标准取决于其供给公共物品的能力,而公共物品的供给最根本的问题是需求现实。一种公共物品能否在生产后得到有效的社会认可,能不能体现出其真正的价值,主要取决于社会需求,所以要对需求显示予以高度重视。另一方面,人具有各种各样的需求,包括各种精神层面以及物质层面的需求,并非仅仅反映"单边物质倾向"①。随着需求多样化的产生,供给多元化也逐渐显现出来,因此,私人作为供给主体也变得越来越明显。

三、供需关系影响因素

公共法律服务供需关系是指公共法律服务的供给与需求之间的关系。公共法律服务供给与需求之间的平衡关系对于维护社会公平正义、保障公民权益和促进社会发展具有重要作用。公共法律服务供给方主要包括政府和法律服务机构等,而需求方则是公众和法律服务的客户。公共法律服务的供需关系是一个动态平衡的过程,需要根据不同时期和地域的实际情况作出相应调整。

(一)供需关系的监管不够科学

政府作为公共法律服务的供给方也是公共法律服务供需关系的调节方和监管方。政府可以通过一些综合性管理措施刺激社会自发产生公共法律服务的意识和建立公共法律服务的管理体系,充分发挥政府的监管角色职能。在公共法律服务供给实践中,政府干预有余而监管不足,对其他法律服务主体的能力培育不足。法律服务具有专业性,对于非政府供给主体来说是一个门槛,因而促进非政府人员承担起部分公共法律服务供给职能也是政府公共法律服务供给的一项重要内容。我国的市场主体和社会组织在改革开放之后都有了巨大的发展,但仍然处于以经济价值为导向的阶段,追求经济利益最大化的发展目标,在参与社会公益方面的意识还不健全。② 政府应当在监管方面着力,制定综合性措施,点燃私人主体进行法律服务的热情,并充分保障他们的权益。目前,政府在公共法律服务监管方面的不足主要表现为:

第一,公共法律服务的监督管理体制不够全面。政府应该完善公共法律服务的监督管理体制,加强对法律服务机构和律师事务所的行业管理和监督,建立健全法律服务市场体系。由于法律服务需要主体具备相应的知识技能,我国主要由政府和律师事务所提供法律服务。目前,政府对律师事务所的监

---

① Fontan J M，Hamel P，Morin R，et al.，Community Organizations and Local Governance in a Metropolitan Region，*Education，Citizenship and Social Justice* 2006 (1)，pp.211-230.

② 张怡歌:《政府购买公共法律服务的异化与法治化破解》,载《法学研究》2019年第2期。

督主要在于律师资格审查与执业行为、律所的设立与管理等方面的监管。倘若政府监管制度不完善,必定影响律师行业提供的法律服务质量。目前,政府在监管的过程中还存在监管手段不够多样化、一些激励措施缺位、过度依赖行政处罚等问题。针对律师行业自律不足的问题,政府还未能出台相关的措施辅助推进律师行业自律机制的建立和完善。我国司法行政机关既是律师执业管理机构又是对律所提供法律服务进行监管的机构,存在监管机构与监管对象"搭档关系",监管机构的独立性和公正性受到一定程度的影响。

第二,公共法律服务的补偿机制不够全面。政府应建立健全公共法律服务的补偿机制,提高公共法律服务的覆盖面和质量,让更多的民众能够享受到公共法律服务。我国政府提供的公共法律服务补偿机制为律师法律援助和国家赔偿制度。但由于律师资源不足和援助标准较为严格,律师法律援助覆盖面比较有限,一些经济困难的群众仍然难以获得有效的法律援助。国家赔偿标准的确存在一定的主观性和不确定性,导致一些受到非法侵害的公民无法得到应有的赔偿。并且以上两项补偿机制程序烦琐,公民法律权益的维护和保障较为困难。

第三,在公共法律服务创新领域,政府监管的灵活性和适应性有待提高。依托科技创新,公共法律服务焕发更强的生命力,同时也对政府监管的灵活性与适应性提出更高的要求。公共法律服务的创新通常涉及新的技术和业务模式。随着创新能力的提高,这些新的技术和业务模式呈现多变性、多样性的特点,监管机构可能面临难以预测的监管环境和难以解决的监管问题。例如,公共法律服务过程中涉及的技术伦理问题,由于该类问题的专业性、抽象性、复杂性、隐私性等特点,导致政府难以实现全面且有效的监管。此外,某些公共法律服务创新可能需要政府的许可或批准,例如在线法律咨询平台或电子合同服务提供商。但是政府监管机构的审批程序复杂、烦琐或缺乏透明度,可能阻碍创新者的进入,限制法律服务的多样性和竞争性。对一些公共法律服务创新产品,政府可能短时间内难以在各区域形成统一的监管标准。不同的监管政策和措施,影响了政府监管的权威。

第四,法治宣传教育多样化不足。一些地方政府在法治宣传教育方面缺乏长远规划和系统性。例如,有些地方政府将法治宣传教育仅仅视为政绩考核的一项指标,缺乏长远规划和系统性。一些法律知识普及活动缺乏对不同群体、不同领域进行分析和针对性的宣传,导致宣传效果不佳。因此,需要进一步改进和完善宣传教育方式和内容,提高宣传教育的针对性和实效性,以推动法治建设和提高公众的法律素质。

政府监管供需主体可以有效地平衡供需关系,但是目前的监管措施不到位、监管力度不够等问题,影响了监管作用的发挥,导致了供需关系不平衡。并且,政府既作为供给方也作为供需关系监管方的定位,容易导致权力滥用,影响供需关系的平衡。

(二)供需主体的力量失衡

公共法律服务供需主体力量失衡是指公共法律服务供给和需求的主体之间存在力量不平衡的状况,是人民日益增长的美好生活需要和不平衡不充分的发展之间矛盾的微观体现。具体表现为,公共法律服务供给方的力量相对较弱,无法满足公众对高质量法律服务的需求,而公共法律服务需求方的力量相对较强,需要更多更好的法律服务。

公共法律服务供给方力量不足难以满足多样化和高质量的法律需求。公共法律服务的提供者包括政府、市场与社会。我国的供给主体机构较为单一,政府作为供给的主导力量,导致市场竞争程度不够充分,也限制了公共法律服务质量和效率的提升程度。虽然政府是提供公共法律服务的主导力量,但不能一味扩大政府的供给权限和强化政府的责任。政府对公共法律服务的供给过多,会导致其他主体供给意愿和能力下降,限制其他主体发挥应有的作用。即使政府通过向第三方购买法律服务的方式,一定程度上有利于发挥社会市场中专业队伍的优势。市场主体作为私权利主体,难以与公权力主体达成公平协议,因为作为公权力主体的政府拥有绝对的行政权威和大规模的财政资源等。多元供给主体之间力量差距较大,导致一些法律服务机构的功能未能发挥。供给方缺乏必要的资源和能力,无法提供高质量的法律服务,从而导致公众的需求无法得到满足。

公共法律服务领域,政府是提供公共法律的主导力量,需要满足公众多样化的法律需求,还需要大力发展更多的公共法律服务提供者,为公众提供更加全面、高效、优质的法律服务。2007年修订的《律师法》明确了律师的执业规范为"维护社会公平正义",将律师的商业主体身份转向维护公平正义的社会身份。[①] 以律师作为供给主体为例,律师队伍作为提供公共法律服务的重要力量还存在一些问题,因此影响了法律服务供给的质量,难以完全契合公众的

_____

① 闫闯:《制度变迁中的象征秩序——以长春市律师职业群体秩序研究为例》,吉林大学2011年博士学位论文。

需求。对于律师来说,提供法律服务是获取生活保障的重要来源,只有对律师的权利作出保障,才能够真正激发律师对提供公共法律服务的积极性。在公共法律服务供需关系中律师的法律服务供给力量不足,主要体现在以律师为主体的供给力量地域分布不均、律师专业水平参差不齐、律师提供的服务收费较高等,因此导致供给与需求之间不能够完全适配。也有一部分律师可以不用需求方的经济付出而提供法律服务,但是这部分公益律师由于缺乏理论和制度支持、缺乏人才投入、缺乏资金支持、缺乏理解等原因,导致总体上比例较低。因此,律师作为法律服务供给力量还需要相关部门和律师行业加强扶持、管理和监督,推动律师法律服务质量的提高,为公众提供更加优质的法律服务。

(三)供需双方存在认知偏差

根据前文的问卷调查结果可知,公民对公共法律服务的预期与实际供给存在偏差,了解程度与满意程度也未达到理想状态。公共法律服务供需双方认知偏差可以从经济学和社会心理学的相关理论研究中获得解释。经济学领域存在一种信息不对称的现象,"也就是在市场上当交易双方一方占有的信息多于另一方时,信息优势方会在交易中占有一定优势的现象。因此,当交易双方拥有的信息不对称的时候,占有信息多的一方将获得更多的利益,而信息占有少的一方则处于被动地位"。[①] 在供需双方信息不对称的情况下,供给方会倾向于提供偏差信息以获得更好的交易结果,而需求方则会受到信息不足的影响而作出不理性的决策,从而导致供需双方认知偏差。社会心理学中的锚定效应、选择支持性偏见等概念也可以解释供需双方认知偏差。[②] 例如,锚定效应可以解释公众对于公共法律服务的期望和预期的偏差,选择支持性偏见

[①] 韩晓玲、徐振国:《新媒体传播中信息不对称现象规制策略探析》,载《理论学刊》2017 年第 5 期。

[②] 锚定效应指的是"在不确定的情境下,人们的决策结果受到先前呈现信息的影响,导致目标值向初始值即'锚'(anchor)的方向偏离,产生估计偏差的现象"。参见唐卫海、徐晓惠、王敏等:《锚定效应的产生前提及作用机制》,载《心理科学》2014 年第 5 期。选择支持性偏见是指人们倾向于寻找和接受与自己原有信念相符的信息,而忽略或拒绝与自己原有信念相矛盾的信息。这种偏见可能导致人们对于某个问题的判断和决策存在偏差。政府和律师机构等供给方可能会更倾向于提供符合自身观点和利益的服务,而忽略弱势群体的需求和权益;而需求方可能会更倾向于选择符合自身观点和期望的律师机构和服务,而忽略其他选择。

则可以解释律师机构和政府等供给方在提供服务时的偏见。此外,心理学中的信任理论认为,信任是社会交往中的一种基本心理需求,拥有高度信任的组织更能够成功地度过危机。[①] 公共法律服务中供需双方认知偏差将会导致信任度不足,从而影响公共法律服务的供给和需求的匹配。

公共法律服务供给存在双方认知偏差的问题具体表现在以下两个方面:一是供给方认知偏差。公共法律服务供给方包括政府和律师机构等,他们对公共法律服务的需求和供给存在认知偏差。政府在制定公共法律服务的政策和计划时,由于缺乏对社会需求的准确把握,往往会导致公共法律服务的供给和需求不匹配。律师机构在开展公益法律服务时,缺乏对弱势群体的深入了解,也无法满足他们的实际需求。二是需求方认知偏差。公共法律服务需求方包括普通公民、企事业单位和弱势群体等,他们对公共法律服务的需求和范围存在认知偏差。一些需求方对公共法律服务的认知不足,不清楚自己可以享受哪些公共法律服务,也不知道如何获得这些服务。一些弱势群体由于受到教育程度、经济状况、文化背景等因素的影响,对公共法律服务的需求和范围认知不足,导致他们难以获得应有的法律服务。

供需双方认知偏差导致了供给与需要的内容匹配度不高。目前,公共法律服务需求已经呈现出明显的多元化、专业化发展趋势,对供给提出了更高的要求。一方面表现为供给内容的类型匹配度不高。公共法律服务的供给内容主要包括:法律援助、法律咨询、法律教育、法律服务创新和法律服务研究等。一些服务产品由政府单向确定,对社会需求情况的调研不足导致提供的公共法律服务内容与公民需求产生的需求持续拉大,最终造成供需错配的问题。在一些偏远和欠发达的地区要着力进行法律教育服务,增强民众的法律意识。偏远的山区村规民约发挥着重要的作用,在解决具体问题上,法律救济的需求并不是很大。如果在这些地区不断供给法律援助,而不注重培养法律意识,就会导致供需内容形式错配的问题。另一方面表现为供给内容的数量匹配度不高。供求关系是一种基本的经济关系。通常来说,在市场只有竞争的环境下,供求受价格影响上下波动,供给与需求相互制约。公共法律服务的供给以政府为主导,供给量是一个综合性的问题,虽然政府的供给量也会受到经济的影响,但是这种经济上的影响与供求关系受价格影响有规律地波动不同,而是体

---

① 许小玲:《信任理论视野下的中国社会管理模式研究》,载《甘肃理论学刊》2012 第 5 期。

现在政府财政预算对供给量的限制上。因此,经济是供给量的一个重要考量因素,但不是决定性和主要的影响因素。总体上,公共法律服务的供给量受到社会需求、政治需求、文化因素、历史因素等多种因素的影响。当某些地区法治建设需要加强时,政府可能会通过提高公共法律服务的供给量来促进法治建设。但是这种政策性的判断,带有一定的主观性,可能与当地实际需求的供给量存在偏差,这种偏差影响了供给的有效性。

由于供需双方的认知偏差,加上法律供给内容的专业性和抽象性、诉讼程序的复杂性等因素,导致群众在矛盾和纠纷中选择信访等其他渠道,极端情况下甚至扰乱正常的社会秩序。总体上,民众对于公共法律服务的需求较大,但是法律供给的各主体既有的宣传投入等服务力量与整体效果并未完全符合民众期待。

第五章　公共法律服务供需均衡的实施与保障机制

　　我国社会主义市场经济是法治经济,市场交易活动要受到契约、惯例的约束,由此衍生出大量的法律服务需求。[①] 在中国特色社会主义建设的新时代,我国人民对"美好生活"的向往,题中之义包含着对公平、正义、民主、法治等方面延伸的高层次需求,法律服务的重要性不言而喻。最能从公民整体层面发挥均等普惠效用的法律服务就是公共法律服务,其不仅是政府重要职能之一,而且随着时代发展被赋予了社会治理层面的发展要求,是国家治理体系与治理能力现代化的推动力量。当前,我国公共法律服务体系建设进程表现出"高速度、多维度、多元化、大步伐"特点,[②]但是实践问题的系统梳理和理论反思的分散滞后都不利于我国公共法律服务体系建设的顺利进行。除了理论梳理、制度变迁以及已有的案例实践,法学研究的视角需要更加注重的是应然层面的建构,将目光流转于实然与应然的交错互动之中,在此基础上探索出能够更好地助力实践进步的应有路径。

　　目前我国的研究有的从公共法律服务的体系建构和完善方面研究其实施及保障问题,比如,从方法论角度指出公共法律服务体系的建构需要通过加强顶层设计和立法、完善保障机制、创新内容与产品、注重科技应用等途径来实现;[③]把具体实践问题主要类型化为体制、法治、经费、人才、平台等五个方面,分别针对性地提出了相应的保障措施以健全我国公共法律服务体系;[④]以保障人民群众合法权益为出发点和落脚点,指出公共法律服务体系的优化应从

　　① 李本森:《经济全球化背景下的法律服务自由化》,载《法学》2004 第 1 期。
　　② 杨凯:《论现代公共法律服务多元化规范体系建构》,载《法学》2022 年第 2 期。
　　③ 杨凯、张怡净:《论公共法律服务体系建构的法学理论构架基础》,载《南海法学》2020 年第 4 期。
　　④ 刘炳君:《当代中国公共法律服务体系建设论纲》,载《法学论坛》2016 年第 1 期。

搭建服务平台、拓宽供给渠道和完善保障机制等方面下功夫。[①] 有的以公共法律服务产品清单为核心,从统筹协调、财力保障、人才建设、多元供给、监督评估等方面考察并完善公共法律服务的实施机制。[②] 有的从公共法律服务所包含的情形出发研究其实践问题,比如,以政府购买公共法律服务为视角,基于解决标准不统一、内容单一、购买途径以及购买行为不够规范等问题,寻求相应原因并提出转变理念、完善制度机制建设、培养多元服务主体以及增加资金投入量等建议,从供给侧保障服务质量。[③] 有的基于地方实践经验,从增进购买服务的标准化建设入手,提出加大宣传力度和内部工作人员培训工作以增进多方对政府购买公共法律服务标准化的理念理解与建设能力,整合公共法律服务资源促进服务的均等化,完善后续工作诸如评价机制、标准运用的可持续性、服务产品标准化的可推广性等。[④] 有的指出要提高对相关政策的理解和认识并推动全国性政策出台,把公共法律服务纳入政府购买服务目录,发挥榜样效应并予以推广先进模式,分清特定内容纳入政府购买服务范围的必要性,做好审计监察,建立绩效评价体系和监督机制。[⑤] 有的对政府购买公共法律服务的风险进行分析,针对性地提出了完善内部监督机制、提升合同管理能力、及时公开服务购买信息、引入第三方考评机制等途径。[⑥] 有的在政府购买公共法律服务中,对政府基于优势地位而对法律服务的社会力量产生威胁的担忧,提出要制定在购买公共法律服务领域政府的权力清单,提升社会力量的参与能力,完善相关法律法规以强化政府购买服务行为的规范化,通过建立和完善购买公共法律服务各环节的规则、合同管理、第三方评估、社会监督等强化相应制度设计。[⑦] 有的以乡村振兴为视角,提出通过激活乡村内部力量,

---

[①] 高国梁:《公共法律服务体系的欠缺与优化》,载《人民论坛》2019 年第 15 期。

[②] 杨凯等:《公共法律服务体系建构及其评价标准研究》,中国社会科学出版社 2020 年版,第 2 页。

[③] 李莹:《地方政府购买公共法律服务研究:实践·问题·对策》,载《中共云南省委党校学报》2020 年第 5 期。

[④] 蔡德顺等:《公共法律服务标准化的实践与探索——以浙江省台州市实践为样本》,载《中国司法》2017 年第 9 期。

[⑤] 曹吉锋:《公共法律服务范畴中政府购买服务政策与实践》,载《陕西行政学院学报》2018 年第 4 期。

[⑥] 赵胜、薛恒:《政府购买公共法律服务风险及防范路径》,载《中国司法》2020 年第 4 期。

[⑦] 张怡歌:《政府购买公共法律服务的异化与法治化破解》,载《法学杂志》2019 年第 2 期。

增进成员之间良性互动构建法律服务共同体,采取政策激励措施增强法律服务提供者的主观能动性等路径优化公共法律服务体系;[①]在完善乡村基层公共法律服务供给方面,也多是从健全信息技术、人才队伍、经费保障、组织机制、监管和考核评价机制以规范供给行为等途径提升供给侧综合质量。[②] 还有的立足于地方公共法律服务工作实践,指出需要从加强基层公共法律服务体系建设、重视发挥现代科技力量、人才和经费保障方面提升公共法律服务水平。[③] 其他尚有很多相关研究,内容和思路大多类似,此处不作穷尽列举。

从现有文献研究来看,公共法律服务供需均衡的实施与保障论题具有非常丰富的内涵以及广泛而深刻的实践意义。多数文献在优化和提升我国公共法律服务水平的见解上基本具有较为一致的认同。根据上述谈及优化公共法律服务途径的共同指向,实施与保障应当包括服务供给行为、服务提供主体、服务效果评价、服务质量监督、服务平台建设、服务的其他资源保障等,较为微观的视角涉及具体职业类别、特定的服务接受群体等在实践中的问题及其完善。虽然不同视角所侧重的主题具有一定的差异性,但是谈论的内容和问题是彼此相通的。本章致力于探索和完善公共法律服务的实施机制和保障机制,以期实现我国公共法律服务的供需均衡。其中,此处的保障机制是广义而言的,它包括评价机制、监督机制以及狭义的保障机制。评价机制旨在检视和反映公共法律服务供需现状,评价结果为监督环节提供决策考量,监督机制在公共法律服务供给的运行中发挥着查错纠偏的功能,人才队伍、财政经费、技术平台等狭义的保障机制为公共法律服务的供给提供资源支撑。三种机制共同助力于保障公共法律服务的供需均衡。

公共法律服务供需均衡的实施与保障是一个宏观、庞大的议题,可以从公共法律服务本身的构成要素和调整范围进行更为具体的观察。由于公共法律服务所包含的种类是随着社会生产力的发展和政府承担能力的变化而处于变动之中,且不同服务种类在实践中的目标、程序、标准、主客体以及主体间关系共享着相似的内容,因此本章不以公共法律服务的类别进行分类考察,而是立

---

① 王亚丰、黄春蕾:《乡村公共法律服务体系建设的价值、困境与优化——基于社会治理视角》,载《安徽行政学院学报》2021年第1期。

② 常静、苏金浩:《农村基层公共法律服务供给定位与完善》,载《农业经济》2021年第2期;宁琪:《农村公共法律服务供给体系完善与创新研究》,载《农业经济》2020年第6期。

③ 黄良盛:《海南自贸港公共法律服务建设的现状及展望》,载《黑龙江省政法管理干部学院学报》2022年第1期。

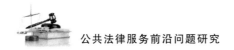

基于公共法律服务的实施与保障机制进行探讨。

第一节　优化我国公共法律服务的实施机制

我国公共法律服务实施机制包括政府主导的公共法律服务体系、律师行业的法律服务、社会组织的法律服务和在线法律服务平台等多个方面，为公民提供了广泛的法律服务渠道。优化我国公共法律服务的实施机制，就是要合理统筹不同主体提供的公共法律服务，进一步实现并维持我国公共法律服务的供需平衡。具体而言，就是要提高公共法律服务的供给能力，优化公共法律服务的需求结构。完善公共法律服务实施的反馈机制。发挥供给能力对需求的支撑作用、需求结构优化对供给结构的牵引作用、实施反馈机制对供需关系的调节作用，形成以供需结构更高水平动态均衡来促进我国公共法律服务体系的整体改善。

中西方政治制度基础、社会文化背景和法律服务市场等方面的差异，使中国公共法律服务在发展过程中呈现出与西方不同的样态。由于公共法律服务相关理论源自西方发达国家，其经验无法完全适应中国国情，因此中国应当走出一条新的道路提升公共法律服务的质量和效率，为人民群众提供让其满意的公共法律服务。党的二十大报告指出，中国式现代化是人口规模巨大的现代化，现有国情决定了在推进公共法律服务的实施过程中需要来自强有力组织的统筹规划和主导推动。我国政府作为中国共产党领导下的行政机关，具有丰富且专业的职能部门助力公共法律服务的实施。因此，优化我国公共法律服务供需关系应以政府为带头主体和主导力量，同时及时发现和调整实践中产生的消极影响，充分发挥我国特色社会主义制度的优势。

一、提高公共法律服务的供给能力

政府作为公共法律服务的主导力量，在调节我国公共法律服务的供需关系上具有较强的能力和权威。提高公共法律服务的供给能力，首先要提高政府作为供给方的服务能力。针对供给能力有限的问题，一方面，应加强政府的调控能力，拓展公共法律服务的覆盖范围，增进地区法律服务的均衡性；另一方面，应减少政府对市场的干预，逐步打造服务型政府，保护公共法律服务市

场的合法充分竞争。具体而言,可以由以下方面展开:

其一,就供给地区分布不均的问题,可以加强政府对公共法律服务地区的分布调控能力。中国特色社会主义制度把中国最广大人民群众的利益作为制度设立的出发点和归宿,在此制度背景下构建我国公共法律服务体系,就应当充分保障广大人民的利益,最大限度地满足广大人民对法律服务的需求。政府的宏观调控可以为公共法律服务体系建设提供科学的引领和保障,集中力量办大事,调动和激发人民群众的积极性和创造性,促进资源的有效配置。如政府可以建立健全公共法律服务补偿机制。公共法律服务补偿机制是指政府或者其他相关机构,为承担公共法律服务所需成本的律师或法律服务机构进行经济补偿;向偏远地区的律师和法律服务机构直接拨款,作为他们提供公共法律服务的经费,以鼓励更多的律师和机构参与公共法律服务;向承担法律援助工作的律师或法律服务机构提供经济补偿,以鼓励他们为贫困人群和弱势群体提供法律援助服务;设立公共法律服务奖励机制,对在公共法律服务中表现出色的律师或法律服务机构进行奖励,以激励更多的法律专业人士加入经济较为贫困地区的法律服务工作。

其二,通过法律援助制度改革为贫困人群和弱势群体提供法律援助,以保障其合法权益。"未来,应当以用中国制度解决中国问题的思路,以法律援助量的扩大为基础,以质的提升为核心……"①适度增加法律援助量,扩大法律援助覆盖面,为律师从事法律援助服务创造更大的职业空间。"较之英美发达国家,中国以各地方政府制定的最低生活保障线作为申请法律援助的经济困难标准,显得门槛过高,再加上法律援助事项范围的限制,使真正符合法律援助条件的家庭和人口数在全国家庭数和人口数中所占比例较低,这就使得法律援助案件没有能够形成规模化效应,制约了律师的执业动力与职业热情。"②因此,通过改革法律援助制度可以促进更多的社会成员受惠于法律援助服务。为律师等法律专业人才创造更大职业空间的同时,还应当加强法律服务队伍建设,提高法律援助辩护的有效性,保证法律服务的水平和质量。通过加大对公共法律服务队伍的培训和支持力度,提高法律援助主体的职业伦理和专业素养,可以促进法律援助服务供给主体尽职尽责地提供法律援助服务。

①　冀祥德:《论法律援助制度的中国特色》,载《政治与法律》2022年第6期。
②　董家友、刘思培:《比较法视野下的法律援助制度改革与完善——以律师职业趋向与路径优化为背景的展开与分析》,载《经济研究导刊》2012年第24期。

其三,转变公共法律服务供给的方式,提供更加高效的供给。从中西方公共法律服务的对比中可以看到,我国在追求更加稳健的服务目标的过程中存在供给效率不高的问题。在市场经济的法律服务供给模式下,法律服务提供主体经过市场竞争和优胜劣汰过滤机制,其公共法律能力具有专业性和高效性。这就可以通过政府购买服务的途径纳入我国公共法律服务的供给范围,同时加强公共法律服务系统的信息化建设,实现信息共享和及时传递。例如,建立统一的公共法律服务信息平台,整合各级法律服务机构的服务资源,提供在线咨询、法律援助、案件查询等服务,方便公众随时随地获取法律服务。利用人工智能、大数据等技术,开发智能化的法律服务系统,提供更加精准、快速的服务。建立电子档案管理系统,实现电子文档化管理,减少纸质档案的使用,提高档案检索和共享的效率,便于管理和维护公共法律服务数据等。这些措施都可以提高公共法律服务供给的能力,更好地满足公众的法律服务需求。

二、调整公共法律服务的需求结构

针对公共法律服务需求侧失衡的问题,应当进一步优化公共法律服务的需求结构,进一步完善公共法律服务的实施机制。马克思关于人的需求理论可以为优化公共法律服务的需求结构提供指导与参考。该理论可以追溯至马克思撰写《第 179 号〈科伦日报〉社论》《关于林木盗窃法的辩论》等文章时期。这些文章表达了对弱势群体生存和精神问题的关注。马克思界定了社会主义社会和私有制社会之间人的需求所存在的差异:"一方面,每个人都千方百计在别人身上唤起某种新的需求,以便迫使他作出新的牺牲,使他处于一种新的依赖地位,诱使他追求新的享受方式,从而陷入经济上的破产;另一方面,每个人都力图创造出一种支配他人的、异己的本质力量,以便从这里面得到他自己的利己需求的满足。"①简言之,人的需求在社会主义社会和私有制社会中的不同在于,人的需求是人的本质力量和异己力量的区别。② 这也表明,我国作为社会主义国家与一些奉行私有制的国家在民众的需求本质上具有差别,不能生搬硬套私有制国家的需求结构改革措施。人的需求是动态变化的,所以

---

① 中共中央马克思恩格斯列宁斯大林著作编译局:《马克思恩格斯文集》(第一卷),人民出版社 2009 年版,第 55 页。

② 卢成会、吴丽丽:《马克思人的需求理论视角下社会保障制度价值理念反思》,载《重庆科技学院学报(社会科学版)》2021 年第 2 期。

难以始终保持需求侧处于平衡状态。但也正是需求的变化发展推动了生产和社会关系的发展。"一方面,新的需求不断出现会对生产提出更高要求,推动生产发展;另一方面,人们为了满足个人需求会进行分工、合作、交换等,进而推动了社会关系的发展。"①因此,我国的公共法律服务需求结构优化,要立足社会主义社会的具体情况,不能压制和无视法律服务需求,而是要积极回应变化多样的需求,推动公共法律服务体系的改革发展。

公共法律服务的需求结构是指公众对法律服务的需求类型和程度,主要包括以下几个方面:第一,法律咨询服务。公众在面临法律问题时需要咨询专业人士,以获取法律知识和解决问题的建议。这种需求通常是比较普遍和基础的需求。第二,法律援助服务。对于那些无力承担诉讼费用或无法自行维护自身合法权益的人来说,法律援助服务是必要的。这种需求通常是比较紧急和重要的需求。第三,法律文书制作服务。公众在进行法律行为时,需要制作各种法律文书,如合同、代理委托书、遗嘱等。这种需求通常是比较常见和基础的需求。第四,法律教育和宣传服务。公众需要了解法律知识和法律制度,以增强法律意识,预防和解决法律问题。这种需求通常是比较长期和基础的需求。第五,法律服务创新。随着科技的普及和发展,公众对法律服务的需求也在不断地发生变化。例如,公众需要在线法律服务、人工智能辅助法律服务、移动端法律服务等。这种需求通常是比较新颖和创新的需求。针对不同的需求类型,应当从需求的表达、识别两个角度优化需求结构,以提供更加有针对性的公共法律服务。

其一,应当提高公民科学表达法律服务需求的能力。科学表达需求的能力主要包括三个方面的内容:公民能够采用合理的渠道表达需求的能力、公民应当积极表达法律服务需求的能力、公民准确表达法律服务需求的能力等。为了提高公民科学表达法律服务需求的能力,政府应该通过法治教育、宣传和推广等方式,提高公民的法律意识和法律素养,提高公众对公共法律服务的认识和信任。政府可以在学校和社区中提供更多的法治教育课程,包括课堂讲座、研讨会、培训和学习材料等,使公民了解并熟悉法律的基本概念和原则。定期组织广泛的宣传活动,包括广告、海报、宣传册、报纸、广播和电视节目等方式,向公众普及相关法律知识。宣传教育的重点内容应集中在科学表达法

---

① 卢成会、吴丽丽:《马克思人的需求理论视角下社会保障制度价值理念反思》,载《重庆科技学院学报(社会科学版)》2021年第2期。

律诉求的方式、公共法律服务的获得渠道。法律知识的广泛宣传和重点讲解，可以促进公民主动寻求公共法律服务和准确传达自己的法律需求。

其二，应当提高识别公共法律服务需求的能力。针对政府在识别公共法律服务需求上存在困难的问题，需要加强政府中公共法律服务人员的专业能力，全面了解服务地区的社会背景、社会问题，把握公共法律服务需求的特点和趋势，从而更准确地辨别公众的需求。同时要增强沟通能力，掌握良好的沟通技巧和表达能力，创造更多的机会与公众进行有效的交流，了解他们的法律服务需求和问题。政府还须加强调研能力，可以通过调研、数据分析等方法，准确把握公共法律服务的实际需求。识别公共法律服务需求不能依靠政府单方主体力量，而是要针对多样的公共法律服务需求，发展多元的法律服务供给主体，利用不同法律服务机构贴近群众的实际生活，深入了解和识别公民的真实需求。通过一些在政府与公民之间起到中介作用的公共法律服务机构，解决一些个性化的服务需求，同时促进法律服务需求得到及时、有效的满足，防止矛盾激化。例如律师事务所、人民调解处等机构，以及高校师生、高校法律援助中心、退休政法工作人员、法律服务志愿者等主体也可以参与公共法律服务。不断探索和发展更加多元的私人公共服务类型和机构。

公共法律服务需求结构的优化，简单依靠公共法律服务需求主体或者政府等某一方均难以实现优化效果。在鼓励多元主体参与公共法律服务的过程中，也要增强政府、公众与私人公共法律服务机构之间的联动，合力解决复杂的服务需求问题。

三、完善公共法律服务实施的反馈机制

反馈机制是指公共法律服务机构与公众建立联系的机制，通过收集公众的反馈意见和建议，实现供给与需求的适配。反馈机制在公共法律服务的供给方与需求方之间建立了沟通协商的平台，实现了供需双方的交互性。针对实践中可能出现的供需力量失衡问题，反馈机制既能够促进供给主体反思供给的服务数量和质量问题，灵活解决供给的单一性问题，又能在环境的变化下，及时观察和回应需求的变动性和复杂性。正如有学者提出的："让公众的反馈作用于政府数据开放，不仅可以了解公众的需求，提高政府开放数据的利用率，同时还可增强政府开放数据的公众满意度以及政府开放数据的质

量。"①在反馈机制中,公众可以通过多种渠道反馈对公共法律服务的意见和建议,包括电话、网络、信函、信箱、咨询台等方式,同时公共法律服务机构也要及时受理并回复反馈信息。

完善公共法律服务领域反馈机制可以从以下几个方面着力:第一,反馈渠道的设计。需要选择多种可行的反馈渠道,以满足不同人群的需要,尤其是老年人、残疾人、外来务工人员、偏远山区信息闭塞地区的居民等。这些人群对于公共法律服务的申请和反馈存在一定弱势,需要在反馈渠道上予以特别关注。第二,反馈内容的收集。要形成系统化、规范化、有序化的反馈信息收集整理方式,确保收集到的反馈信息真实、准确、全面。公共法律服务信息反馈机制可以由政府机构、律师协会、法律援助组织等机构联合建立和管理。公共法律服务需求反馈涉及的法律法规、案例、法律文献、专家意见等相关信息,可以整理成智库,方便更多公众查询并获得所需信息。第三,需要制定明确的反馈信息处理和回复程序,及时受理并回复反馈信息,加强与反馈者的沟通。对于公共法律服务信息处理和回复的时间规定主要见于《中华人民共和国法律援助条例》《中华人民共和国律师法》等法律法规中,其对法律服务机构收到公众意见的反馈时间作了一般性规定。在一般性的规定下,不同的公共法律服务机构还要根据具体情况及时反馈,提高信息处理效率,及时解决公众的服务需求。第四,反馈结果的分析和应用。对反馈结果进行分析和研究常态化,才能发现问题和改进不足。针对政府公共法律服务供给效率不足和社会公共法律服务供给质量不足的问题,都应当结合反馈的效果,作出进一步改进。总之,建立公共法律服务领域反馈机制有利于加强与公众的互动和沟通,促进公众对法律的了解和认识,提高法律素养,增强法律保障的实效性和公正性,改进和完善公共法律服务工作。

第二节　健全我国公共法律服务的评价机制

优化公共法律服务的前提在于判断当前质量的优劣和问题症结,这些涉及判断的规范性活动离不开一整套完善的评价体系,其中至少应包含评价指

---

① 莫祖英、丁怡雅:《政府数据开放公众反馈机制构建研究》,载《情报杂志》2021 年第 3 期。

标、评价标准以及评价方法。虽然均等普惠是公共法律服务体系建设的目标，但是更深远的意义在于推动社会治理模式的创新发展，良好的评价机制也可以有效地激励社会治理模式的不断转型和升级。我国重视评价活动带来的治理价值，无论是从政治、实践还是问题层面都可以有效发挥指引导向的作用。① 中共中央办公厅、国务院办公厅《关于加快推进公共法律服务体系建设的意见》提到了要"建立健全评价机制"，其中，在建设科学的评价指标体系的问题上，主要内容应包括"业务规范指标、服务效果指标和社会评价指标"，重点应放在"基础设施、人员配备、业务开展等方面量化考评指标及奖惩标准"上。此外，还指出公共法律服务质量的评价制度需要引入第三方评估的模式。有研究在探讨公共法律服务评价标准体系建构的路径和方法问题上，基于实践考察得出启示：应以评价对象、评价主体、评价标准以及评价结果和结果运用等四个方面为核心内容，来建设公共法律服务质量的评价标准体系。② 同时基于全国范围公共法律服务体系建设的实践，指出在服务质量的评价层面，存在服务质量评价标准及其体系缺失、评价标准混乱等问题。③ 评价活动离不开评价主体的主观判断，并深刻地与价值取向、意识形态等深层次主观因素密切相融。因此，建立和完善评价机制，不仅是为我国公共法律服务体系建设贡献力量，而且是彰显和弘扬我国社会主义核心价值观的重要途径，以增强法治中国话语能力的影响力。基于现有权威指导性文件，结合相关研究指出的当前实践问题，我们选择从评价标准、评价指标、评价主体等方面来论述完善公共法律服务的评价机制。

一、评价标准确定的难点和思路

在语义层面上，标准是衡量事物的准则。④ 公共法律服务的评价标准就

---

① 何家华、李林：《习近平法治思想中的全民普法理念》，载《华侨大学学报（哲学社会科学版）》2022 年第 4 期。

② 杨凯等：《公共法律服务体系建构及其评价标准研究》，中国社会科学出版社 2020 年版，第 120～121 页。

③ 杨凯等：《公共法律服务体系建构及其评价标准研究》，中国社会科学出版社 2020 年版，第 123～125 页。

④ 根据《现代汉语词典》的解释，标准一词有两种含义：一是衡量事物的准则；二是本身合于准则、可供同类事物比较核对的事物。中国社会科学院语言研究所词典编辑室编：《现代汉语词典》，商务印书馆 1997 年版，第 82～83 页。

是可以为公共法律服务的质量提供衡量依据的准则,换言之,就是选择什么样的准则判断公共法律服务质量的优劣。确立标准是一种带有深厚主体性印迹的归类实践,选择何种标准往往离不开人们的需求和目的。[①] 由司法部发布的《全国公共法律服务体系建设规划(2021—2025年)》可知,当前的主要目标:建成覆盖全业务、全时空的法律服务网络;《中央宣传部、司法部关于开展法治宣传教育的第八个五年规划(2021—2025年)》实施完成;推动法律援助法实施;发挥律师在公共法律服务中的主力军作用;扩大公证服务供给;增强司法鉴定质量和公信力;完善仲裁制度,提高仲裁国际化水平;深化构建大调解工作格局。其中,第一个目标是总体布局,其他都是具体领域的对应目标。相较于2019年中共中央办公厅、国务院办公厅《关于加快推进公共法律服务体系建设的意见》中关于2022年的目标"基本形成覆盖城乡、便捷高效、均等普惠的现代公共法律服务体系"而言,2025年的总目标在公共法律服务体系的覆盖惠及层面要求更高,即公共法律服务的获得可能性是完全受到时空保障的,任何时间、任何地点以及所有类别的公共法律服务都可以在人民群众需要的时候被高效、顺利地获取。

虽然总体目标对公共法律服务提出了全覆盖的高标准,但在具体落实过程中,需要致力于具体类别的公共法律服务予以推进。不同类别的公共法律服务的运行方式具有一定差异,建设和完善的侧重点亦有不同。比如,对于律师行业而言,需要加强行业自律服务定位,重视知识素养与人才培训,促进信息化、国际化,打造出更多具有国际竞争力的品牌律所和专业团队;在公证领域,关键目标在于切实践行《全国深化"放管服"改革转变政府职能电视电话会议重点任务分工方案》的理念,[②]完成将权力观念转化为服务理念,坐实"预防纠纷、维护法律安全"的基本职能;在司法鉴定领域,进一步贯彻实施《关于健全统一司法鉴定管理体制的实施意见》,坚持"规范、创新、提升"总基调,行业改革目标在于以"需求、问题、目标"为导向,寻求建立统一的管理制度,尊重科学,明确"高端法律服务"的职能定位;[③]至于仲裁行业,国内层面的目标在于

①　陈坤:《法律命题与法律真理》,中国政法大学出版社2021年版,第35～36页。

②　2018年国务院办公厅发布《全国深化"放管服"改革转变政府职能电视电话会议重点任务分工方案》,将公证行业确定归属于"服务领域"。

③　参考中央财经大学法学院郭华教授2019年5月20日在现代公共法律服务学术研讨会上的发言内容。

仲裁机构改革应当彻底去行政化,确定公益性非营利法人定位,优化治理结构,主要通过行业协会进行自治自律,政府监管需依法适度;①国际层面意在建成世界一流的国际化、专业化和品牌化的仲裁机构,将我国建设成立足全球的亚太地区仲裁中心,为国际争议解决中心提供核心力量。② 这是践行"一带一路"和自由贸易试验区在仲裁领域的具体体现,同时也符合经济全球化大背景下法治经济建设的客观趋势。而且不同类别的公共法律服务完成的难度亦有区别,即使是同种类别的服务也会因为偶然性因素以至于实施过程中完成难度存在差异,因此,仅靠"一刀切"地确立评价标准是不科学的。由于公共法律服务类别非常丰富,每一种如果都要设置独立的评价标准就会使公共法律服务体系的评价标准体系显得过于庞杂,而且也不排除其中某两个或者多个类别的服务可以共享着某些标准。

二、评价指标的选取思路

评价指标是用以评价公共法律服务质量的重点观测载体,它是监督服务标准落实和解析标准的工具,同时在某种程度上也是标准的构成要素。③ 评价活动作为主观价值当然地发挥效用的行为领域,其本身指标的选取及指标体系的建立不仅是衡量判断公共法律服务质量的有效参照,而且是价值观凝聚和弘扬的集中体现。因此,评价指标应紧扣社会主义核心价值观,吸纳与时俱进的理念和思想,只有这样才能为公共法律服务质量评价指标的确立注入中国生命力。

(一)以人民为中心

全心全意为人民服务是我们党的根本宗旨,习近平总书记在二十大上再次强调了人民就是江山,守江山,守的就是人民的心。公共法律服务由人民政府统筹协调,政府职能部门不仅在形式上追求政府工作完成度、服务体系建设的效益产出与成本投入比率,而且从实质上始终坚持的是为人民服务的理念和决心。尤其是公共法律服务属性中的公共性和服务性决定了公共法律服务

---

① 姜丽丽:《论我国仲裁机构的法律属性及其改革方向》,载《比较法研究》2019年第3期。

② 郭玉军、付鹏远:《当代中国仲裁的国际化发展:现状、挑战与应对》,载《武汉仲裁》2018年第1期。

③ 杨凯:《以新发展理念引领公共法律服务评价指标体系建构》,载《中国党政干部论坛》2021年第6期。

体系的全部环节都必须以人民的需求为导向，这正是我国公共法律服务体系的理念内核，因此，能够衡量并体现人民满意度的指标应当重点纳入评价指标体系之中。这类指标可以通过普通问卷调查、服务完成即时评价、网络平台日常评价建议渠道等途径收集并建立起来，其中，人民群众满意率类的指标可以基于服务态度、专业能力、服务效果等方面数据化为可知率、好评率、再次选择率等。例如，湖州市在公共法律服务体系建设方面的"五大指数"，包括构建形成平台建设度、服务供给度、服务质效度、数字化改革度、服务满意度，这五项指标共同构成湖州市公共法律服务指数评价指标体系，作为该市特色并在"公共法律服务指数评价指标应用"试点探索的道路上积累经验。其中，服务供给度、服务质效度和服务满意度都是紧扣人民群众需求反映出来的指标。义乌市 2016 年度公共法律服务指数在算式设计上采取了指数分项加权处理，总指数由进程指数、成效指数和满意度评价指数构成，三项指数的参数之比为3∶6∶1，成效指数占比最大，它集中反映的是政府司法行政部门工作人员的工作强度、工作力度和工作进度。[①] 虽然这组指标反映了对人民群众满意度的涉及，但是对于公共法律服务指数的评价而言，满意度评价指数的权重偏低，不仅不利于对总指数形成较明显的影响，而且容易产生对公共法律服务体系建设理念的偏离而落入政绩观导向的危险。

（二）新发展理念导向

创新、协调、绿色、开放、共享的新发展理念自我国"十三五"被提出并说明以来就成为我国新时代国家和社会发展的全方面指导理念，"十四五"的开局之年，习近平总书记依然在强调要完整准确全面贯彻新发展理念，这充分体现了新发展理念之于国家发展的重要战略意义。作为法治国家、法治政府、法治社会建设的重要组成项目，公共法律服务体系的建设发展进程势必要在新发展理念的导向和框架下展开，因此，相应的配套评价机制也应以新发展理念为导向。创新旨在创造动力，指标的设定需要发挥激励作用，使公共法律服务提供者在追求指标合格的过程中产生更进一步的内生服务动力。协调在于促进均衡发展，在指标设定上应注重针对不同类对象的服务供给均衡，对特定群体的服务应加以倾斜关照。《全国公共法律服务体系建设规划（2021—2025年）》明确了特殊群体的重点保障地位，其中包括进城务工人员、残疾人、老年

---

① 吴小凡、王薇：《义乌公共法律服务指数实践研究》，载《法制与社会》2017 年第9 期。

人、青少年、妇女和军人军属、退役军人等,这就引导着评价指标设置应充分考虑被重点保障的特殊群体的意愿表达。此外,在基本服务与非基本服务的区分基础上应注重指标性质的不同适用情形。作为公共法律服务的底线需求,基本服务的评价指标应选取"约束性评价指标体系",即严格考察基本服务领域的各项指标;非基本服务应选取"预期性评价指标",对公共法律服务体系建设的优化升级提供动力。[①] 绿色在于强调发展过程中人与自然和谐相处,在指标设置上就应重视对在提供服务过程中的环保效用的要求,比如电子化服务率,以降低对纸质文件的需求等。题中之义还涉及广义层面的可持续、和谐,一方面,这些指标需要随着社会发展及时科学评估、动态调整;另一方面,诸指标之间不能有显著的冲突,要保持整个指标体系的和谐。开放在于公共法律服务质量评价体系发展的内外联动,这就要求评价指标的建立应关注外在的评价声音,设立能够重视外在视角的评价指标并赋予适当的权重。共享在于评价结果能够向公众提供畅通的公开渠道以及询问、建议等反馈途径,确保指标设立的科学性和民主性。同时,评价结果经过广泛的监督和判断可以检验其是否与人民群众实际感受相一致,从而反向推断所选指标是否合理、是否能够真实地反映出评价对象的实况。

(三)类型化选取

前述提到公共法律服务的评价标准难以统一,同时也不适宜完全按单个类别逐一选取。根据各类公共法律服务的差异性和共性,可以采取介于二者之间的调和区域,即依据一定的标准将指标作类型化的处理。根据需要投入的人力、精力和专业能力密度的多少,有研究按照难易程度举出示例将服务类别划分为了四大类:一是法治宣传和公证类;二是法律咨询类;三是人民调解服务;四是律师参与信访化解和突发性事件的服务类。[②] 第一类服务尚且没有涉及具体的法律争议纠纷,不需要解决突发性、对专业反应能力要求高的问题,相较而言难度就会低一些。虽然法律咨询和法治宣传的实际效果存在一定范围的交叉,但是后者的服务形式是主动式,服务提供者对宣传内容是易于掌控的而且通过提前准备可以极大程度降低不确定性并能确定有效地提高服

---

① 杨凯:《以新发展理念引领公共法律服务评价指标体系建构》,载《中国党政干部论坛》2021 年第 6 期。

② 杨凯、郑振玉、王丽莎:《论公共法律服务考评体系与定价体系的契合》,载《法治论坛》2020 年第 2 期。

务供给质量；而前者的服务形式是被动式，需要足够的知识储备和专业能力，才能应对随机而来的具体问题，甚至有的咨询事项已经处于诉讼阶段，具体情况的复杂性也为服务提供者增加了一定难度。人民调解类服务不仅需要扎实的专业基础，而且对处理问题的综合能力提出了较高要求，这个服务类别所包含的事项范围非常广泛，制度设置本身就集中体现了硬法与软法之间的处理艺术。信访化解类服务对象已经处于矛盾锐化的阶段，民众负面情绪能量较为强大，这对服务提供者的综合能力提出了更高要求，尤其是突发性事件产生的问题需要短时间内提出准确完备的应对建议。因此，对于不同类别的公共法律服务，可以根据专业知识需求和综合能力密度的难易程度予以类型化处理，从每一种类别中提炼出各自适宜的指标。

三、评价主体的明确

公共法律服务体系建设本身既然是多元主体参与共同发力的法治事业，就决定了评价主体的多元化要求。上述在论述评价标准和指标的过程中，已有涉及评价主体的指向。人民群众是必不可少的，《关于加快推进公共法律服务体系建设的意见》中提到公共法律服务评价指标体系构建中的社会评价指标，主要就是从人民群众中获取测量值。不同类别的服务也因服务主体范围的不同需要区别不同人民群体评价的权重。如果服务对象是全体人民群众，比如法治宣传，这项服务工作的受益者、参与者以及成效的最终评价者是全体人民，[1]所以评价主体就可以面向人民群体无差别展开；如果是特定服务对象，那就需要重点考察接受服务的人民的真实评价，同时也可以考察不特定的群体，但是要在初步收集到的评价结果中作进一步加权算法处理，赋予特定服务对象的评价以更高的权重。虽然这类评价主体极大程度上汇聚了民意，而且是一手渠道反馈，但是主观随意性较大，因此需要在追求评价的民主性基础上注重对评价科学性的追求。这就引入了一种中立、专业的第三方评价主体，即独立于服务提供者和服务接收者的专业测评机构。《关于加快推进公共法律服务体系建设的意见》中提到的业务规范指标、服务效果指标的测量，以及多方面量化考评指标和奖惩标准等工作，都需要第三方评估机制发挥效用。虽然诸多涉及公共法律服务评估的规范性文件都会明确引入第三方评估机

---

① 何家华、李林：《习近平法治思想中的全民普法理念》，载《华侨大学学报（哲学社会科学版）》2022年第4期。

制,但是具体是哪些第三方机构具有评估资格目前尚未从规范层面明确,具体评估做法也少有实践操作层面的具体规则。第三方评估结果不仅是对公共法律服务质量的督促,也是政府绩效具体体现的重要组成部分,评估结果需要具备审慎、专业、权威等属性,因此主体的资格应当是经过行政审批规则而获得评估资格的市场主体以及其他社会团体、组织、单位等。具备评估资格的第三方主体应当在政府官网上公开。实践中,我国当前第三方评估机制中的评估主体主要是两种,即专业评估咨询公司和政府专项资助的学术机构。[①] 我国现有的公共法律服务质量评估机构,包括全国法律援助评估中心、全国律师服务质量评价委员会、全国公证服务质量评估中心、全国司法鉴定机构评估中心、全国仲裁服务质量评估中心,等等。由司法部主管的全国法律援助评估中心,是我国法律援助领域唯一的评估机构。这些评估机构基本覆盖了公共法律服务的全部领域,但多个评估机构相互独立也存在评估标准不一、评估结果互相矛盾等问题。评估机制建设不仅需要依靠多元的评估机构,也要加强公众的参与,因为"公众参与是在多元利益格局下平衡各方利益的关键所在"。因此,需要加强评估机制的协调性、统一性和民主性。

四、评价结果的应用

评价指标的设置、评价标准的确定以及评价主体的明确从方法论角度为公共法律服务质量评价机制的建设完善指明了进路,此外还应当重视评价机制链条的延伸。例如,《厦门经济特区公共法律服务条例》明确将公共法律服务体系建设工作纳入依法行政绩效指标考评体系。一方面表达了绩效考评工作是评价和监督依法行政的状况;另一方面对于依法行政绩效指标考评而言,公共法律服务体系建设工作这样一项复杂抽象的事物,只有具体化为评价结果才能有效地被应用于其他事物的建设和监督,因此,公共法律服务体系建设的评价机制是判断政府部门依法行政的必要前提。

目前专门关于公共法律服务的有 5 部地方性法规和 2 部地方政府规章,与公共法律服务评价评估相关的具体规定归结如表 5-1。从中可知,山东、江苏、湖北、厦门、广州和上海都指出公共法律服务的评价活动需要引入第三方机制,具体指向尚未明确。就服务评价结果后续运用的层面而言,各省市出台的规范文本也皆有涉及,大致可以包括以下四项:

---

① 杨凯:《论现代公共法律服务多元化规范体系建构》,载《法学》2022 年第 2 期。

1.作为地方年度法治建设绩效考评体系。这种纲领性的表述可散见于诸多地方的规范文本之中,公共法律服务建设被放在国家法治建设的重要地位,而判断前者状况最直观的依据就是服务评价,纳入各地年度法治建设的政绩考评不仅实际操作便捷,而且强化了公共法律服务质量评价结果的效力。

2.作为公共法律服务提供者的服务"名片"。比如山东省建设的公共法律服务记分制度和诚信档案,使得公民在选择相应公共法律服务时能够获得有效参考;厦门市明确了政府购买公共法律服务的购买主体有权对承接服务的主体进行评价并将此作为后续选择承接主体的参考和根据;广州市规定的公共法律服务信息公开制度包括对服务质量评价结果的公开要求,在发挥社会监督作用的同时,也间接地为公众提供了"名片",为之后潜在的被选择提供参照依据。

3.作为对公共法律服务提供部门的工作人员的考核评价依据。例如湖北省重点关注公共法律服务平台建设情况、相关目标任务完成程度以及工作人员的服务质效,故该省规定公共法律服务的评价结果作为法律服务平台和工作人员考核评价的依据。广州市和上海市也将评价结果延伸至与奖惩挂钩。广州市将评价结果与公共法律服务机构及其工作人员考核评价、奖惩相联系;上海市更强调主要负责人的责任,明确规定了评价结果作为领导干部综合管理政绩的依据。此举有益于激发公共法律服务提供主体的内生动力。

4.作为相关专业人员社会实践和专业实习的考核依据。例如湖北省和广州市都规定了要鼓励将教师和学生参与公共法律服务的情况纳入社会实践和专业评优的考核体系中。这不仅可以促进知识转化为生产力的效率,而且能够在政府资源和市场资源的空缺地带有效缓解服务资源供给不足的压力。

表 5-1　关于公共法律服务建设的地方法律规范

《山东省公共法律服务条例》	第三十三条　律师、公证、基层法律服务、司法鉴定、人民调解等法律服务行业协会,应当建立公共法律服务积分制度和公共法律服务诚信档案,如实记录法律服务机构及其执业人员和人民调解员提供服务、表彰奖励、综合评价等情况信息,并如实免费为有需要的人员出具服务记录证明;符合志愿服务条件的,可以录入全国志愿服务信息系统。 第三十七条　县级以上人民政府司法行政部门应当加强对提供公共法律服务的机构和人员的监督管理,建立服务评价、教育培训、激励保障等机制,探索引入第三方对公共法律服务开展情况进行评估;开展群众满意度测评,主动接受社会监督和舆论监督,提升公共法律服务社会公信力。

续表

《黑龙江省人大常委会关于加强公共法律服务体系建设的决定》	四、县级以上人民政府应当将公共法律服务体系建设纳入本地区国民经济和社会发展总体规划,纳入法治政府建设规划,纳入经济社会发展主要责任指标考评体系,列入为民办实事项目。 六、县级以上人民政府应当加大法治宣传教育、法律援助、人民调解、村(居)法律顾问、政府法律顾问、法律风险评估、法律问题专家论证、法治人才培养、法律服务志愿者招募以及仲裁、公证参与基层矛盾纠纷化解等政府购买力度,并纳入政府购买服务指导性目录。
《江苏省公共法律服务条例》	第四十三条 ……县级以上地方人民政府应当将公共法律服务体系建设、服务质效等情况纳入法治建设监测评价的重要内容…… 第四十四条 县级以上地方人民政府应当组织有关部门和单位对公共法律服务提供、保障情况实施监督检查,自行或者委托第三方机构对公共法律服务质效进行定期评估。司法行政部门应当建立公共法律服务满意度评价制度,邀请服务对象对服务质量提出评价意见,作为考核评价和提升服务质量的重要参考依据。 第四十六条 司法行政部门应当会同有关部门和单位加强对法律服务机构、法律服务人员参与公共法律服务的指导和监督,建立健全专业能力评定体系和服务评价、教育培训、激励保障等工作机制。
《湖北省公共法律服务条例》	第五条 公民、法人和其他组织享有获取、监督、评价公共法律服务和对公共法律服务提出建议的权利。 第三十八条 ……鼓励和支持高等院校将参与公共法律志愿服务的情况作为法律专业的教师和学生参与社会服务、社会实践和专业实习的重要内容和考核评价的依据…… 第四十一条 县级以上人民政府应当将公共法律服务工作纳入年度法治建设绩效工作考核,将公共法律服务体系建设情况、服务平台建设运营情况以及目标任务完成情况作为考核评价的重要内容。 第四十二条 县级以上人民政府司法行政主管部门应当加强对公共法律服务平台的考核评价,开展法律服务质量评估,促进公共法律服务平台和服务人员提高服务质量和效率。引入第三方评价机制对公共法律服务开展情况进行评价,将评价结果作为对公共法律服务平台和服务人员考核评价的依据。

续表

《厦门经济特区公共法律服务条例》	第四十四条　公共法律服务体系建设工作应当纳入年度依法行政绩效指标考评体系。 第四十五条　市、区人民政府应当建立公共法律服务质量评价制度。相关部门可以引入第三方对公共法律服务质量进行评价。服务对象有权对接受的公共法律服务进行评价。政府购买服务的承接主体应当按照合同约定提供服务。购买主体可以委托第三方对其提供的服务进行评价。评价结果作为选择承接主体的依据。
《广州市公共法律服务促进办法》	第二十四条　……鼓励高等院校将公共法律志愿服务的情况作为法律专业教师参与社会服务考核评价的参考,同等条件下优先评选有良好公共法律志愿服务记录的教师…… 第四十条　市、区司法行政部门应当加强对全市公共法律服务机构及其工作人员的监督,建立健全公共法律服务质量评价机制,定期组织对公共法律服务机构的基础设施、人员配备、业务开展、文书质量和档案管理、群众满意度等方面的考核评价,提高公共法律服务质量和效率,促进公共法律服务机构制度化规范化发展。市、区司法行政部门可以引入第三方对公共法律服务开展情况进行评估,将评估结果作为对公共法律服务机构及其工作人员考核评价和奖惩的依据。 第四十二条　司法行政部门应当建立健全公共法律服务信息公开制度,及时向社会公布公共法律服务机构及其执业人员、服务平台、服务内容、服务时间、服务机构考核评价结果、基本公共法律服务相关财政资金项目支出包括政府采购情况等信息,自觉接受社会监督。
《上海市公共法律服务办法》	第四十五条　本市将公共法律服务工作纳入法治建设考评指标体系,定期对公共法律服务体系建设进展、成效及保障情况进行督促检查和考核评估,有关检查和考核评估结果作为领导干部综合考核评价的参考依据。 第四十六条　司法行政部门应当自行或者委托第三方机构定期对公共法律服务平台、服务人员的服务质量进行考核评价。司法行政部门可以邀请社会公众、服务对象对公共法律服务平台、服务人员的服务质量提出意见建议,作为考核评价和提升服务质量的参考依据。

　　完善公共法律服务的评价机制,除了上述要素,还需要设计一套完善的评价方法和评价程序,从形式层面保障实质层面的高质量推进。现有规范文本

的内容大多仍较为抽象,可操作性尚且欠缺,比如评价周期的设定、评价方式的选择等,都是需要在实践中尝试的合理可行的路径,经检验形成成熟的规划和模式,然后予以规范化。就评价方式的问题,有学者指出了同步评价和定期评估。对于群众评价机制的完善,扩大"随单评价、一单一评"同步评价的范围,强化评价信息的整合判断。[①] 同步评价是为了收集到实时一手评价信息,保证个体评价信息真实;定期评估在于将分散的一手信息进行整理分析,挖掘数据库内在的规律趋势,反映公共法律服务的整体样态。为了促进我国公共法律服务质量的评估指标和方法进一步完善,以更全面、客观、准确地反映公共法律服务的质量水平,"构建多元评估主体,拓展多维评估内容,设计多项评估指标,运用多样评估方法等,成为未来我国基本公共服务评估机制的创新取向"。[②] 公共法律服务质量的评估指标应当全面包括且不限于:评估机构应该考核公共法律服务机构的服务效率,包括处理案件的速度、办案周期、业务办理时间等方面。我国公共法律服务市场很大一部分是政府购买第三方的公共法律服务。这就需要对政府购买第三方服务的绩效进行评估,构建"由购买主体、服务对象和第三方机构共同参与的评估机制,对购买项目的数量、质量和资金使用情况等方面进行综合评估"。[③] 评估机构可以通过数据分析、问卷调查等方式,对公共法律服务机构的办案效率进行评估。考核公共法律服务机构的服务质量,包括法律服务的准确性、专业性、规范性和服务效果等方面。评估机构可以通过现场检查、客户满意度调查等方式,对公共法律服务机构的服务质量进行评估。考核公共法律服务机构的服务态度,包括服务的热情度、礼貌性、耐心性、友善性等方面。评估机构可以通过客户满意度调查、公众投诉和举报等方式,对公共法律服务机构的服务态度进行评估。考核公共法律服务机构的信息公开情况,包括信息的透明度、公开的内容、及时性等方面。评估机构可以通过数据分析、问卷调查等方式,对公共法律服务机构的信息公开情况进行评估。考核公共法律服务机构的公众满意度,包括公众对法律服务机构的信任度、满意度、建议和反馈等方面。评估机构可以通过客户满意度

① 杨凯:《推进中国特色现代公共法律服务多元化规范体系建构》,载《中国司法》2022 年第 5 期。

② 曾保根:《均等化取向下基本公共服务评估机制的局限与创新》,载《中共天津市委党校学报》2013 年第 3 期。

③ 吴卅:《政府购买公共体育服务绩效评估现状——基于上海市和常州市经验》,载《北京体育大学学报》2017 年第 3 期。

调查、公众投诉和举报等方式,对公共法律服务机构的公众满意度进行评估。这些质量考核的指标应当在同一行业内形成统一标准。同时公共法律服务质量评估的结果应当公开透明且保持动态开放,让公众了解评估的过程和结果,便于公众对评估结果的监督。还应当加强对公共法律服务机构评估结果的约束,明确评估主体的责任和义务,从而推动公共法律服务质量的提高。

第三节　强化我国公共法律服务的监督机制

公共法律服务是由政府统筹管理的法律服务,公共法律服务的供给需要通过国家公权力的行使才能运行,这是其公共性本质所在。[①] 法治建设的逻辑下,公权力都是需要被监督的,因此,公共法律服务活动的监督机制始终需要被高度重视和健全,以确保公共法律服务的质效。实际上,前述就公共法律服务评价机制的讨论与监督问题已有密切的联结,评价机制的必要性和评价结果的运用都指向了其中一条通向监督之路。监督虽然和评价密切相关,且二者的共同目标都在于提升公共法律服务质量,但评价侧重于检验阶段性服务实施成果,对于服务质量提升起到的是参考性的间接作用,而监督是基于评价(包括日常评价和定期评估)基础上发挥的直接纠正力量。除此之外,监督机制的健全还有属于其基本要素类的问题有待厘清,其中主要有监督主体的明确和监督方式的寻求。

一、监督主体

政府作为公共法律服务的义务主体,一般情况下监督对象就是提供法律服务的政府部门及其工作人员、公共法律服务机构、政府购买服务的承接单位等。以各地公共法律服务主题的规范文本为视角,现有关于公共法律服务的7部地方立法皆明确了政府司法行政部门的监督主体地位:黑龙江省规定了辖区内县级以上人大及其常委会、特定区域的人大工作委员会对公共法律服

---

① 宋方青:《公共法律服务的科学内涵及核心要义》,载《中国司法》2019 年第 8 期。

务建设的监督职能；①江苏省、上海市、厦门市等明确了行业协会在服务监督领域的重要力量；②黑龙江省以司法鉴定行业为例，也表达了对行业协会在监督领域的期待，③这类监督主体的设立促进了不同类别公共法律服务的精细化管理与督促；山东省、江苏省、湖北省以及广州市明确了社会组织和公民个人的监督主体地位，④体现了我国公共法律服务的民主性、服务性本质。可以看出，实践中的监督主体主要包括：县级以上政府司法行政部门；县级以上人大及其常委会、人大工作委员会；行业协会；公民、法人和其他组织等。以主体性质划分可概括为公权力部门内部监督、行业自律监督和社会舆论监督三类。

（一）公权力部门内部监督

这种类型的监督属于公职部门自我监督、自我纠察的方式，就监督权的行使而言，这类监督主体相较于其他主体具有天然的便利条件。虽然日常实时监督资料易于获取，监督行为发生后所产生的整改反馈因工作链条的简短顺畅而具有较高效率，但是由于内部自我监督可能存在私利之嫌，监督过程的公

---

① 《黑龙江省人大常委会关于加强公共法律服务体系建设的决定》："十七、县级以上人大及其常委会、大兴安岭地区人大工作委员会应当通过听取和审议专项工作报告、开展执法检查等多种监督方式，加强对公共法律服务体系建设工作的监督。"

② 《江苏省公共法律服务条例》第 7 条："……律师、基层法律服务工作者、公证、司法鉴定、仲裁等法律服务行业协会应当加强行业自律，组织、引导、监督会员参与公共法律服务。"《上海市公共法律服务办法》第 8 条："律师、公证、司法鉴定、仲裁、调解等法律服务行业协会应当发挥行业自律作用，组织、指导和监督本行业法律服务机构、法律服务人员开展公共法律服务活动。"《厦门经济特区公共法律服务条例》第 46 条："……律师、公证、司法鉴定、人民调解等协会应当组织和引导会员参与公共法律服务，并根据协会章程和惩戒规则，对会员开展公共法律服务活动加强指导和自律管理。"

③ 《黑龙江省人大常委会关于加强公共法律服务体系建设的决定》："强化司法鉴定执业监管，司法鉴定管理机构应当严格把握鉴定机构和鉴定人准入标准，健全淘汰退出机制，对违规、违法的鉴定机构和鉴定人依法取消从业资质，加强对鉴定能力和鉴定质量的监督。"

④ 《山东省公共法律服务条例》第 37 条："……开展群众满意度测评，主动接受社会监督和舆论监督，提升公共法律服务社会公信力。"《江苏省公共法律服务条例》第 8 条："公民、法人和其他组织享有获得公共法律服务的权利，有权对公共法律服务工作进行监督，提出意见和建议。"《湖北省公共法律服务条例》第 5 条："公民、法人和其他组织享有获取、监督、评价公共法律服务和对公共法律服务提出建议的权利。"《广州市公共法律服务促进办法》第 43 条："自然人、法人和其他组织依法享有对公共法律服务进行监督、评价和提出意见建议的权利。"

正性和独立性难以得到完全保障,因此,在一定程度上削减了监督力度和应有的监督效果。而在政府购买公共法律服务的情况下,公权力部门的监督力度就具有能够克服上述局限的优势地位。对于由政府部门提供的基本公共服务进行的监督可以来自立法、司法、行政以及社会方面,由市场主体提供的非基本公共法律服务则多是通过经济性手段和政府管制的方式进行监督,例如通过市场准入、价格管理和质量监管等途径。[①] 政府部门作为法律服务的直接提供者时,除了行政系统内部的自我监督之外,还可以发挥人大监督职能(例如黑龙江省明确了人大及其常委会、工作委员会在公共法律服务建设领域的监督主体地位),以及检察院作为监督主体行使行政公诉职能等。政府购买公共法律服务往往通过向社会公开招标的方式进行,在此阶段的中标者就成为相应服务的承接主体,招投标行为具有市场性,承接主体应当履行合同义务保质保量地实施相应的公共法律服务供给,政府部门拥有双重身份对承接主体发挥监督力量:一方面,政府部门作为法律服务的购买方,有权利对服务供给质量和状况进行监督,以保证合同权利的达成和维护;另一方面,政府部门作为公共法律服务的统筹者和主导者,有权力对服务供给全过程进行监督,并对不符合标准的服务予以纠正和问责,以保证公共法律服务建设的高质量发展。

(二)行业自律监督

此类监督主体主要指的是各类公共法律服务项目所归属的行业协会,其中包括律师协会、公证协会、司法鉴定协会、人民调解协会等。这类监督的优势在于公共法律服务能够分门别类地得到监督主体的专业性监督意见,促进协会成员从认同感的层面意识到现有不足并改进完善。行业协会作为非营利性的社团组织,对于公共法律服务实施过程中出现的不符合标准的供给行为,理应承担起监督和问责的社会责任。

(三)社会舆论监督

公民、法人及其他组织是最广泛的公共法律服务接受群体,也是理所当然的评价主体和监督主体,其监督权被诸多地方立法明确。作为直接的法律服务受众,最能觉察到公共法律服务实施中的具体问题,赋予其法定的监督主体地位,不仅能有效维护自身获得优质法律服务的合法权益,也为我国公共法律服务质量稳健提升提供最广泛密实的监督之网。此外,社会舆论监督主体还包括新闻媒体,若是个别声音消失在海量信息中,新闻媒体的传播力量可以发

---

① 杨清望:《公共服务法治化研究》,中南大学出版社 2020 年版,第 232 页。

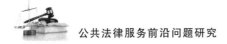

挥舆论监督的优势,将不符合标准的法律服务予以披露甚至可以把情节严重的现象推向舆论的风口浪尖。

二、监督方式

其一,将公共法律服务类事项纳入行政公益诉讼的范围内。行政公益诉讼是指检察院对于法定的损害国家和社会公共利益的行政行为,代表国家针对该类现象以及特定行政机关向法院提起的诉讼。根据我国《行政诉讼法》第25条第4款之规定[1],行政公益诉讼的范围是生态环境和资源保护、食品药品安全、国有财产保护、国有土地使用权出让等领域。具体事项如上所列,不包括公共法律服务,但是基于法律文本表述来看,"等领域"应当是与所列事项在国家利益或者社会公共利益方面影响力、重要性相当的事项,而公共法律服务作为国计民生的重要组成部分,显然与国家利益和社会公共利益密切关联,因此应当理解为行政公益诉讼范围包含了公共法律服务类事项,这亦有必要尽快以立法解释的形式予以规范化。这种监督方式属于公权力部门的内部监督,通过检察权的行使监督政府部门实施公共法律服务过程中的不合法行为,具有强制性的监督力度。

其二,跨部门协同监督。当公共法律服务提供者是政府部门的时候,其责任属于行政责任,主要通过公权力内部监督机制予以监督问责;当法律服务提供者是政府购买公共法律服务中营利性的市场主体时,其责任属于民事责任,这就需要政府部门和行业协会协同发挥监督作用。在诚信档案建设方面,推进行业协会和司法行政部门信息数据共享,强化从业人员的诚信建设,将群众满意度评分以及收到投诉情况全部纳入从业人员的个人诚信档案之中以供主管部门监督考核。

其三,畅通评价意见的来源渠道。评价意见是来自公共法律服务接收主体的一手反馈资料,前述已经把服务接收主体分为两类,即全体人民群众和接收服务的特定主体。这些评价的意义不仅在于衡量当前的服务质量,还需要

---

① 《中华人民共和国行政诉讼法》第25条:"……人民检察院在履行职责中发现生态环境和资源保护、食品药品安全、国有财产保护、国有土地使用权出让等领域负有监督管理职责的行政机关违法行使职权或者不作为,致使国家利益或者社会公共利益受到侵害的,应当向行政机关提出检察建议,督促其依法履行职责。行政机关不依法履行职责的,人民检察院依法向人民法院提起诉讼。"

发挥监督功能,因此,畅通评价和意见的来源渠道就是保障社会监督功能的有效发挥。此外,应当重视提高评价意见的有效性密度,例如湖北省将专家智库纳入监督机制创新之中,为公共法律服务建设发展从专业性、科学性角度提供监督和建议。[①]

其四,建立独立的第三方评估监督机制。前述提到,我国现行相关规范性法律文件都强调了第三方评估机制的重要地位,但是没有具体所指,多是停留在名词层面的表述。实践中的第三方评估主体主要有专业评估咨询公司和政府专项资助的学术机构,但有观点已经表述了对这两类评估主体客观中立立场的质疑。由于公共法律服务的提供主体是多元的,自我监督具有较大的局限性,互相监督也因错综复杂而不具备可操作性,因而设立独立的第三方评估主体尤为必要。如美国宾夕法尼亚州于1913年建立的"公共服务委员会",有效保证了公共服务供给的公正性。[②] 建立独立的评估机构,可以有效避免政府部门或其他利益相关方干扰评估结果的公正性。

总体而言,建立健全公共法律服务的质量监督机制,应当加强对公共法律服务机构和人员的监管和考核,以确保公共法律服务的质量和效果。我国的公共法律服务质量监督机制是一个多层次、多元化的体系,由政府部门、律师行业协会、人民监督机制、法律法规监管和第三方机构评估监督等多种方式组成。该机制致力于提升公共法律服务质量、保障公民的合法权益、增强公共法律服务机构的社会责任感、促进公共法律服务市场的健康发展、强化公众的法律意识和法律素质等。完善监督机制应当明确监督机构的职责清单和权力范围,激励并确保公众参与。我国公共法律服务监督管理机构分布在多个政府部门,应当发挥行政部门垂直管理体制和首长负责制的特点,加强监督管理工作协同推进和整体优化。同时应增强公众参与的力度,激发公众对公共法律服务质量的监督和评价动力,确保监督效果的实现。社会监督是监督体制中的一股重要力量,公众作为公共法律服务的需求主体,应当被赋予更多的监督权利并保障权利的具体落实。总之,改进我国公共法律服务的质量监督机制需要各方共同参与、加强合作、形成合力,确保公共法律服务的供给质量。

---

① 《湖北省公共法律服务条例》第31条:"省人民政府司法行政主管部门应当建立公共法律服务专家库,为公共法律服务及其监督管理活动提供专业意见。"

② 陈云良、寻健:《构建公共服务法律体系的理论逻辑及现实展开》,载《法学研究》2019年第3期。

第四节 完善我国公共法律服务的保障机制

公共法律服务体系建设的顺利开展离不开保障机制的支持。《全国公共法律服务体系建设规划(2021—2025年)》在肯定了我国公共法律服务体系建设取得成果的同时,指出当前面临的困境,即"公共法律服务供给体制机制不健全,政府权责边界不清,法律服务资源总量不足,配置不均衡,城乡分布、地域分布差异明显,欠发达地区公共法律服务人员、基础设施等资源短缺问题突出。服务供给质量、效率和能力水平、信息化水平有待进一步提升"。解决这些问题是公共法律服务实施过程中的系统性工程,需要一系列的配套措施才能有效推进,其中主要包括完善人才队伍、财政经费、技术平台等方面的保障机制。

一、人才队伍保障

人是公共法律服务实施的主体性要素,也是所有活动价值存在的意义,我国公共法律服务体系的建设和发展离不开人才队伍的培养与供给。《全国公共法律服务体系建设规划(2021—2025年)》中提到的法律资源总量不足、配置不均衡等问题,很大程度上也是高素质的专业人才总量依然存在缺口且分布地区不均衡所造成的。尤其是"欠发达地区和涉外法律服务人才短缺的现象比较严重"。[①] 对此,需要从制定切实可行的人才培养规划、组织定期专业增训等方面入手建设一支职业素质高、业务能力强的人才队伍。

第一,就人才培养规划的制定而言,由于出色的人才来源于教育,故应从政策层面向欠发达地区引入优质的教育资源,国家和省级出台向欠发达地区流动的人才优待相关政策,吸引教育资源和法律人才的流入。律师作为提供公共法律服务的主要具体承担者,不仅需要总量上的增长,而且需要质量上的大幅提升。当前各高等院校对法学人才的教育多停留在理论知识的讲授以及到实务部门时长为最久一学期的实习,法科学生在成为法律相关职业人员之前需要通过国家法律资格考试,取得相应资格证书之后就可以走向律师等法

---

① 宋方青:《现代公共法律服务整合提升的保障机制》,载《中国司法》2022年第5期。

律服务提供者的岗位。这样的培养模式多半是应试教育风格,然而对于律师这类行业,不仅需要扎实的专业理论知识,而且需要具备高水平的实践操作技术。因此,在法学人才培养规划的设计上,应注重对律师职业专业化方向的培养,可以考虑在高等院校的法学院设立律师专业二级学科研究方向。例如西北政法大学成立的陕西"一带一路"律师学院、刑事辩护高级研究院,都是顺应新时代法律服务人才培养模式的典范。对于其他行业人才稀缺的问题,也可以参考律师学院的设立模式,或者开展高校定向委托培养模式,以缓解人才资源紧缺和分布失衡的问题。[①] 此外,对于人才总量不足问题,《全国公共法律服务体系建设规划(2021—2025 年)》给出了指导建议,即"完善法律服务志愿者相关政策措施",就此而言,以西北政法大学为依托建立起来的"陕西指南针司法社工服务中心"就是很好的范例。

第二,对于组织定期专业培训,应注重业务能力和职业素养的双重教化。邀请专家学者定期为公共法律服务提供单位及其工作人员开展讲座和集中培训,结课时需要参加统一考试,成绩应被计入年度绩效考核体系,每次学习成绩长期保留,作为提拔晋升和福利分配的重要参考之一。培训模式也可以选择与高等院校共建公共法律服务人才培养基地的形式,为实务部门工作人员和高等院校的专家学者提供深入交流的平台,例如厦门大学现代公共法律服务理论研究与人才培训基地的建设就是这种培养模式。

公共法律服务人才是为公民提供法律服务的主要力量,加强公共法律服务的人才培养和队伍建设,提高人员的专业素质和工作能力,促进了法律服务行业的规范化和专业化。

二、财政经费保障

公共法律服务是建立在物质生产资料基础上满足对美好生活需求的公共治理行为,故而其实施的第一步离不开经费支持,尤其是政府财政支持。然而,各地财政收入水平存在不同程度的差异,财政管理水平和能力有区别,投入公共法律服务的财政经费就不同,各地对于公共法律服务的财政投入也尚未达到足够的程度。为此,应当在公共法律服务的财政经费问题上寻求解决办法。

第一,规范政府购买公共法律服务,确保政府财政预留专项经费支持公共

---

① 宋方青:《现代公共法律服务整合提升的保障机制》,载《中国司法》2022年第5期。

法律服务建设。《全国公共法律服务体系建设规划(2021—2025 年)》指出,"各地应当按照预算管理规定保障基本公共法律服务,将符合条件的公共法律服务事项纳入政府购买服务指导性目录,适时按程序对目录进行动态调整"。依据政府购买指导性目录,每年预留相应的专项经费保证公共法律服务实施所需的日常费用,经费开支应当严格按照指导性目录购买。对于不需要通过政府购买形式提供的公共法律服务,《全国公共法律服务体系建设规划(2021—2025 年)》指出,"建立法律援助经费保障标准,落实办案补贴"。即政府部门内部资源即可提供的法律服务,应当从专项经费中预留给这类服务提供者必要的工作补贴。欠发达地区财政紧缺且不足以承担建设和发展高质量公共法律服务的,可以申请中央财政转移支付予以倾斜扶持。同时,对于需要重点扶持的公共法律服务类别,应当加大财政专项支付力度。在经费开销项目的列举以及补贴经费的落实项目上,以《黑龙江省人大常委会关于加强公共法律服务体系建设的决定》为例,其第 8 条和第 9 条明确了相关规定。

第二,共建共享公共法律服务基金。公共法律服务体系本身就是一项多元主体共建的公共事业,因此经费支持也可以鼓励多元渠道共同参与建设。除了政府财政专项经费支持,通过设立公共法律服务基金会鼓励社会主体积极参与,通过企业捐赠减免税收、计入法律服务机构及其从业人员信用账户加分奖励等政策激励市场主体捐赠经费,支持公共法律服务体系的建设和发展。

第三,强化经费管理制度,专款专用。《全国公共法律服务体系建设规划(2021—2025 年)》指出,"加强资金使用管理,切实提高资金使用效益",这是对公共法律服务实施过程中的经费监督提出的要求和指导。山东省就此规定公共法律服务的审计监督制度,[①]明确财政经费在公共法律服务体系建设领域的专款专用。这种举措保障了公共法律服务的经费安全,确保资金发挥出建设公共法律服务的应有效用,落实法律援助等公共法律服务的资金补贴,维护服务质量的良性提升。

三、技术平台保障

公共法律服务的实施在新时代的发展离不开平台建设,自司法部《关于推进公共法律服务平台建设的意见》(2017 年)、《关于深入推进公共法律服务平

---

① 《山东省公共法律服务条例》第 40 条:"任何单位和个人不得侵占、挪用公共法律服务资金。审计机关应当依法加强对公共法律服务资金的审计监督。"

台建设的指导意见》(2018年)相继出台以来,公共法律服务建设的实体、热线、网络三大平台取得了显著成果。《关于深入推进公共法律服务平台建设的指导意见》(2018年)指出:"在全面建成实体、热线、网络三大平台基础上,以便民利民惠民为目标,以融合发展为核心,以网络平台为统领,以信息技术为支撑,将实体平台的深度服务、热线平台的方便快捷和网络平台的全时空性有效整合,推进三大平台服务、监管和保障的融合,形成优势互补、信息共享、协调顺畅的线上线下一体化公共法律服务平台。"《全国公共法律服务体系建设规划(2021—2025年)》明确了建成覆盖全业务全时空的法律服务网络,就是对技术平台建设的总体目标。作为公共法律服务的基础性建设,技术平台的创新和升级能够更高效地带动公共法律服务体系又好又快地发展完善。

第一,推进实体平台有效覆盖,推动热线平台和网络平台优化升级,三大平台融合发展。实体平台因地制宜地设立,推进省市两级公共法律服务中心的规范化建设,逐步实现基层公共法律服务实体平台与司法所的一体化建设和"站所合一",增设特殊群体聚集区域的服务工作点。完善热线智能语音系统和座席设置,确保"7×24小时"服务统一标准。网络平台提升用户体验,持续探索和发展"互联网+公共法律服务"。三大平台融合发展的关键在于衔接机制,这就需要三大平台建立公共法律服务工单管理系统和共享信息库,完善三者协调的服务流程,提升服务效率。①

第二,创新技术应用,推进"智慧法律服务"。通过探索区块链等技术实现精准法律服务供给,例如重点推送相关法律宣传知识、有效排查和预防矛盾纠纷等。② 建立和完善线上法律服务业务,例如厦门市全国首创"公证云"平台,创设全省首家事业体制公证机构开通在线受理平台,这也是全省首家公证机构进驻微信平台城市服务的典范,利用现代信息技术,将互联网和公证业务相结合。在知识产权的领域,厦门全国首创"知识产权公证保护平台",以全国公证机构在平台上的标准化行为作参照,为知识产权保护提供线上线下一体化的公证法律服务。针对网购界面这类易于丢失的证据,厦门市美亚柏科信息

---

① 参见《全国公共法律服务体系建设规划(2021—2025年)》,http://www.moj.gov.cn/pub/sfbgw/zwxxgk/fdzdgknr/fdzdgknrghjh/202207/t20220722_460268.html,最后访问时间:2023年5月23日。

② 参见《全国公共法律服务体系建设规划(2021—2025年)》,http://www.moj.gov.cn/pub/sfbgw/zwxxgk/fdzdgknr/fdzdgknrghjh/202207/t20220722_460268.html,最后访问时间:2023年5月23日。

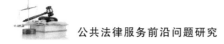

股份有限公司开发了"存证云"平台,网络消费者可以通过平台自主存证,且存证全过程是在司法鉴定机构的监督下完成的,解决了及时性问题。

第三,打造平台品牌,提供可辨识度高的特色产品。品牌效应能够有效宣传公共法律服务的实施和一个地区法律服务的特色文化,从而提升法律服务的知名度和可信赖程度,推动优质服务"走出去"迈向更广阔的平台与更多优质资源跨区域互动互鉴、共同升级进步。例如,山东省司法厅成功打造了"法援银龄"法律志愿服务品牌;厦门市政府在律师行业发展中实施的法律服务品牌战略,加强培养品牌律所,3 名厦门律师入选全国涉外律师领军人才,1 名厦门律师入选全国律协"一带一路"项目跨境律师人才库。① 司法鉴定机构尤其是民间资本支持的司法鉴定机构往往难以发展壮大,抑制了行业的活力。为了解决这一难题,厦门市政府以创建司法鉴定品牌为抓手,推动行业做大做强。一方面,依托优势资源。依托厦门市仙岳医院、福建水产研究所、厦门市中心血站、厦门市航海协会、厦门市美亚柏科信息股份有限公司等建立了法医精神病、海洋与渔业物证、法医物证、海事物证、电子数据等专业的鉴定机构,形成了以高资质、高水平司法鉴定机构为支撑的品牌体系。另一方面,发展特色专业。将法医精神病鉴定、渔业污染鉴定、电子数据鉴定打造成省内甚至是全国的品牌业务,如中证司法鉴定中心是全国首个通过 CNAS 实验室认可的非公电子数据鉴定机构,技术能力在全国处于领先水平。② 厦门市政府着重推进厦门仲裁与国际知名仲裁机构的常态化联系机制,比如在厦门举办了高规格的"中英海事仲裁研讨会",与英国伦敦海事仲裁员协会开展座谈,双方就人才推荐、培训合作、专业支持等方面达成合作共识。同时,厦门仲裁与国际知名仲裁机构直接合作,提升国际化程度。③ 通过多种形式的国际性互动,厦门市政府力图将厦门仲裁行业打造成为厦门市发展的城市新名片。

---

① 《厦门市司法局加快发展高端法律服务业》,http://www.xm.gov.cn/zwgk/zwxx/201711/t20171116_1824867.htm,最后访问时间:2020 年 4 月 2 日。

② 《厦门司法鉴定行业四项建设破解发展难题》,http://www.paxm.xm.gov.cn/sdjs/pajs/201406/t20140619_891164.htm,最后访问时间:2020 年 4 月 2 日。

③ 《矛盾纠纷多元化解见实效》,http://sf.xm.gov.cn/zwgk/xxyw/201605/t20160509_1326571.htm,最后访问时间:2020 年 4 月 2 日。

第六章　公共法律服务案例的实践运用及其效能转化

党的十八届四中全会明确提出"建设完备的法律服务体系,推进覆盖城乡居民的公共法律服务体系建设,完善法律援助制度,扩大援助范围"。① 党的二十大报告进一步提出要"建设覆盖城乡的现代公共法律服务体系,深入开展法治宣传教育,增强全民法治观念"。② 在信息化手段不断取得突破的今天,数据作为重要的生产要素和战略资源,在经济社会的发展过程中扮演了越发关键的角色,数据资源蕴藏的巨大能量正在不断释放,数字生产力成为撬动数字时代高质量发展的强劲驱动力。利用互联网、大数据、云计算、人工智能等新兴技术手段进行案例信息资源的开发与应用,已然成为公共法律服务机构站在新的历史起点推动公共法律服务体系建设高质量发展的必然要求。

2017 年 7 月,全国司法厅(局)长座谈会首次提出,要启动建立司法行政案例库建设,用以指导规范办案标准、解决司法实践中执法执业办案标准不统一的问题。同年 9 月,司法部印发《关于建立司法行政(法律服务)案例库的方案》(司明电〔2017〕40 号),正式决定在司法行政系统内部,按业务领域分类选编具典型示范意义的公共法律服务案例,建立司法行政(法律服务)案例库,为全国司法行政机关工作人员提供数据支撑和案例指导,进一步提高司法行政机关工作的专业化、规范化、科学化水平;同时,依托"12348 中国法网(中国公共法律服务网)"向社会公众开放案例检索查询服务。③ 按照《关于加快推进

---

① 本书编写组编:《〈中共中央关于全面推进依法治国若干重大问题的决定〉辅导读本》,人民出版社 2014 年版,第 29 页。

② 习近平:《高举中国特色社会主义伟大旗帜　为全面建设社会主义现代化国家而团结奋斗——在中国共产党第二十次全国代表大会上的报告》(2022 年 10 月 16 日),人民出版社 2022 年版,第 42 页。

③ 本刊记者:《深化依法治国实践　加快推进司法行政改革——访司法部副部长熊选国》,载《中国司法》2017 年第 11 期。

公共法律服务体系建设的意见》（中办发〔2019〕44 号）附件 2 中的权威定义，①所谓"公共法律服务案例"，即展示由政府及各行政机关、政法机关、社会多元主体共同参与提供的各类公益性、公共性的法律服务活动及法律服务产品的鲜活载体和历史见证，具有十分重要的法治、文化和史料价值。

尽管公共法律服务案例库的建立填补了公共法律服务案例研究和应用方面的空白，但是在司法部建立公共法律服务案例库后，理论界和实务界尚未就公共法律服务案例展开系统、全面的研讨。对于公共法律服务案例制度应如何定位，公共法律服务案例库又应如何具体建构和运用等问题也缺乏深入结合中国当前法治实践的实质性分析。英国著名法官丹宁勋爵曾说过，自第二次世界大战以来，法律援助是法律领域最重要的革命。② 作为公共法律服务体系中的关键组成部分，法律援助承担了保障司法公正、切实保护弱势群体合法权益、维护法律正确实施和社会正义的基本职责。这是"以人民为中心"的核心价值观的生动体现，致力于让人民在每一个司法案件中都感受到公平正义，是一项重要的民生工程和暖心工程。从这个意义上讲，法律援助制度建设水平的高低是衡量一个国家法治文明程度的重要标尺，是检验公共法律服务体系建设良莠的试金石。职之之故，本章将研究的焦点置于法律援助类案例上，以期为推动公共法律服务案例研究方面智识的交流与融合略尽绵薄之力。

第一节　法律援助制度概述

作为中国公共法律服务体系的重要组成部分，法律援助制度始于 20 世纪

---

① "公共法律服务"涵盖以下三个方面的内容：其一，公共法律服务是由党委领导、政府主导、社会参与，为满足各类主体在社会公共生活中日益增长的法律服务需求而提供的公共法律服务设施、服务产品、服务活动以及其他相关法律服务；其二，公共法律服务主要包括法治宣传教育、律师、公证、法律援助、基层法律服务、法律顾问、调解、仲裁、司法鉴定、法律职业资格考试等方面；其三，公共法律服务既包括无偿或公益性法律服务，也包括面向社会公众有偿性的法律服务。杨凯：《公共法律服务学导论》，中国社会科学出版社 2020 年版，第 37 页。

② ［英］丹宁勋爵：《法律的未来》，刘庸安、张文镇译，法律出版社 2011 年版，第 107 页。

90 年代,其法律地位在 1996 年颁布的《刑事诉讼法》和《律师法》中得到了正式确认,并且在 2003 年国务院颁布施行的《法律援助条例》中,中国特色社会主义法律援助制度体系基本奠定。三十余年来,这项制度为维护人民群众的合法权益、实现司法公平正义、促进社会和谐稳定发挥了不可磨灭的重要作用。以下将首先从我国法律援助制度的概念要素、历史演进和价值追求三个面向切入,着重呈现法律援助制度生成的社会背景、制度基础和法理根据,从中汲取对公共法律服务案例理论研究和实践工作可资借鉴的有益经验。

一、法律援助制度的概念要素

诚如美国法理学家博登海默所言:"概念乃是解决法律问题所必需和必不可少的工具。没有限定严格的专门概念,我们便不能清楚地思考法律问题。"[①]"法律援助"的概念问题,是法律援助理论与实践的首要问题,也是法律援助类公共法律服务案例研究的最基础问题,因而我们需要做一些前提性的概念梳理工作,如此才能使论述顺畅、无障碍地展开。虽然目前学界对"什么是法律援助"尚未达成共识,但总而论之,不同学者之间的分歧可以从法律援助的援助主体、援助客体、援助范围和援助方式四个构成要素的理解上加以体察。

（一）援助主体要素

从援助主体来看,法律援助的主体可以分为责任主体和实施主体两种类型。前者指的是承担建设法律援助制度的责任、参与法律援助工作的主体;而后者则是指具体开展法律援助工作的个人或社会团体。作为公共法律服务中的一种,法律援助自然也应该具备公共属性,因此,由国家有权机关作为承担和实施法律援助服务的责任主体是毫无疑义的。虽然国家主体在法律援助服务供给中承担着主要责任,发挥着"总揽全局、协调各方"的领导作用,但是社会主体的参与对法律援助的重要贡献也同样不容忽视。[②] 这种认识上的差异形成了狭义和广义两种观点:狭义的法律援助责任主体和实施主体仅指由国家设立的专门从事法律援助事务的工作机构及其工作人员,而广义的法律援助责任主体和实施主体则延伸扩大到慈善机构、律师协会、社会组织等由社会

---

① ［美］E.博登海默:《法理学:法律哲学与法律方法》,邓正来译,中国政法大学出版社 2017 年版,第 504 页。

② 樊崇义:《法律援助制度研究》,中国人民公安大学出版社 2020 年版,第 27 页。

资金保障的非政府组织。①

（二）援助客体要素

从援助客体来看,法律援助的客体是指法律援助制度所要维护的公民基本权利,亦即由宪法所保障的对公民个体而言最重要、最根本的权利,同时也是其从事社会活动最低限度的权利,是公民其他权利和自由的基础,是公民生活中不可缺少的部分。② 没有救济的权利不是权利,迟来的正义是非正义。当宪法所确认的基本权利受到侵犯时,国家有义务尽一切可能去创造和维持有利于公民基本权利及时得到救济的条件,也因此,是否服从人民的利益也被视作评价一个国家是否具有正当性(legitimacy)的基本价值准则。③ 在政治哲学中,正当性被理解为统治者和被统治者之间的相互关系,其指向的是对国家或政府实施正当统治的道德条件的追问。美国政治学家李普塞特就敏锐地注意到为了让国家统治的合法性得以实现,民众必须具备最低程度的服从意愿和动机,而带来民众服从动机的源泉就在于国家向民众提供公共服务的能力。④

（三）援助范围要素

从援助范围上来看,法律援助范围指法律援助的供给对象。单从公共法律服务的普惠性来看,法律援助面向的对象似乎应当是全体公民,但如果我们注意到由于人的自然禀赋不同、能力成就有别,社会总是处于一种强弱并存的分化状态,那些囿于法律能力的欠缺或维权成本的高昂的社会弱势群体,在权利受到侵害后往往难以获得公平的对待与正义的结果。⑤ 这也就决定了法律援助应当高度重视面向那些无法仅凭自身努力解困脱厄的弱势群体。

什么是弱势群体？弱势群体的识别标准又有哪些？概括而言,关于弱势

---

① 王春良、董印河、杨永志等:《完善法律援助制度研究》,法律出版社 2018 年版,第 2 页。

② 朱最新、杨桦助编:《宪法学》,中国人民大学出版社 2014 年第 2 版,第 177 页;朱福惠主编:《宪法学原理》,厦门大学出版社 2015 年版,第 306 页。

③ 张翔:《基本权利的规范建构》(增订版),法律出版社 2017 年版,第 37～39 页。

④ [美]西摩·马丁·李普塞特:《政治人:政治的社会基础》,张绍宗译,上海人民出版社 2021 年版,第 47 页。

⑤ 黄东东:《民事法律援助范围立法之完善》,载《法商研究》2020 年第 3 期;胡玉鸿:《依靠法治满足人民对美好生活的要求研究》,载《法律科学(西北政法大学学报)》2021 年第 2 期。

群体划界标准的代表性研究主要集中在社会学和法学领域。[1] 社会学语境下的弱势群体划分主要是借助社会分层的理论资源,认为不平等不仅是遍布不同社会形态的社会常态,而且在社会的各个领域也存在不同的表现形式,而社会不平等无法消除的根源主要在于:一方面,社会分配规则决定了社会结构中某些社会群体在客观上总能够比别人获得更多的物质利益;另一方面,人类拥有赋予事件和事物意义和对差异、界线作出评价和论证的能力,这使得人们由于比较而不可避免地产生主观感受上的利益差异。[2] 因此,社会分层视角下的弱势群体指的是那些处于社会结构最底层、处于绝对弱势地位的社会群体,而划分社会阶层的标准主要有生产资料占有或剥削与被剥削标准、收入标准、市场地位标准、职业标准、政治权力标准、文化资源标准、社会关系资源标准、社会声望资源标准、民权资源的分配标准、人力资源或人力资本的分配标准。[3] 虽然这些划分标准视角不同、各有侧重,但占据主流地位的仍然是物质生活条件和经济收入水平标准。不同于社会学对社会弱势群体划分的绝对标准,法学语境下的社会弱势群体更多强调的是在特定的法律关系中处于相对弱势的一方,这些群体并不一定直接表现为在经济收入上陷入困顿,更为重要的原因是由于权利意识或法律能力上的不足而难以有效利用法律维护自身利益,所以法学意义上的社会弱势群体更多地从"权利贫困"和"能力贫困"上进行考量。[4]

(四)援助方式要素

从援助方式来看,法律援助的宗旨在于为社会弱势群体提供公共法律服务,那么但凡涉及社会弱势群体的相关事项,当他们在负担法律服务费用捉襟见肘、力有不逮之时,公共法律服务机构都应该为其提供各种方式的法律援助服务,如此才能最大限度地保障社会弱势群体的合法权益。从这个意义上来

---

① 限于篇幅,这里仅介绍了社会学和法学的代表性观点,关于社会弱势群体的观点详细述评,参见胡玉鸿主编:《弱者权益保护研究综述》(上),中国政法大学出版社 2012 年版,第 61~99 页。

② 齐延平主编:《社会弱势群体的权利保护》,山东人民出版社 2006 年版,第 2 页;周怡等:《社会分层的理论逻辑》,中国人民大学出版社 2016 年版,第 6 页。

③ 李强:《社会分层十讲》,社会科学文献出版社 2008 年版,第 12~21 页。

④ 钱大军、王哲:《法学意义上的社会弱势群体概念》,载《当代法学》2004 年第 3 期;郭道晖:《关注社会弱势群体——法学视角的几点思考》,载《河北法学》2005 年第 7 期;余少祥:《法律语境中弱势群体概念构建分析》,载《中国法学》2009 年第 3 期。

讲,法律援助的援助方式在原则上都不应当设置限制门槛。从运行实践上来说,法律援助的具体方式可以分为诉讼法律援助和非诉讼法律援助两种。按照法律部门的类型,诉讼法律援助又可以进一步分解为民事法律援助、刑事法律援助和行政法律援助三大类。民事诉讼法律援助是指在民事诉讼中为那些徘徊在贫困线边缘或者处于贫困线以下的经济贫困群体提供的公共法律服务,如追索劳动报酬,请求给付赡养费、抚养费、扶养费等。由于刑事诉讼涉及对被告人生命权、自由权以及政治权利的剥夺,因而大多数国家在刑事诉讼法律援助的建设上都更为重视,经费投入的比例也较高。不仅在民事和刑事诉讼中,社会弱势群体在受到公权力侵害时,也有必要获得法律援助,这不仅是"司法为民"的需要,更是全面推进法治社会建设的必然选择。虽然目前行政诉讼法律援助相对于民、刑法律援助而言数量上并不多见,[1]但随着依法行政观念的深入人心,行政诉讼法律援助将来也会越来越为民众所知晓,受到更多的重视。非诉讼法律援助相较于传统诉讼法律援助在表现形式上要更为广泛,如代拟法律文书、参与调解、提供法律咨询意见、审查合同、公证证明等。随着法律援助的不断发展,非诉讼法律援助呈现出扩张之势,非诉讼法律援助在整个法律援助制度体系中占据的地位也日臻重要。

二、法律援助制度的历史演进

党中央、国务院历来高度重视法律援助的制度建设工作,我国走出了一条特色鲜明的法律援助制度体系建设之路。1997 年 5 月,司法部印发的《关于开展法律援助工作的通知》(司发通〔1997〕56 号)首次在司法部系统内统一了"法律援助"[2]的概念内涵。虽然这一定义未能在 2003 年 9 月颁布的《法律援助条例》中得到延续,事实上《法律援助条例》也并未曾专门对何谓"法律援助"作出明确的立法界定,但这对于推动中国特色法律援助立法"从无到有",为规

---

① 据统计,2018 年全国共批准办理法律援助案件 1452534 件,其中民事法律援助案件约占 67%,刑事法律援助案件约占 33%,行政法律援助案件 7227 件,在总援助案件中仅占 0.005%。樊崇义等主编:《中国法律援助蓝皮书:中国法律援助制度发展报告 No.1(2019)》,社会科学文献出版社 2019 年版,第 36 页。

② "法律援助,是指在国家设立的法律援助机构的指导和协调下,律师、公证员、基层法律工作者等法律服务人员为经济困难或特殊案件的当事人给予减、免收费提供法律帮助的一项法律制度。"中国法律年鉴社编辑部:《中国法律年鉴·1998》,中国法律年鉴社 1998 年版,第 803 页。

范和促进法律援助事业的发展与完善,无疑具有里程碑式的积极意义。

自党的十八大以来,习近平总书记曾多次对法律援助工作作出重要指示,强调要加大对困难群众维护合法权益的法律援助,要将完善法律援助制度作为一项重要改革任务进行部署,这为做好新时代法律援助工作指明了前进方向和根本遵循。[①] 2013 年 11 月,党的十八届三中全会审议通过《中共中央关于全面深化改革若干重大问题的决定》,将法律援助制度推向国家人权司法保障制度和国家司法救助制度的战略高度,强调要完善法律援助制度,从根本上破解那些因案件无法侦破或被告人无财产可供执行,致使被害人及其家属依法得不到有效赔偿,生活无着而被迫走上信访道路的问题,从而充分发挥法律援助制度对公民合法权益的保护作用。[②] 2014 年 10 月,党的十八届四中全会报告更是将"完善法律援助制度"作为"建设完备的法律服务体系"的重要环节。2015 年 4 月,中共中央办公厅印发的《党的十八届四中全会重要举措实施规划(2015—2020 年)》,将"制定推进律师积极开展法律援助工作的意见"作为未来五年的一项重要改革任务。[③]

2015 年 6 月,中共中央办公厅、国务院办公厅印发的《关于完善法律援助制度的意见》(中办发〔2015〕37 号)不仅首次在中央层面以党政联合发文的形式对"法律援助"做了权威阐释,[④]同时,还对进一步加强法律援助工作、完善法律援助制度做了总体性部署,并针对法律服务供给不足、资源分配不均、覆盖面狭窄、案件办理质量不高和经费保障不足等难题,重点明确了三项具体的改革方向:[⑤]首先,要扩大法律援助范围,包括在民事和行政领域扩大法律援助覆盖面,加强刑事法律援助工作,并实现法律援助咨询服务的全覆盖。其

---

①　中共中央文献研究室编:《习近平关于全面依法治国论述摘编》,中央文献出版社 2015 年版,第 68 页。

②　本书编写组:《〈中共中央关于全面深化改革若干重大问题的决定〉辅导读本》,人民出版社 2013 年版,第 34～35 页;张金才:《中国法治建设 40 年(1978—2018)》,人民出版社 2018 年版,第 366 页。

③　本刊记者:《赵大程副部长就〈关于律师开展法律援助工作的意见〉答记者问》,载《中国司法》2017 年第 4 期。

④　所谓"法律援助"是指"国家建立的保障经济困难公民和特殊案件当事人获得必要的法律咨询、代理、刑事辩护等无偿法律服务,维护当事人合法权益、维护法律正确实施、维护社会公平正义的一项重要法律制度"。《关于完善法律援助制度的意见》,人民出版社 2015 年,第 1 页。

⑤　《关于完善法律援助制度的意见》,人民出版社 2015 年,第 6～14 页。

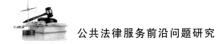

次,要提高法律援助的质量。一方面坚持法律援助制度的标准化和统一化;另一方面结合受援对象的实际情况制定差异化、针对性的法律援助方案,因人而异、精准匹配承办机构和人员,提高法律援助案件的承办质量。由于法律援助案件类型日益多样、复杂程度逐年攀升,应积极探索法律援助服务团队的专门化改革,根据地域特点、案件类型和人员结构等实际情况,统筹指派不同专业的法律援助服务团队来应对案件繁简难易。最后,要提升法律援助的保障能力,包括保证法律援助的财政保障、为法律援助案件发放办案补贴、授权地方因地制宜设定补贴标准,以及充分发挥法律援助基金会资金募集的作用。

2016年3月,国务院印发的《2016年立法工作计划》(国办发〔2016〕16号)将制定法律援助法确定为34件"有关保障和改善民生,加强和创新社会治理"的立法研究项目之一,并指定司法部专责起草,正式拉开了法律援助立法的序幕。[①] 2017年1月,国务院发布的《基本公共服务均等化规划》将法律援助纳入"基本社会服务"的主要内容之中。[②] 2018年10月,法律援助法被正式列入第十三届全国人大常委会立法工作规划第二类项目"需要抓紧工作、条件成熟时提请审议的法律草案",具体由全国人大监察和司法委员会牵头组织起草,并列入2020年度立法工作计划初次审议项目。[③] 2019年11月,党的十九届四中全会在《中共中央关于坚持和完善中国特色社会主义制度推进国家治理体系和治理能力现代化若干重大问题的决定》中提出:"要完善工作体系、工作网络,根据不同人群不同情况,有针对性加强帮扶求助、心理疏导、法律援助,最大限度消解社会戾气,塑造自尊自信、理性平和、积极向上的社会心态。"[④] 2021年8月,第十三届全国人大常委会第三十次会议正式表决通过了新制定的《中华人民共和国法律援助法》自2022年1月1日起施行,该法从法律位阶对法律援助的概念、基本原则、运作机制以及法律援助的形式和范围、程序和实施、保障和监督等法律援助工作的重要方面、重点环节作了全面系统

---

① 《国务院办公厅关于印发国务院2016年立法工作计划的通知》,载《中华人民共和国国务院公报》2016年第12期。

② 《国务院关于印发"十三五"推进基本公共服务均等化规划的通知》,载《中华人民共和国国务院公报》2017年第8期。

③ 《十三届全国人大常委会立法规划》,载《全国人民代表大会常务委员会公报》2018年第5期。

④ 本书编写组:《〈中共中央关于坚持和完善中国特色社会主义制度、推进国家治理体系和治理能力现代化若干重大问题的决定〉辅导读本》,人民出版社2019年版,第89页。

的规定,进一步确立了法律援助制度在公共法律服务体系的基本范畴地位。

三、法律援助制度的价值追求

法律援助制度作为法律规范的一种具体表现形式,必然同立法的理念分不开。"法律援助制度应该如何"的理念就是价值观念,是立法赋予和确定法律规范应有的价值指向和追求目标,是法律援助存在的必要条件。目前,对于法律援助制度的目的价值,[①]学界普遍认可的主要包括公正、法治、平等三项。[②] 通常认为,个体在价值取向、价值认同上往往带有强烈的主观性、相对性和随机性的特征,但事实上,只要从深层次加以考察,就会发现个体的价值取向总是为社会整体的价值导向所左右。从最根本上讲,社会整体的价值导向和价值规范总是主导和支配着每一个独立个体的价值取向和价值认同,而社会整体的价值导向和价值规范又是以它的理论导向与理论规范为底色。[③]因此,为了定位法律援助的目的价值坐标,有必要针对公正、法治、平等价值在法哲学领域进行追述和探讨。

(一)公正价值

法律援助制度是公正价值不断发展的产物,诚如美国法学家梅耶所说:"法律援助事业的成员和支持者最核心的一条哲学思想是:法律在根本上是'公正的'——因而法律不会也不能歧视穷人而牺牲其神圣高贵的公正性。"[④]

---

① 在法理学中,法律价值可以根据使用语境的不同而区分为三个方面:第一,法律在实现社会功能的过程中所欲保护和增进的那些对于人类社会来说不可或缺的基本价值,这也被称为法的"目的价值"或"外在价值";第二,法律自身值得肯定的优秀品质,法律不仅是实现特定目的的手段,其本身也具有独立于外在"目的价值"的"内在价值",是法在形式上所具有的优良品质;第三,法律所包含的价值评价标准,即人们对法律进行评价和批判时所依据的价值准则。张文显主编:《法理学》,高等教育出版社2018年第5版,第311~312页。

② 学界对于"效率"是否应当属于法律援助的价值持有不同的看法,有学者认为将效率纳入法律援助价值体系会催生司法不公,进一步强化传统文化中"重实体轻程序"等错误观念,致使法律援助制度可能沦为强者通吃的工具。参见付少军、刘燕玲主编:《法律援助理论与实务》,中国检察出版社2013年版,第7~9页;王春良、董印河、杨永志等:《完善法律援助制度研究》,法律出版社2018年版,第53~57页;周安平:《法律价值何以是与何以不是》,载《深圳大学学报(人文社会科学版)》2020年第3期。

③ 孙正聿:《生命意义研究》,北京师范大学出版社2020年版,第279~283页。

④ [美]马丁·梅耶:《美国律师》,胡显耀译,江苏人民出版社2001年版,第274页。

正是由于法律援助制度的出现,普罗大众才得以不因贫弱而被排除在公平正义之外。虽然公正犹如变幻无常的普洛透斯之面,①但其依然是人类社会共同关注的重要观念和核心价值追求,以至于被美国政治哲学家罗尔斯设定为"一切社会制度的首要价值"。② 这一方面强调了公正价值的价值优位性;另一方面也限定了公正问题所关涉的主题论域,即"用来分配公民的基本权利和义务、划分由社会合作产生的利益和负担的社会制度"。③ 因此,当公正被理解为"是在社会成员或群体成员之间进行权利、权力、义务和责任配置的问题"时,④分配正义也就被视作公正的主要表现形式。

由于自然禀赋、社会阶层和家庭背景等因素的影响,人与人之间总是存在各种差异,这种差异会进一步渗透人们对"公正"含义本身的理解,最终形成各不相同的"公正观"(conception of justice)。⑤ 那么如何才能确立一个不被强者裹挟且所有阶层群体都能接受的"公共公正观"(public conception of justice)呢?罗尔斯引入了"无知之幕"的理论假说:如果一项关于社会制度设计的动议在人们处于被"无知之幕"所遮蔽的"原初状态",即没有人知道自己的性别、家庭的社会阶层、天生的资质禀赋、价值观抑或宗教信仰等信息的情况下,都能欣然接受的话,那么这项社会制度的设计就是公正的。⑥ 因为在"无知之幕"的屏障下,每个人都无法通过理性的计算来设计只有利于自己的

---

① [美]E.博登海默:《法理学:法律哲学与法律方法》,邓正来译,中国政法大学出版社 2017 年版,第 265 页。

② [美]罗尔斯:《正义论》(修订版),何怀宏、何包钢、廖申白译,中国社会科学出版社 2009 年版,第 3 页。

③ [美]罗尔斯:《正义论》(修订版),何怀宏、何包钢、廖申白译,中国社会科学出版社 2009 年版,第 8 页。

④ [美]E.博登海默:《法理学:法律哲学与法律方法》,邓正来译,中国政法大学出版社 2017 年版,第 282 页。

⑤ 概念(concept)通常被认为是一种抽象的智识建构,其意义需要通过具体化了的观念或概念观(conception)来理解。这种区分最早可以追溯至与英国学者加利(Walter Bryce Gallie),他于 1956 年提出了"本质上有争议的概念"(essentially contested concept),这一术语随后由罗尔斯拓展为概念与概念观。姜孝贤:《如何建构一个法理论?——评当代西方法理学的方法论转向》,载《法律方法与法律思维》(第 9 辑)2016 年,第 209~210 页。

⑥ [美]罗尔斯:《正义论》(修订版),何怀宏、何包钢、廖申白译,中国社会科学出版社 2009 年版,第 105~106 页。

特殊规则,当所有社会成员都不知道任何对自己有利或不利的信息时,就会迫使大家都只能从公共利益而不是自己的私人利益去衡量。

（二）法治价值

对于法治观的探讨,无论如何也无法绕过古希腊哲学家亚里士多德的学说。他在《政治学》一书中勾勒出了法治应当具备的两项形式要件,即"已成立的法律获得普遍的服从"和"法律本身是制定得良好的法律"。[①] 法治不仅应当是规则之治,还必须是良法之治,只有良法才具有作为普遍遵从规则的资格。关于何谓良法,可以从形式和实质两个方面来加以体察。

在良法的形式标准方面,美国法学家富勒标举了八种程序上的基本原则和先决条件,包括普遍性、公开性、非溯及既往性、明确性、内部协调性、可行性、稳定性、官方行为与法律的一致性。[②] 英国法学家拉兹认为,法治同样是形式化的,其至少应当满足以下要求:(1)法律应当可预见、公开且明确;(2)法律应当相对稳定;(3)特别法的制定应遵守公开的、稳定的、明确的和一般的规则;(4)应当确保司法机关独立审判;(5)必须遵守自然正义的原则;(6)法院应当对其他原则的执行情况有审查权;(7)法院应当便于进入;(8)不应容许预防犯罪的机关利用自由裁量权歪曲法律。[③] 另一位重要的英国自然法理论家菲尼斯同样列举了八项法律制度和程序应当具备的品格:(1)规则是对未来发生作用的,而非溯及既往的;(2)规则应当是可遵守的;(3)规则必须公布;(4)规则必须清晰明确;(5)规则之间必须协调一致;(6)规则必须足够稳定;(7)制作适用于相对有限情况的判决和命令受已经公布的、清楚的、稳定的、相对普遍的规则的指导;(8)有权力以官方地位制定、实施和适用规则的那些人,必须首先以身作则,其次要真正一贯地符合法律精神地执行法律。[④]

在良法的实质标准方面,良法应当是彰显尊重人性尊严和社会良善价值的法。1959 年,在印度新德里召开的国际法学家会议结束后发布的《法治宣

---

①　[古希腊]亚里士多德:《政治学》,吴寿彭译,商务印书馆 2020 年版,第 200 页。

②　[美]富勒:《法律的道德性》,郑戈译,商务印书馆 2021 年版,第 55～111 页。

③　《法治宣言》将"法治"被定义为:"一个动态概念……不仅用来保障和促进个人在自由社会之中享有公民和政治权利,并且要建立社会的、经济的、教育的和文化的条件,使其正当愿望和尊严得以实现。"[英]约瑟夫·拉兹:《法律的权威:关于法律与道德论文集》(第 2 版),朱峰译,法律出版社 2021 年版,第 256～261 页。

④　[英]约翰·菲尼斯:《自然法与自然权利》,中国政法大学出版社 2005 年版,第 216 页。

言》中,国际法学家们阐释了法治理念的两个基本面向:首先,国家的一切权力必须获得法律的授权,并且国家的权力必须依法而行,换言之,国家权力不得恣意以及不公平地运用;其次,法律必须捍卫正义、平等、尊严、人权等崇高价值,并且努力去创造能够促使人之尊严得到保障、人之人格得以充分张扬的政治、社会、文化教育和经济条件。

(三)平等价值

平等价值是普遍贯穿于法律援助制度中的最基本的价值,可以说,法律援助制度的发展史就是一个同歧视与不平等不断斗争的历史。但是要指出平等究竟是什么,同样也是一项艰涩的思想任务。每个人由于生命经验不同、对事物的理解互异,对于平等的指涉自然也是言人人殊。概括而言,西方至今所发展起来的有关平等的概念观,可以粗略地区辨如下:[①](1)平等作为相同对待(equality as consistent treatment)。将平等理解为"一致对待本质上相同的两个事物"的平等观是我们至今对于平等最简单的理解方式,其核心诉求可以概括为"法律面前人人平等"。在这种平等观看来,个人的生理或其他个人特质并不构成我们对其施以正面或负面区别对待的理由,因此,不平等或不一致地对待他人是不公平的。但这种平等观并不足以作为解决遭受不正义对待和因此处于不利社会地位的个人或群体改善其处境的指导性思想。(2)平等作为机会平等(equality of opportunity)。为消除形式平等观视野上的局限,"机会平等观"采借分配正义的理论资源,致力在形式和实质平等观之间求取一个可调和的路径:创造一个确保所有人特别是那些处于不利地位的群体及其成员,在获取各种社会资源的出发点上都具有相同竞争地位的生存条件,以改善和弥补特定群体及其成员所受到的不正义对待。(3)平等作为结果平等(equality of outcomes)。虽然这种平等观同样从实质平等的立场出发,却在内涵上超出了平等获得机会的范围,旨在在最终结果上公平分配社会资源,以求改善那些在历史上遭受不正义对待的群体及其成员的处境。(4)平等作为转型平等(transformative equality)。转型平等同样致力改善不利益群体所遭受的不正义对待,但其更为看重的是,通过改革现实社会结构和特定组织的功能的优化来改善特定群体所遭受的结构性不利益地位。

由于我国社会经济发展曾长期以劳动密集型产业为支柱,在这种经济结

---

① Jarlath Clifford, Equality, in Dinah Shelton eds., *The Oxford Handbook of International Human Rights Law*, Oxford University Press, 2013, pp.427-431.

构下,人民群众的素质得不到有效提升,经济收入水平也无法得到显著改善,这些因素反过来使得产业结构升级陷入梗阻,社会经济发展也越发失衡。经济因素是影响社会转型的关键因素,社会经济发展的不平衡,将直接导致社会成员之间利益关系的不平衡,影响政治民主的发展完善,影响正确的社会价值观的树立。为此,以习近平同志为核心的党中央审时度势地提出了"以人民为中心"的执政理念和核心价值关怀,把人民对美好生活的向往作为奋斗的目标。① 永远把人民对美好生活的向往作为奋斗目标,实质上就是要不断促进社会公平正义、增进人民的福祉、实现人的全面发展,从而将满足人民群众不断增长、日益广泛的民生诉求作为党和国家的根本任务,并通过健全的制度建设、相关法律规范与政策的支持加以切实解决。②

第二节　公共法律服务案例库建设现状概览

从统计数据来看,截至 2022 年 4 月底,公共法律服务案例库累计收录各类案例 41300 件,访问总量已达到 1426 万余次。其中,法律援助类案例 3816 件,在各类案例中位列第五位(参见图 6-1);但在案例热点统计中,法律援助类案例占比高达 17.13%,仅次于人民调解类案例,占比达 18.07%,这在相当程度上反映了人民群众对法律援助类案例持有较高的关注度。2021 年 12 月 25 日,司法部在中国公共法律服务网新设"司法行政案例库精选典型案例"专栏,从原有司法行政(法律服务)案例库中进一步遴选更具指导意义的典型案例。截至 2022 年 4 月底,"司法行政案例库精选典型案例"专栏共收录各类司法行政案例 762 件,其中戒毒工作 231 件,法治宣传教育工作 91 件,公证工作 74 件,仲裁案例 73 件,司法鉴定工作 68 件,法律援助工作 66 件,人民调解工作 65 件,律师工作 44 件,监狱工作 30 件,社区矫正工作 20 件。

---

① 习近平:《决胜全面建成小康社会　夺取新时代中国特色社会主义伟大胜利——在中国共产党第十九次全国代表大会上的报告》,人民出版社 2017 年版,第 1 页。

② 《习近平法治思想概论》编写组编:《习近平法治思想概论》,高等教育出版社 2021 年版,第 107 页。

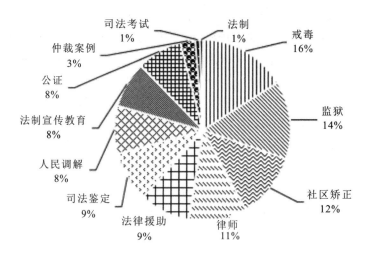

图 6-1　公共法律服务案例类型分布

资料来源：根据司法部司法行政（法律服务）案例库收录案例统计所得。

一、法律援助类案例的生成机制

根据《司法行政（法律服务）案例库法律援助案例选编实施办法》的相关要求，法律援助类案例选编的范围主要根据《中华人民共和国法律援助法》《法律援助条例》的相关规定，同时结合各地区制定的相关地方性法规中规定的扩大的事项范围进行选编。

（一）案例选编的基本原则

按照《关于建立司法行政（法律服务）案例库的方案》的要求，公共法律服务案例选编在总体上应当坚持以下四项基本原则。

第一，合法性原则。我们在调研走访过程中曾了解到，部分单位和社会民众担心入选案例库后可能涉及国家秘密和个人隐私的泄露，从而给当事人工作生活带来严重困扰。例如，在劳动争议纠纷中，用人单位认为其存在劳动争议的案件情况在社会公布后，会增加其在用人市场雇用劳动者的难度；劳动者也疑虑其参与劳动争议诉讼的事实被社会知悉后，会增加新的用人单位雇佣其的疑虑。因此，在开展选编案例工作时，各级司法行政机关和相关单位必须严格遵守法律、法规关于案例公开的相关规定和保密制度。对于参与人的身份、住址、财产等不宜在互联网公开的敏感信息，必须采取相应的脱密、脱敏技术处理。

第二，典型性原则。毛泽东同志曾强调在调查研究中要善于"解剖麻雀"，从个案中发掘出能够集中体现某一类别的关键特征,从而达到举一反三的效果。选编案例就如同寻找一只只具有典型意义的"麻雀",通过对这些个案的细致剖析来求得由个别导向一般,由个性归纳出共性和一般规律。[①] 因此,"解剖麻雀"的关键在于要找准典型,既要防止将个别现象误认为具有指导意义的普遍现象,又要防止误把主流当支流。具体而言,案例典型性可以从以下四个方面进行判定:(1)社会广泛关注,影响重大,对统一公共法律服务工作标准具有重要参考、示范意义的案例;(2)法律、法规规定不明确或者存在明显冲突容易引起理解偏差的案例;(3)适用新颁布的法律、法规,需要以案释法的案例;(4)适应新形势、新要求、新理念、新方法,有利于促进公共法律服务工作改革发展的案例。

第三,规范性原则。建设案例库的基本目标是实现案例信息的可用性,要想充分发挥大数据给公共法律服务工作带来的便利,就必须确保案例信息能够完整覆盖公共法律服务机构各项工作的每一个流程节点,真实反映公共法律服务机构各项工作的全貌和细节,能够准确反映公共法律服务工作者的业务实绩。因此,案例编写必须遵循规范、统一的编写体例格式,只有当庞杂的案例信息转化为符合一致性、完整性、时效性、实体统一性的结构化数据,这些案例才能焕发旺盛的生命力,成为公共法律服务机构提质增效的重要参考。

第四,客观性原则。公共法律服务工作涉及社会的各个领域和方面,涵盖了刑事、民事、行政、执行等多种法律关系,并且在此过程中产生和收集到的信息内容也非常广泛。随着人民群众对司法知情权和监督权的要求增加,公共法律服务机构主动把服务活动晾晒在阳光之下,打造"看得见的公正",这是深化法治社会建设、增进公众对司法认同的必要进程。案例信息一经公开旋即会被更多的人通过电脑、手机、其他移动终端浏览、评判案件审理是否公正。因此,选编案例必须尊重事实,客观真实地反映公共法律服务机构工作面貌以及建设中国特色社会主义法治社会新形势下对公共法律服务发展的新要求。

(二)案例选编的审核程序

案例要想产生示范引领作用,其审查确认主体和遴选程序是否权威无疑是一个关键性的标准。司法行政(公共法律服务)案例库收录的案例主要由单位或个人填写,经由各级司法行政机关、相关单位逐级选编、审核、上报后方能入库。这种通过逐级层报审查的方式,在一定程度上保证了公共法律服务案

① 王宁:《代表性还是典型性?——个案的属性与个案研究方法的逻辑基础》,载《社会学研究》2002 年第 5 期。

例的权威性和示范性。

首先,成立了案例选编工作的职能机构。为了推进案例选编工作,各省、自治区、直辖市司法厅(局)按照归口管理原则,在各个内设职能处室设立相应的案例选编工作小组,并指派专职联络员负责案例选编工作。其次,建立了逐级把关、层报推荐的审查机制。此外,案例的选编实行署名制,由具体负责编写的单位或个人署名。各级评审均实行实名制,由具体负责评审的个人署名。各级司法行政机关和相关单位,按照统一的标准、格式对所辖业务领域案例进行选编、审核、逐级核报后,分别对口上报到省司法厅相关处室。各省司法厅相关处室负责汇总、审核、筛选、把关,分别对口上报司法部相关司局和直属单位,从而控制案例的数量和规模,切实把握好案例编写的节奏,避免案例选编过分追逐时事热点一哄而上,损害案例的选编质量。

(三)案例选编的编写制作

案例编写不同于案例研究,学者们可以根据自己的研究取向不拘一格地选择适切的案例研究方法,但案例编写必须遵循科学规范的编写方法。按照司法部的统一部署,案例编写工作均需遵循统一制定的案例选编标准、选编办法、文书格式、案例模板和检索主题词等相关要求开展。例如,法律援助案例和不予法律援助类型案例在编写体例上均分为案例基本信息采集、案例正文采集两个部分,前者具体分为案件类型、办理方式、指派单位、编写人、供稿、审稿、检索主题词①、案例标题、关键词、案情简介、案件点评;后者则依次为申请时间、案件类型、编写人、供稿、审稿、检索主题词②、案例标题、关键词、案情简介、不予法律援助原因、法律依据。

二、法律援助类案例的类型分析

选编案例的类型分为法律援助案例和不予法律援助案例,其中法律援助案例又细分为刑事类、民事类和行政类三种子类型(参见图 6-2)。从各地上传的案例类型来看,由于公共法律服务案例库设置的案例类型分类存在交叉

---

① 法律援助案例备选检索主题词包括法律援助、刑事、民事、行政、法律援助条例、给付赡养费、抚养费、支付劳动报酬、工伤、交通事故、医疗纠纷、婚姻家庭、抚恤金、救济金、社会保险待遇、案例。

② 不予法律援助案例备选检索主题词包括法律援助、不予法律援助、法律援助条例、经济困难标准、案例。

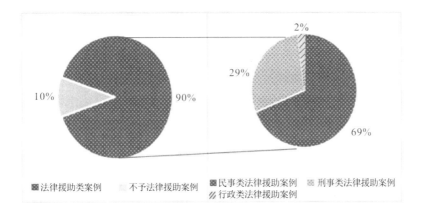

图 6-2　法律援助案例类型比例分布

资料来源:根据司法部司法行政(法律服务)案例库收录案例统计所得。

重复,这里主要从学理上将民事法律援助案例概括为三大类:其一,劳动保障类,如江苏省无锡市法律援助中心对李某劳动合同纠纷提供法律援助案、重庆市潼南区法律援助中心为 35 名农民工追索劳动报酬提供法律援助案;其二,婚姻家庭类,如广东省东莞市法律援助处对何某欢追讨赡养费纠纷提供法律援助案、山东省泰安市宁阳县法律援助中心为许小某抚养费纠纷提供法律援助案等;其三,侵权赔偿类,如广东省广州市法律援助处对农民工潘某金医疗保险待遇纠纷提供法律援助案、江苏省苏州太仓市法律援助中心对朱某见义勇为受伤责任纠纷提供法律援助案等。① 在以上案例类型中,道路交通事故赔偿纠纷类占比最高,为 354 件。典型案件如上海市静安区法律援助中心对洪某交通事故人身损害赔偿纠纷提供法律援助案、安徽省六安市金安区法律

---

① 司法部将法律援助类案例细分为民事、刑事、民事诉讼、行政、刑事附带民事、行政诉讼、民事案件、劳动争议、刑事案件、刑事诉讼、财产损害赔偿纠纷,显然这些类型之间并不满足完备性和正交性的要求,所以这里主要采用学理上的类型学划分:劳动保障类主要包括请求确认劳动关系、请求支付劳动报酬、请求支付经济补偿金、请求给予工伤待遇、请求给予劳动保障和安全保障等;婚姻家庭类主要包括请求给付赡养费和抚养费、请求确认婚姻无效和撤销婚姻、请求确认或解除收养关系、因家庭暴力或遗弃等请求离婚等;侵权赔偿类主要包括因交通事故责任、医疗责任、产品责任、食品药品安全责任、环境污染责任、安全生产责任、因见义勇为受损害等请求赔偿。王春良、董印河、杨永志等:《完善法律援助制度研究》,法律出版社 2018 年版,第 96 页。

援助中心对施某交通事故赔偿责任纠纷提供法律援助案等。

刑事法律援助案例类型较为分散,涉及各类刑事案件的法律援助,包括涉嫌故意杀人罪,如安徽省法律援助中心对聋哑人朱某某涉嫌故意杀人罪提供法律援助案、湖北省孝感市法律援助中心对残疾老年人邱某涉嫌故意杀人罪提供法律援助案;涉嫌抢劫罪,如贵州省贵阳市法律援助中心对冷某某涉嫌抢劫罪提供法律援助案、广东省汕头市法律援助处对李某犯抢劫罪提供法律援助案;涉嫌强奸罪,如西藏自治区法律援助中心对旦某涉嫌强奸罪一案提供法律援助案、山东省济宁曲阜市法律援助中心对李某强奸案刑事附带民事诉讼提供法律援助案;涉嫌盗窃罪,如天津经济技术开发区法律援助中心对史某某涉嫌盗窃提供法律援助案、广东省广州市黄埔区法律援助处对未成年人区某某盗窃提供法律援助案等。

行政法律援助案例类型同样较为分散,涉及工伤认定,如天津市滨海新区塘沽法律援助中心对农民工于某某被不予认定工伤提供法律援助案、湖北省十堰市十堰经济技术开发区司法分局对叶某某工伤认定行政诉讼提供法律援助案、江西省赣州市法律援助中心为企业职工工伤认定提供法律援助案;行政赔偿,如天津市河东区法律援助中心对王某某诉综合执法行政赔偿提供法律援助案;行政处罚,如广西壮族自治区合山市法律援助中心对撤销行政处罚事项依法不予援助案、重庆市大足区法律援助中心对不服处罚行政诉讼依法不予法律援助案等。

在3816件案例中,不予法律援助案件399件,占比10.5%(参见图6-3)。从决定不予法律援助的案例来看,原因涵盖较广,包括因申请人确认调解协议无效而引起民事诉讼的情形,如浙江省文成县法律援助中心对蒋某某确认调解协议无效的民事诉讼依法不予法律援助案;未提交经济状况证明,无法证明其经济状况符合经济困难标准的情形,如重庆市彭水县法律援助中心对冉某某健康权纠纷依法不予法律援助案;不符合经济困难的情形,如浙江省文成县法律援助中心对蒋某某确认调解协议无效的民事诉讼依法不予法律援助案。

从案例年度上传数量上看,2017年上传数量为3684件,2018年上传数量为15409件,2019年上传数量为9146件,2020年上传数量为6237件,2021年上传数量为6413件,2022年上传数量为399件。虽然公共法律服务案例库于2017年12月20日正式对外上线,但案例库也收录了12件2017年之前编写的典型案例。法律援助类案例内部上传始于2017年11月30日,绝大部分案件为前期法律援助过程中的典型案例,其中2017年上传数量为511件,

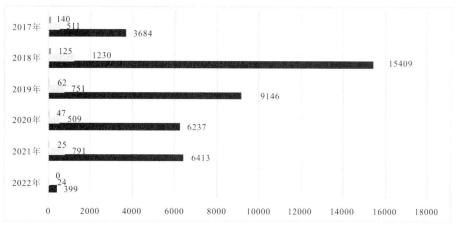

图 6-3 2017—2022 年度法律援助类案例年度上传情况
资料来源：根据司法部司法行政（法律服务）案例库收录案例统计所得。

2018 年上传数量为 1230 件，2019 年上传数量为 751 件，2020 年上传数量为 509 件，2021 年上传数量为 791 件，2022 年上传数量为 24 件。总体来看，案例库自 2017 年集中上传了大量案例之后逐渐呈现出回落并趋于稳定的态势。

从案例上传的地域上看，法律援助类案例上传数量排名前十位的分别为浙江省（298 件）、广东省（276 件）、安徽省（265 件）、山东省（232 件）、四川省（216 件）、上海市（192 件）、江苏省（182 件）、湖北省（180 件）、河南省（153 件）、重庆市（145 件）。总体而言，各公共法律服务机构选编、审核、上传的案例数量仍然较为有限，虽然公共法律服务案例库与司法裁判案例库的选编标准、模式有所不同，但是实践中全国各地实际完成的公共法律服务案件数量要远高于案例库收录的数量，所以案例库收录的案例数量仍有较大的提升空间。案例库仅选取典型性司法行政案例上传的模式虽然保证了案件内容具有一定代表性，若将典型案例与普通案例作分流处理，对普通案例进行简化上网，但如仅上传案件名称、案由等信息，则能够在保证案例库中精选案例重点突出的前提下，使案例库在统计意义上覆盖更多的实践案例，提升案例库的信息量。此外，从区域经济发展阶段水平和案例上传数量的相关性来看，各地上传案例数量不均，地方经济社会发展水平与公共法律服务工作特色的相关性也并不显著。

三、法律援助类案例的信息呈现

从案例信息披露上看,案例库向公众提供的信息以典型案例与相关统计数据为主。提供法律援助案例一般由"案情简介""案件点评"两部分组成;不予法律援助案例则一般包括"案情简介""不予法律援助原因""法律依据"三个部分。另外我们发现,使用电脑端登陆和移动端 App 扫码登陆司法行政(公共法律服务)案例库时,案件检索到的信息完整度并不一致。通过手机扫码后查询具体案件,提供法律援助类型案例信息包括案件类型、办理方式、指派单位、承办单位、承办人、编写人、检索主题词、案情简介、案件点评等;不予法律援助类型案例信息包括案件类型、申请时间、审查单位、编写人、检索主题词、案情简介、不予法律援助原因、法律依据,相较之下要更为完整全面。

从案例具体内容上看,各地上传案例内容略有差异,质量参差不齐。内容差异主要体现在案情描述详略程度、承办律师行动信息披露程度、结案情况描述以及案件点评角度与深入程度等方面。例如,在"河北省石家庄市深泽县法律援助中心对邓某请求赔偿提供法律援助案"所提供的"案情简介"中,援助案前置的事故原因及过程、受援人协商与维权的过程、法律援助承办律师的援助思路、具体法律诉讼过程和案件处理结果均有详细的陈述。[①] 然而,在"山东省东营市法律援助中心对圆通夺命快递案被害人焦某提供法律援助案"中,法律援助承办律师介入之后的处理过程以及案件最终结果却并未提及,但该案在"案件点评"部分分点详述,从案件经验、案件效果和社会意义等方面都全面地进行了评析。[②] 又如,在"河南省项城市法律援助中心对吕某机动车交通事故责任纠纷上诉提供法律援助案"中,"案情简介"部分相当详尽,但在"案件点评"部分对案件处理过程述而不评。[③] 这种案例编写内容上的差异,除了案例编写者之间风格差异之外,也间接体现了案例的编写与审批工作未能做到标准化把控。

---

① 《河北省石家庄市深泽县法律援助中心对邓某请求赔偿提供法律援助案》,http://alk.12348.gov.cn/Detail? dbID=46&sysID=12,最后访问时间:2022 年 5 月 1 日。

② 《山东省东营市法律援助中心对圆通夺命快递案被害人焦某提供法律援助案》,http://alk.12348.gov.cn/Detail? dbID=46&sysID=32,最后访问时间:2022 年 5 月 1 日。

③ 《河南省项城市法律援助中心对吕某机动车交通事故责任纠纷上诉提供法律援助案》,http://alk.12348.gov.cn/Detail? dbID=46&dbName=FYGL&sysID=11905,最后访问时间:2022 年 5 月 1 日。

从案例内容编排上看,平台端对上报案例提取信息有限,仅对报送时间、报送单位作出整理,而如法律援助介入时间与阶段、实际结案时间、结案方式等并未系统提取。以不予法律援助案为例,对于法律援助申请决定不予援助原因绝大多数为"申请人经济状况不符合要求"和"申请法律援助事项不在法律援助相关规定的范围之内"两个原因。但是在案例库平台层面上并未对不予法律援助的两个原因作出信息提取和方便搜索与统计的标签化处理,这也就导致只能从每个个案的案情介绍页面逐一提取相关信息。

第三节　公共法律服务案例与法律援助制度建设检讨

通过对公共法律服务案例库中收录的法律援助案例进行检视,同时结合学界对法律援助制度的相关研究,可以看出目前法律援助制度建设既显现出明显的进步,也存在亟须优化改善的环节。

一、法律援助的覆盖范围日臻全面

创设法律援助制度的目的在于为经济困难以及其他符合法定条件的公民无偿提供法律服务,是一种政府主动调节法律资源流向的法律保障制度,因此,法律援助覆盖程度是最能够体现其普惠性质的方面,也是评价法律援助实践是否真实落在实处的重要指标。

(一)民事领域常见纠纷实现全覆盖

从案例库上传案例来看,现有法律援助的覆盖案由十分广泛,其中民事纠纷占比达 69%,共计 2348 件,基本覆盖追索劳动报酬、侵权损害、家庭纠纷、劳动争议等民事领域的常见纠纷类型。

追索劳动报酬争议方面,访问量排名第一的是"重庆市潼南区法律援助中心为 35 名农民工追索劳动报酬提供法律援助案"(访问量 2395 次)。[①] 该案为一起比较常见的建筑工地农民工追索劳动报酬纠纷,由于涉及农民工的权

---

① 《重庆市潼南区法律援助中心为 35 名农民工追索劳动报酬提供法律援助案》,http://alk.12348.gov.cn/Detail? dbID=46&sysID=14767,最后访问时间:2022 年 5 月 1 日。

益保障和社会的和谐稳定,往往需要及时妥善处理,以避免过激事件的发生。这类群体性纠纷中的用工单位往往利用其优势地位,掌握职工花名册、工资支付台账、考勤记录等重要证据而拒绝提供,当农民工工资被拖欠后,手中往往没有能够充分证明自己诉求的证据。经过法律援助律师的努力,充分利用举证证明责任分配规则收集到了关键证据,切实保障了农民工的合法权益。再如,"重庆市武隆区法律援助中心对夏某等 24 名农民工追索劳动报酬纠纷提供法律援助案"中,以夏某为首的 24 名农民工被拖欠工资。[①] 工人为用工单位提供劳务,用工单位理应向其支付相应的劳务报酬。但由于本案涉及一人公司股权交易和债务承担的问题,当公司股东将股权转让后,股权转让方和受让方私自对公司财产、债权、债务进行处置,导致公司无力支付工人工资。虽然原《公司法》《合同法》等相关法律已经明确规定,但是农民工证据意识的匮乏导致其难以有效维权,而只能转而寻求法律援助。虽然该案的访问量仅有 103 次,所涉法律关系也并不复杂,但简单的法律关系背后映射出农民工群体在遭受不公正对待时的真实状况,即严重缺乏法律常识、法治意识和法律思维。更为关键的是,面对这样普遍的社会问题,即使相关实体法律规范已经较为完善,如劳动合同、劳动仲裁等制度皆倾向于保护劳动者的合法权益,让劳动者维权的时候有法可依,但是在这种制度保护的运作中仍然需要相关法律知识的运用,真正的保护不但需要让劳动者讨薪有法可依,更要让他们知道自己有法可依。法律制度的运行与实际的社会效果之间还需要专业法律人员的助推与实施,而法律援助制度打通的正是劳动者合法维权路上的"最后一公里"。

侵权损害补偿方面,"重庆市石柱县法律援助中心对谭某人身损害赔偿纠纷提供法律援助案"为侵权损害类案件的典型,访问量达 976 次。[②] 该案与众多侵权损害的案件类似,受援人由于家境贫寒、责任判定等原因,往往难以获得较高的赔偿或补偿以维持家计或为事故善后,所以需要法律援助人员的介入进而帮助他们渡过难关。此类案件的共通之处在于受援人急需经济补偿,

---

① 《重庆市武隆区法律援助中心对夏某等 24 名农民工追索劳动报酬纠纷提供法律援助案》,http://alk.12348.gov.cn/Detail? dbID=46&dbName=FYGL&sysID=13075,最后访问时间:2022 年 5 月 1 日。

② 《重庆市石柱县法律援助中心对谭某人身损害赔偿纠纷提供法律援助案》,http://alk.12348.gov.cn/Detail? dbID=46&dbName=FYGL&sysID=21233,最后访问时间:2022 年 5 月 1 日。

或因为高额的医疗费用,或因为艰难的讨薪、索赔之路,所以急需专业的法律援助人员运用法律手段帮助其合法维权。

除经济纠纷相关的案件之外,家庭纠纷是民事领域另一个纠纷高发地。家庭纠纷与前述案件类型不同的是,在经济利益纠葛之外,案件当事人之间的情感关系让案件处理起来更为棘手。如何在保证各方当事人合法利益的同时,维护好和谐稳定的家庭关系,相当考验法律援助工作人员的办案水平。以"山西省晋城市法律援助中心对李某某离婚纠纷提供法律援助案"(访问量达533次)为例,该案为一起妇女精神病患者离婚纠纷。[①]承办该案的援助律师考虑到受援人系无民事行为能力的精神病人,在充分告知受援人的法定代理人享有的合法权益和应得的经济补偿的前提下,积极促成了双方当事人调解结案。可以看到,目前的法律援助实践不仅已经广泛覆盖了民事纠纷的高发领域,在一些较为特殊的案件中,法律援助工作人员同样发挥着维护当事人合法权益的作用。在"宁夏回族自治区吴忠市同心县法律援助中心为王某梅共有物分割纠纷提供法律援助案"(访问量达1147次)中,双方当事人在没有经过法律程序自行结成事实婚姻后,由于王某梅的生活伴侣意外身故,导致一系列复杂的法律关系变动以及身份关系认定出现困难。[②]法律援助律师在这起因未能领取结婚证而长期同居生活的老年人在一方死亡后的维权案中,法律援助律师充满情理法的代理意见获得了法官的采纳,受援人的合法权益得到维护,案件的社会效果也因此得到提升。民事法律援助的受援对象往往是社会中"沉默的大多数",这类群体或因个人自身的生理特征或身体缺陷,或因家庭经济收入较低、生活拮据等主客观因素,在表达和维护自身利益能力方面也随之陷于弱势地位,很难有利益表达和意愿表达的机会。法律援助不仅为这些"沉默的大多数"架设了一座接近正义的桥梁,还扮演了在社会弱势群体间培育现代法律文化和法治精神、共同引领社会法治化转型的关键角色。[③]

---

① 《山西省晋城市法律援助中心对李某某离婚纠纷提供法律援助案》,http://alk.12348.gov.cn/Detail?dbID=46&dbName=FYGL&sysID=20493,最后访问时间:2022年5月1日。

② 《宁夏回族自治区吴忠市同心县法律援助中心为王某梅共有物分割纠纷提供法律援助案》,http://alk.12348.gov.cn/Detail?dbID=46&sysID=16316,最后访问时间:2022年5月1日。

③ 黄东东、魏兰:《经验与启示:比较法视野下的民事法律援助范围》,载《重庆社会科学》2018年第9期。

（二）刑事法律援助全覆盖工作持续推进

除民事领域外，刑事领域为法律援助第二大案源，共 1007 件。其中，未成年人案件（134 件）、死刑案件（68 件）是较为集中的多数类型，其余类型的案件则相对分散。刑事领域法律援助的覆盖面受政策影响较大，除了刑事诉讼法规定被追诉人必须有辩护律师的案件外，刑事犯罪法律援助全覆盖工作的推进，也促使刑事犯罪领域的法律援助案呈现百花齐放的局面。

尽管尊重和保障人权是现代刑法的基本价值，①但在实际的刑事诉讼构造中，犯罪嫌疑人作为国家机关纠问指控的对象，免不了处于相对弱势的地位，而人身自由的限制又进一步强化了这种弱势地位，因此，以制度化的手段为犯罪嫌疑人争取平等的诉讼机会，是实现刑事司法正义的必由之路。②2012 年修订的《刑事诉讼法》将刑事法律援助延伸到侦查和审查起诉阶段，明确规定了辩护律师在侦查期间可以为犯罪嫌疑人提供法律援助。近年来，以审判为中心的刑事诉讼制度、认罪认罚从宽制度、刑事案件律师辩护全覆盖试点等一系列刑事司法体制改革深入推进，掀开了刑事法律援助制度的新篇章。这些重大改革所要破解的一个重要问题，就是如何在改革庭审方式中推进庭审实质化，如何发挥律师的实质辩护作用促进司法公正，着力推动犯罪嫌疑人的辩护权在刑事诉讼的各程序节点都能得到充分的保障。

在"天津市法律援助中心对梁某某涉嫌故意杀人罪提供法律援助案"中，被告人梁某某在没有获得法律援助时，甚至都没有在法定期间内对一审判决提出上诉。③ 在诉讼过程中，梁某某对于法律知识与诉讼技巧的把握难以支撑其与公诉人抗衡，而作为公共法律服务重要组成部分的法律援助制度此时对于梁某某的照拂，很大程度上改善了其处于不利地位的局面。梁某某虽然实施了杀人行为，但其并未想要逃脱法律责任，没有作出破坏现场、逃窜的行为，而是主动报警，等候公安机关的抓捕，所以本案在事实认定上几乎不存在任何争点，梁某某也认罪伏法，甚至没有对死刑立即执行的判决提起上诉。辩护权作为《宪法》赋予公民的一项基本权利，即便被告人未能觉知这项权利，刑

---

① 陈兴良：《刑法的价值构造》，中国人民大学出版社 2017 年第 3 版，第 93 页。

② 李炳烁、胡良荣：《论侦查阶段刑事法律援助介入的理论价值与权利构造——以司法公正与人权保障为核心》，载《法学杂志》2013 年第 8 期。

③ 《天津市法律援助中心对梁某某涉嫌故意杀人罪提供法律援助案》，http://alk.12348.gov.cn/Detail? dbID=46&dbName=FYGL&sysID=9783，最后访问时间：2022 年 5 月 1 日。

事法律援助作为一种强制纠偏的公共法律服务手段,也在此发挥了保障被追诉人权利的重要作用。本案中,梁某某在法院一审中受到死刑立即执行的判决,而之后介入的法律援助成了受援人"救命"的防护网。如果说梁某某案体现了法律援助制度保障公民宪法性权利的话,那么"广东省云浮市法律援助处对潘某某涉嫌抢劫盗窃提供法律援助案"则凸显出法律援助制度在促进司法公正、统一办案标准、提升审判质量方面有着无可替代的作用,即刑事法律援助中辩护律师对于追诉、审判过程的有效监督与制约。[①] 回顾本案,法律援助律师帮助潘某某成功改判的关键在于,争取证人出庭证明潘某某没有作案的可能,并针对公诉方的证据提出合理的质疑,进而推翻潘某某罪名成立的意见。被告人潘某某因经济原因无法自行委托辩护律师,在没有辩护律师的情况下,一方面在缺乏相应法律知识的条件下自行辩护显然无法使自身的合法权利得到充分的保障;另一方面则可能因为某些关键证据没能进行全面的质证而出现冤假错案,酿成司法不公。司法的不公正,就如被污染的水源,对法治建设的危害不可估量。该案的特殊之处在于,能够证明被告人无罪的潜在证人一开始没有出庭作证的意愿,而潘某某处于羁押状态无法进行调查取证,争取证人出庭作证。法律援助指派的辩护律师,则可以在《刑事诉讼法》《律师法》的庇护下,为其搜集调取有利的关键证据。换言之,法律援助对于受援人的帮助,不仅是在法律认知层面提供可靠的智识资源,更在行动和制度层面帮助受援人完成公平审判所必需的诉前准备。

以上刑事法律援助案件都颇具代表性,在故意杀人、抢劫等具有严重暴力属性的案件中,受援人在被追诉的过程中处于羁押状态,而只能依靠辩护律师的活动维护自身权益。由潘某某案可看出,刑事辩护律师的工作往往在取证调查的时候需要花费大量精力,加之刑事犯罪法律援助全覆盖的工作要求,法律援助范围持续扩大的背后,也对法律援助制度的配套措施、法律援助人员的专业素质提出了极高的要求。

(三)法律援助惠及特殊群体

受援人社会身份上的多样性,在某种程度上是表征公共法律服务普惠程度的指针。从收录的案例来看,对于特殊人群的覆盖程度已经达到一定的水准。

---

① 《广东省云浮市法律援助处对潘某某涉嫌抢劫盗窃提供法律援助案》,http://alk.12348.gov.cn/Detail? dbID＝46&dbName＝FYGL&sysID＝11404,最后访问时间:2022 年 5 月 1 日。

以"农民工""未成年人""残疾人"为关键词在案例库内进行全文检索,其数量分别为 696 件、659 件、371 件。其他特殊群体还包括老年人(394 件)、退伍军人(20 件)等。总体来看,既有法律援助类案例中针对特殊群体的法律援助已经占有相当大的比重,如"四川省绵阳市涪城区法律援助中心对未成年人鹏鹏变更监护权提供法律援助案"。[①] 该案是一起重组家庭母亲及继父暴力伤害虐待未成年人引发的纠纷。唐某及其年仅 5 周岁的孙子鹏鹏作为需要法律援助重点帮扶的社会弱势群体,承办律师在接受指派后,当即前往幼儿园、公安派出所等部门调取、固定鹏鹏遭受母亲及其男友虐待的证据,为监护人顺利变更提供了扎实的事实依据。再如"江西省萍乡市法律援助中心对残疾人柳某人事录用争议提供法律援助案",[②]该案为一起典型的残疾人遭遇歧视的案件,受援人作为一名残疾人,在其合法权益遭受侵害时,萍乡市法律援助中心高度重视此案,并指派执业经验丰富的律师进行办理,经过承办律师积极协调、调查收集证据、撰写起诉状、在庭审中依法据理力争,最终争取到法院判决确认对方某县教育局行政行为违法的承办结果,有力地维护了柳某的合法权益。此案的典型意义在于,在对残疾人劳动争议纠纷进行援助帮扶的同时,法律援助还对政府行政权力起到了司法监督的作用。对于弱势群体合法利益的侵害,不仅存在于平等主体之中,被国家公权力"误伤"的弱势群体更需要法律援助来纠偏。

除了争取合法权益的残疾人,在事故中遭受巨大损伤以至于家计难以维持、经济状况几近崩溃的社会弱势群体也是法律援助施以援手的对象。在"浙江省杭州市拱墅区法律援助中心对马某交通事故纠纷提供法律援助案"中,援助律师的努力体现出法律援助制度对于社会和谐稳定的重要作用。[③] 本案中,受援人马某本人不仅为交通事故的主要责任人,而且其家庭条件也不容乐观,加之在此次事故中又遭受严重人身损害而丧失了劳动力,无力再维持高额

---

① 《四川省绵阳市涪城区法律援助中心对未成年人鹏鹏变更监护权提供法律援助案》,http://alk.12348.gov.cn/Detail? dbID=46&sysID=7452,最后访问时间:2022 年 5 月 1 日。

② 《江西省萍乡市法律援助中心对残疾人柳某人事录用争议提供法律援助案》,http://alk.12348.gov.cn/Detail? dbID=46&dbName=FYGL&sysID=16434,最后访问时间:2022 年 5 月 1 日。

③ 《浙江省杭州市拱墅区法律援助中心对马某交通事故纠纷提供法律援助案》,http://alk.12348.gov.cn/Detail? dbID=46&dbName=FYGL&sysID=12531,最后访问时间:2022 年 5 月 1 日。

的医疗费用和额外的生活支出。法律援助律师及时介入,帮助马某与交通事故事件相关责任人、保险公司斡旋,最终促成各方和解,马某也获得了保险范围内应得的较高额度的赔偿。从实体法律层面来说,本案的处理结果与民法理论中的公平责任原则不无关系,在案件中这种各方都不希望的事故发生时,如何在法律允许的框架内尽可能地弥补受援人所遭受的损害,是援助律师努力的方向,也是法律援助制度对于社会和谐稳定作出贡献的重要场域。若严格按照事故责任划分的标准来判定,那么马某所承担的主要责任会令其所获得的赔偿款难以维系其生活,而秉持公正价值的法律援助,则能够在扶助贫弱群体的时候走得更远。以上案件只是法律援助制度对于特殊人群和经济不支人群帮扶的众多案件中的典型案例,随着法律援助制度的进一步完善,其实实在在地兜起了保障民生福祉的安全网,发展为了人民、发展成果由人民共享的理念在法律援助的普惠性和平等性之中彰显得淋漓尽致。

二、法律援助的实效性较为显著

如果说公共法律服务的覆盖范围代表着公共法律服务在实践过程中的广度,那么公共法律服务的有效性则代表着公共法律服务的实践深度。与一般的公共服务不同,公共法律服务由于其自身固有的专业性和案例情势的复杂性,作为公共法律服务组成部分的法律援助对援助人员的综合素质都有着相对较高的要求。要使法律援助案件获得有效的解决,不仅要在法律允许的范围内为受援人争取其应得的合法利益,更应针对案件的具体情况与受援人所面临的实际问题,量身定制适切的解决方案,兼顾事理情理法理,将案件的处理与矛盾的化解有机统一起来,真正做到案结事了人和。

（一）法律援助人员专业素质过硬

法律援助的有效性,首先体现在承办律师对受援人的专业性支援上。无论是对法律规定的认知与理解,还是对办案流程的熟悉,抑或是与相关部门的沟通能力,都是援助案件承办律师需要为受援人提供的核心服务。在"贵州省贵阳市法律援助中心对冷某某涉嫌抢劫罪提供法律援助案"中,承办律师接受指派后,通过会见被告人冷某某以及反复研究案件卷宗,仔细对待案件中的每一份证据,反复对比被告人冷某某的每一份笔录,最终总结出能够为被告人提供辩护的突破口,包括公诉方卷宗内容缺失、被告人前科认定错误、案件事实细节不清、被告人的量刑情节等。① 承办律师通过专业的诉讼技术,排除了相关非法证据,使案件中对被告人定罪量刑的证据材料更加真实合法可信,帮助被告人争取到更加公正的审判结果。本案中承办律师提供援助服务的有效性,就是建立在承办律师深厚且扎实的法律功底与诉讼经验之上的。

在"湖北省襄阳市枣阳市法律援助中心对未成年人张某甲涉嫌掩饰、隐瞒犯罪所得提供法律援助案"中,受援人张某甲被指控的罪名分别是盗窃罪和掩饰、隐瞒犯罪所得罪。② 针对公诉机关的指控,援助律师严格按照法律规定,采取了如下辩护策略:对盗窃罪作无罪辩护,对掩饰、隐瞒犯罪所得罪作罪轻辩护。最终辩护意见被法院采纳,判处张某甲较轻处罚,取得了较好的辩护效果。本案能够取得良好的辩护效果,主要原因在于承办律师具有较为丰富的办案经验,对证据材料的梳理认真细致,为受援人制定了精准的辩护策略,即在事实部分清楚的情况下,对受援人的罪名定性与量刑情节作出辩护,由此受援人得到了公正的判罚。不难看出,法律援助人员的专业素养在具体的案件中能够为受援人提供的帮助实属宝贵,正是承办人员过硬的专业水平,让无数个法律援助案件得到有效的解决,让受援人受到了公平公正的对待。

(二)法律援助人员积极主动靠前服务

矛盾纠纷的化解除了需要法律援助工作人员具备扎实的专业功底,还离不开他们积极主动作为靠前服务。如前述"重庆市武隆区法律援助中心对夏某等 24 名农民工追索劳动报酬纠纷提供法律援助案"中,农民工由于缺乏证据意识,在务工过程中没有保存证据,以致维权过程困难重重。承办律师不仅需要帮助农民工向用工单位追索劳动报酬,还因为用工单位自身牵涉复杂的公司债权债务纠纷,需要理清应当向农民工支付劳动报酬的责任人。承办律师能够帮助农民工追回了劳动报酬的关键点在于,及时与用工单位负责人联系,了解用工单位资金状况与债务状况,并为负责人提供解决方案,既解决了用工单位的股权纠纷矛盾,又及时为受援农民工追回了劳动报酬。换言之,该案的有效解决,相当程度上靠的是承办律师丰富的办案经验与积极的援助活

---

① 《贵州省贵阳市法律援助中心对冷某某涉嫌抢劫罪提供法律援助案》,http://alk.12348.gov.cn/Detail? dbID=46&sysID=536,最后访问时间:2022 年 5 月 1 日。

② 《湖北省襄阳市枣阳市法律援助中心对未成年人张某甲涉嫌掩饰、隐瞒犯罪所得提供法律援助案》,http://alk.12348.gov.cn/Detail? dbID=46&sysID=12492,最后访问时间:2022 年 5 月 1 日。

动,而仅凭专业知识,没有深入了解案件各方的具体法律关系与现状的话,便无法制定出有针对性的解决方案,援助案件的有效处理也就无从谈起了。

在"北京市法律援助中心对河北省易某某被侵权提供法律援助案"中,承办律师不辞辛劳的援助行动体现得更为明显。[①] 根据案件当事人和管辖法院分属京冀两地的实际情况,京冀两地省级法律援助中心分别指派了北京与河北的律师共同代理易某某维权的案件。二位承办律师按照各自擅长的专业领域合理分工,认真研究案件相关材料,从起诉准备到与对方进行和解,为保护受援人易某某的合法利益,频繁奔波往返于京冀之间。该案作为《京津冀一体化法律援助协同发展实施协议》施行后办理的第一案,首开跨地区办理法律援助案件之先河,而法律援助工作人员的积极沟通,也真正实现了让受援人少跑路的法律援助便民理念。

法律的生命在于实施,无论多么合理的制度安排,多么精巧的技术方案,最终落到实处,都需要人的参与、人的实施。法律援助的有效实施,需要法律援助工作人员的专业素养与积极活动。法律援助人员的专业素养在援助案件中转化为具体的法律智识资源输出,帮助受援人分析现状、厘清思路并给出妥切的解决方案,这种智识资源的输出并非像"自动售货机"一样投入案情后便可得出结果或解决方案,而是需要法律援助工作人员丰富的办案经验、行动力与积极性,才能够将专业性知识转化为有效的智识资源输出,从而达到协助受援人有效地处理案件这一目的。案例中的承办律师们兢兢业业、不辞辛劳的付出,正是法律援助制度得以高效有序运转的关键。

三、法律援助的社会效果彰示

援助案件的顺利解决不仅仅局限于在法律专业领域内的法律关系得到厘清、权利得到实现、义务得到履行,更在于实现法律效果、社会效果的统一。社会效果的达成在于定分止争,使当事人的生活得以为继,社会秩序恢复稳定。必须认识到,仅靠法律系统的运作并无法维持社会秩序的稳定,在法律规则无法触及的地方,仍然存在着大量的习惯性规范及自发自治的民间秩序。受援人所需求的也不止于法律相关智识资源的帮助,身陷困境的受援人更为迫切希望达成的是矛盾的化解、日常生活的恢复甚至是精神上的支持,所以法律援

---

① 《北京市法律援助中心对河北省易某某被侵权提供法律援助案》,http://alk. 12348.gov.cn/Detail? dbID=46&sysID=5,最后访问时间:2022 年 5 月 1 日。

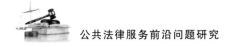

助实践案例中案件得以解决进而彰示良好的社会效果实属不易。

在前述"浙江省杭州市拱墅区法律援助中心对马某交通事故纠纷提供法律援助案"中,法律援助申请人马某因疏忽大意在交通事故中承担主要责任,其所获得的赔偿款无法填平遭遇的损失,使本不宽裕的生活状况更平添了悲情色彩。如果单纯按照实体法律规定进行处遇,在法律程序上自然无可挑剔,但是受援人马某的经济困难问题没有得到妥善解决,那么此案的结果便无法实现更好的社会效果。在承办律师与各方的共同努力之下,该案的处理结果虽在法律允许的范围之内,但是也超越了法律本身所能企及的效果。法律援助中心及援助律师的尽心努力、法官耐心的说情说理、对方当事人的同情让步,都促成了纠纷的调解,也挽救了马某及其家人的生活。

被害人家属与犯罪嫌疑人之间的矛盾往往难以调和,但这些矛盾如果不及时化解,就会为社会的和谐稳定带来不安定因素。在"山东省东营市法律援助中心对圆通夺命快递案被害人焦某提供法律援助案"一案中,尽管犯罪嫌疑人涉嫌过失以危险方法危害公共安全迅速被公安机关抓获,但是各责任方未与被害人家属协商处理相关善后事宜,蒙受亲属死亡与病痛双重打击的被害人也不知道应当如何主张刑事附带民事赔偿。[①] 走投无路的被害人焦某向东营市法律援助中心寻求法律援助,最终承办律师为被害人家属争取到了超过一般人身损害赔偿三倍的赔偿金,被害人家属的合法权益得到了及时的维护,实现法律效果、社会效果的有机统一。法律援助力量的及时介入,让被害人家属得到了相关的智识支援,承办律师在办案过程中尽职尽责、多方走访,最终促成了双方的和解。而双方的和解,则在保证各方合法权益不受损害的前提下,尽量将纠纷解决在萌芽之中。

除此之外,我们还应当认识到司法途径只是社会矛盾多元纠纷解决机制中的一种。法律援助工作者需要审慎选择最符合受援人合法权益需求的解决方式,这也是实现案件社会效果的必然选择。在"上海市闵行区法律援助中心对未成年人小源被拐卖提供法律援助案"中,承办律师面对的问题就十分复杂。[②] 承办律师发现,受援人小源未成年便被其生母范某卖给一个失独家庭,

---

① 《山东省东营市法律援助中心对圆通夺命快递案被害人焦某提供法律援助案》,http://alk.12348.gov.cn/Detail? dbID＝46&sysID＝32,最后访问时间:2022 年 5 月 1 日。

② 《上海市闵行区法律援助中心对未成年人小源被拐卖提供法律援助案》,http://alk.12348.gov.cn/Detail? dbID＝46&sysID＝15218,最后访问时间:2022 年 5 月 1 日。

但范某很快又主动向公安机关投案自首,除被告人范某之外找不到比其更加适合抚养的亲属。面对这个问题,承办律师在经过多次沟通后认为范某能够继续抚养受援人,认为本案的办案思路应从惩治犯罪向保证未成年人健康成长的方向转变,将工作重点放在为被害人的健康成长斟酌、考量最适合的抚养人上,并从犯罪动机、主观恶性程度、社会危害性、不良后果已得到弥补等角度向公诉机关提出对被告人处以非监禁性处罚的建议,以便其继续抚养被害人。同时,为了解决范某和小源生活上的困难,承办律师还协助范某提起追讨抚养费的民事诉讼,以便解决孩子的部分生活费用。法院在充分听取援助律师的辩护意见和建议后,考虑到未成年人健康成长的必要条件以及被告人面临的生活不幸和实际困难,对被告人作出免予刑事处罚的判决。这不仅避免了因母亲被监禁可能带给被害人的二次伤害,也有利于被告人用实际行动来弥补当初犯下的过错。承办律师办案思路和工作重心的转变,使得被告人获得了洗心革面的机会,避免了刑事处罚,受援人也能够与生母继续生活,社会关系重归稳定。可以看出,承办律师通过对于情理法的把握,开拓办案思路,提出更具有人情味的矛盾化解方法,比机械式的办案更加符合受援人的现实需求,也就更能实现维护秩序的社会效果。无论是从理论角度分析案中法律系统与社会矛盾之间的关系,还是从实践层面上探究类似案件中的具体办案经验,本案的特殊案情与承办律师巧妙的处理思路,都为法律援助案件中良好社会效果的实现提供了极具示范意义的标本。

四、法律援助激励与治理机制亟待完善

从法律援助效果来看,绝大多数法律援助都产生了良好的法律效果和社会效果,超过半数以上的案例在点评部分均使用了“维护了受援人的合法权益”的表述。但应当认识到,案例库收录的案例是经过筛选、审核后的典型案例,在现实生活中,社会关系复杂、涉及问题罕见且特殊、供需矛盾大、组织管理体制不畅以及经费保障往往严重不足,这也就导致法律援助办案质量参差不齐。[①] 前述案例中反映的援助覆盖范围广的背后,是具体案件中法律援助工作者的辛勤付出,援助案例的有效性与社会效果更加仰赖承办人员的高素质、强专业的发挥。若要将案例库中的成功案例经验保存、传播,并在制度层

---

① 樊崇义:《我国法律援助立法重点和难点问题研究》,载《中国法律评论》2019 年第 3 期。

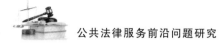

面实现办案质量的稳定保障,则需要对法律援助的激励与监管制度予以高度重视。特别是刑事案件的援助律师,虽然其面临着刑事案件办理难度较高、办案周期长等困难,但是法律援助承办律师在进行援助之后所获的补贴却显著低于市场平均水平。[①]

《法律援助条例》第 3 条规定了法律援助的政府责任,但同时又在第 6 条规定了法律援助是律师应当履行的义务,这种“政府责任、律师义务”的运作模式在《中华人民共和国法律援助法》第 16 条又得到了延续。[②] 实践中,具体表现为政府以行政命令形式将法律援助工作指派给律师事务所和律师,虽然政府对律师丧失的机会成本给予了适当的补偿,但补偿的数额援助律师没有发言权。[③] 公共法律服务的基础理论普遍认为,公共法律服务产品的供给责任主体应该是国家机关,人民性、公平性、现代性是法律援助所必须具备的基本属性。[④] 虽然公共法律服务不以营利为目的,但其同样会受到市场规律的影响。政府指派律师进行法律援助实际上属于政府购买社会服务,既然如此,自然就要为享受此项服务负担相应的必要成本。如果支付的对价明显低于市场一般水平,法律援助人员的工作积极性、主动性也就难以为继,受援人对法律援助所获利益的合理性期待也就难以保障。不可否认有部分认真负责的援助律师出于社会责任的考量不求回报地无私奉献,但在市场规律的影响下,如不善加引导,优质的法律资源就会流向更愿意支付较高对价的领域,优秀专业的法律人才也会不断流失。如此一来,法律援助办案质量、律师提供法律援助的有效性就难以得到保证,法律援助事业也很难取得长足的发展。

五、案例库信息呈现的结构化路径

就公共法律服务的特点而言,其主要内容是通过适用法律规范定分止争,其关键步骤在于将现实案例中的要件事实通过法律解释、法律推理等法律方

---

① 王春良、董印河、杨永志等:《完善法律援助制度研究》,法律出版社 2018 年版,第 112～120 页。

② 虽然《法律援助法》第 16 条将法律援助的义务主体扩大到律师事务所、基层法律服务所、律师、基层法律服务工作者四类,但在履行法律援助义务的顺位上,律师事务所和律师始终是法律援助的第一责任主体。

③ 樊崇义:《我国法律援助立法重点和难点问题研究》,载《中国法律评论》2019 年第 3 期。

④ 宋方青:《现代公共法律服务整合提升的保障机制》,载《中国司法》2022 年第 5 期。

法涵摄地适用到法律规范当中。[①] 公共法律服务工作人员是联通法律规范与要件事实之间的桥梁,而构筑这道桥梁的则是公共法律服务工作人员积累的法律知识及实践经验,这也是构建公共法律服务智能化运作模型的内核及原材料。要件事实论作为一种规范出发型诉讼理论,当事人提出诉讼请求、主张实体权利、提出支撑其请求的请求权基础规范后,法院按照"识别权利基础规范→权利基础规范的要件分析→争点整理→争议事实认定→涵摄得出裁判结论"的程序展开,最终得出裁判结论。在"请求原因→抗辩→再抗辩→再再抗辩"的过程中,任何纠纷的攻击防御均以标准化、格式化的方式呈现出来。可以说,要件事实论的引入将对公共法律服务工作人员办理案件思维的标准化、模块化,以及后期人工智能在公共法律服务中的运用奠定基础。[②] 这里以"重庆市荣昌区法律援助中心对老年人姚某生命权纠纷提供法律援助案"(访问量2444 次)为例,[③]将现有的案例信息呈现结果重新结构化为如下形式:

【案例名称】

(刑事类案例,采用"被告人＋被指控的罪名＋审判结论"的体例;民事类案例。采用"受援人特征＋受援人姓名＋案由"的体例。行政类案例分两种情况:其一,若受援人对具体行政行为不服时,采用"×××不服×××案";其二,若受援人要求作出具体行政行为时,采用"×××诉×××案")

重庆市荣昌区法律援助中心对老年人姚某生命权纠纷提供法律援助案

【案例基本信息】

［案件类型］民事
［办理方式］诉讼
［指派单位］重庆市荣昌区法律援助中心
［承办单位］重庆市荣昌区昌州法律服务所

---

① 关于要件事实论的系统研究,参见［日］伊藤滋夫:《要件事实的基础:民事司法裁判结构》,许可、小林正弘译,法律出版社 2022 年版。

② 高翔:《人工智能民事司法应用的法律知识图谱构建——以要件事实型民事裁判论为基础》,载《法制与社会发展》2018 年第 4 期;向浩源:《人民调解的范式更新与视角转换——以民间借贷纠纷调解要素表的规范设计为解析主轴》,载谢晖、陈金钊、蒋传光主编:《民间法》(第 27 卷),研究出版社 2021 年版,第 370～393 页。

③ 《重庆市荣昌区法律援助中心对老年人姚某生命权纠纷提供法律援助案》,http://alk.12348.gov.cn/Detail? dbID＝46＆sysID＝14768,最后访问时间:2022 年 5 月 1 日。

[承办单人]邓国华

[编写人]向琴

[检索主题词]法律援助;老年人;生命权纠纷;民事

【案情简介】

(采取叙述式、非辩诉式的语言风格,高度提炼、总结双方当事人主张和主要证据)

生于1976年2月的小姚,于1995年9月考入某大学就读。1996年4月8日,小姚无故离校,数日未归,同年4月18日,其被发现与另一失踪人员李某溺亡于某水库。公安机关经过现场勘查后,给出结论:小姚系持械劫车的犯罪嫌疑人。

死者的父亲姚某认为,小姚系在校学生,学校对其无故失踪一事未作及时有效处理,应承担管理不善责任。同时认为公安机关将其子认定为持械劫车的犯罪嫌疑人,缺乏事实和法律依据。痛失儿子的姚某持续向相关部门反映情况长达20余年。

......

2019年3月14日,荣昌区人民法院依法作出判决:一、被告某大学于本判决生效后二十日内赔偿原告各项损失共计62086元;二、驳回原告的其他诉讼请求。

【关联法条索引】

案由	请求权	请求权基础	抗辩权	抗辩权基础	办理结果
	请求法律援助	《重庆市法律援助条例》第十一条第九款	不予法律援助	《重庆巾法律援助条例》第二章 法律援助范围	准予/不准予
生命权纠纷	赔偿损失	原《侵权责任法》第十六条、第二十二条	无过错或第三人过错	原《侵权责任法》第二十七条、第二十八条	准予/部分准予/不准予
			过失相抵	原《侵权责任法》第二十六条	
			责任转移	原《侵权责任法》第三十四条、第三十五条	

【法律适用与争点整理】

（一）决定提供法律援助

经审查，法律援助中心认为姚某符合《重庆市法律援助条例》第十一条第九款规定，"未成年人、老年人、妇女合法权益受到侵害的"，"因经济困难没有委托代理人的，可以申请法律援助"，决定给予法律援助，并指派重庆市荣昌区昌州法律服务所法律服务工作者邓国华承办此案。

（二）案件争议焦点

1.关于诉讼时效的问题。原告出示了其二十多年间向多个部门反映情况的复查申请书、申诉书、相关部门的回复意见书及证人证言，均证明原告自儿子死亡至今，一直通过各种渠道主张权利，因而可认定原告向人民法院提起生命权纠纷的诉讼未过诉讼时效。

2.关于被告承担民事赔偿责任的问题。根据原《民法通则》第一百零六条第二款、原《侵权责任法》第二十四条的规定，由此，结合公安部门的调查结论，小姚虽系溺亡，但其作为某大学在校学生，在校就读期间，学校发现小姚私自离校后未能采取及时寻找、迅速报警等合理措施，致使其失踪多日后被发现溺亡，学校因未尽到合理管理义务，具有一定过错。此外，事发时姚某已成年，具有完全民事行为能力，对意外风险应具备辨别和防范能力，发生溺亡，其自身也应承担责任。故请求法庭根据本次事件的起因、损害后果及过错程度，合理认定被告对小姚的死亡承担相应的赔偿责任。

【案件办理要旨】

（该部分主要总结提炼案例的典型意义以及承办人员的办理心得寄语等内容）

本案为一起发生在20多年前的案件，受援人奔波多年，最终在法律援助承办人员的努力下，法院依据原《民法通则》《民事诉讼法》《最高人民法院关于确定民事侵权精神损害赔偿责任若干问题的解释》等相关法律法规的规定，依法作出判决，维护了受援人的权益。骨肉分离带来的巨大悲痛，事件得不到解决带来的积怨，经过多方的倾情沟通，通过司法途径予以合法、合情、合理地解决，最终得到化解。该案的判决结果也体现了法律援助制度的重要价值。

【关联案例链接】

（关联案例应当涵盖该公共法律服务中心以及其他公共法律服务中心同类案由项下的提供法律援助的案例）

1.广东省肇庆市法律援助处对未成年人郭某辉生命权纠纷提供法律援助案

2.江苏省徐州市沛县法律援助中心对高某某生命权纠纷提供法律援助案

结　语

通过一个个鲜活的公共法律服务案例,不仅保障了人民群众对公共法律服务的知情权、参与权、监督权,而且使公共法律服务机构在各方面的监督下健康运行。此外,利用大数据技术对案例信息进行深度开发和利用,能够挖掘公共法律服务工作的经验、规律,统一各公共法律服务机构的服务标准。同时,公共法律服务案例的上线,既为理论界提供了丰富的研究素材,也为实务界提供了可资借鉴的优秀办案经验学习宝库,将那些原本仅在师徒之间默会传授的"隐性知识"显性化为能够被系统提取、便于梳理总结共享的"显性知识",为奋斗在一线的公共法律服务工作者搭建了权威的信息传播平台与沟通桥梁。公共法律服务工作者们的辛勤付出也不再默默无闻,他们经年累月的实践经验、为民服务的办案理念、扎实可靠的专业能力都将通过案例上网的方式,让社会认识到公共法律服务工作体系为国家治理体系与治理能力现代化,为法治建设与社会和谐稳定所作出的重要贡献。

以公共法律服务案例库收录的法律援助案例而言,我们可以看到公共法律服务在覆盖范围、实效性与社会效果等方面取得相当可喜的成绩,但也必须注意到案例共同折射出来的普遍现实困境。显著的实效性与突出的社会效果所依靠的是公共法律服务工作者的专业素养与奉献精神,但这种"政府责任、律师义务"的模式与市场发展规律不相适应,无法在长时间段内保证公共法律服务可持续、高质量地供给。因此,为使公共法律服务水平统一高质,公共法律资源流动符合市场发展规律,必须建立起科学的公共法律服务治理制度与合理的激励奖惩制度。根据案件办理的具体情况评选优秀公共法律服务工作者并给予一定的物质和精神奖励,对办理质量较差者施与相应的惩戒,如此方能吸引更多优秀人才加入公共法律服务队伍,为公共法律服务事业持续补充新鲜血液,实现法律资源配置的优化与案例社会效果的彰示。与此同时,数字时代为公共法律服务机构的信息化发展与智能化应用带来了前所未有的机遇和挑战,将进一步加速信息技术的创新与融合发展。对公共法律服务案例库进行智能化应用的前提在于深入洞悉公共法律服务各门类的内在规律,并通过对非结构化的案例信息进行标准化、要素化、结构化的处理,从而建构起适用于大数据分析的公共法律服务智能运作模型。因此,落实案例质量监督管理,制定切实可行的案例评估体系,再辅以条目更加清晰、类型化程度更加细致的案例平台,并利用案例平台实现常态化的优秀典型案例经验分享推送,使公共法律服务工作者逐渐养成"写案例、学案例、用案例"的习惯,勠力实现公共法律服务案例研究与治理效能转化相辅为用、相互促进的良好局面。

参考文献

一、著作类

（一）中文著作

[1]卞建林：《中国司法制度基础理论研究》，中国人民公安大学出版社 2013 年版。

[2]陈柏峰：《传媒监督的法治》，法律出版社 2018 年版。

[3]陈昌盛、蔡跃洲：《中国政府公共服务：体制变迁与地区综合评估》，中国社会科学出版社 2007 年版。

[4]陈振明等：《公共服务导论》，北京大学出版社 2011 年版。

[5]程维荣等：《新中国司法行政 60 年》，上海社会科学院出版社 2009 年版。

[6]重庆市人民检察院政治部：《法律监督的理论与实践》，中国检察出版社 2017 年版。

[7]丛书编写组编：《加强社会公共服务体系建设》，中国市场出版社 2020 年版。

[8]杜飞进：《中国的治理：国家治理现代化研究》，商务印书馆 2017 年版。

[9]樊崇义主编：《法律援助制度研究》，中国人民公安大学出版社 2020 年版。

[10]樊崇义等编：《中国法律援助制度发展报告 No.1(2019)》，社会科学文献出版社 2019 年版。

[11]冯仕政：《社会治理新蓝图·社会卷》，中国人民大学出版社 2017 年版。

[12]冯象：《木腿正义》，北京大学出版社 2007 年版。

[13]高贞：《法律援助理论与实践》，法律出版社 2014 年版。

[14]高全喜：《法律秩序与自由正义》，北京大学出版社 2003 年版。

[15]郭春甫：《公共服务测量：动机、合作与质量的视角》，吉林大学出版社 2020 年版。

[16]贺林波、李燕凌：《公共服务视野下的公法精神》，人民出版社 2013 年版。

[17]何士青：《人的全面发展的法治向度》，中国社会科学出版社 2020 年版。

[18]胡建森：《行政法学》，法律出版社 1998 年版。

[19]胡鞍钢等：《中国国家治理现代化》，中国人民大学出版社 2014 年版。

[20]姜晓萍等：《基本公共服务均等化：知识图谱与研究热点述评》，中国人民大学出版社 2016 年版。

[21]姜晓萍等:《城乡基本公共服务均等化的实现机制与监测体系》,人民出版社 2020 年版。

[22]季卫东:《通往法治的道路:社会的多元化与权威体系》,法律出版社 2014 年版。

[23]李德国:《理解公共服务:基于多重约束的机制选择》,科学文献出版社 2017 年版。

[24]李军鹏:《公共服务型政府》,北京大学出版社 2004 年版。

[25]李少平:《人民法院诉讼服务理论与实践研究》,法律出版社 2015 年版。

[26]李燕凌:《公共服务视野下的政府责任法治》,人民出版社 2015 年版。

[27]李卓:《基本公共服务供给与减贫:来自秦巴山区 A 县的田野叙事》,社会科学文献出版社 2021 年版。

[28]梁德超主编:《司法行政两个体系理论与实践》,法律出版社 1997 年版。

[29]刘志昌:《中国基本公共服务均等化的变迁与逻辑》,中国社会科学出版社 2014 年版。

[30]刘思达:《失落的城邦——当代中国法律职业变迁》,北京大学出版社 2008 年版。

[31]刘玉姿:《政府购买公共服务立法研究》,厦门大学出版社 2016 年版。

[32]龙飞:《多元化纠纷解决机制促进法研究》,中国人民大学出版社 2020 年版。

[33]马长山:《迈向数字社会的法律》,法律出版社 2021 年版。

[34]马国贤:《政府预算理论与绩效政策研究》,中国财政经济出版社 2008 年版。

[35]麻宝斌等:《十大基本政治观念》,社会科学文献出版社 2011 年版。

[36]毛程连:《西方财政思想史》,经济科学出版社 2003 年版。

[37]容志等:《公共服务需求分析:理论与实践的逻辑》,人民出版社 2019 年版。

[38]孙国华:《公平正义——社会主义法治的核心价值》,中国人民大学出版社 2014 年版。

[39]孙叶群:《司法行政权的历史、现实与未来》,法律出版社 2004 年版。

[40]汪丁丁:《新政治经济学讲义》,上海人民出版社 2013 年版。

[41]汪世荣、褚宸舸:《枫桥经验——基层社会治理体系和治理能力现代化实证研究》,法律出版社 2018 年版。

[42]王雁红:《公共服务合同外包:理论、实际运作与风险控制》,清华大学出版社 2019 年版。

[43]吴轼等:《法治蓝皮书:珠海法治发展报告 No.4(2022)》,社会科学文献出版社 2022 年版。

[44]《习近平总书记系列重要讲话读本(2016 年版)》,学习出版社、人民出版社 2016 年版。

[45]《习近平关于社会主义建设论述摘编》,中央文献出版社 2017 年版。

[46]谢来位:《公共服务协同供给的制度创新研究》,中国社会科学出版社 2019 年版。

[47]谢志强：《社会治理研究》，人民出版社 2020 年版。

[48]辛方坤：《地方政府公共服务供给及其优化研究》，上海社会科学院出版社 2014 年版。

[49]熊秉元：《当法律遇上经济学》，东方出版社 2013 年版。

[50]许同禄、刘旺洪：《公共法律服务体系建设的理论与实践》，江苏人民出版社 2014 年版。

[51]杨冠琼等：《基本公共服务均衡化与政府行为优化》，经济管理出版社 2018 年版。

[52]杨凯：《公共法律服务元年新观察》，中国社会科学出版社 2020 年版。

[53]杨凯等：《公共法律服务学导论》，中国社会科学出版社 2020 年版。

[54]杨凯等：《公共法律服务体系建构新视野》，中国社会科学出版社 2020 版。

[55]杨凯等：《公共法律服务体系建构及其评价标准研究》，中国社会科学出版社 2020 版。

[56]杨清望：《公共服务法治化研究》，中南大学出版社 2020 年版。

[57]杨寅：《公共服务政府与行政程序构建》，法律出版社 2006 年版。

[58]俞可平：《走向善治——国家治理现代化的中国方案》，中国文史出版社 2016 年版。

[59]周晓霞：《僭越与规范：我国公益律师群体形成机制研究》，法律出版社 2016 年版。

[60]张康之：《行政伦理的观念与视野》，中国人民大学出版社 2008 年版。

[61]章武生：《中国律师制度研究》，中国法制出版社 1999 年版。

[62]张小劲、于晓虹：《推进国家治理体系和治理能力现代化六讲》，人民出版社 2014 年版。

[63]中共中央党史和文献研究院编：《十八大以来重要文献选编（下）》，中央文献出版社 2018 年版。

（二）中文译著

[1][美]戴维·奥斯本、特德·盖布勒：《改革政府：企业家精神如何改革着公共部门》，上海市政协编译组、东方编译所译，上海译文出版社 1996 年版。

[2][美]戴维·奥斯本、彼得·普拉斯特里克：《再造政府：政府改革的五项战略》，谭功荣、刘霞译，中国人民大学出版社 2014 年版。

[3][美]戴维·H.罗森布鲁姆、罗伯特·S.克拉夫丘克：《公共行政学：管理、政治和法律的途径》(第五版)，张成福等校译，中国人民大学出版社 2002 年版。

[4][美]丹尼尔·埃斯蒂：《超国家空间中的善治：全球行政法》，林泰译，法律出版社 2018 年版。

[5][美]道格拉斯·C.诺思：《制度、制度变迁与经济绩效》，杭行译，格致出版社 2008 年版。

[6][美]弗朗西斯·福山:《国家构建:21世纪的国家治理与世界秩序》,郭华译,学林出版社2017年版。

[7][德]哈贝马斯:《在事实与规范之间》,童世骏译,生活·读书·新知三联书店2014年版。

[8][德]杰德·施瓦茨:《公共部门共享服务中心》,张庆龙译,中国财经出版社2020年版。

[9][法]莱昂·狄骥:《公法的变迁》,郑戈译,中国法制出版社2010年版。

[10][英]洛克:《政府论(下)》,叶启芳、瞿菊农译,商务印书馆1964年版。

[11]《克思恩格斯全集》(第四卷),人民出版社1958年版。

[12][美]迈克尔·桑德尔:《公正:该如何做是好?》,朱慧玲译,中信出版社2012年版。

[13][英]尼尔·麦考密克:《法律推理与法律理论》,姜峰译,法律出版社2018年版。

[14][法]让·里韦罗、让·瓦利纳:《法国行政法》,鲁仁译,商务印书馆2008年版。

[15][法]让-皮埃尔·戈丹:《何谓治理》,钟震宇译,社会科学文献出版社2010年版。

[16][美]珍妮特·V.登哈特、罗伯特·B.登哈特:《新公共服务:服务,而不是掌舵》(第三版),丁煌译,方兴、丁煌校,中国人民大学出版社2016年版。

(三)英文著作

[1]Addink H,*Good Governance:Concept and Context*,Oxford University Press,2019.

[2]Austin,*The Province of Jurisprudence Determined*,Weidenfeld & Nicholson,1954.

[3]Brown C V,Jackson P M,*Public Sector Economics*,Macmillan Education,1995.

[4]Goldsmith S,Kettl D F,*Unlocking the Power of Networks:Keys to High-Performance Government*,Brookings Institution Press and Ash Center for Democratic Governance and Innovation,2009.

[5]Moore M H,*Creating Public Value:Strategic Management in Government*,Harvard University Press,1995.

[6]Patrick Dunleavy,*Big Era Governance:IT Corporations,the State,and E-Governance*,Oxford University Press,2006.

[7]Rawls J.,*A theory of justice*,Harvard university press,2020.

二、期刊类

(一)中文期刊

[1]安宁、潘越:《乡村振兴视域下政府提供公共法律服务的现代化治理路径》,载《河北法学》2023年第3期。

[2]包国宪、王学军:《以公共价值为基础的政府绩效治理——源起、架构与研究问

题》，载《公共管理学报》2012年第2期。

[3]曹胜亮：《全面推进依法治国的困境与求索——以国家治理体系和治理能力现代化为视角》，载《法学论坛》2015年第1期。

[4]陈柏峰：《送法下乡与现代国家建构》，载《求索》2022年第1期。

[5]陈柏峰：《法治社会建设的主要力量及其整合》，载《法律和政治科学》2019年第1期。

[6]陈朝兵：《农村公共法律服务：内涵、特征与分类框架》，载《学习与实践》2015年第4期。

[7]陈海威：《中国基本公共服务体系研究》，载《科学社会主义》2007年第3期。

[8]陈进华：《治理体系现代化的国家逻辑》，载《中国社会科学》2019年第5期。

[9]陈景辉：《法治必然承诺特定价值吗？》，载《清华法学》2017年第1期。

[10]陈金钊：《"用法治化解社会主要矛盾"的话语系统融贯》，载《吉林大学社会科学学报》2019年第5期。

[11]陈云良、寻健：《构建公共服务法律体系的理论逻辑及现实展开》，载《法学研究》2019年第3期。

[12]戴康、许中波：《公共法律服务的城市社区治理逻辑与路径》，载《城市问题》2020年第6期。

[13]戴康：《城市社会治理中的公共法律服务》，载《上海交通大学学报（哲学社会科学版）》2021年第4期。

[14]丁元竹：《界定基本公共服务及其绩效》，载《国家行政学院学报》2009年第2期。

[15]董保华：《"广义社会法"与"中义社会法"——兼与郑尚元、谢增毅先生商榷》，载《东方法学》2013年第3期。

[16]杜辉：《面向共治格局的法治形态及其展开》，载《法学研究》2019年第4期。

[17]方世荣、付鉴宇：《论法治社会建设中的政府购买公共法律服务》，载《云南社会科学》2021年第3期。

[18]樊崇义：《中国法律援助制度的建构与展望》，载《中国法律评论》2017年第6期。

[19]高国梁：《公共法律服务体系的欠缺与优化》，载《人民论坛》2019年第15期。

[20]高国希：《国家治理现代化进程中的依法治国与以德治国关系研究》，载《复旦学报（社会科学版）》2019年第4期。

[21]龚向和：《社会权的概念》，载《河北法学》2007年第9期。

[22]顾培东：《中国法治的自主型进路》，载《法学研究》2010年第1期。

[23]郭春镇：《从"神话"到"鸡汤"——论转型期中国法律信任的建构》，载《法律科学（西北政法大学学报）》2014年第3期。

[24]郭春镇：《作为中国政法话语的表达权》，载《法学家》2021年第5期。

[25]郭道晖：《尊重公民的司法参与权》，载《国家检察官学院学报》2009年第6期。

[26]郭道晖:《依法行政与行政权的发展》,载《现代法学》1999年第1期。

[27]郭名宏:《公共法律服务体系有效推进的价值、困境与超越》,载《社会科学家》2016年第8期。

[28]韩大元:《宪法文本中"人权条款"的规范分析》,载《法学家》2004年第4期。

[29]韩万渠:《公共服务质量评价机制及其路径创新》,载《中国特色社会主义研究》2015年第5期。

[30]韩延龙:《我国人民调解工作的三十年》,载《法学研究》1981年第2期。

[31]黄东东:《公共法律服务与信息技术:域外经验与中国问题——以法律援助为例》,载《电子政务》2017年第1期。

[32]黄东东:《法律援助案件质量:问题、制约及其应对——以C市的调研为基础》,载《法商研究》2015年第4期。

[33]黄东东、张娜:《基本公共法律服务视野下的法律援助均等化研究》,载《山东社会科学》2020年第6期。

[34]黄东东、张锐:《数字技术、国家治理与公共法律服务制度改革》,载《学习论坛》2021年第3期。

[35]湖南省司法厅课题组、谈敬纯:《建立健全公共法律服务体系供需机制的思考》,载《中国司法》2016年第4期。

[36]黄娟:《人权视域中的农村法律援助》,载《人权》2018年第4期。

[37]黄孟苏:《如何推进公共法律服务标准化建设》,载《人民论坛》2020年第15期。

[38]何显明:《政府转型与现代国家治理体系的建构——60年来政府体制演变的内在逻辑》,载《浙江社会科学》2013年第6期。

[39]江畅:《论当代中国价值观构建》,载《马克思主义与现实》2014年第4期。

[40]蒋立山:《迈向"和谐社会"的秩序路线图——从库兹涅茨曲线看中国转型时期社会秩序的可能演变》,载《法学家》2006年第2期。

[41]姜明安:《改革、法治与国家治理现代化》,载《中共中央党校学报》2014年第4期。

[42]姜明安:《软法的兴起与软法之治》,载《中国法学》2006年第2期。

[43]姜晓萍、郭金云:《基于价值取向的公共服务绩效评价体系研究》,载《行政论坛》2013年第6期。

[44]姜晓萍、陈朝兵:《公共服务的理论认知与中国语境》,载《政治学研究》2018年第6期。

[45]蒋银华:《政府角色型塑与公共法律服务体系构建——从"统治行政"到"服务行政"》,载《法学评论》2016年第3期。

[46]蓝志勇、魏明:《现代国家治理体系:顶层设计、实践经验与复杂性》,载《公共管理学报》2014年第1期。

[47]雷刚:《协同学视角下京津冀公共法律服务协同机制研究》,载《北京社会科学》

2023 年第 1 期。

[48]李步云、邓成明：《论宪法的人权保障功能》，载《中国法学》2002 年第 3 期。

[49]李春仙：《实施"互联网＋公共法律服务"的路径探析》，载《人民论坛》2019 年第 26 期。

[50]李清伟：《论服务型政府的法治理念与制度构建》，载《中国法学》2008 年第 2 期。

[51]李婷婷：《交互视域：人民调解委员会组织生产与流变的逻辑》，载《社会主义研究》2011 年第 3 期。

[52]李拥军：《中国法治主体性的文化向度》，载《中国法学》2018 年第 5 期。

[53]李晓昀：《广西政府购买公共法律服务的双重逻辑与实践进路》，载《广西社会科学》2021 年第 11 期。

[54]刘炳君：《当代中国公共法律服务体系建设论纲》，载《法学论坛》2016 年第 1 期。

[55]刘国臻、唐燕勤：《广西城市更新领域推行公共法律服务的路径探析》，载《广西大学学报(哲学社会科学版)》2022 年第 3 期。

[56]刘恒：《论国家治理法治化的体系建构与路径选择》，载《吉林大学社会科学学报》2019 年第 3 期。

[57]刘淑妍、李斯睿：《智慧城市治理：重塑政府公共服务供给模式》，载《社会科学》2019 年第 1 期。

[58]刘杨：《正当性与合法性概念辨析》，载《法制与社会发展》2008 年第 3 期。

[59]刘作翔：《当代中国的规范体系：理论与制度结构》，载《中国社会科学》2019 年第 7 期。

[60]马长山：《智慧社会背景下的"第四代人权"及其保障》，载《中国法学》2019 年第 5 期。

[61]马亮：《公众参与的政府绩效评估是否奏效：基于中国部分城市的多层分析》，载《经济社会体制比较》2018 年第 3 期。

[62]宫志：《公共服务监督体系的逻辑建构：决策、过程与绩效》，载《中国行政管理》2014 年第 9 期。

[63]司马俊莲：《民族地区公共法律服务体系的建设与完善——以恩施州"律师三进"模式为例》，载《中南民族大学学报(人文社会科学版)》2019 年第 2 期。

[64]施雪华：《"服务型政府"的基本涵义、理论基础和建构条件》，载《社会科学》2010 年第 2 期。

[65]石佑启、杨治坤：《中国政府治理的法治路径》，载《中国社会科学》2018 年第 1 期。

[66]舒国滢：《求解当代中国法学发展的"戴逸之问"——舒国滢教授访谈录》，载《北方法学》2018 年第 4 期。

[67]宋方青：《现代公共法律服务整合提升的保障机制》，载《中国司法》2022 年第

5 期。

[68]宋方青:《习近平法治思想中的立法原则》,载《东方法学》2021 年第 2 期。

[69]宋方青:《立法能力的内涵、构成与提升以人大立法为视角》,载《中外法学》2021 年第 1 期。

[70]宋方青:《实现司法与政治之间的平衡》,载《法制与社会发展》2014 年第 6 期。

[71]宋方青、邱子键:《论基本公共法律服务的供给侧结构性改革》,载《东南学术》2023 年第 1 期。

[72]宋方青、张向宇:《公共法律服务体系建构的三重逻辑》,载《华东政法大学学报》2022 年第 6 期。

[73]宋方青、李书静:《比较视野下的中国基本公共法律服务建构》,载《人民论坛·学术前沿》2021 年第 24 期。

[74]宋方青、姜孝贤:《立法法理学探析》,载《法律科学(西北政法大学学报)》2013 年第 6 期。

[75]宋华琳:《建构政府部门协调的行政法理》,载《中国法律评论》2015 年第 2 期。

[76]孙笑侠:《"法治中国"的三个问题》,载《法制与社会发展》2013 年第 5 期。

[77]王福强、付子堂:《实践驱动:新中国律师制度研究 70 年》,载《山东大学学报(哲学社会科学版)》2019 年第 6 期。

[78]王福华:《民事诉讼的社会化》,载《中国法学》2018 年第 1 期。

[79]王贺洋:《"互联网＋公共法律服务"体系建设与完善》,载《人民论坛》2018 年第 20 期。

[80]王进喜、陈宜:《公共法律服务何以"更上一层楼"》,载《人民论坛》2018 年第 18 期。

[81]王岚:《公共法律服务何以更给力》,载《人民论坛》2018 年第 29 期。

[82]王利明:《新时代中国法治建设的基本问题》,载《中国社会科学》2018 年第 1 期。

[83]王立民:《近代中国法制现代化进程再认识》,载《社会科学》2019 年第 6 期。

[84]汪利锬:《我国参与式公共服务供给模式研究——理论模型与经验证据》,载《财经研究》2011 年第 5 期。

[85]王浦劬:《国家治理、政府治理和社会治理的含义及其相互关系》,载《国家行政学院学报》2014 年第 3 期。

[86]王为农、吴谦:《社会法的基本问题:概念与特征》,载《财经问题》2002 年第 11 期。

[87]王进文:《"人的尊严"义疏:理论溯源、规范实践与本土化建构》,载《中国法律评论》2017 年第 2 期。

[88]汪习根:《马克思主义人权理论中国化及其发展》,载《法制与社会发展》2019 年第 2 期。

[89]王延中:《深化社会保障与公共服务制度改革的思考》,载《国家行政学院学报》

2016 年第 2 期。

[90]王永贵、史献芝:《国家治理现代化的价值向度——学习习近平关于国家治理现代化新理念新思想的重要论述》,载《马克思主义研究》2016 年第 12 期。

[91]魏治勋:《"善治"视野中的国家治理能力及其现代化》,载《法学论坛》2014 年第 2 期。

[92]文华、钟晓凯:《从"管理型"迈向"权利保障型"的地方立法——基于内地与澳门公共安全技术防范立法的经验比较》,载《地方立法研究》2017 年第 1 期。

[93]吴春梅、翟军亮:《变迁中的公共服务供给方式与权力结构》,载《江汉论坛》2012 年第 12 期。

[94]吴光升:《被追诉人的法律援助获得权》,载《国家检察官学院学报》2018 年第 4 期。

[95]吴之欧、李勃:《公共法律服务智能化模式研究——以"平台型构建"为核心》,载《中国司法》2018 年第 12 期。

[96]习近平:《决胜全面建成小康社会夺取新时代中国特色社会主义伟大胜利——在中国共产党第十九次全国代表大会上的报告》,载《求是》2017 年第 21 期。

[97]习近平:《推进全面依法治国,发挥法治在国家治理体系和治理能力现代化中的积极作用》,载《求是》2020 年第 22 期。

[98]谢晖:《论规范分析方法》,载《中国法学》2009 年第 2 期。

[99]邢钢:《PPP 项目合同中的便利终止条款研究》,载《法学杂志》2018 年第 1 期。

[100]项继权:《基本公共服务均等化:政策目标与制度保障》,载《华中师范大学学报(人文社会科学版)》2008 年第 1 期。

[101]项显生:《我国政府购买公共服务监督机制研究》,载《福建论坛(人文社会科学版)》2014 年第 1 期。

[102]熊秋红:《新中国律师制度的发展历程及展望》,载《中国法学》1999 年第 5 期。

[103]熊选国:《大力推进公共法律服务体系建设》,载《时事报告》2018 年第 5 期。

[104]许欢、孟庆国:《大数据公共治理价值观:基于国家和行政层面的分析》,载《南京社会科学》2017 年第 1 期。

[105]徐尚昆:《推进公共法律服务体系建设的理论探讨》,载《中国特色社会主义研究》2014 年第 5 期。

[106]许淑萍:《论我国基本公共服务绩效评估的价值取向》,载《理论探讨》2013 年第 6 期。

[107]徐爽:《宪法上社会权的发展:传统、改革与未来》,载《政法论坛》2019 年第 7 期。

[108]许天翔:《功能性分权与中国特色权力制约监督理论的探索——评〈权力法治与廉政治理〉》,载《公共行政评论》2019 年第 2 期。

[109]许同禄:《深入推进公共法律服务体系构建》,载《中国司法》2013 年第 5 期。

[110]杨凯:《习近平法治思想中的公共法律服务理论》,载《东方法学》2022年第6期。

[111]杨凯:《人民法庭高质量发展的公共法律服务体系建构——以基层社会治理的中国式法治现代化建设路径为视角》,载《中国应用法学》2022年第6期。

[112]杨凯:《在线诉讼入法正当性的公共法律服务理论支撑》,载《华东政法大学学报》2022年第5期。

[113]杨凯:《论现代公共法律服务多元化规范体系建构》,载《法学》2022年第2期。

[114]杨凯:《论区块链技术在民事司法程序中的多元化应用——以诉讼服务与公共法律服务"双中心融合"规范体系构造为切入点》,载《政法论丛》2022年第2期。

[115]杨凯:《论公共法律服务与诉讼服务体系的制度协同》,载《中国法学》2021年第2期。

[116]杨凯:《加快推进现代公共法律服务体系建设》,载《中国党政干部论坛》2019年第8期。

[117]杨凯:《论现代公共法律服务体系的建构》,载《法治论坛》2019年第1期。

[118]杨凯:《六大体系:建构公共法律服务完整框架》,载《中国司法》2018年第8期。

[119]杨凯:《审判管理理论体系的法理构架与体制机制创新》,载《中国法学》2014年第3期。

[120]杨凯、张怡净:《论公共法律服务体系建构的法学理论构架基础》,载《南海法学》2020年第4期。

[121]严文波:《中国特色社会主义发展理论:内涵界定、演进逻辑与现实走向》,载《思想教育研究》2019年第9期。

[122]于泓源:《关于推进基本公共法律服务的思考》,载《中国司法》2014年第4期。

[123]郁建兴:《中国的公共服务体系:发展历程、社会政策与体制机制》,载《学术月刊》2011年第3期。

[124]俞可平:《国家治理的中国特色和普遍趋势》,载《公共管理评论》2019年第1期。

[125]俞世裕:《全面推进覆盖城乡居民基本公共法律服务体系建设的实践探索》,载《中国司法》2015年第4期。

[126]喻少如、黄卫东:《公共法律服务融入乡村治理的逻辑转换及其实践进路》,载《西北民族大学学报(哲学社会科学版)》2022年第6期。

[127]张建伟:《"变法"模式与政治稳定性——中国经验及其法律经济学含义》,载《中国社会科学》2003年第1期。

[128]张紧跟、胡特妮:《论基本公共服务均等化中的"村(居)法律顾问"制度——以广东为例》,载《学术研究》2019年第10期。

[129]张军:《以公共法律服务为总抓手　统筹推进司法行政改革》,载《社会治理》2017年第8期。

[130]张来明、李建伟:《促进共同富裕的内涵、战略目标与政策措施》,载《改革》2021

年第 9 期。

[131]张良:《论国家治理现代化视域中的文化治理》,载《社会主义研究》2017 年第 4 期。

[132]张乾友:《论服务型政府的规则体系》,载《南京社会科学》2014 年第 12 期。

[133]张世红:《农村公共法律服务供给创新机制构想》,载《人民论坛》2016 年第 5 期。

[134]张卫平:《公共法律服务平台建设是我国法治建设的又一重要举措》,载《中国司法》2017 年第 10 期。

[135]张文显:《新时代中国法治改革的理论与实践》,载《法治现代化研究》2018 年第 6 期。

[136]张文显:《推进自治法治德治融合建设,创新基层社会治理》,载《治理研究》2018 年第 6 期。

[137]张文显:《中国法治 40 年:历程、轨迹和经验》,载《吉林大学社会科学学报》2018 年第 5 期。

[138]张怡歌:《政府购买公共法律服务的异化与法治化破解》,载《法学杂志》2019 年第 2 期。

[139]张志铭、于浩:《现代法治释义》,载《政法论丛》2015 年第 1 期。

[140]赵晓耕:《70 年法治变迁:为法治现代化提供历史依据和借鉴》,载《人民论坛》2019 年第 31 期。

[141]浙江省杭州市司法局课题组:《政府购买公共法律服务的理论与实践——以杭州市为例》,载《中国司法》2014 年第 12 期。

[142]郑彬睿:《法治中国的演进逻辑、理论内涵与时代价值》,载《求索》2019 年第 2 期。

[143]郑方辉、尚虎平:《中国法治政府建设进程中的政府绩效评价》,载《中国社会科学》2016 年第 1 期。

[144]郑尚元:《社会法的存在与社会学理论探索》,载《法律科学(西北政法学院学报)》2003 年第 3 期。

[145]周晓丽:《新公共管理:反思、批判与超越——兼评新公共服务理论》,载《公共管理学报》2005 年第 1 期。

[146]周义程:《新公共服务理论的贫困》,载《中国行政管理》2006 年第 12 期。

[147]周赟:《当下中国司法公信力的经验维度——来自司法一线的调研报告》,载《苏州大学学报(法学版)》2014 年第 1 期。

[148]朱景文:《中国特色社会主义法律体系:结构、特色和趋势》,载《中国社会科学》2011 年第 3 期。

[149]左高山、涂亦嘉:《国家治理中的核心价值观与法治建设》,载《当代世界与社会主义》2017 年第 4 期。

［150］左卫民：《迈向大数据法律研究》，载《法学研究》2018 年第 4 期。

［151］左卫民：《中国应当构建什么样的法律援助制度》，载《中国法学》2013 年第 1 期。

［152］卓泽渊：《国家治理现代化的法治解读》，载《现代法学》2020 年第 1 期。

（二）英文期刊

［1］Calliess G P．，Renner M，Between Law and Social Norms：The Evolution of Global Governance，*Ratio Juris*，Vol.22，No.2，2009.

［2］Charles M.Tiebout，A Pure Theory of Local Expenditures，*Journal of Political Economy*，Vol.64，No.5，1956.

［3］Esteve M，Urbig D，et al，Prosocial Behavior and Public Service Motivation，*Public Administration Review*，Vol.76，No.1，2016.

［4］Fareed M Z，SU Q，Transformational Leader Ship and Project Success：A Mediating Role of Public Service Motivation，*Administration & Society*，Vol.54，No.4，2022.

［5］Foster，Kathryn A，Specialization in Government：The Uneven Use of Special Districts in Metropolitan Area，*Urban Affairs Review*，Vol.31，No.3，1996.

［6］Galston W A，Liberal Government，Civil Society，and the Rule of Law，*Yale Law & Policy Review*，Vol.23，No.1，2005.

［7］Holt S B，For Those Who Care：The Effect of Public Service Motivation on Sector Selection，*Public Administration Review*，Vol.78，No.3，2018.

［8］Licht A N，Goldschmidt C，Schwartz S H，Culture Rules：The Foundations of the Rule of Law and Other Norms of Governance，*Journal of Comparative Economics*，Vol.35.No.4，2007.

［9］Lowery，David，Consumer Sovereignty and Quasi-market Failure，*Journal of Public Administration Research and Theory*，Vol.8，No.2，1998.

［10］Pinch，P.L.，A.Patterson，Public Sector Restructuring and Regional Development：The Impact of Compulsory Competitive Tendering in the UK，*Regional Studies*，Vol.34，No.3，2000.

［11］Prysmakova P，Institutional Antecedents of Public Service Motivation：Administrative Regime and Sector of Economy，*Nonprofit Management and Leadership*，Vol.32，No.1，2021.

［12］Schuster C，Mikkelsen K S，Correa I，et al，Exit，Voice，and Sabotage：Public Service Motivation and Guerrilla Bureaucracy in Times of Unprincipled Political Principals，*Journal of Public Administration Research and Theory*，Vol.32，No.2，2022.

［13］Stein，Robert M，The Budgetary Effects of Municipal Service Contracting：A Principal Agent Explanation，*American Journal of Political Science*，Vol.34，No.2，1990.

［14］Weiss T G，Governance，Good Governance and Global Governance：Conceptual

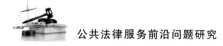
and Actual Challenges, *Third World Quarterly*, Vol.21, No.5, 2000.

三、报纸文章类

[1]李林:《习近平法治思想的核心要义》,载《光明日报》2020年12月9日第11版。

[2]马艳、党舒、刘莹:《整合资源推进涉外法律服务跑出加速度》,载《法治日报》2021年11月15日第7版。

[3]宋方青:《公共法律服务的科学内涵及核心要义》,载《法制日报》2019年7月12日第002版。

[4]文丽娟、孙天骄:《为"空心村"提供个性化定制化公共法律服务》,载《法治日报》2021年9月29日第4版。

[5]杨凯:《在"法务区建设"中夯实法院公共法律服务职能》,载《人民法院报》2021年11月5日第2版。

[6]杨凯:《公共法律服务体系建设的基本构架》,载《中国社会科学报》2021年7月14日第4版。

[7]杨凯:《建构政法机关一体化协同创新的现代公共法律服务体系》,载《民主与法制时报》2020年3月14日第002版。

[8]郑金雄:《以高质量公共法律服务助力乡村振兴》,载《中国社会科学报》2022年12月21日第004版。

后　记

在我国,公共法律服务是政府公共职能的重要组成部分,是全面依法治国的基础性、服务性和保障性工作,是保障和改善民生的重要举措。党的十八大以来,伴随着全面依法治国实践的不断深入,建设人民满意的公共法律服务体系,成为党中央、国务院高度重视的工作。习近平总书记强调:"要深化公共法律服务体系建设,加快整合法律服务资源,尽快建成覆盖全业务、全时空的法律服务网络,努力提供普惠均等、便捷高效、智能精准的公共法律服务。"①为了推动公共法律服务理论研究和实践创新,培养高层次公共法律服务人才,为我国公共法律服务事业的高质量发展提供智力支撑,司法部厦门大学现代公共法律服务理论研究与人才培训基地于2019年5月20日正式挂牌成立。司法部厦门大学现代公共法律服务理论研究与人才培训基地是福建省乃至全国第一个现代公共法律服务理论研究与人才培训平台,是司法部贯彻落实党中央决策部署、推动深化公共法律服务体系建设的重要举措。

从成立至今,基地团队成员充分发挥自身学科优势和厦门市的实践优势,在科研成果、人才培养、课题立项、交流合作等方面取得了丰硕成绩:紧紧围绕公共法律服务的前沿理论和实践问题,开展跨学科、跨领域的深入研究,在《人民日报·理论版》《华东政法大学学报》《人民论坛·学术前沿》《东南学术》《中国法治》等权威刊物发表了多篇高质量文章,这些成果为推动我国现代公共法律服务事业的发展提供了有力的理论支撑;积极开展公共法律服务高层次人才培养工作,目前已有3名公共法律服务方向法学博士研究生毕业,高素质复合型公共法律服务人才培养不断取得突破;始终坚持理论联系实际,精准聚焦、积极探索现实问题,先后承担并完成司法部2019年度司法行政(法律服务)案例理论委托课题"公共法律服务工作案例理论研究——以法律援助案例为研究视角"、全国首部市级公共法律服务地方性法规《厦门经济特区公共法

---

① 习近平:《论坚持全面依法治国》,中央文献出版社2020年版,第248～249页。

律服务条例》的起草与论证工作,为加快构建覆盖城乡、便捷高效、均等普惠的现代公共法律服务体系,提供了厦大方案、作出了厦大探索、实现了厦大贡献;积极开展交流与合作,与国内外知名学者、研究机构以及公共法律服务实务部门建立了广泛而密切的合作关系,通过借鉴、吸收国内外先进的理论和实践经验,为我国公共法律服务事业的发展建言献策、持续注入新的活力。

呈现在读者面前的这本《公共法律服务前沿问题研究》,汇集了基地团队成员在公共法律服务领域的最新研究成果。本书主要围绕公共法律服务领域的前沿问题展开研究,涵盖了公共法律服务的基础理论、体制机制、人才培养、实践探索等多个方面。本书旨在为公共法律服务领域的理论研究提供重要参考,也为公共法律服务的实践创新提供有益指导。在理论研究方面,本书深入探讨了公共法律服务的科学内涵、核心要义、理论框架、中外差异和发展趋势,提出了以"人民性、公平性、现代性"为核心要义的公共法律服务发展理念和以"规范化、智能化、专业化"为核心的公共法律服务发展导向。在实践创新方面,本书提出了一系列创新性的观点和实践案例,如公共法律服务机构的创新模式、智能化公共法律服务的发展实践、公共法律服务的社会化发展等。

本书是一项集体合作的成果,具体分工如下:笔者负责写作思路和基本框架的拟定、全文的修改审定及后记的撰写;第一章收录了笔者与基地公共法律服务方向博士研究生近年于期刊上共同发表的学术论文;第二章由张向宇、丁思绮撰写;第三章由邱子键、龚李玲、丁思绮撰写;第四章由李书静、李炳辰、龚李玲、丁思绮撰写;第五章由李炳辰撰写;第六章由向浩源撰写。

最后,笔者衷心希望《公共法律服务前沿问题研究》一书能为广大读者带来丰富的知识和启发,同时也期待更多的学界同人和实务界人士加入公共法律服务研究的队伍,共同推动我国公共法律服务事业的繁荣发展,为构建中国自主的公共法律服务知识体系和推进中国式现代化作出更多的贡献。

宋方青
2023 年 6 月于厦门大学法学院